全球背景下的工业4.0

Industrie 4.0 im internationalen Kontext

【德】克里斯蒂安·曼蔡 【德】李努斯·施劳宜普纳 【德】罗纳德·海因策 主编
李庆党 张鑫 译

CTS K 湖南科学技术出版社

图书在版编目(CIP)数据

全球背景下的工业4.0／[德]克里斯蒂安·曼蔡,[德]李努斯·施劳宜普纳,[德]罗纳德·海因策主编;李庆党,张鑫译.—长沙:湖南科学技术出版社,2021.1

ISBN 978-7-5710-0664-8

Ⅰ.①全… Ⅱ.①克… ②李… ③罗… ④李… ⑤张… Ⅲ.①产业革命-研究 Ⅳ.①F419

中国版本图书馆CIP数据核字(2020)第135734号

QUANQIU BEIJING XIA DE GONGYE 4.0

全球背景下的工业4.0

主　　编:[德]克里斯蒂安·曼蔡　[德]李努斯·施劳宜普纳　[德]罗纳德·海因策

译　　者:李庆党　张鑫

责任编辑:缪峥嵘

出版发行:湖南科学技术出版社

社　　址:长沙市湘雅路276号

　　　　http://www.hnstp.com

印　　刷:湖南省汇昌印务有限公司

　　　　(印装质量问题请直接与本厂联系)

厂　　址:长沙市开福区东风路福乐巷45号

邮　　编:410003

版　　次:2021年1月第1版

印　　次:2021年1月第1次印刷

开　　本:710mm×1000mm　1/16

印　　张:20.5

字　　数:388千字

书　　号:ISBN 978-7-5710-0664-8

定　　价:98.00元

译者序

德国“工业 4.0”是德国一项高科技战略规划，也称为“第四次工业革命”。 它是以生产制造为主线，通过网络将生产制造和物流中的人与机器装备，以及人们的日常生活、社会交往、商业和服务等活动融为一体，实现万物互联、信息互通，从而打破地域、时域的限制,构建一张全国甚至全球的网络体系，特别是以德国高度发达的制造业为基础，通过工业互联网及工业互联网平台进行链接，满足产业链的数字化和纵向、横向的集成，形成智能化的产业集群和智慧生态圈。

本书作者聚集了来自企业（博世、西门子、ABB、SAP 等）、高校（不来梅大学、帕德博恩大学等）、科研院所（弗劳恩霍夫工业自动化应用中心、不来梅人工智能研究中心等）及平台机构（工业 4.0 平台、北威州智能技术系统集群等）在工业 4.0 战略规划所涉及领域的高管、高工、专家、教授等世界精英群体，就全球背景下的工业 4.0 解决方案、成果及发展趋势等相关内容进行具体的阐述。

本书内容丰富，理论与实际相结合，其中涉及新工科背景下的很多相关内容，如大数据（Big Data）、物联网（IoT）、网络安全、云计算（Cloud Computing）、信息物理系统（CPS）、工业互联网（Industrial Internet）、制造执行系统（MES）、企业资源计划系统（ERP）、智能工厂（Smart Factory）、产品生命周期管理（PLM）、工业 4.0 参考架构模型（RAMI 4.0）等。

通过本书可以帮助工业企业提升智能化水平，使读者对工业 4.0 战略规划的内容、内涵及终极目标有清晰的认识，对新工科背景下的核心概念有充分的理解，在自动化、标准化、智能化、网络化等相关工艺技术方案中得到有效的参考与借鉴。 同时，基于工业 4.0 战略规划的终极目标，结合工业 4.0 智能工厂、北威州智能技术系统集群（it's OWL）、博世物联网、蒂森克虏伯云解决方案等工业 4.0 应用案例，对未来如何利用人工智能、5G 通讯、区块链等技术并融入到工业 4.0 战略规划体系及智能制造系统与装备中来，也具有重要的参考价值。

希望本书能够成为工业企业、政府部门、高等院校、科研院所，以及从事数字化、网络化和智能化的战略规划者、研究应用者和对此感兴趣者，进一步了解德国工业 4.0 内涵、关键技术、终极目标及解决方案的工具，为我国大数据、云计算、人工智能、智能制造、智能科学与技术等相关新工科发展，以及我国工业互联网、工业互联网平台建设、“中国制造 2025”战略规划的实施等发挥积极作用。

本书的翻译工作得到了李铁林、邵光笑、马浴东和田春雨的大力支持，特别是李铁林在专业技术词汇方面做了大量的工作。在此，我们衷心地表示感谢。

青岛科技大学中德科技学院李庆党（lqd@ qust. edu. cn）

济南市中德交流合作协会张鑫（zhangxin0609@ outlook. com）

2021 年 1 月 1 日

序言

如今，“工业4.0”的概念已广泛深入社会，无人不知、无人不晓，成为了各界热议的焦点话题。但究其内涵，却鲜有人能说清道明。这一深刻而复杂的概念究竟有何含义呢？工业4.0平台指导委员会信心满满地给出了如下说法：“工业4.0是第四次工业革命的标志。”

这还是历史上第一次，人们在一场工业革命发生之前就提前宣布了它的到来❶。由于学术上对它精准定义的缺失，人们也尝试着以不同的方式和角度来理解它。德国联邦教育与研究部对这个概念进行了大致的定义❷：

“实际的流程及其通过虚拟IT支持程序进行的控制和优化将通过技术环节进行链接联合：在许多日常对象中安装网络化的高性能嵌入式系统，即所谓的信息物理系统（Cyber-Physical Systems），使现实物理世界和智能世界之间建立了关联……这种物与物之间相互分散而又互联的智能技术可以优化工业生产上的监控和自主决策流程，进而实现公司甚至是整个工业体系的实时监控和实时优化。这使得在高度灵活的大规模生产条件下实现个性化产品的定制生产成为可能。”

这段引文包含了如“实时”、“嵌入式”、“信息物理系统”等术语。其中，“信息物理系统”虽然是个新概念，但它所描述的这种系统已经在自动化技术中使用了半个世纪了，而“实时”运作并“嵌入”到测量系统中的数字数据处理系统则可以追溯到1944年❸。传统自动化技术仍然十分看重在安全方面经常存在争议的硬实时系统，而与此同时，按照德国联邦教育与研究部的说法，在工业4.0的发展框架下只接受软实时系统。至此，我们发现，工业4.0所需的所有信息和通信技术实际上都是已经存在的，我们需要做的，则是把现有的技术更好地运用到其中来。

本书从不同的角度展示了工业4.0这个刚刚开始被广为关注的主题，介绍了该主题的初期研究结果，展示了第一批产品和这些产品的应用。事实证明，只有在严格的标准化基础上才能实现技术所需的互通性。产品制造商是否愿意这样做尚有待观

---

❶R. Drath：Industrie 4.0-eine Einfu hrung. open automation，3/14，16-21，2014

❷http://www.bmbf.de/de/9072.php

❸K. Zuse：Vorwort zu Constructing Predictable Real Time Systems von W. A. Halang und A. D. Stoyenko，Boston-Dordrecht-London：Kluwer Academic Publishers 1991

察。最后，通过阅读本书也会清楚认识到：如果不能有效保护计算机免受黑客攻击，防止通信窃听，则工业 4.0 注定会失败。因为黑客攻击和窃听会危害到自动化系统的功能安全。

安德里亚斯·哈朗❶

2021 年 1 月

---

❶德国籍教授、博士生导师，德国波鸿大学数学博士、德国多特蒙德大学计算机科学博士，德国工业 4.0 物流及信息安全系统权威专家。曾在世界 22 个国家、83 所大学及科研院所举办过讲座。曾承担大型国际科研项目 18 项；任国际学术会议技术委员会成员 26 次和主席 8 次，任国际项目委员会成员 285 次和主席 25 次。

前言

本书供所有想要了解有关工业 4.0 主题及相关技术、标准和倡议的读者，以及希望在全球范围内了解该领域的供应商和用户公司阅读参考。

我们的目标是尽可能多地覆盖工业 4.0 的各个方面，以便让读者从整体深入了解该领域。为了达成这一目标，我们征集了正在从事工业 4.0 研究或未来将要运用工业 4.0 研究成果的专业人士当下对该领域应用成果、研究方向的汇报，其中包括供应商、用户公司、科研教育团队以及参与其中的研究课题发起者，主要涵盖以下几个方面：

◎在“核心方案”一章中，主要作者分别介绍了工业 4.0 在各个领域中提供的方法和机遇，主要介绍其基础工业技术，并阐述它们与工业 4.0 关联的价值。

◎接下来，我们概括总结了在“标准化”下的不同贡献。如何制定规则和谁来制定规则以及工业 4.0 在将来如何运作等主题将会在本章得以阐明。我们特别推荐关于工业 4.0 参考架构模型（RAMI 4.0）的文章，它将是该领域所有进一步标准化的基础。

◎工业互联网联盟 IIC（Industrial Internet Consortium）是与电子技术主导的工业 4.0 平台相对应的，在后续的“联盟”一章中将介绍其目标以及它先前获得的成功。除了深入洞察工业 4.0 平台的背景外，我们还阐述了工业 4.0 平台在亚洲的情况。

◎“初步成果及后续发展”一章涉及工业 4.0 在实践中的应用：智能工厂及北威州工业 4.0 产业集群 it's OWL 的实施方法是什么？魏德米勒、菲尼克斯电气、蒂森克虏伯电梯等公司在价值链信息化方面取得的成就有哪些？

◎在“专题”一章介绍了法律问题以及如何对待安全和保障方面的问题。

◎工业 4.0 对人的日常工作的影响以及培训和任职资格的要求，将在“人的角色”一章中进行阐述。

◎在“展望”一章中将介绍哪些过程对于企业数字化转型是必要的。最后让我们展望工业 4.0 的进一步发展。

来自行业和协会的知名专家撰写了大量文章，他们凭借高水平的专业知识，详细而生动地说明了各自的主题，共同促成了本书的完成。

本书中的各个主题由编者主观选择，我们希望所有对工业 4.0 发展感兴趣的读者能够通过本书了解该领域。由于工业 4.0 仍然是一个新兴构想，我们无法满足读者所有的要求。尽管如此，我们仍致力于最大程度地扩大本书的涉猎面，并向所有重要的参与者致敬。

阅读完本书后，您将对工业 4.0 的发展有一个全面的了解。我们也希望，本书的相关内容能为您或您的公司在第四次工业革命的准备阶段提出不同的建议。

在此，我们祝您阅读愉快！

若您对本书有批评与指正，请与我们联系。

克里斯蒂安·曼蔡

李努斯·施劳宜普纳

罗纳德·海因策

2017 年春于维利希、奥芬巴赫

目录

1 导论

克里斯蒂安·曼蔡

本书的目的

长久以来，“数字工厂”、“物联网”、“IoS”、“预测性维护”、“CPPS”、“RAMI 4.0”、“智能生产”、“社交机器”、“MES”、“大规模定制以及 PLM 在自动化领域的应用”等这些新鲜术语及其缩写冲击着每个人的神经，但涉及具体内容时，却几乎没人能说清楚。本书希望能将这些专业术语进行整合并阐明其关系，由此给读者以启示。

制造商在广告中经常建议购买与工业 4.0 相关的产品。流行语“工业 4.0”会在未来被应用于各行各业，大家都在争相追捧这样一个具有前瞻性的话题。

事实上，在工业 4.0 以及所有其他类似事物发展中，过程就是产品。正如电动汽车本身并不代表资源节约型汽车行驶方案，它们在此方面做出的贡献却仍然是万众瞩目的。然而，只有通过与其他的模块/产品相互协调，即从智能化、交通导向的交通控制系统到优化的物流链，再到税收鼓励，才能真正实现这一目标。工业 4.0 的发展境遇也是如此。由于个别制造商对这个构想本身就一知半解，或者对公众传播了混乱的信息，使工业 4.0 这个构想更是披上了一层神秘的面纱。

为了能够合理地掌握和评估该领域的当前发展情况，我们必须从各个方面和技术层面上进行考虑和分析。在本书中，我们尽可能为读者提供广泛的题材，包括与此相关的技术或要点。其目的是将标题嵌入体系之中，从而加强读者对全书中工业 4.0 构想的理解。

第四次工业革命以及其他措施

如何准确地理解工业 4.0，究竟是基于什么背景使各行各业在过去的一段时间内如此关注工业 4.0？

工业 4.0 是德国联邦政府数字化政治纲领的核心议题。工业 4.0 一词指的是第四次工业革命，即从现在起依靠生产的信息化。众所周知，历史上工业界已经发生过的三次重大变革分别为：

1）以水蒸汽为动力的机械化。

2）借助装配线和电力进行批量生产。

3）使用电子和 IT 技术进一步实现生产自动化。

这些引起技术性飞跃发展的变革，我们称之为工业革命。

“信息化”是指在一定联系下使用不同来源的数据，以便在制造过程中生成决策信息。最后的目的是为了打造“智能工厂”。根据负责该领域的德国联邦经济与能源部（BMWi）的消息，我们得知：“智能机器独立协调生产流程，服务机器人在装配过程中通过智能手段与人合作，智能（无人驾驶）运输车辆独立处理物流订单。工业 4.0 可以确定产品的整个生命周期，即从创意到开发、制造、使用和维护，再到其回收阶段。”

除了“智能工厂”之外，未来的生产和物流过程将在各公司之间相互关联，以便优化物资流通，尽早地发现可能出现的错误，并以高度灵活的方式应对不断变化的客户需求和市场条件。工业制造的组件（例如机床）是借助信息物理系统（CPS）而创建的，正是它们构建了未来智慧工厂的雏形（即所谓的“智能工厂”）。成本与产量规模是批量生产的必要条件。

为了推进这一发展计划，德国联邦经济与能源部（BMWi）和德国联邦教育与研究部（BMBF）已经为其提供了数亿欧元的支持❶。

需要重点强调的是：虽然工业4.0是德国的一项倡议，但它并不仅仅是一个国家所专有的。相反，有关“智能价值链”也在其他经济区域得到了采纳，并采用相应的标准和解决方案。特别值得注意的是工业互联网联盟（IIC），该联盟于2014年初在AT&T、思科、通用电气、IBM和英特尔的联合推动下成立，到2017年春季该联盟成员已达250多家公司。自2016年以来，它们与德国联邦政府的工业4.0平台进行了官方合作，旨在协调各自的标准化工作，从而防止标准制定方面的混乱。

在生产方面将有更多的要求

国际“信息化趋势”的背景各有不同，在总体上影响了相关企业及整个制造过程。由于商品和服务之间一直是供过于求，导致企业产品在价格上承受巨大压力，因此生产效率的提升应该是最重要的。我们需要面临的问题是：如何以更快的速度和更低的成本制造产品？其关键在于缩减订单交货时间、避免产能过剩以及减少机器停机时间，当然还有上下游物流和增值阶段的优化。

在产能过剩和创新为生产力的市场大环境中，竞争的压力会随着时间的推延而不断增加。因此应以“入市时间”作为宗旨，尽可能快地将产品从创意转化为成型产品。这要求快速掌握一些复杂性高的工具，比如合适的仪器和计划辅助工具，以及一个可以在整个价值链所有流程中智能、无缝链接的信息架构。

与此同时，资源保护起着越来越重要的作用。首先，我们必须减少产品生产过程中能源和水的消耗，并继续减少材料的使用。在避免浪费、通过废物利用进行能源替代等方面，我们做的还远远不够。

企业面临的另一个挑战是对其灵活性的要求越来越高，它关乎个性化产品的小规模生产，这类产品长期以来我们一直认为是复杂的（例如汽车），但目前，针对一些简单商品的个性化制造也变得越来越普遍（例如个性化的可口可乐、玛氏、亨氏番茄酱等）。除此之外，通过建立这样的生产单元，使工厂尽可能在一个生产单元生产不同种类的产品。

再者，制造业中出现了越来越规范的产品制造以及产品供应条例。尤其是制药、食品行业，甚至其他许多行业中，产品责任划分的意义也越来越大。

---

❶更多资助详情可登录工业4.0平台官方网站 www. plattform-i40. de。

价值链信息化的原因

那我们究竟应该从何处入手，来实现这些目标呢?

现今，单个应用程序的优化已经尽可能地达到最大程度。只有通过加大生产中的数据集成才能进一步提高其性能。根据1965年的摩尔定律，处理器的运算能力每18个月会翻一倍，我们现在已达到的硬件性能水平是前人所不能想象的，它可以承受比以前更大的数据运算以及更复杂的数据分析❶。在此之后，处理器的发展会越来越快，我们能在五年内将同样的数据以十倍的速度，或者与现在相比复杂十倍的数据进行快速分析。

因此，有效地利用这些附加价值也是十分重要的。此外，IT与自动化从业人员必须首先实现“思维平面互联”，也就是他们需要使用同一种语言交流。为了在正确的时间将正确的信息传输给整个企业，需要定义大量的界面，而且还需要把每次数据的传输过程标准化。只有这样才能简单并节省成本地实现所需的连接，而不是像过去一样耗时。况且，在实际的工程中实现这一点通常成本高昂，其功能也由于组件的特殊性而受限。

将来，来自不同自动化和IT供应商的产品或零件解决方案必须易于集成，且能够可靠、高效地共同工作。通过这种方式，我们才能在将来确保在多个层面上、不同的制造商之间、甚至跨多行业尽可能简单高效地完成集成工作。这也是大力发展的基本目标之一。

很明显，这不是一项微不足道的任务。仅仅将传统的传感器集成到ERP系统中的直接和间接成本，就可能高达几千欧元。

这种任务的复杂性是单一企业无法解决的。因此，不同领域的制造商必须就标准达成一致，并传达至所有供应商。“自动化幸福岛”的案例告诉我们，即使是无名之辈，只要齐心协力，就能一步步创造奇迹。对于信息和通信技术行业来说，这样的信念尤为重要。因为IT行业在制造业中的使用越来越广泛，各种调查结果也证实了这一点。IT公司被视为重要的、新的竞争者以及未来的潜在赢家。而专有（自动化）解决方案在未来的情景中将会越来越窄。

所有这些听起来非常复杂，像是一个世纪项目。其实，它的成功不仅取决于前面提到的标准化进程，而且与软件开发性能的逐步提高也有着很大的关系。

由于企业和企业之间的要求、优先级和遇到的困境不同，每家公司都会为自己的业务提供不同的切入点：一家制造商出于实时管理或极短的创新周期等原因，对仓储/物流方面十分感兴趣。但对其他公司来说，由于产品品种的多样化，销售渠道

❶在此期间，游戏机（索尼游戏机4）的计算能力甚至超过了1998年生产的超级计算机（Intel Asci Red）。维持这种计算能力需要9152 Pentium Pro处理器，这些处理器安装在占地面积150m^2的房间里，满载功率为850 kW。而游戏机的空间要求仅约为超级计算机的万分之一（0.0159 m^2），而且就功耗而言也极小（约为超级计算机的五千分之一）。

信息的反馈才是他们最关心的部分。

这些多种多样的需求很快就会促使企业产生大量的开发和生产方案，因此可以更快地实现这个“世纪项目”。

如果开放标准或解决方案也可供所有其他感兴趣的公司使用，那么先前预测的发展历程将会发生飞跃性进步。因为，很快就会有一个完全联合的“经营池”用于解决工业 4.0 推进中出现的问题，最终每个企业都可以通过其他企业的发展而受益。

全球背景下的工业 4.0

为了将制造商、平台（例如工业 4.0 平台）、联盟（例如 IIC）或者其他倡议者（例如 it's OWL 或智能工厂）的成果汇总在一起，我们将全程使用“工业 4.0”作为在全球背景下研究的统一代名词。也正因此，我们为本书选择了此标题，力求在更大的背景下描绘更广阔的蓝图。其实，“工业 4.0”也只是研究和发展的一部分，但它已经在所有德语国家中成为一个术语。

那么在全球背景下，我们需要在工业 4.0 方面讨论的是什么呢？

我们可以这样理解：

◎内部和外部数字信息源的动态链接。

◎自动分析和传递生成的（复杂）数据。

◎按需准备或控制过程。

◎接入一个工业公司价值链中的不同部门，以便其形成一个更快、更节省成本、更有效率、更节省资源、更灵活且以客户为导向的完整体系。

与此同时，企业虚拟的工业 4.0 占比也在增加，包括以下几个部分：

◎与其相连并自动分析的信息源的比例。

◎外部信息源的比例。

◎局部发展的实现程度（如更快、更便宜等）。

图 1.1 以图表的方式，介绍了最重要的实体之间的联系。无论是在企业内部还是在企业外部的实体方面，它含蓄地体现了 IT 解决方案与自动化解决方案相比的重要性。

本书主要考虑的是与制造业相关的企业。本书没有明确涉及移动或健康以及其他重要应用领域中的技术应用。

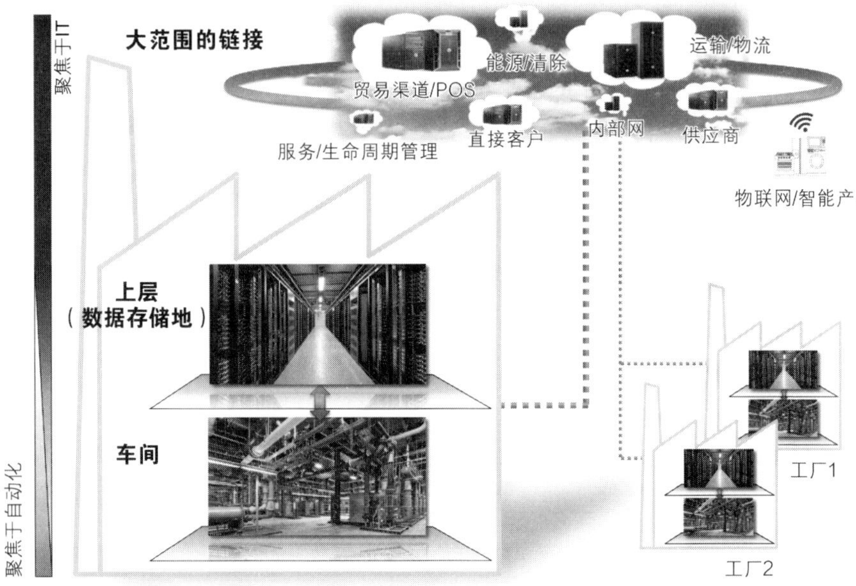

图1.1 价值链信息化原理

在工业4.0提纲下讨论的大部分内容并不都是全新的。与之相反的新事物，诸如ERP或MES系统、服务或远程维护数据等各个组件都需要得到进一步的评估，才能进行无缝互连并集成到系统中。因此，不必花费大量的人力物力为每个项目集成不同的协议或接口，甚至是过滤掉相应的数据。在将来，必要的信息与机械组件在一定程度上的融合应存在于任何需要的地方。这不仅在成本和时间上形成了巨大的优势，而且将完全重新定义制造企业的状况。例如，专注于柔性制造工艺的必然性以及缩短其机器设置时间，仅此一点就能让我们看到有趣的发展前景：

◎这一发展前景让人们丢掉了恐惧。它们不再被视为高花费、高成本、干扰业务流程顺利运行的障碍。更确切地说，它们会成为工业生产常态，即大量不同的产品可以在同一个系统上准时地、以实惠的价格生产出来。

◎小批量生产可以更好地控制存量，因此产品的库存量甚至可以减少至零库存。

◎为了节省时间和运输成本，产品可以在需要的时间和地点准确生产。

◎提高生产柔性意味着生产订单可以转移给其他公司或私人客户，从而提高工厂利用率。

展望

上面所描述的愿景美好得令人难以置信吗？非也。

在日常工作和生活中，我们已经能看到工业4.0的核心技术以及其带来的颠覆性变革，比如企业内部工作流程出现的革新，或正如当年个人电脑代替打字机、录音机和大型计算机，移动作业工具和通信工具替换固定式办公室台式电脑，现在正在发生的，是用平板电脑和智能手机来消除个人电脑工作灵活性差等弊端。

在生活的各个角落都会出现全新的工作流程和商业模式，这些模型到目前为止可能还是无法想象的，但在不久的将来，它们一定会成为生活的常态。根据 BITKOM 报道，2000 年只有 28% 的员工能在工作场所上网，而 2013 年，已经有 45% 的公司为其员工提供移动设备以实现移动互联网的接入。这些数字不仅反映了公司的技术发展，也反映了许多员工的职责范围和日常工作发生的巨大变化。因此，工业 4.0 能带来的是与之相关的“更多”、“更快”或“更实惠”等积极变化。同样的，大多数公司在五年、十年或十五年后将会大不相同，它们会提供截然不同的服务，同时也会面对完全不同的竞争对手。

根据维基百科的解释，工业革命被理解为“经济与社会条件、工作条件和生活条件的深刻和持久性转变”。通过本书，我们会带着激情展望未来，并积极而紧张地等待它为企业带来的实质性变革。

2 核心方案

技术基础

安纳·德阿特

工业4.0技术的引入有望极大地提高生产率，同时也会引发工厂运营商的焦虑与不安。本节解释了为什么工业4.0难以掌握，为什么即使对工业4.0的评价褒贬不一，它却仍然是未来发展的必然趋势等一系列问题。本节作者深入了解工厂运营商的核心技术及核心要求，不管支持者还是质疑者，都能在本节中得到启发。

工业4.0[1]是一个两极分化十分严重的概念。人们在2011年的汉诺威工业博览会上首次提出这个概念，这同时意味着向世界宣告了第四次工业革命的开始。当政治家们谈及德国工业竞争力时，经常使用该术语。然而，我们真的清楚工业4.0意味着什么吗？对于这个问题，我们要从由德国机械设备制造业协会（VDMA）[2]、德国电气与电子工业协会（ZVEI）[3]和德国信息技术和通信新媒体协会（BITKOM）[4]三大工业协会联合成立的工业4.0平台（Plattform Industrie 4.0）[5]中找寻答案。

公众对于工业4.0背后真正含义的理解往往是比较模糊的，继而造成了许多争议。概念定义本身的模糊性是造成混淆的原因之一。我们可以找到大量对它的定义，人们的出发点也都是好的，希望能够通过他们的解释来明确概念，然而却事与愿违，人们对这个概念越来越迷惑。另外，工业4.0背后的技术基础以及发展愿景也是不够清晰的，媒体方面对于部分观点的过度曝光，导致真正对该领域感兴趣的人对工业4.0的看法被掩盖，再加上一些公司的过度营销（“我们已经开始实践工业4.0了”等宣传口号）又再一次加大了这种混乱，使人们无法看清工业4.0真正的未来在哪里。

实际上，工业4.0是对未来互联网嵌入工业领域的展望，它背后的驱动力是技术。只有了解这一点的人，才能跟上工业发展的步伐。

三次工业革命——改革的先驱

1784年，自动织机的发明以及它与蒸汽或水力的结合是人类历史上劳动机械化、自动化的第一步，布料的生产率提高了一百倍，这样的发展在当时造成了很大的轰动。

第二次工业革命始于1870年辛辛那提屠宰场的作业分工，美国福特集团用类似的方式打造的流水线生产将这次工业革命推向高潮。福特的生产率猛增，日工资翻了一番，达到5美元。经典的福特T型车价格从大约870美元降低到了大约270美元[6]。当时的一名工人用三个月的工资就能买得起这样一部车。这对生产力和工作环境产生了重大影响，是人类迈向自动化的又一大步。

第三次工业革命在1969年爆发。第一个数字化可自由编程的控制器开始取代当时非常流行的硬接线模拟和二进制逻辑及控制程序。它是整个现代自动化金字塔以及现代过程控制系统的基础。今天，在高度自动化的工业生产中，我们仍然可以看到这种发展所产生的深远影响。

工业4.0背后的技术驱动力

不同寻常的是，工业4.0是首次在一场工业革命没有发生之前，就被称之为工业革命的。人们不禁要问，是哪些特殊性正在推动工业4.0的发展呢？对于背后的驱动力，主要有以下四种假设：

假设1：在可预见的将来，生产系统中通信基础结构的价格将会非常低廉，将来可以被广泛使用。由于它使用方便，用途广泛（如工程、配置、服务、诊断、设备的操作和维护、机械设备等多领域），在生产和工业的所有领域中，它的存在将慢慢变成一种必然现象。人们既无法阻挡这个趋势的发生，也无法加速它的发展。

假设2：设备、机器、车间和工厂可以借助网络（如因特网、私有工厂网络或公司网络）通过这种通信基础结构连接起来。单个物理对象在这个网络中上传其自身的相关数据，所形成的数据信息就可以在这个网络系统中作为它的“代言人”代表它。操作人员可以对它进行搜索、研究和分析，为它的功能和需求提供必要的帮助。这个过程可能会导致可用对象和数据量的激增。

假设3：设备、机器、车间和工厂将其自身的信息存储在网络的虚拟环境中，它们可以识别并上传自己的状态、历史记录、网络中的文档、3D模型或其他诉求。这些信息是实时的、可更新的，并且能形成一个逐渐完整的信息库。信息库中同样包含功能、谈判技巧或勘查功能。网络中的数据对所关联的物理对象实体进行了补充，并在网络世界中形成该物理对象的网络“数据对象”。网络中的许多此类“数据对象”相互结合，共同组建知识库。

假设4：在进一步的发展过程中，软件服务将结合所有可用数据，创造出超乎想象的经济增长。

基于这些假设，工业4.0的想法逐渐清晰了。然而，它们仍不是真正的工业4.0。

什么是信息物理系统（CPS）

工业4.0被认为是信息物理系统（CPS）的一种形式，CPS的概念是比较容易理解的。让我们先来看一下交通中的例子：现在的交通信号灯是自动控制或由中央交通控制系统控制的。而使用CPS后，交通信号灯将在一个网络“中央注册办公室”首先进行注册，注册后它就成为了网络中的一个“数据对象”，这个“数据对象”就是交通信号灯在网络中的身份。它可以通过这个身份在“中央注册办公室”反映目前的交通信号灯情况以及它的时间表。

这样一来，每个信号灯都拥有了两重身份：一个是在路口真实存在的信号灯，另一个是在网络“中央注册办公室”虚拟存在的“数据对象”。同样在这个“办公室”的还有其他信号灯的虚拟数字身份。借助这个“办公室”中的数据，未来的车辆（与车辆品牌无关）就可以使用标准化接口来获取有关交通信号灯的信息，并根据当前的位置来检索其路线上的交通信号灯情况。车辆会根据这些信息对行驶速度进行调整，或者为了环保在十字路口自动关闭发动机。未来的导航系统也将根据车辆所在的位置、目的地以及交通障碍来计算最佳路线（用绿色波浪线进行标示）。

将来，如果车辆能将其位置、速度和目的地反馈回网络中，网络服务就能够根据实际交通情况随时灵活地调整信号灯。此外，警车、救护车和消防车甚至可以定制专门的“绿波路线”。

这个设想的新奇价值其实并不是体现在新技术上，而是通过与以往不同的技术组合使它们以新的方式呈现。大量的可用数据促成了新的服务方式，比如“一路畅通”、“绿波路线”等计划，或者是基于实时信息的交通优化等。再向前推进一步，如果我们能将天气报告、日历数据、支付系统、地理或历史数据都结合起来，那就能组成一个更广阔的数据集合，它的潜力是不可想象的。

总结来看，CPS需要三个不同的级别（图2.1）。首先，物理对象（比如上文提到的交通信号灯和车辆）；其次，通过网络连接这些数据的基础架构（比如例子中的“中央注册办公室”），这里用云来标示；再次，（基于前两级的）新开发的产品与服务（比如信号灯的评估规划、“绿波路线”规划等）。其中的第二级和第三级构成了CPS的网络部分。

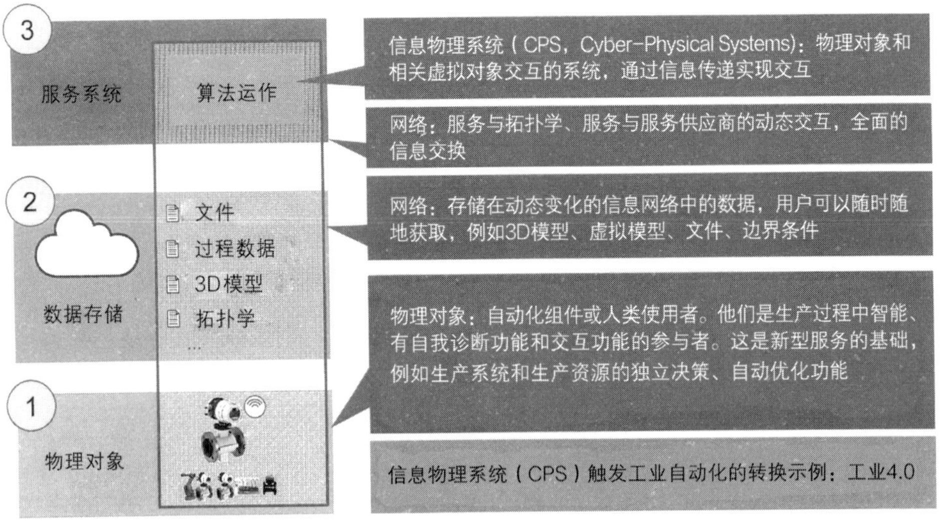

图2.1 信息物理系统（CPS）的三个级别

这个原则是通用的，工业 4.0 实施建议中的八大方案[7]（如网络化生产、自组织自适应物流或客户集成工程）都可以按照这个模型来执行。

技术构想和发展愿景

上面所描述的 CPS 原理是工业 4.0 的基础。如果这个概念被应用到工业中，那将带来什么变化呢？未来，工业设备也将在网络中拥有第二个身份，并且可以在所有制造商的网络中被找到，这对于工厂生命周期的所有阶段（工程、操作、维护和服务）都非常有用。它们可以在网络中“虚拟”地相互联网并在那里进行模拟实验。系统可以进行虚拟集成、试验、优化或测试。数字工厂和虚拟调试也全面适用。自主优化算法正在颠覆性地改变生产计划。彼此连接的设备协商合作，产品按照智能导航的指示通过生产线。

这些革命性的发展愿景并非新技术，而是基于大量数据的获得和集合所产生的新商机。结合其他服务（如航班预订服务、物流服务、地理位置定位、历史数据等）可以进一步完善整个服务体系。在这里，人们可以发挥无限的想象，去实现无限的可能性。

借助以上这么多服务方案和发展设想[8]，我们只想说明一点：未来的发展充满无限可能性。但这并不是因为工业 4.0 本身的复杂性，而是因为工业 4.0 开辟了无数条新的道路。

工业对工业 4.0 的要求

工业中网络技术的引进引起了许多工厂运营商的担忧，他们的工厂是结合投资、专有技术、生产和盈利为一体的。对于现有的生产设备而言，许多工业 4.0 相关的美好愿景似乎不太现实。而当生产设备也可以通过云端进行通信时，人们往往只能看到其中的潜在威胁。因此，出于实用性的考虑，当今工业对工业 4.0 提出了要求。以下的几点是现代工厂向工业 4.0 过渡的先决条件：

◎投资保护：工业 4.0 必须逐步引入现有的生产设备中。

◎稳定性：工业 4.0 服务在任何时候都不得危害生产，如发生故障、中断、不协调的干扰等。生产系统对非功能性属性（如可用性、实时性、可靠性、寿命、生产率、成本和安全性等）的需求增加，这些要求必须不受工业 4.0 的影响。

◎可控制性：访问与资产相关的数据和服务是工业 4.0 价值创造的先决条件，但这个过程必须是可控制的。对与生产相关的设备、机器或系统的书写访问需要更高级别的检查，以确保在整个生产环境中干预的有效性。

◎安全性：禁止未经授权访问数据或服务。

集成拓扑

将工业4.0引入实际生产系统的过程可以通过图2.2这样一个集成拓扑图来说明[8][9]。这同样适用于制造业、加工行业和其他行业。集成拓扑解决了上述行业需求（这些需求被认为是人们接纳工业4.0的先决条件），同时也简明扼要地解释了他们的逐步集成。

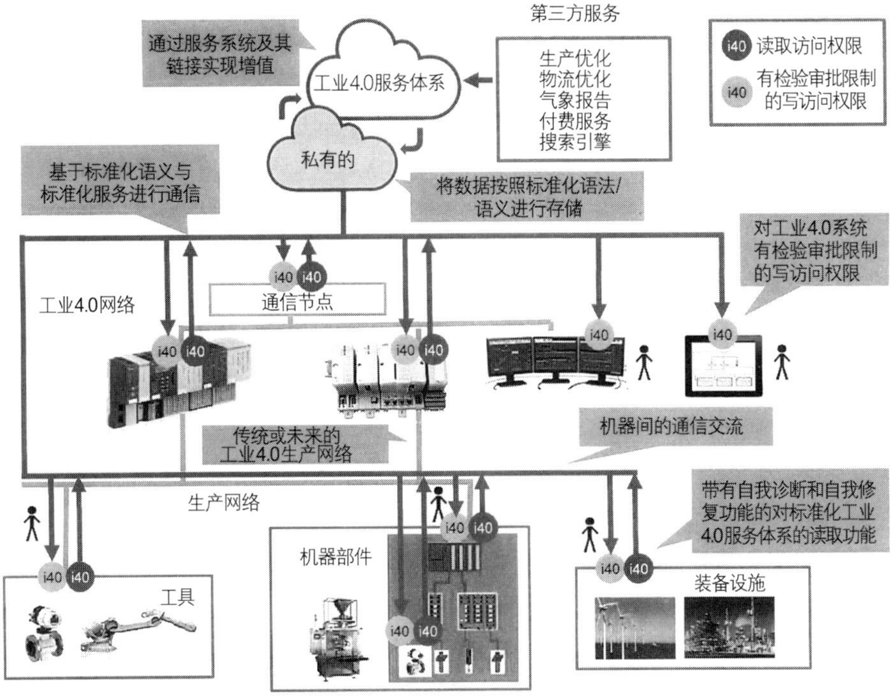

图2.2　工业4.0集成拓扑图

集成拓扑的核心是将工业4.0数据传输与保证生产工厂运行的通信系统分开（在图2.2中分别通过浅灰色或深灰色网格显示），这一点是非常必要的，工业4.0的技术实现就可以在单独的网络中（例如车间系统改造时）或在已经存在（如基于以太网）的网络中进行。

浅灰色的网格象征着对可用性、可靠性、使用寿命和安全性有更高要求的自动化系统（生产网络）。它具有自动选择技术的能力，同时具有强大的竞争力，它包括传统的自动化解决方案（例如主从式架构）以及新颖的自动化拓扑（例如SOA原理的使用）。深灰色的网格象征着新的工业4.0网络。生产工厂的运行不是绝对必要的，故障不能对核心区域产生影响。

为了将设备、机器或系统连接到工业4.0网络中来，这些设备、机器或系统均配备了工业4.0接口，此处以深灰色端口表示。对于这个过程中所需要的基本工业4.0服务，其语意义、语法以及传输协议都必须进行标准化，也就是说必须是为所有制造商所通用的、可以相互进行操作的。只有经过授权的工业4.0设备才能通过该接口读取标识符、诊断数据、设备参数、过程值等，这些数据正是工业4.0服务系统中附加值的基础。

出于对生产过程的保护，任何设备对生产设备、机器或者系统最初的访问都仅是只读的。写入需要额外审查，这个审查机构用于解决自动化核心系统的整个生产环境中写访问（如设备参数下载）的协调，以防止对其他系统组件产生不良影响，可以通过MES解决方案中的控制技术或通过人工来实施审查，对终端的直接写入在技术上是可行的，但是暂时不建议在工业实践中使用。

深灰色工业4.0办公网络中的数据汇总到专用的数据存储和服务系统中。其中的所有数据和服务均未公开，是受保护的安全数据。为了实现制造商的通用互操，应规范基本数据和服务的传输协议、语法和语义。所有者和系统操作员有责任访问数据和服务。公用工业4.0服务体系中的数据发布由接口和权限系统控制。工业4.0的附加值一方面为私人服务系统中的个人服务，另一方面与工业4.0服务体系中的第三方服务商共同实现。向生产系统反向提供增值服务是提高工程、运营、服务、新的移动应用程序效率的基础。

这里介绍的集成拓扑既不是什么新理论，也不代表工业4.0。它更多的是工业4.0实际创新的基本框架。工业4.0通信的逻辑分离、对写入权限明确审查的引入以及工业4.0私有和公共服务体系的分离，可以高水平地实现投资保护，维护生产稳定性、可控性和安全性。

工业4.0的真正新内容是什么

工业4.0的真正新内容不是云、网络或通信，也不是“服务系统”技术。这些都是既存的众所周知的技术。真正的新的、以前从来没有过的部分主要为：

◎关于存储数据标准化语法、语义的独立协议（新）。

◎在标准化语义以及与它们进行通信的基础上关于标准化（新）服务的独立协议（新）。

◎引入诸如“自我诊断”（新）和“智能探索”等原则，作为跨领域制造商创造价值的基础。

◎服务的可用性（新），设备的独立附加值。

◎操作数据可用性，服务联结（新）。

我们需要一个类似于智能手机应用程序商店那样的通用服务系统。同时，还应该强调工业4.0标准化的重要性[10]以及相关委员会与行业之间协调的必要性。事实上，只有实现实际应用才能实现价值创造。文献［7］中所描述的场景，从作者的角度来看，大多数还在研发之中。为了实现这些目标，我们必须继续进行研究和开发。

工业 4.0 平台指导委员会的定义中描述了一幅未来的图片：工业 4.0 代表第四次工业革命，是整个产品生命周期中创造价值链组织和控制的新阶段。该产品周期适应于越来越个性化的客户需求，并且涉及从构思、订单到开发和生产，直到将产品交付给最终客户，最终到回收再利用（包括相关服务）的整个过程。

发展基础是通过网络获取所有生产环节参与者的信息，同时具备在任何给定时间从数据中获得最佳增值流的能力。人员、对象和系统的组合创建了动态的、实时优化和自组织的跨公司生产网络，而这个生产网络又可以根据成本、可用性和资源消耗等不同标准进行再优化。

参考文献

[1] H. Kagermann; W. D. Luka; W. Wahlster: Industrie 4. 0: Mit dem Internet der Dinge auf dem Weg zur 4. industriellen Revolution. VDI-Nachrichten, 2011

[2] VDMA-Verband Deutscher Maschinen-und Anlagenbau e. V., Frankfurt/Main: *www. vdma. org*

[3] ZVEI-Zentralverband Elektrotechnik-und Elektronikindustrie e. V., Frankfurt/Main: *www. zvei. org*

[4] Bitkom-Bundesverband Informationswirtschaft, Telekommunikation und neue Medien e. V., Berlin: *www. bitkom. org*

[5] *www. plattform-i40. de*

[6] *www. heise. de/autos/artikel/Der-Vater-des-Autokonsums-1926988. html*

[7] Umsetzungsempfehlungen für das Zukunftsprojekt Industrie 4. 0. *www. bmbf. de/pubRD/Umsetzungsempfehlungen_Industrie4_0. pdf*

[8] *www. plattform-i40. de/blog/arbeitsst% C3% A4nde-der-plattform-industrie-40*

[9] *www. plattform-i40. de/sites/default/files/Vortragsfo lien% 20Veranstaltung% 20im% 20BMWi% 2018022014. pdf*

[10] DKE/VDE: Die Deutsche Normungs-Roadmap Industrie 4. 0. 2013. *www. dke. de/Roadmap-Industrie40*

信息物理系统的功能与挑战

克里斯多夫·吕特

引言： CPS 的发展历程

信息物理系统（英文：cyber-physical systems，简称 CPS）是逻辑层面的延伸，是过去几十年在计算机工程和通信工程领域里多种趋势融合的产物。

一方面，由于芯片制造技术的发展，计算机变得越来越小而精。我们现在使用的智能手机的处理器在一个芯片上，这个小小的芯片包含着微处理器、图形处理器以及控制器，它们甚至比十五年前的台式电脑更强大。通过这项技术，计算机可以进入之前它从未到访过的领域。其中，微处理器在汽车、电梯、电视机、机顶盒等所谓的嵌入式系统中扮演着智能控制单元的角色。由此产生了一系列新型传感器，它们协助嵌入式系统通过多种方式感知环境。例如，加速传感可以用于确定三维空间中的位置和运动，并实现与手机或游戏机交互这样一个全新方式。轻松定位的多点触摸屏或 GPS 接收器也是这类传感器在实践中的应用实例。

另一方面，互联网领域也捷报频传。可以连接网络的设备越来越多，如果说二十年前只有少数的大学和规模较大的公司中才有可以联网的计算机，那么现在，几乎所有的家庭、公司甚至每个智能手机都可以与互联网相连。这也导致原来的寻址空间几乎消耗殆尽。这就是“物联网”的发展大趋势（请参阅本章第 3 节：物联网系统）。在物联网中，人们追求的不再仅仅是手机和电脑具备联网功能，而是所有物体都可以通过网络彼此互联。

这些趋势互相融合后，我们获得了高效并且嵌入其周边环境的系统。这些系统可以感知周围环境并与之交互，系统与系统之间也可以通过网络彼此通信交流。这种系统我们称之为信息物理系统。

那么这些发展趋势是如何在实际应用领域里得以实践的呢?

我们以汽车行业为例。在今天的中型或豪华型轿车中分布着超过一百个彼此互联的微型处理器（大多数按照工业标准 CAN-Bus），分布在发动机的控制器、刹车、照明、空调以及信息娱乐系统中。目前为止，许多汽车已经拥有了联网功能，该功能主要服务于系统升级或者驾驶数据传输。而研究和发展致力于实现更广泛的互联功能。比如汽车与汽车之间的互联（Car2Car），实现汽车间（如道路交通状况、交通障碍警告等）的信息交换；或者，汽车也可以与其他基础设施进行通信（Car2X），例如对交通信号灯的响应。

另一个与之相关的应用就是智能建筑。在办公领域，类似 LON 和 KNX 之类的控制总线已经在很多年前就投入使用了。在智能建筑里传感器（如灯具开关、温度传感器、光传感器）与执行器（如灯、暖气、百叶窗）是互联的。这样不仅大大减少了所需铺设的控制线数量，而且也更易于功能的扩展延伸，同时确保了智能控制的实施。如今，智能控制已进入我们的日常生活中。通过“智能家居”（Smart Home）我们已经可以借助智能手机近程或远程对大量的设备进行控制。将来，这项技术还将与如智能电表（实时变化，取决于供电的电价）等结合在一起。许多相关课题都以“环境辅助生活”为关键词，研究如何将这些科技进行结合，以创造更多的价值。不来梅德国人工智能研究中心（DFKI）的不来梅环境改变生活实验室（BAALL）就是这一研究领域的先驱。

通过这些实例，我们可以着手对信息物理系统这个概念进行更准确的定义。

定义：什么是 CPS

信息物理系统主要具有以下几大特征（并非每个 CPS 都满足以下全部条件）：

◎CPS 将现实世界与虚拟世界融合在一起：一个 CPS 是一个嵌入式系统，通过对传感器的支配以获取来自环境的参数（温度、速度、障碍物、定位），再通过与互联网连接的控制器实现与环境的互动。

◎CPS 与它周围环境相适应。通过传感工程学 CPS 可以创建其周围环境的模型，从而使它的行为适应周围环境。

◎CPS 既有独立性，又有合作性。主要表现在以下几个方面：即使没有外部控制，它也可以在现有条件下长时间运行；但它的行为也并非因此一成不变，反之，从长远来看它是可以发生变化的；在同样条件、具有同样输入的前提下，一个 CPS 可能会做出不同的反应；一个 CPS 可以和另一个 CPS 交互，从而完成更复杂的合作行为。

◎CPS 也可以与人合作。CPS 与人类的合作不仅仅局限于传统方式（如屏幕、文字、触摸），而是通过例如自然的交谈、可以相互理解的特定语言甚至其他更先进的方式来进行。这种交互已经超出了纯粹的交流范围（如单纯的状态汇报、指令传输）。CPS 与人类分工合作，共同完成更复杂的工作。

◎一个 CPS 是一个总系统，它由不同的子系统组成，它们彼此独立发展，并且相互独立地进行交互合作。

一个 CPS 既可以像一个自主机器人一样小，也可以很大。我们可以把整个的铁路或者交通系统看作一个总系统，借助这个模型就可以联想到一个巨大的 CPS 系统是什么样的。CPS 和物联网有很大的不同：物联网更专注于多个智能传感器和执行器的联网，而这些传感器和执行器就可以是 CPS。而判定究竟什么是 CPS，则还是需要判断它是否具有上述的五大功能。

挑战：如何创建 CPS

一方面，信息物理系统的发展令人振奋，因为它可以在很多范围和场景内得到应用。另一方面，它的发展也给计算机领域带来了全新的挑战。

挑战之一就是这些系统中软件和硬件的复杂性。传统的嵌入式系统由一个芯片组成（系统芯片）。而 CPS 与之不同，它通常由差别很大的系统组成。相比于单个芯片，传感器和控制器出错的可能性更大。迄今为止，用于嵌入式系统的软件还非常简单，这主要归因于这些系统的功能有限，通常是有限状态机。因为其状态有限，所以只会生成针对给定输入定义的输出。而 CPS 功能更强大，可以在内部对复杂的环境模型进行管理。因此，计算机领域的专家们在 CPS 开发过程中，就必须考虑到硬件和软件的复杂性。

当人类与 CPS 同时具有控制权时，就产生了对权利划分的矛盾。这也是科学家们面临的另一大挑战。一方面是可靠性的问题：CPS 在特定的条件下是否有足够的能力来行使控制？最终的控制环节是否必须由人类来执行？另一方面则是可操作性以及用户接受度。人们无法接受行为无法预判的系统，尤其是如果它们影响安全功能时。因此，系统需要适时阐明其决定，以及做出该决定的原因。比如，当拥有自动驾驶功能的汽车刹车时，它应该及时说明，是因为前方道路有障碍物，还是它通过互联网接收到了前方路段危险等信息。

然而，CPS 发展最大的挑战还是系统的安全性和可靠性，这些系统能否可靠地输出人类预期的功能，以及功能输出过程中是否有安全漏洞。为了解决这个问题，一方面要防止故障的产生（即内部安全性），另一方面要对抗来自外部的攻击（外部安全性），以及未经允许的不可靠的数据访问（隐私）。然而，就现阶段的发展而言，不管是法律层面还是技术领域，CPS 安全可靠运行的条件均不完善。因此，该领域的发展还面临着巨大的挑战。

在核心安全应用领域安装嵌入式系统（例如在生产作用环节作为机械控制系统）所依据的通常是欧盟的安全条例，或者是来自汽车、铁路、航空领域的特殊规定。这些法律上的规定在技术层面上通过规则和标准来实施（如针对编程控制的 EN61508，针对汽车行业的 ISO26262，针对铁路的 EN50128 或者针对航空领域的 DO-178B）。这些标准基本上是比较保守的，它们严重限制了开发过程，以最大限度地减少错误并提高安全性。从而达到提高安全性的目的。这些限制很难与 CPS 的人工特性相协调，比如，EN61508 禁止那些复杂的功能，而复杂的功能显然包括“人工智能”。也就是说，遵照这条规定，我们就无法在核心安全应用中发展 CPS 系统。诸如此类原因，导致拥有自动驾驶功能的汽车至今都无法在公共道路上行驶。这就是 CPS 在实践中难以得到运用的一个典型实例。

即使是在技术实现层面，产品投入使用的前提条件也同样需要改善。现有的安全性保障措施，如产品测试、产品设计过程的严格管控等，都无法兼顾 CPS 的复杂性。我们需要合乎规定的验证方法（通过如模型检查、定理证明等技术）以及灵活的开发模型。从根本上讲，这些技术需要对系统、预期功能尤其是环境进行精确建模。而在开发 CPS 的过程中，多变的环境，甚至开发过程都没有得到准确描述的环境，都会加大模型开发的难度。而目前的建模技术（例如 UML 及其变体或形式规范语言）也是远远不够的。

CPPS：CPS 发展的过程产物

在工业 4.0 中，CPS 首先是以信息物理生产系统（Cyber-physische Produktions-systeme，简称 CPPS）的身份出现的。同样在这个应用范围内，我们可以观察到从简单系统到具有 CPS 典型特征系统的开发过程。它的发展始于非常基本的自动化生产，如流水线上的大量作业，并逐渐向网络化过渡，实现自由组合的生产作业。通常存在的范例是控制中心对生产进行集中管理，产品变革也必须通过控制中心实现。

通过 CPS 的安装，工件本身就成了一个自动控制系统，在工厂中它们可以找到自己的路径。在凯泽斯劳滕德国人工智能研究中心（DFKI）的智能工厂中，已经开始了对这项技术的研究（参见第 5 章第 1 节：智能工厂——从构想到实践）。我们将这个智能工厂看作 CPPS 的一个范例，它满足以下定义的所有标准：

◎它拥有广泛的传感器：工件、生产工位都可以感知外界环境，它们彼此连接的同时还能与互联网相连。CPPS 可以直接由互联网控制，以达到如直接处理客户请求等目的。我们也能在现实生活中体验到这项技术的应用，比如现代图片实验室（例如来自奥尔登的 CEWE 公司）。在这里，机器可以通过互联网获取顾客的数字照片，并直接上传到打印机，这个打印机就可以为此订单进行私人打印，甚至制作相簿。

◎工件可以自行适应生产环境。比如，为了下一个生产步骤，它可以自行找到一个空闲的生产位置。

◎在智能工厂中自主运行，并且与其他部件进行相互协同作用。

◎它还可以与人类进行交互，协助推动生产步骤，或者对产品生产过程进行监控。

◎智能工厂同时也是一个超级系统，它由单个的工件及其对应的、可以自主运行的生产站组成。只有在相互的协调协作中，CPPS 才具有相应附加值。

总结

总的来说，CPS 创造了一个巨大的市场。CPS 营造了一种全新的模式，这种模式并非为了促进现有技术持续发展，而是致力于颠覆性地革新现有市场。

虽然现行法律和技术的限制阻碍了 CPS 大规模发展，但是我们坚信，现在投身于该领域研究及发展的人，一定会在未来的市场占据先机。当然，安全性和可靠性是不可忽虑的问题。我们必须大量积累技术知识，确保系统的可持续发展。不安全或有缺陷的产品一定是无法长久存续的。幸运的是，德国研究界拥有该领域的专业知识，必定可以引导在该领域发展的公司迈向光明的未来。

物联网系统

郝尔格·肯

引言

“物联网”这个概念一时风靡全球，成了媒体笔下的宠儿。然后，就像“云空间”一样，物联网其实只是将各种信息传感设备与互联网结合起来，从而形成一个巨大的网络，而这些设备与设备之间本身并无太多关联。

物联网技术发展与挑战并存。随着科技的进步和社会的发展，各类新兴设备数量增多。多个设备通过互联网连接在一起，共同为人们的生活提供便利，已经成了基本的技术要求。与此同时，现在可以在全球范围内低成本访问互联网，联网设备及其功能也因此变得越来越便利，市场需求更是因此加大。这一现象导致有更多的设备加入到联网服务中来。从折扣店的扫码器，到通过手机操控的氛围灯，以及私人健身手环；从工业设备的远程维护，到物流运输监管，再到专业领域的能源消耗。物联网已经遍及生活的方方面面。

物联网市场的发展对仍未普及该应用的区域及产品提出了新要求。

“物联网” 是什么呢

如今，“工业 4.0”和“物联网”这两个概念常常被关联使用。提及这两个概念，人们一方面以目标为导向，希望能借助该技术优化工业生产及物流运输程序，提高终端用户的使用感受；另一方面也实质性地描述了一个技术层面的愿景，希望借助该技术，将各类新兴设备、流程及其功能连接在一起。

上述第二点是我们在物联网领域重点关注的问题。“物联网”中的“物”指的就是设备本身。物联网的发展要求设备了解自身现状，并具备交流能力。借助其交流能力，设备可获得新的指令，从而对自身现状进行更改。设备的功能及工作流程使设备具备上述交流能力，同时，也可将数据结果进行汇总，使设备进一步具备“做决定”的能力。这些设备的功能及工作流程就是物联网，尤其是当其基于传输控制协议和因特网互联协议（https）运作时。除了两个“物”之间的直接交流外，数据汇集及分析也是物联网运作的一个重要板块。

物联网的发展及挑战究竟在何处

中央服务器与多台设备的连接似乎易如反掌。移动网络、即时通信系统、网络电话、网页聊天等，都可以实现多设备连接，为用户提供实时信息传输。这种情况下，信息交流通过普通设备以及传输控制协议和因特网互联协议即可顺利实现。而同样的，嵌入式系统的编程对于现代技术而言也并非难事，各类配备微型处理器的设备也早已证明这一点。通过上述两种方式的组合，物联网发展似乎顺风顺水。那么，其发展困境与挑战究竟在何处？

一般情况下，终端设备必须在没有人为干扰的情况下长时间平稳运行，同时保持通信。而一般面向消费者的设备并不存在这种需求。当出现运行故障时，维修人员都可快速对故障进行处理，有时仅仅需要重复输入密码、调整配置或手动重启即可解决问题。而物联网设备的维修则复杂很多，这就造成了在物联网设备的生命周期内高额的维护成本。因此，物联网设备需要长期有效且安全可靠的通信通道，通过该通道可以将维护和配置信息传递给设备。

如何保证物联网设备中所记录数据传输和存储的稳定性与安全性是一个关键问题。比如，数据在传输过程中可能涉及数据丢失的情况；在某些特定领域，数据在传输过程中会涉及其安全性和敏感性，相应地也会涉及到数据盗窃、数据伪造以及数据被追踪的问题；就算使用安全的终端加密，攻击者也可以在数据传播的过程中动手脚，从而达到他们的目的；当多台物联网设备同时传播或处理大量数据时，计算机系统、通信通道以及存储空间很快就会达到其运转负荷量。为了应对高负荷运转，并能够在短期内满足数据处理不断增长的需求，云技术的使用是一个不错的选择。

如何通过所传输的数据得出相应的结论。尤其是大量传输的个体单一数据，对计算机系统的数据处理提出了很高的要求。比如当为了某个商业决断需要计算机在短时间内处理大量数据时，即使这个需求只是短期需求，商业团队也必须得在计算机系统上进行高额的投资来升级系统。当人们无法预估企业所需数据分析的时间点时，比如当偶尔出现系统错误时，需要人们利用数据处理对系统错误进行分析，这种情况下，企业想利用本地既存信息处理系统，既将花销控制在可接受范围内，又能解决问题，是不现实的。而通过云计算服务商的混合 IT 体系结构就可以实现这一短期数据分析需求。在数据分析方面，尤其是物联网数据分析领域，还存在着一个至关重要的问题：到底哪些数据需要被长期存储，哪些数据则在短期使用后就可以清空销毁呢？我们对物联网数据的分析往往随着时间的推移才能真正得出结论，哪些数据是重要数据，哪些是非重要数据。这种情况下，对于原始数据的存储就变得非常重要。而这里，几乎拥有无限内存的云服务器及其供应商就起到了至关重要的作用。

物联网基础结构

物联网在实际生活中运用时，往往采用共同的基础结构。这个结构由三个层面构成：数据传输、数据管理、数据分析。另外，数据传输之前是物联网的“物”，也就是原本互无关联的物理设施设备；紧跟数据分析之后的则是决策过程。流程如下：

与此结构并存的是一个回路结构，这个回路结构表示的是相应的指令如何回传到“物”：

然而在这个物联网的基础结构中仍然缺少部分细节，下面将通过三个例子具体说明。

例1　http (s), REST 以及数据库

http-Client 用于调用服务器端的 REST 接口（基于 http 的 Web 服务接口），它同样构成了“物”端的基础结构。两个终端口由客户端循环调用。为了保护连接路径的安全性，通常用 TLS 作为传输加密方式。“物”的验证通常通过内部验证来完成，例如设备 ID 和设备密码。

在服务器端通常使用支持 TLS❶ 的 Web 服务器，该服务器能接收并保存数据。在这里，既可以使用 SQL 数据库，也可以使用 NoSQL 数据库，甚至可以使用简单的、基于文件的存储系统。客户端的身份验证也是通过访问设备数据库来完成的。

如今，程序在现实生活中得以应用通常要基于上百个“物”。优点是对客户端和服务器端的要求相对较低。在某些情况下，甚至省略了传输加密这一步，从而对客户端的应用过程进一步简化。

然而，我们也不能忽视这种被简化的应用程序的缺点。

一方面，人们往往忽视了设备运行周期内信息的管理。例如，设备的认证信息在初始阶段是如何产生并保存在设备内部的？设备信息是如何产生并保存在数据库中的？随着对设备的使用，设备的认证信息又是如何更替的？当设备出现故障时，如何将设备认证信息格式化处理？这种情况下，人们往往使用 VPN❷ 来作为持续性安全结构的替代。但是这也造成了潜在的风险，因为说到底，VPN 首先是一个可以联通全球交流的网络技术，这代表着，当一个设备被攻击受损时，可能会波及到整个系统。虽然在 VPN 系统添加过滤规则可以在一定程度上保障系统安全，但这个过

❶TLS（Transport Layer Security 传输层安全）是 SSL（Secure Sockets Layer 安全套接层）的替代者。
❷VPN：Virtual Private Network 虚拟专用网络。

滤规则也同时是一个附加的系统单元，在这个单元里同样可能会存在系统错误。同时，VPN 的认证往往也是通过用户名和密码来进行，这样的验证方式与设备内部验证相比，并不见得真正安全多少。

另一方面，此结构的扩展性有限。即使使用者通过负载均衡器在大量服务器上开放 REST 访问权限，对数据库访问的需求仍然面临着巨大的挑战。即使通过缓存系统减少了读访问权，传输数据的长期存储对于系统运转依然是一个负荷。

例 2 基于证书的身份验证和系统的扩展性

我们可以通过如下方式来对设备全生命周期进行管理：摒弃最初的简单设备管理和密码管理，在生产设备时即生成设备的通用密钥和私人密钥，同时对通用密钥进行签名，这样生成的证书将保留在设备中。

设备运行时，只需要将其证书传递到 REST 服务配置中。通过验证该证书，即可得知该设备是否为可信设备。之后，在设备数据库中就创建了该设备及其证书的相关登记材料，其他配置数据将被进一步传到此设备中。

在传输的配置数据中，即已包含在有限时间内有效的其他访问证书。如果其中一个访问证书失效，设备将再次访问配置服务以获取新证书。为了确保数据传输和数据存储的可扩展性，配置服务可以为设备提供不同的端点以进行进一步的通信。

通过这种基于证书的身份识别，服务器对经过认证的机器进行自动识别并连接，而无需访问中央数据库。为了避免在进一步处理数据期间写入数据表，这里会使用所谓的数据库分库分表。数据的存储分布在许多数据库中，因此在单个数据库中对写入访问的数量没有限制。

例 3 高可扩展系统

为了实现多个设备原始数据处理的高扩展性，人们发明了消息流的处理流程，如 Apache Storm 或 Azure Event Hub。在这些流程中需要两组计算机分别发挥以下两种功能：一组计算机用来接收信息流，另一组计算机用来消费已接收的信息流。

一个系统中往往存在多个数据消费群。这个处理流程可以保证从一个设备上传的数据仅通过数据消费群中的一个数据消费者来处理。通过这种方式，一个数据消费群可以用来处理状态参数，另一个数据消费群可以将同样的数据做长期保存处理。

消费信息的处理则可以使用特别编写的软件，或通用服务商来进行处理。例如，类似 SQL 的数据库查询语言也可以应用于数据流的处理，并以简单的方式制定系统错误判定的标准。这就是 Azure Stream Analytics 的运行原理。

而通过这些数据分析所产生的结果又可以再次生成信息流，这些信息流通过相同的程序返回到“物”，也就是我们的设备中去，进而激发设备行为的变化。(图 2.3)

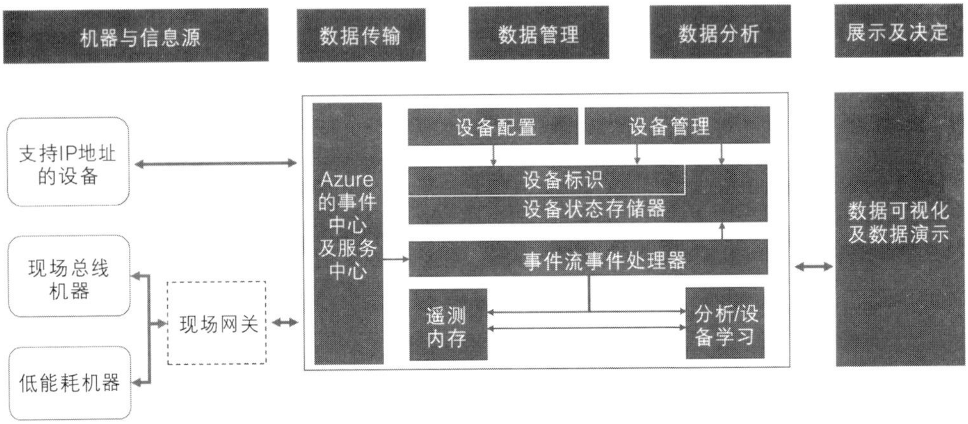

图 2.3　信息流处理流程

组合实施

根据不同的应用领域，我们同样也要考虑到对额外功能的需求。例如，应考虑数据处理的法律限制和风险因素。再比如，由于现有的合同或法律条件，对某些服务商或处理站点的数据处理可能是存在限制的。再或者，根据所连接的装置设备所在地的不同，其数据的记录、传输或处理可能也不一样。其现有内部数据中心和数据线的工作负载对于全新的、快速发展的物联网项目而言是一个巨大的挑战。因此，在项目实践的过程中，人们往往会选择所谓的“组合实施结构”。在这个结构下，公共云数据中心用于终止物联网设备传入数据的连接，数据的实际分析发生在云数据中心或云计算中。这种方法的实用性在于可以在处理数据的同时保障数据安全。许多有争议的信息（如设备所有者的信息或其他有争议性的信息处理结果）只会在自己的信息处理中心被处理。

技术现状与发展前景

目前，有“物联网”领域的重点项目正在实施中。大多数此类项目都处于初次尝试和产品研发阶段，所有联网设备的供应商更是都在朝这个方向做研发。当前阶段，大部分项目的实施仍然依赖于类似上述例 1 中所示的架构。而在媒体笔下，也将设备受损归因于这个结构架构。

如今的市场上已经有了必须基于物联网才能运行的产品。如“智慧房屋”所需要的智能空调、智能取暖设备等。现有的远程维护系统将尽可能提前检测错误的发生，或者通过所谓的“预测性维护”提前防止故障的发生。在机械制造和设备安装领域，人们更是坚信：以客户需求为导向，物联网功能将是未来发展必不可少的一项。

随着进一步的发展，市场上也将出现一系列基于“物联网”功能的新型商业模式。由“物联网”演变而来的高性价比交流、运算中心造就了一批创业公司，与传统公司相比，这些创业公司能更快地将其商业企划付诸实施。众筹等新的融资方案明显加速了创业周期，特别是对于以用户需求为导向的“物联网”的企业。在工业4.0领域，高性价比的硬件设施和动态数据中心为消费者提供了除传统IT系统外的其他可能，这正是他们快速占领市场，取得成功的原因。

预测性维护——从传感器到 SAP 系统

马丽安·严恩

“工业 4.0”与“预测性维护”是 IT 行业和咨询行业中备受关注的两个术语。乍一看，两者之间并无明显直接关联，然而，随着对工业 4.0 背景的深入研究，我们发现：

◎在预测性维护中，IT 行业和工业 4.0 一样，都需要合适的传感器。

◎在生产和维护方面，两者都需要 IT 专业知识。

◎在生产和维护领域我们能得出相似的结论：相对于机器的即时运行，我们要更加及时地规划设备订单，进行设备维护。

因此，从历史发展的角度来看，预测性维护被视为工业 4.0 不可或缺的一部分。

预测性维护在工业中的概念

如果维护由保养、检查、维修和改进[1]这四部分组成，随着技术的发展，这四部分所占的时间份额比例也发生了变化。在 20 世纪 60 年代以前，“维修”一直占有很大比重。而随着“维护”的发展，“保养”和“检查”所占的比重也越来越大（图 2.4）。在 20 世纪 90 年代初，由于生产自动化程度的提高，生产的受干扰性呈指数形式增加[2]，“状态监测”开始逐渐走入人们的视线。状态监测是利用在线震动传感器监测轴承来实现的。由于机械磨损，这些轴承通常在三至五年内损坏，进而导致全线停产。诸如此类，由于本身价格低廉且作用关键的零件损坏而引起全生产线停产的例子数不胜数。

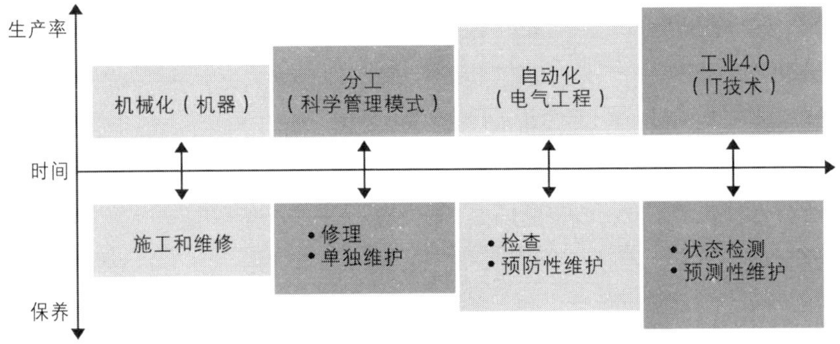

图 2.4　生产和维护的共同发展

连接传感器——预测性维护的成功因素[3]

在生产发生中断的情况下更换所有零件，这样的预防性措施并不是最经济高效的。而状态维护和预测性维护除了关注到计划内的保养和维修外，也会持续改善设备，减少设备维修花费。因此，与用于监测磨损的其他传感器相比，振动传感器的费用虽然不再增加，但状态监控以及其他相应传感器的研究仍有很大的进步空间。(图 2.5)

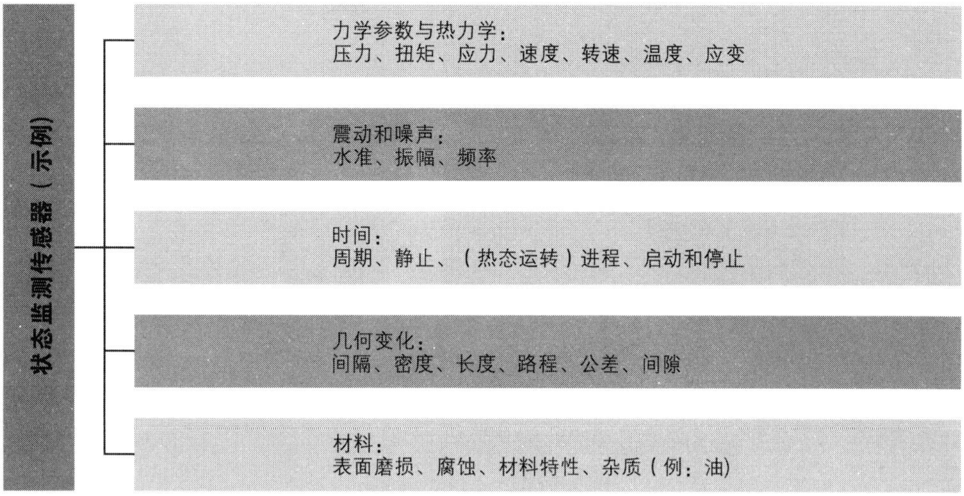

图 2.5　状态监测传感器[4]

与工业 4.0 一样，如果将状态监测作为基础的预测性维护，其难点在于如何将传感器与 IT 系统连接。简单来说，传感器信号必须在监视器上显示并给出警报和干预限制。不同的传感器信号、现场设备的自动化结构以及缺乏与不同 IT 系统的连接(可以拟定有关预测性维护的计划和分析)，都会导致使用传感器连接的成本增至一般传感器成本的数百倍。同时由于缺乏足够的数据库，用于预测性维护的算法仍不尽如人意。

此外，虽然现在的传感器可提供 IO 标准的数据，但该领域的原有方法（例如通过可编程控制器 PLC 处理数据）几乎都被摒弃了。根据易福门电子有限公司的研究，单个 IO 标准传感器提供的数据为每年 0.18TB，而单个振动传感器每年提供未经过滤的数据已经达到 1.3TB。如果要根据预测性维护的要求，在软件中的原始数据上设置评估算法，则必须传输和存储这些数据。除了所必需的良好数据库物流和高传输速度之外，其余的过程几乎都不可能通过 PLC 和 OPC 路径完成。

为此，在工业 4.0 中创建了“Y 型路径”，以易福门电子有限公司的网关为例，图 2.6 展示了传感器与 IT 系统之间的直接连接。当控制器以所需速度持续接收重要数据时，使用“LR Agent Embedded”将所有信息通过TCP/IP转发到数据库、软件解决方案、尤其是SAP系统中。因此，通过合适的网关连接IT系统会降低成本。

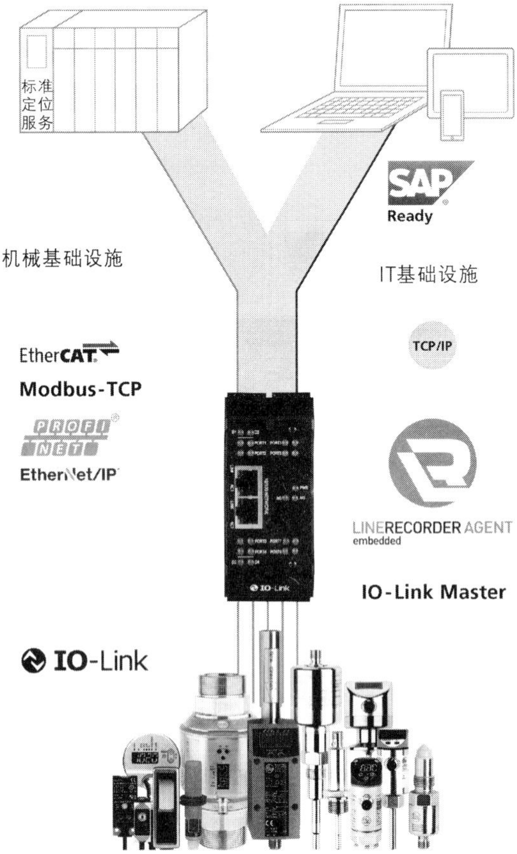

图2.6 “Y型路径” 用于机器控制和状态监测的传感器数据

生产和维护方面的IT专业能力

鉴于生产和维护方面的IT能力以及IT方面的生产能力都较低，传感器与IT系统的连接花费十分高昂。机器旁边的维护人员需要向电话另一端的IT顾问解释该传感器的哪个位置将放置哪些传感器、采集什么数据以及如何显示该数据等问题；或者工业4.0中预测性维护的工人必须是生产和维护方面的IT专家。当然这只能是一种假设，在过去，维护人员需要具备机械知识和电气技术知识，或者具备有关机电一体化的知识。

针对IT技术缺乏的解决方案之一是将工厂数字化，甚至最后实现无人化工厂。在管理层面，核心管理者不但需要足够多的信息，而且还要通过远程对意料之外的情况做出决策。数字化工厂忽略了 80 年代计算机集成系统中各个机器和各个操作员之间利益的复杂性，无人化工厂则需要等级原则，需要管理者来控制整个系统。然而，集中化决策的想法失败了，因为复杂和动态的流程是通过基于信息技术的模型和算法来展示的，在复杂的生产过程和高度灵活的生产环境中，软件和程序并不能真正发挥作用。

由操作人员、维护人员及机器共同形成的协同交互自治单元能够以统一的生产目标为导向，在不同的情景下进行决策处理，人们不用再关注整个系统到底有多复杂。因此，机器操作员成为工业 4.0 工厂的决策者，只有这样才能实现协作效率的显著提高。

技术工人通过数字应用程序来操控是工业 4.0 的未来，这也意味着机器操作员在将来必须具备处理软件方面问题的能力。维护工作也是这样的，这意味着可以在 PC 上获得机器维护和机器状况的信息。移动解决方案可以实现工作人员远程对机器进行更深入的分析。此方案的易用性堪比私人 PC 或平板电脑，以保证工人不需要太过专业的 IT 知识就可以使用该方案。因此，我们既不需要对工人进行软件使用的全方位培训，也不需对软件进行过多调试。(表 2.1)

表 2.1 协作在工业 4.0 与预测性维护中的比较

人类	工业 4.0	预测性维护
高度敏感的神经系统	高分辨率的传感器，大数据	基于网络的有关机器状态的完整信息
计划和决定	措施建议	措施建议，有助于决策的分析工具
合作	人—机器—相互作用： ◎机动易变 ◎即插即用	摆脱分层维护，开发出适用于每个机器组件的应用程序

另一种支持 Web 的解决方案是 LR 智能观察器，LR 智能观察器（图 2.7）是一种专门的维护工具，它基于 LR 代理嵌入体及/或基于电脑上的 LR 代理连接端口（LR Agent CP）运行。同时，LR 代理连接端口中包含的原始 SAP 软件可将信息传递给更高级别的 SAP 系统（如 MII），维护计划就可以通过这样的方式连续不断地获得信息（SAP EAM）。

为了使机器制造商也使用预测性维护（假设制造商的客户已经在使用他们的机器），使用连接端口或 LR 代理嵌入体创建廉价连接。LR 代理嵌入体还可以访问机器制造商基于 SAP 系统的远程诊断网络（SAP-IoT）。

在生产企业的数据库中研发算法，能够更准确地进行机器故障预测，更精准地实现预测性维护。

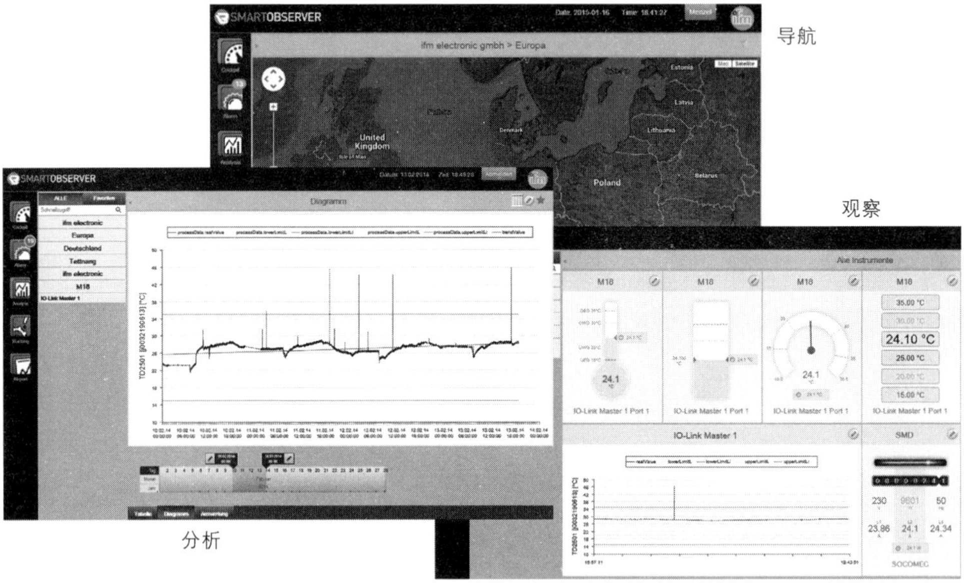

图2.7　LR智能观察器

维护的组织性变化

维护人员和生产人员可看到大量有关机器运行状况的信息，因此他们可以在他们所在的地方采取措施操控机器。机器操作人员和维护人员也可以采取综合性的维护措施。

过去，基于精益管理和全员生产维护（TPM）的要求，生产人员很少同时负责机器的维护任务，最多就是对机器进行清理。主要原因还是缺乏相应的专业技能。将来，操作员可以在机器的旁边了解到机器的状态，看到不同操作的结果，那么他也将相应地调整他的操作，从而更多地了解他负责的机器的状态。

同时，工业4.0通过相关自动化程序也减少了对机器的直接操作：指令将通过网络进行传递，工具和产品质量将自动被识别等。维护工程师的工作任务也相应减少：他们可以远程提供智能算法和分析工具，以便进行及时的、可规划的保养和维修，减少消防和检修任务。

参考文献

[1] Schuh, G., Kampker, A. u. Odak, R.: *Verfügbarkeitsorientierte Instandhaltung. Aachen: Apprimus*, 2009

[2] Schuh, G., Kuhn, A. u. Stahl, B.: *Nachhaltige Instandhaltung: Trends, Potenziale und Handlungsfelder nachhaltiger Instandhaltung.* Frankfurt am Main: VDMA-Verlag, 2006

[3] Moubray, J.: *RCM-Die hohe Schule der Zuverlässigkeit von Produkten und Systemen.* Landsberg: Moderne Industrie, 1996

[4] Howald, J., Kopp, R.(10. April 2015): Industrie 4.0 und die Zukunft der Arbeit. *Frankfurter Allgemeine Zeitung*, S. V6

从设备通过预测性维护网关到云端

克劳斯·迪特·瓦尔特

在机器和设备中隐藏着许多有价值的数据。如果人们能够将这些数据与从其他传感器中获取的数据相结合，那么就可以通过预测性维护实现基于云技术的状态监测、预测性维护与服务。

基于工业4.0的智能工厂，其通信关系可分为三个域：OT=运营技术，CT=云技术，IT=信息技术（图2.8）。预测性维护网关通常直接在OT域中使用。借助OPC统一架构，当前状态数据和数据分析结果可以作为SOA接口（面向服务的架构）提供给其他应用程序（如IT领域中的MES应用程序）

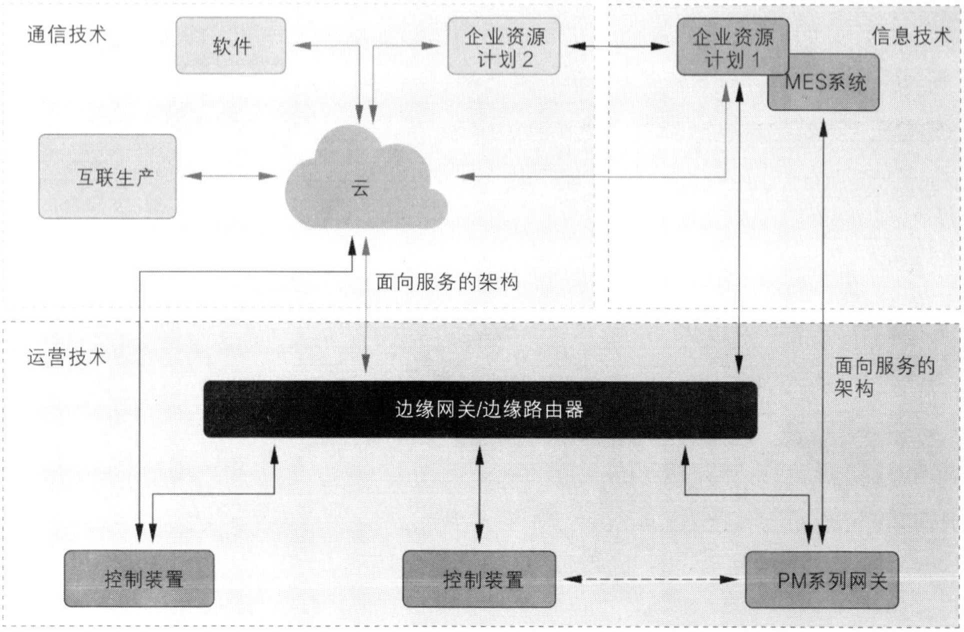

图2.8　基于工业4.0的智能工厂通信关系

当被问及为什么所提供的机器和系统没有配备基于云服务的状态监测或相应的数据接口时，供应商通常会给出如下回答：

1）所需的传感器和数据技术太贵了，因此导致的产品价格上涨会降低其竞争力。

2）仅仅从 M2M（Machine-To-Machine，机器对机器）层面，机器或设备生成的大量数据无法完全通过移动网络或云计算所属运营商的网络进行数据传输。

值得注意的是，一些行业，特别是来自汽车行业的客户不允许机器与云服务连接。同时他们对云服务使用数据的安全性表示担忧。然而，在工业 4.0 从最初的想法和概念到一步步实现的过程中，这些问题都已经迎刃而解。毕竟，没有云计算，就无从谈及工业 4.0 和智能工厂。

我们回到供应商的这两个回答上来。由于额外的数据整合造成的生产成本增加，反而降低了产品在市场上的竞争力，这一观点在过去从来没有被质疑过。而现在情况恰恰相反：有竞争力的机器需要具有工业 4.0 功能的数据接口，这些数据接口同样适用于状态监测和预测性维护。此外，它还可帮助用户避免意外停机、优化能源需求、确保产品质量并降低运营和维护成本，适配的数据接口也同样支持服务性业务。

数据是现成的

在机器和系统中，如果额外使用用于有效状态监测的传感器，在理论上确实会导致成本的增加。然而，由于在消费电子产品和其他市场领域围绕物联网的推动，传感器的价格已经相对低廉。此外，使用的控制系统（PLC）已经拥有大量合适的数据，但这些数据仍然被隐藏或隔离在 PLC 中。因此，第一步，人们应该获得对这些数据的访问权，并详细说明哪些与状态监测相关。我们来看一个例子：用于生产单元中材料运输的气动子系统是由压缩空气驱动以及 PLC 控制的托架和导向缸组成，该托架在左端点和右端点之间来回移动。在导向缸的两个端点处配备了一个带有切换点的接近传感器，用于向 PLC（西门子 S7-1200）传输托架的当前终点位置（图 2.9 中 X_1 和 X_4 所处的位置）。只有通过 RFC1006 协议（ISO-on-TCP）的传感器，才能对 X_1 和 X_4 处的两个 S7-1200 输入进行 LAN 访问，并且生成与状态监测相关的以下信息：

◎托架的总运行里程：导向托架所能承受的最大里程，例如 3000 千米。通过计算 X_1 和 X_4 的终点位置，可以计算总运行距离并给出可能的剩余里程。

◎阀岛中所有阀门的确切使用寿命：对于属于气动子系统的所有阀门，可以根据端部位置 X_1 和 X_4 计算阀门开关操作的次数，并根据数据表计算设备剩余的使用寿命。

◎托架从左向右移动或从右向左移动所需的时间：借助于端点位置 X_1 和 X_4 之间的开关触点对运动时间进行测量，我们需要考虑不同的情况，例如过压（滑动太快）、低压或机械过载（滑动太慢）、托架和导向缸的磨损等。

◎减震器的使用：通过计算托架速度及其在端点 X_1 和 X_4 之间的位置，可估计托架的速度以及每次偏移和每小时的最大耗能量。但是需要注意的是，在实际操作中，这些数据不足以精准地确定减震器的剩余寿命。

借助于气动子系统在生产单元中输送物料，例如带有压缩空气驱动和 PLC 控制滑块的导向缸。在基于云的状态监测以及相关的服务和维护概念下，可以减少整个组件的停机时间，增加其使用寿命。部分所需的数据由 PLC 提供，此外，新增的传感器仅需要较低的附加成本。通过预测性维护网关可以收集数据、合并数据并将其传递到云服务中。(图 2.9)

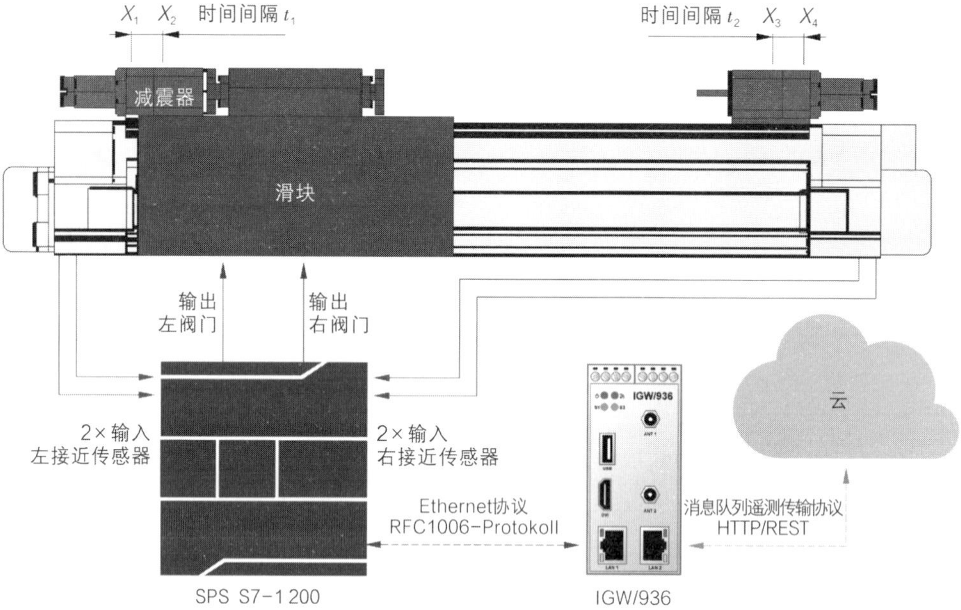

图 2.9 借助于气动子系统在生产单元中输送物料

附加的数据融合传感器

如果只有端点 X_1 和 X_4 处的距离传感器信号可用，那么所有关于时间测量和滑架速度的计算都是相对不准确的。端点之间的托架运行时间还包括减震器行程距离（图 2.9 中的时间段 t_1 和 t_2）的阻尼阶段所需的时间，该时间取决于各种参数。此时，距离传感器在 X_1 和 X_4 处的切换时间因减震器而延长。滑动端上的两个减震器是整个气动子系统的核心部件。如果减震器的阻尼较小，则托架在导向缸中的运动不会受阻停止。但这可能会对整个子系统造成永久性的损坏。因为云计算的状态监测同样包括对减震器的状态监测，所以我们需要安装额外的传感器。

如果现在要测量减震器对状态监测的影响，那么原本带有一个开关触点的简单距离传感器应替换为具有两个开关触点的特殊传感器。在调试期间，接近传感器中两个开关的空间距离是由减震器的行程直接设定的。使用 X_2（左侧减震器上的提升行程开始）和 X_3（右侧减震器上的行程开始），它们是减震器延伸部分在 X 轴上的两个新点。由于 X_1 和 X_4 可以同时协调导筒的滑动终止点和减震器行进距离的端点，其时间周期可以在 T_1（提升时间左保险杠）和 T_2（升降时间右保险杠）的保障下精准到毫秒。冲程时间将随着使用寿命的延长以及减震器油压的降低变得越来越少。

为了对导向气缸进行预测性维护，我们需要定期传输和收集 RFC1006 协议下且通过 PLC 输入和输出的所有数据，并将这些数据传输到云服务器上。为了实现通过移动网络或运营商网络访问传递到云计算的大量数据，数据预处理也是十分关键的。例如，在特定时间段（例如 2 小时）内对 t_1 和 t_2 所采集的数据进行相应的均值处理，即使在该时段总共获得了数千个数据，我们只需要向云服务发送两个 t_1/t_2 值就够了。

基于对未来预测的服务

在 IT 领域，“预测性维护”是对通过评估大量数据来预测未来发展趋势这样一种方法的统称，很多年以前，它就已经被运用实施过了。正因为如此，高度开发的、经过验证的服务存在于各种云服务平台中，这些服务平台也适用于预测单个机器组件的故障概率，从而可以作为用于确定合适的维护日期或作为主动服务概念的基础。它们属于软件，即服务（SaaS）产品类别，可通过各种云服务和物联网服务平台获得。

为了将预测性 IT 分析服务用于预测性维护，比如上面提到的气动子系统的例子，我们必须在现场收集或确定合适的数据，将其传输到云计算中，加时间戳并存储在数据库中。在云计算中不需要统一的数据结构，所谓的“NoSQL”数据库可协助解决这个问题。这些面向文档的数据库将非结构化数据存储在 JSON 结构中。

预测性维护的质量一方面取决于云计算可提供的历史数据量，其可以通过机器学习创建合适的预测模型。另一方面，数据质量起着重要作用。如果可用于数据融合的相关数据越多，预测就越准确。因此，压力、环境温度和组件温度，甚至是每日的天气报告，都可以包含在气动子系统的数据采集中。不同数据之间的相关性甚至无法被人类观察者识别。为了阐明这些相关性，未来将在不同的行业中建立新的商业模式，进一步分析它们，并利用从中获得的知识描述机器的维护状态或磨损程度。

可以通过状态监视仪表随时查看存储在云数据库中的状态数据（图 2.10）。各个信息模块可以显示重要组件和零件的实时状态数据、计算组件剩余的使用时间，并将其作为预测数据分析的结果。与此同时，保养和服务时间也将自动记录到负责人的日程中。

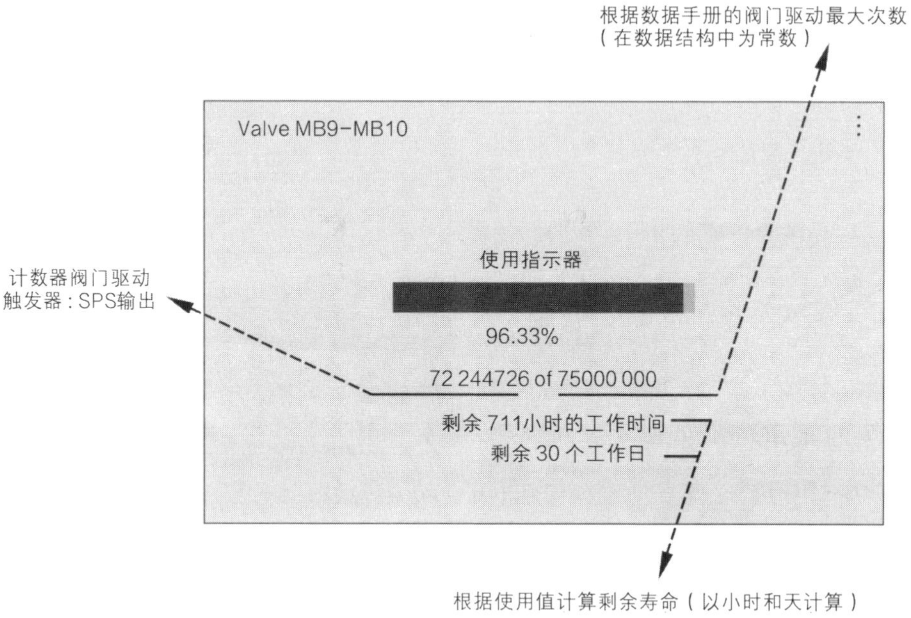

图 2.10 云数据库中的状态数据

工业云通信——从传感器到云端

罗纳德·海因策

工业 4.0 的应用程序需要确保其从传感器到云计算的无缝结合。德国赫优讯自动化系统有限公司通过“netIoT”为此提供了一套完整的基础架构：从智能“netX”芯片到边缘网关再到 IT 级别的服务。云解决方案可以根据所提供的数据实现生产质量的优化。

工业 4.0 和数字化转型是当今时代的主流趋势。德国赫优讯自动化系统有限公司销售和生产区域经理斯特凡·柯尔特（图 2.11）强调说：“当今世界，生产中相应项目的实际效益和实际应用变得越来越重要。”

图 2.11　斯特凡·柯尔特　德国赫优讯自动化系统有限公司的销售和生产区域经理

只有工厂将所有资源无缝交互，用于从传感器的生产到管理软件的开发，才能创造更大的附加值。前提条件是生产级别（OT）中的所有自动化设备与每个生产公司的传统 IT 系统完全联网。因此，物联网通信已经在车间设备中使用，这使得其数据可以被更高级别的 IT 基础设施访问。鉴于此，数据从现场设备直接传输到云端也越来越被人们所需要。（图 2.12）

“我们确保从传感器或执行器到云计算的无缝通信。”柯尔特如是说。稍后将在生产设备的传感器中生成用于附加值（即用于 MES、ERP 和分析的数据库）的信息。因此，用于实时工业以太网通信的“netX”技术已扩展到包括 OPC 统一架构和 MQTT 物联网协议，它与集成的“netIoT”云通信已成为通信链的另一部分。借助“netIoT”外缘网关，使得从传感器到云计算的通信成为现实。

图2.12 工业云通信的供应组件

柯尔特认为："'netIoT'基础设施的优势在于可以根据客户的意愿逐步实施工业4.0，可以实现连续实施和分阶段施工，同时保留现有的生产设施，提供高水平的投资保障。"这为生产商、机器制造商和系统供应商带来了直接的好处。此外，可以通过这种方式将防止未授权访问和操纵的安全机制集成到自动化级别中。

用于传感器和执行器的物联网通信芯片

通信链的第一步在传感器或执行器中开始。在设计嵌入式系统时，对网络控制器和性能等级做出正确的决策。"我们的'netX'系列产品为各种应用提供了合适的解决方案，这要归功于可扩展的创新平台。"柯尔特表示，"只需一块芯片，就可以覆盖所有重要的实时以太网和传统车间总线系统。"作为合作伙伴，赫优讯为所有重要的工业协议提供一致的硬件和软件平台，并为用户提供必需的专业知识。"netX"平台不仅提供实时通信，还可用于设备中的可视化和数据预处理。

最近新推出的"netX"针对物联网进行了优化。除了既有的协议之外，这些设备还可以同时满足物联网协议OPC统一架构和MQTT的要求，并且凭借其双处理器架构，提供足够的功率和灵活性，以满足未来对安全例程或新协议（如以太网TSN）的要求。由于具有专门用于用户应用软件的处理器，嵌入式Linux可作为客户拥有的程序的软件基础应用。"netX 4000"是一款高度集成的主芯片，可满足实时以太网和物联网所有的要求，实现了在小范围内高度集成。自动化平台将ARM-Cortex-A9核中央处理器与高要求的用户所需的基础设施和带有基础"netX"技术的ARM-Cortex-R7中央处理器结合在一起，用于实时应用和工业通信任务。

“NetX 90”是一款带有从机堆栈的通信 ASIC，适用于所有带有物联网的现场设备。独立的通信 CPU 被设计为独立于应用程序的实时通信。在这里安全功能也是集成的。斯特凡·柯尔特继续说：“NetPROXY 是通信和应用程序之间面向设备的对象接口。”这描述了一个抽象模型，该模型用于将数据从设备传递到客户应用程序中的每个选定实时以太网。通用数据和服务模型作为应用程序接口符合堆栈协议要求。用户知道自己的设备数据，然后对通用数据模型进行配置。通过对数据的一次性分配，用户可以访问所有网络。NetPROXY 技术负责将各个值转换为网络，并且附带了自动设备测试的功能。用户的花费被降到了最低。

更容易与从属接口集成

通过对 OPC 统一架构和 MQTT 的使用，通信芯片“netX”成为了“netIoT”。优点是即使是当前的“netX”，ASIC 也可以通过物联网通信的固件下载进行扩展，并集成到所有生产设备中。由于采用“netX”集成了物联网通信，现有的结构和架构得以保留，而且设备和系统均以未来发展为导向。第一批具有 Profinet 连接和 OPC 统一架构通信的设备已经在纽伦堡的交易会上向公众展出。

基于“netX”芯片解决方案，自动化设备的网络技术以中等和高容量集成。通信接口的完整开发由客户完成。自我开发、快速而安全的替代方案被称为“netRAPID”。凭借“netRAPID tiny”，赫优讯将在展会上尝试运用最小的空间展示一个完整的从动连接界面。这种易于焊接的“netX”设计可以像单个组件一样处理，是所有主要网络协议内部开发的真正替代方案。主机连接是通过双端口存储器或 SPI 实现的。凭借接口上的 OPC 统一架构或 MQTT，该模块还具备板载物联网通信的功能。

“netX 90”是具有从机堆栈的通信 ASIC，适用于所有具有物联网板载的现场设备。“netX 4000”是高度集成的主芯片，可满足实时以太网和物联网的所有要求。(图 2. 13)

图 2. 13 “netX 90”和“netX 4000”

工业云通信意味着在工厂的现有通信基础设施上，工业 4.0 或工业互联网信息并行传输，数据几乎全部反馈到实时以太网，然后通过“netIoT 边缘网关”收集、压缩并发送到 IT 基础设施。这意味着每个应用程序都可以访问自动化设备的数据，无论是在传统 IT 行业还是云平台。

边缘网关作为访问云服务的通道

“netIoT 边缘网关”建立了对网络或云计算的访问通道。这些网关将链接自动化网络，如工业以太网总线标准（Profinet）、工业以太网通讯协议（Ethernet/IP）和以太网控制自动化技术（Ethercat）等安全地连接到云端。它们集成到控制器的实时以太网系统中，可作为与 PLC 进行循环数据交换的输入、输出设备，并可直接与具有物联网功能的设备进行通信。在实时交换的关键数据由边缘网关提供给云应用程序，集成了相应的安全机制。除此之外，网关还提供访问本地服务通道，作为网络及其连接设备的应用程序接口。“我们的‘netIoT 边缘网关’也充当了中央配置网关。”柯尔特说，“例如，用户可以通过智能手机访问传感器。”“netIoT”服务包括用于不同云服务工具、应用程序的软件接口，比如用于网络诊断的云应用程序。（图 2.14）

图 2.14　在最小面积内的完整的、具有物联网功能的总线标准（Profinet）从属接口

Web 服务器、OPC 统一架构或 MQTT 允许从边缘网关访问传输到 IT 程序的数据。一段时间以来，IBM 的云平台 Bluemix 和 SAP 的 Hana Cloud 得到了支持。“这不仅在自动化方面得到了设备制造商很高的认可，而且还形成了通往 IT 系统的桥梁。生产技术可以通过所有资源的集中管理和自动化设备数据的预测性维护评估来优化。”柯尔特解释了其优势，“设备制造商可以同时监控和改进其现场产品的使用和操作，这就产生了新的商业模式，例如按使用次数付费或基于功能的计费模式。”

云计算数字孪生

在 2017 年汉诺威工业博览会上，SAP 系统和德国赫优讯自动化系统有限公司已经展示了具体的用例和项目。AIN 作为车间资产（生产环境）的价值网络发挥了重要作用。“网络将所有业务合作伙伴与其业务流程和系统联系起来。”柯尔特说，“但是，现在缺乏与自动化方面的联系。”在展柜上的 Endress + Hauser 和 Pepperl + Fuchs 一方面用于制造自动化，另一方面用于过程自动化。

在这两种情况下，车间和 AIN 之间的双向通信接管了“netIoT 外缘网关”。总线用户利用网关评估网络通信，确定当前网络拓扑并将其与 SAP 资产智能网络中的目标或参考体系结构进行比较。每个网络用户都有自己的 ID，可以从中创建组件的实例。如果 AIN 中尚未存在零件，可通过用类似的零件代替，则外缘网关可以直接在 AIN 中创建新实例，并且已经通过阅读设备描述来添加初始信息。

因此，大大减少了用户的集成工作。“在 AIN 中，参与者的数字孪生是从自动化水平生成，管理和保持最新的。”柯尔特解释说。生产水平的所有变化都立即在数字双胞胎的 AIN 中生成实例，实例补充了源自 PLM 或工程系统的类型信息。

“利用数字图像的数据，所有自动化设备也可以从 SAP 资产智能网络提供最新数据，例如在设备更换期间进行配置。”自动化专家继续说道，“云计算的数字孪生准确地管理对应生产工厂自动化设备的数据。此外，所有相关数据都必须保持完整性和实时性。在这些数据中，AIN 不断地将数据与实际系统的数据进行比较。在此条件下，可以识别漏洞，并对生产流程进行永久优化。”

总结

“根据 netIoT 的提议，工业云通信是数字化转型和工业 4.0 实施的前提条件。”柯尔特总结道，“之后就可以基于数据在云计算中提高生产效率。”在展会上，德国赫优讯自动化系统有限公司展示了工业 4.0 的具体用例和项目。

认知制造学习系统

梅兰妮·邵伯　诶娜塔·斯图卡

世界各地的企业都在不断寻找新的方法来优化他们的生产模式，更好地了解客户和市场发展，并提高他们自己 IT 系统的安全性。现今，利用大数据分析解决方案以及认知系统，为评估生产和其他相关数据提供了全面的选择，并从中获得新的认识。基于此方法他们能够从多个内部和外部来源访问极其庞大的数据，具体分析它们并从中获取新的理解。优势是：如果公司数据流和客户信息的分析结果直接与生产系统以及销售、营销和采购中的业务流程相关联，则可以更快地采取必要的措施应对突发情况。此外，无论在世界何处使用，认知能力的使用可以在融入经验的条件下实现持续的优化。

从数据到知识

工业 4.0 的基础是在生产过程中对数据进行收集和评估。但是，也存在至今为止未解决的难题，即数据虽然已经在机器经过长时间大规模的工作流程中生成，但它们通常在单个机器的内存中以未使用和隔离的状态存储着，直到它们被新数据覆盖。因此，我们迫切需要从机器中提取这些数据，在生产环境中将其关联起来，生成有关生产隐患、质量问题、浪费或可能出现的瓶颈的数据分析。

如果生产环境中所有机器的数据与环境数据、订单、机器拓扑、地理空间数据等其他潜在影响因素相结合，则可以进行基于各种复杂学习方法的全面分析。一方面，我们需要尽可能高的数据透明度；另一方面，我们要在模式识别、分类识别、分段检测和统计方法的基础上获得其可能存在的相关性的知识。更重要的是，作为智能网络物理系统的一部分，其分析阶段应尽可能在观察对象附近进行，无论是在机器边上还是在机器本体上。

至今，要想在大多数工厂中实现这一点还不现实。设备通常使用其专用系统进行工作。其更新方式是使用标准软件，借助它可以标准化不同系统的配置，并使其可以提供人和机器的所有信息。

早在 2015 年汉诺威工业博览会上，智慧工厂 KL 公司就介绍过工业 4.0 的规划并展示了其工作原理：样板工厂中的所有单项设备由 17 家公司参与提供，无论是什么品牌和标准，都可以彼此任意组合联网，并共享各自的数据以进行适当的分析。

为此需要不同的方案推动工业 4.0 项目转化的实际落成，可以从两个基本方面考虑：一方面，通过数据从 ERP❶ 系统到生产中的无缝融合以及生产模块之间的沟通，使生产高度个性化的产品（即实现批量最小化❷）成为可能，即在大规模生产条件下保持最大灵活性。另一方面，它是通过使用和评估机器数据来实现新的或扩展的服务。这里的关键是物联网（IoT）或工业互联网。同时，这些机器数据与所提到的传统大数据信息相结合，将从“认知计算”概念和其在信息技术的使用上进行本质上的革新。

从大数据分析到认知系统

IBM 系统“沃森”在 2011 年两次赢得了美国智力竞赛《危险边缘》的冠军头衔，开始了认知计算的新时代。同时，像沃森这样的系统对企业是有价值的，该学习系统在经济领域中的需求也在增加。其核心竞争力在于能够快速检查特定模式的巨大结构化和非结构化数据量并创建假设。此外，这些系统可以理解自然语言，并且能够通过对话实现更深入的理解。这些特性可以让该理想型认知系统成为相关行业内所有公司的实际帮手，他们可以利用其深度学习的知识提高其在市场中的地位，同时不断地加深他们的知识。在金融领域、投资银行、投资咨询或金融股票的交易中，尤其受益于此。因为认知系统的特殊优势在于其具有能对复杂问题中的大量信息进行整合并推导答案的能力，例如分析当前市场情况、特定客户历史或金融机构的可用报价。

另一个巨大的优势是，该系统还具有结合自然语音识别学习的能力。在实践中能体现出其功能，即系统对自然语言有表达和理解能力，并以人们可理解的词语解释为什么事情可能发生。通过与结果交互，可以提出越来越精确的问题，并且可以找到越来越详细的答案，即系统可以像用户一样学习。

然而，顶尖的认知系统并不像搜索引擎那样，其算法总是根据当时可用的数据将相同的结果返回给特定的查询。像沃森这样的系统能独立地与问题相关联并生成假设。这使得复杂的问题得以重新评估和回答。作为依托最大的农业机械制造商之一的试点项目，使用 IBM 沃森工业辅助认知系统的第一台样机已经研制成功。

该项目是关于现今存在的认知学习系统，当出现故障时，能够以何种程度为工厂工人提供重要设备维护的支持以及故障排除建议。为此 IBM 公司已经给出了一个

❶ERP 系统是企业资源计划（Enterprise Resource Planning）系统的简称，是指建立在信息技术基础上，集信息技术与先进管理思想于一身，以系统化的管理思想，为企业员工及决策层提供决策手段的管理平台。

❷最小批量法是确定批量和生产间隔期时常用的一种以量定期法。此方法从设备利用和生产率方面考虑批量的选择，要使选定的批量能够保证一次准备结束时间对批量加工时间的比值不大于给定的数值。

清晰的维护方案：

生产工人只需按一下按钮就能上传故障。此故障会分配给智能手机应用程序中一个空闲的维修人员。当维修人员举起故障机器的照片时，沃森会识别它是哪台机器。接下来，维修人员会在与沃森的对话中讨论该故障，沃森会提出措施修复该故障。从传统人机界面转变为通过智能手机应用以自然语言进行对话是实现所谓的认知工厂的重要一步。借助于可自由访问的沃森接口，这种认知应用程序现在可以快速轻松地实现。该沃森维护顾问的第一个样机已经在短短几天内被开发了出来。同时，任何客户或合作伙伴都可以根据自己的需求定制私人沃森应用程序。只需按一下按钮，即可在云平台IBM Bluemix上激活该应用程序，并通过下载到个人应用程序的图像和文本文档进行训练。

故障的预判：认知系统在最终装配中的作用

另一个实际应用到的地方是汽车生产中的车辆组装。核心难点通常在底盘和车身的装配工位上。因为在这些地方，即使是机器人和机器也无法一直正常工作。如果它们出现了故障，通常会在故障代码中检测到这些机器故障。但是，在组装机箱和机身的后期手工制作时，无法始终明确划归这些故障代码。技术工人和装配工人通常只能靠自己的眼睛，在高度自动化的生产过程中找出故障，并在最终装配期间消除它，这在今天仍然主要是由人工手动来完成。为了更快、更准确地做到这一点，使用大数据分析以及认知系统是非常必要的。它们有助于识别、纠正和记录故障。

在最终装配中，故障代码形式的结构化数据总是与手写文档报告形式的非结构化数据相冲突，这些报告是由装配人员在后处理过程中使用专业术语编写的，因此其措辞并不都是相同的。正是这些未经标准化的措辞使理解产生了偏差。迄今为止，在向其他工厂转交知识的可行性报告时，系统的评估几乎是不可能的。一个可自学、认知的系统可以快速、准确地建立故障代码和文档之间的连接，以便进行后处理。在这种情况下，德国的一家著名汽车制造商决定使用IBM沃森程序管理器。例如，学习系统可以在故障代码和文档报告之间创建相关性分析。这种结合数学逻辑和数值分析的特殊能力有助于更快地识别故障，从而提高生产过程的质量，并按时完成规定的生产目标。

相关性的识别和解释

这种由认知系统评估，结合了结构化数据（故障代码）和非结构化数据（报告）的方式，目前仅沃森可以提供技术支持。这使得人们可以明确地分配和解释故障及故障代码，追溯它们在流程链中产生的原因，并最终消除故障。

在车辆装配中使用这种智能学习系统无疑是质量管理中的一个里程碑。因为在高度自动化生产过程中借助该系统能使故障原因的识别速度显著增快，而且非常耗时的人工后处理也可因此减少到最小。此外，获得的经验可以非常快速地传递到其他生产地，便于人们借鉴。

实际应用的安全与智能化

尽管过去几年内传统企业的 IT 部门配备了更好的设备，并能越来越好地应对安全事故，建立工业基础设施的保障却仍然是举足轻重的课题。随着工业 4.0 和物联网项目的实施，企业所面对的安全挑战也变得更大。据 IDC 分析师称，近年将有超过 300 亿台设备连接到物联网（IoT），其中很大一部分将用于工业 4.0 项目。在安全措施不足的情况下，他们打开了这项新技术的大门，以应对未知的安全威胁。尤其是当涉及空闲的旧机器且作为工业 4.0 的一部分直接连接到互联网时。根据隐私和数据安全专家波内蒙研究所在 2015 年进行的关于“数据泄露成本调查”的调查结果，我们得知网络攻击平均在 242 天之后才会被发现，在工业制造业中这可能导致严重的后果。不管是电子邮件服务器停止工作 4 小时，或者车钥匙编码系统失效，这些故障很快就会导致严重的生产问题。抑或是操纵喷漆机器人进行工作，因为施加的涂料层厚度不足，可能导致多年后的产品召回。此外，现代化的攻击非常复杂，信息加密环环相扣，它们甚至可以通过“合法的”通信渠道，换种说法，这也就是微型侵入。

因此，工业 4.0 概念的实施需要一个新的安全对策，其中包括以下几个步骤：

◎融合传统工业的安全措施。

◎在控制及过程网络中也进行持续的安全监控。

◎风险分析和实时取证。

同样，使用具有认知能力的智能分析工具也会带来巨大的优势。这种基于分析的安全解决方案，也称为安全信息和事件管理（SIEM），它可监控和识别可疑活动，即可被理解的攻击链中的单个事件（这些事件本身并不总是具有威胁性）。对此，必要的信息只能大量从企业中有效的各种来源、系统和其他安全解决方案中获取。他们可以识别内部和外部攻击以及欺诈行为，并提供风险预测。大多数情况下，在造成损害之前可以检测和避免攻击。

总结

分析和认知系统的应用领域十分广泛，就像在公司内每天必须解决的问题一样。它们会成为预决策、问题诊断和消除的得力助手。但是，即使它们技术上达到了相应要求，它们也将永远不会取代人类的决定。

物流互联——价值链的优化

马库斯·罗斯曼

与工业 4.0 高度相关的物流行业

第四次工业革命带动了物联网的传播。但这仅仅是一个以“智能工厂”和“信息物理生产系统”为主题的产品吗？或者，其他商业和经济部门是否也可以作为这种发展的催化剂，例如物流行业？早在 2012 年 10 月，在工业 4.0 工作组，经济和科学研究联盟在已提出的关于工业 4.0 执行建议的最终报告中指出：“尤其是贸易和物流行业智能和网络目标对象早已存在（例如通过射频识别技术）。目标对象的数字产品存储器也越来越多地用于过程优化，例如在商品的流通中。”因此，工业 4.0 的提纲结合了整体的理念。它整合了产品的设计、生产、物流和营销，并通过“交互信息技术使用的一致性”将它们相互联系起来。应用实例是自组织、自适应的物流，其能创建可实时控制的增值网络。对于那些必须面对日益复杂和不断提高的客户期望的公司来说，面临的挑战和潜力是什么？

物流行业中的新旧挑战

物流核心任务可以概述为货物分配的流程管理。这既适用于原材料供应的产品生产，也适用于贸易中的成品制造以及最终消费者。其目标是使客户服务与交付成本保持平衡，以便快速、有效和可持续地采取行动。这需要整个价值链的协调和配合。它涉及制造商以及托运人、货运代理理商、不同的运输方式、贸易和已经投入的资源。物流效率的这一“常规”职能主要是由成本决定，不同行业的物流成本占销售总额的 13%。最大的成本模块是运输和存储成本，其投入也会越来越多。因此，提高产品生产率是行业跟上发展的必要条件。与此同时，物流效率实际上正在下降，因为生产率的提高会被日益增长的复杂性抵消掉。专注于成本效益已不足以应对物流职能。一系列的趋势正在涌动，运营的复杂性大大增加。除了成本压力之外，一项 BVL（关于全球物流复杂性以推动市场的优势，www. bvl. de）的研究特别提到了客户期望的提升、公司网络互联性的不断提高、全球化以及最终商业环境波动性的显著提升。它们是物流性能减弱的主要原因。城市化以及随之而来对基础设施的负担，特别是在城市内部供应方面，展现了另一项挑战。

如今，客户的期望较以前要高出许多倍，消费者和企业客户希望“按预期”交付高度灵活的、最好是为客户定制的商品。不断增加个性化“定制”的产品导致货物批量地减少。个性化产品增加了零散供应链的复杂性。电子商务、批发业、消费行业以及B2B业务的快速增长将客户的预期进一步聚集到了一个新的高度上。

在线购物十分方便，它与具体的货物运输方式完全不同，它满足了客户的需求，实现了可靠、价格低廉、高质量、灵活、可持续和环保的购物方式。这种对货物分配的需求引起了物流功能在整个价值链中的变化，现今的物流功能已经超出了传统的发运、装卸、存储和运输服务的职能。物流服务提供商可以且必须接管传统上由制造商或零售商掌控的任务。只有这样，物流才能确保在价值链中取得更大的份额。物流行业结构的变化也为公司提供了通过物流绩效实现差异化和特定服务的机会。这既可以是生产中的任务，也可以是和客户协商的结果。在Delphi研究报告《2020年及以后的客户需求》（已出版）中，德国邮政股份公司指出，物流公司不再仅仅只是运输商，其在价值链中的职能范围、投资研发、工业制造、维护和其他任务上都发生了巨大的变化。物流对于新条件的适应能力、对其本身的自适应控制以及在各自的情况下完成相适应的任务尤其重要。行业分析师SCM World在2014年首席供应链官员研究报告中指出，物流外包减少的趋势证明，越来越多的公司正在以物流服务应对日益增长的复杂性。

物流行业在工业4.0中的机遇

克服复杂性以及在差异化竞争中应用的关键方法，是提高供应链中分布式流程和物料供应链的透明度以及物流流程的自动化程度。通过生产、物流、服务、工程和数字产品存储器不断紧密的互联性，使物料流和数据流的同步成为可能。物流行业的发展源于传感器、远程信息处理系统或射频识别技术对相关产品中大量存储的数据进行标记。只有这样才能简化物料流并确定其优先顺序。其在GPS定位和受传感器监控的集装箱和卡车中的使用已经十分多样化：

◎运送追踪：通过使用卡车中的GPS功能，车队运营商可以向授权合作伙伴提供有关货件当前位置或预计到达时间的最新追踪信息。

◎路径优化：定位信息可以与其他数据（例如交通位置、传输时间或新任务）结合，使连续、实时的路径优化成为可能。

◎避免交通拥堵：港口、供应商车辆或联合调度场的智能基础设施可以对装载设备的可用性及货物起运时间进行优化，同时引导车辆的调度，并减少全程运行时间。通过此方式减少了港口、铁路装载站或其他交通路口附近的拥堵。

◎安全性：当密封容器或车门意外打开时，传感器可以产生警报信息。此外，卡车可以进行监控，一旦离开事先预定好的路线，就会发出警告。

◎维护：卡车可以对何时更换零件或维护进行预测。同时，也可以控制和调节行驶状态以减少压力和磨损。

◎操作安全：采用与物联网相关的一些汽车安全应用，如防抱死制动系统或碰撞警告系统。还可以监控驾驶操作以确保操作安全，可以有效避免速度违规、突然制动或不经济的驾驶方式。

◎节省燃料：实现燃油的经济最大化利用有很多方法，比如通过避免次优驾驶方式、减少等待时间、监控车辆状况或优化换挡时间都可以实现更高效的燃油利用。

◎根据当地实际情况给予相应的决策权力：使其具有永久且独立的连通性和可访问性，将控制权转移到现场，以应对实时状况。

与此相关的是车辆和订单数据的连接。在此，我们可以举出食品物流中的一个简单例子：由传感器监控的冷却容器，在温度偏离设定值的情况下不仅会发送报警信息给容器，而且可以中断该冷却链。更确切地说，可以使其直接建立与销售订单和相应材料相关的连接。通过可选的物资调度、改变产品的质量评级或保质期以及最后能得到的客户信息，使其能对业务流程的实际影响进行分析并采取相应的解决办法。通过此方式，也可以使用实时数据来控制业务流程。通过将有关位置、状况和其他物理条件的信息与有关客户、收货人、日期、要交付的产品和合同条件的信息相结合，当这些信息全部存储在运输订单、客户订单中时，其能在更高效的物流分配上得到更多的可选择项。这使得运输途中的库存追踪成为可能，贸易公司可以得到一个从工厂到销售点，通用产品透明化的全面库存管理。

通过工业 4.0 改善物流过程的另一个机遇是不断提高自动化程度，并利用新技术提高生产率。由于客户需求的快速变化和波动性，物流行业尤其需要更大的适应性。许多仓库采用的是固定安装高度自动化的输送设备，因此它的作业流程也几乎是不变的。而使用智能拣选机器人，或通过数据眼镜对仓库工人的作业进行额外辅助，则可以实现更大的灵活性。同样，业务流程的通用性也至关重要：通过连接物料流和上下相关的信息，会提高所有合作伙伴的透明度，使整个流程可以自适应地控制并最终达到更有效的目的。

物联网的实现

随着物联网和工业 4.0 应用框架的出现，网络设备和机器提供的数据量呈指数级增长。例如，投资银行摩根斯坦利估计，目前，它将把 750 亿台设备连接到互联网上，把 25 亿人连接到社交网络上。越来越智能的单元促成了更多分散的流程，即工业 4.0 概念的核心要素。但是，来自网络物理系统的实时数据和信息只有在涉及具有相关业务时，才能在业务流程的决策和支持中发挥作用。只有这样，它们才能把实时数据用于分析、模拟以及最终进行适当的回应。这需要一个把海量数据与业务文档和流程相结合的平台，使其既易于接受又易于理解。只有拥有筛选能力、可辨识趋势并过滤相关信息，才能提高生产力并改善客户服务的附加价值。因此，SAP 提供了一个集成物联网和相应应用程序的平台，以便能够在业务流程中使用大数据。

SAP 互联物流（SAP Connected Logistics）是基于供应链运作平台中的运输管理、仓库管理以及物流网络货物跟踪的应用软件。它们使大数据在工业 4.0 的物流应用中成为可能。对于互联物流，我们应从不同层面进行理解：它与传统的 SAP 解决方案的业务流程相关联，与价值链交联（这里特指物流网络的价值链），与物联网中的设备和机器互联。对于仓库管理，通过手持设备的自动化和验证流程，例如条形码或有射频识别技术标签的无线电扫描仪语音识别，在采集数据时增强数据眼镜的真实性、提供附加物流服务以及与应用了自动化技术的业务应用程序直接连接，如物流计算机或制造执行系统 MES❶。在运输途中，使互联物流实时、透明地提供寄出货物和运载货物运输状态成为可能。此外，它还允许对流程进行规划调整以及与相应驾驶员保持通讯，以便立即对流程的变化付诸实施。因此，在物流网络中，人们可以对整个运输周期过程中的货物进行追踪，并能在异常情况或危急状况之前，及时对其识别和处理。

现今我们已经拥有此类互联物流实施的经验，比如汉堡港 SAP 网络化物流中心展示了如何通过工业 4.0 实现物流过程的智能控制，以及对哪些潜在流程进行优化。作为德国最重要的海港和欧洲第二大港口，汉堡港是全球物流网络的重要枢纽（图 2.15）。由汉堡港口管理局（HPA）运营，从汽车到咖啡和集装箱，每年处理超过 1.45 亿吨货物。由于汉堡港受地理位置因素限制，无法将其基础设施扩张到所需的区域，因此需要一个智能和网络化的货物流动控制来应对交易需求量的增加。该港口借助基于 SAP HANA 云平台的互联物流来实现可用于整合交通数据、本地传感器数目、运输公司、仓库和底盘租赁公司以及停车场运营商的数据整合，并以云解决方案的形式实时提供给港口的所有合作伙伴。其解决方案是对港口内部和周围整体交通状况的综合描述，从而实现更高效的货运处理。货物吞吐速度的提升增加了港口的容量。物流公司可以获得为更多客户运输更多商品的机会。这一点也因此反映在货运量翻倍、货运公司吞吐量增加以及卡车在港口的等待时间减少。

通过商品和信息流的结合，在其他物流行业也出现了新的发展契机，比如在零售和商业物流中。例如，西班牙服装连锁店 Zara 使用射频识别技术，通过一种普通的基于微处理器的标签系统实现了从制造商到销售点库存的位置追踪。Zara 承诺“潮流前线”能够提供更快的供应链以及更好的客户服务。如果客户对某一分店中特

❶MES 系统是一套面向制造企业车间执行层的生产信息化管理系统。MES 可以为企业提供包括制造数据管理、计划排程管理、生产调度管理、库存管理、质量管理、人力资源管理、工作中心/设备管理、工具工装管理、采购管理、成本管理、项目看板管理、生产过程控制、底层数据集成分析、上层数据集成分解等管理模块，为企业打造一个扎实、可靠、全面、可行的制造协同管理平台。

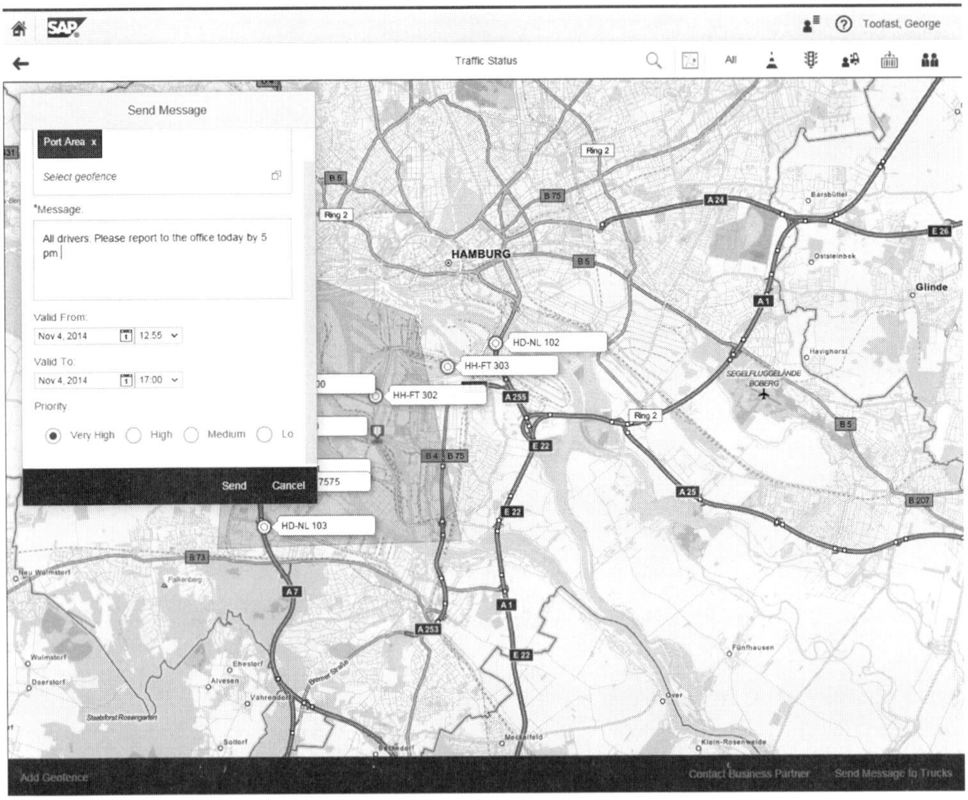

图 2.15 汉堡港 SAP 网络化物流中心的交通状况

定尺寸或型号的产品需求增加，可以从距离最近的分店中补充货量以达到销售量最大化（Sarah Morris，Reuters，2014）。随着产品生命周期越来越短，新货样的更换速度越来越快，零售物流的实时能力是零售商成功的核心。SAP 互联物流还开辟了新的零售方案以实现自动化销售，例如智能自动售货机、自动货架和冷冻柜以及能报告实际需求和库存的智能补货冰箱。

总结

通过工业 4.0 的业务应用程序使信息流和商品流同步，为物流生产率的提高带来了巨大的潜力。由于物流网络复杂性的提升，差异化发展不仅可以满足客户的期望，甚至可以超出客户的期望。同时，通过自动化还能实现效率的提高。现今，许多方案已经得到了实现。因此，向工业 4.0 的过渡并不是一场全新的革命，而是逐渐转变为商业物联网的过程。

相关拓展链接及文献

[1] *http://www.sap.com/iot*

[2] *http://www.sap.com/scm*

[3] SAP Solution Explorer: *https://solutionexplorer.sap.com/solexp/ui/vlm/default/vlm/default-lob-99/default-bpr-259*

[4] Delivering Tomorrow, Customer Needs in 2020 and Beyond. A Global Delphi Study. Deutsche Post AG(Hrsg.)2009. *http://www.dpdhl.com/content/dam/dpdhl/logistik_populaer/trends/delphi-studie_deutsch.pdf*

[5] Embracing Global Logistics Complexity to Drive Market Advantage, 2013, *www.bvl.de*

[6] Sarah Morris, Zara's tagging system means even faster fashion, Reuters, 15.7.2014, *http://uk.reuters.com/article/2014/07/15/uk-inditex-zara-idUKKBN0FK1NJ20140715*

[7] The Chief Supply Chain Officer Report 2014. Pulse of the Profession. SCM World (Hrsg.,) 2014

MES——工业4.0的关键要素

罗纳德·海因策

随着制造执行系统（MES）成为工业4.0的关键要素，专家小组就该课题与主要行业代表的协会，如MES D. A. CH协会、德国工程师协会（VDI）、德国机械设备制造业协会（VDMA）和德国电气与电子工业协会（ZVEI）进行了深入探讨。（图2.16）

图2.16 **专家论坛** 基姆·沃特索、玛蒂娜·沃克、马库斯·亚当斯和马库斯·尼贝克尔博士作为特邀嘉宾出席专家论坛（从左到右），他们均担任《数字化工厂》期刊的主编。

数字化和数字化转型无处不在。数据交换随处可见，一切都是联网的。传统的自动化金字塔模式❶将不再起作用。在这种情况下是否还需要MES解决方案？"MES肯定会一直存在下去的。"玛蒂娜·沃克深信不疑，"但它们将承担新的角色。"将来，在基于工程和计划的预定值以及使用现代化通信、集成方法和技术下，MES不再是具有定义功能和特性的单片应用程序，而是负责确保范围之外的功能区域、流程、

❶自动化金字塔全称为自动化测试金字塔（Test Automation Pyramid），是一种自动化测试过程的金字塔形策略结构。

应用程序和技术系统的互联，以及根据规范保证生产和组装的完成。

MES 将负责整个流程的编排，这对于涉及的产品十分重要，且影响其运营的各个领域、系统和技术之间的协调者。“改变人们的想法是一个巨大的挑战。”SAP 专家继续说道，“OT/IT 的融合绝不仅仅是技术界面或机器提供的企业经济功能。”

MES 典范转变

“MES 比以往任何时候都更加必要，因为产品在将来与工业 4.0 相关，其必须生成和分配更多的数据。”马库斯 · 亚当斯博士对此十分确信，“对于公司来说，获得的数据，包括未指明的数据，可以获得有关准入产品质量结论的经验，这将是一个显著的优势。其适用于任何时候，尤其在调查统计资料之后。”如今，人们对生产数据识别和收集的重要性的认识已经显著提高。“制造业公司对这些数据的潜藏价值很感兴趣。”ZVEI 的协会成员补充道。

“典范转变的宗旨是，MES 不再仅仅被视为提供和接收信息的‘只限于当日生产线’的纯粹的操作系统。”马库斯 · 尼贝克尔博士说道，“传统且古板的系统正向数据收集系统转变，数据收集系统将数据作为服务提供商，并为他们提供一个存储的地方，对于外围管理部门也是如此。”通过将其集成到 MES 中，使压缩机等工业部件可以成为工业 4.0 系统的组件。“压缩机提供的数据必须进行整理和分配，使任何其他系统都可以访问和处理该数据。”他继续说道，“MES 解决方案还具有一个不同的含义：其更倾向于‘后面的工作’，即在实际生产之外的工作。”

“MES 的核心任务肯定会在制造技术中。”基姆 · 沃特索博士强调说，“除了纯粹对过程的控制之外，还将有一个常驻在工业 4.0 功能性内部的质量管理和资源管理。这并不像过去那样容易分配，因为在大量外围管理部门或自动化金字塔模式的多个层面都需要相同的数据。”

但是，MES 解决方案如何为新的商业模式做出贡献？“更重要的不仅仅是收集和积累数据，而是要解释所收集的数据。”尼贝克尔博士回答道，“要做到这一点，其优化的第一步就是使 MES 解决方案必须学会从推论中产生建议。数据必须始终与其他数据相关联，以优化整个过程。”到目前为止，数据是在自动化层面和独立于 MES 层面上收集的。“然而，这些数据几乎没有相互关联。”尼贝克尔博士继续说道，“我们所面临的挑战是如何将这些数据关联起来，以掌控整体制造情况并改善其流程。”

MES 是数据驱动商业模式的重要组成部分

“当我们说到新的商业模式时，我们会特别讨论市场、营销和销售如何作为前进方向的驱动力，即使生产企业并不乐意听到这些。”沃克教授强调说，“比如对于凯撒压缩机来说，如今销售的不是机器，而是提供可用压缩空气的保证。购买 1 立方米的压缩空气，其是一种新的商业模式。这种规模在机械制造之中绝不是没出现过的。”她继续说道，“更有趣的是，由于大规模生产中出现的产品品种越来越多，产品的规模将变得越来越小，直至规模为1。”我们在制造中需要进行改变，首先可编程控制器必须重新编程，让其在未来不再被接受。SAP的专家解释说：“其需要具备灵活和快速响应的能力，所有的装配及配置，包括制造工艺，必须尽量和正在运营的工厂同步准备和调试。”沃克教授补充道：“最重要的是，在自动化过程中改变商业逻辑以及在基于开放系统和通信标准的全面纵向和横向的整合中显著提高制造企业的灵活性。这是制造企业在响应能力和经济性方面能够承受住新商业模式的唯一途径。”

亚当斯博士认为：“更重要的是累积的数据不仅要得到进一步处理，还要可以返回到制造企业。如果包含干扰变量的控制回路自成一体，我们就能获得更好的产品质量并使其动态适应既定的条件。”例如，当能源使用者和能源提供商联合起来以实现更平衡的网络利用率时，就能产生新的商业模式。其前提是生产和规划的动态化。“大多数商业模式都是数据导向的，因此MES最适合这种模式。”沃特索博士说道，“但工业4.0背景下的一个重要的要求是将整个过程灵活化，也包括提前进行规划。MES必须灵活适应，否则将成为发展的障碍。”

标准化途径

如果没有数据交换，工业4.0就无法运作，而且数据的交换必须标准化。沃克教授认为：“标准化并不是一个坏事，公开的标准是先决条件。只有当用户可以自由地使用数据时才会产生真正的附加价值。”她强调说：“OPC UA[1]等标准是为了便于生产制造中的交流沟通。直到今天我们还无法让数据在所有自动化层面上达到通用性。”亚当斯博士指出：“工业4.0提供的机遇是将组成部分的复杂性留在外围管理部门中，把对邻近和外围系统实际重要的信息外包出去。”他补充说：“因此我们认为自己在德国电气与电子工业协会（ZVEI）中理应承担MES工作组的建设，并提出了这项任务。”目前需要注意的第二步是，确保能提供一个唯一的，仅在公司范围内通过密钥解锁的生成数据的地方。亚当斯博士认为：“我们将从其通用性和灵活性方面获益。”

沃特索博士回忆起语义学的问题并提到其他的标准，例如工程学自动化标记语言，“工程师需要能够从语义学方面的IT专业人员的成果中获益。处理和塑造信息，即使从一个模型到另一个模型，到目前为止，都还是一项待解决的重要功课。”

尼贝克尔博士提到了MES与机器和系统相连的困难性：“作为MES提供商，我

[1] OPC UA（Unified Architecture，统一架构）是下一代的OPC标准，通过提供一个完整的、安全和可靠的跨平台的架构，以获取实时和历史的数据和时间。

们在实践中体会到必须永久地把机器和系统相连。无论是传统的单个机器，还是整个生产设备。与此同时，从复杂的生产设备中获取数据比从简单的机床中获取数据更容易产生问题。”传统机床的通信功能通常不完善。从这些机器中获取相关数据十分费力。“与制造相关的IT部门和维护部门需要一同协作，为控制器编写自己的程序模块，并使用相应机器制造商的通信组件。”他总结道，“重新思考这个问题是十分必要的。”工业4.0是一个建立标准的机会，该标准有助于显著地简化各级与各级之间的通信。首先需要重视的是建立OPC UA，使交换数据成为可能。SAP应大力支持OPC基金会，但SAP的影响也有局限性。“压力源于客户。”沃克教授说道，“用户必须学会以不同的方式表达他们对自动化通信性能的要求。在采购机器时，必须在订购之前明确需要何种连接和数据交换方式。这是规划工厂生产和运营时的重中之重。”“我们的制造商只能考虑OPC UA的优势并创造相应的条件。”亚当斯博士赞同这种观点，“OPC UA没有规定任何数据结构，而且它是开放的。因此，我们需要对特定行业的文件进行详细说明以及制定相应的标准。”MES组件之间应能更容易交换信息，这将是外围管理部门的任务。根据亚当斯博士所说的，这些文件不仅可以称为协议，还可以称为功能属性和数据语义学。过去15年到20年前，机械工程师必须通过控制器的特殊接口连接到现场总线。而现在，这项任务不仅包括自然对象，例如驱动器，还包括能描述机器或设备功能的虚拟对象。沃特索博士认为：“除了OPC UA之外，自动化标记语言也发挥了重要的作用，两种规范必须尽可能高效地协同工作，避免出现20世纪80年代和90年代那样的接口混乱。”

没有云服务就没有MES吗?

“云解决方案并不是强制性的，因为必须始终考虑相应产品的具体要求。”沃克教授强调说，“例如，对于高度自动化、周期非常短的装配线，从云端控制这种方式将无法进行。”即使网络良好，一条线路的延迟时间为50ms也很常见。沃克教授说道：“一些MES功能必须保留在工厂内，以保证自动防故障装置的安全运行。”为什么要存储大量数据？为了对数据进行分析，云服务是理想的媒介。SAP专家总结道：“在还有大量人工生产步骤的制造中，云解决方案也很有意义。一切都包含在云服务内！这不是一个普适的范例，人们必须在应用程序和应用程序之间作出决定，云连接才有意义。”

“在实践中，关于云的问题经常被当地的IT部门提起，因为它不需要准备任何硬件和服务。”尼贝克尔博士补充说，“问题仍然存在：是打算把数据放进云里，还是把其功能，即软件服务或数据服务包含进云里?”由于云中有利的存储容量以及公司硬件结构重组的代价很大，其更倾向于使用云进行数据存储。然而，数据的存储还是由个案决定的，例如：对于用户实时预警的数据和用于长期分析的非关键数据可以存储在云中。Proxia MES 方案不仅知道它收集了哪些数据，还知道其存储的位置。“运营商可以随时检索他的数据，最终数据是存储在本地还是存储在云端都无关紧要。”尼贝克尔说，“混合运行也是可能的。”亚当斯博士证实了这一点：“为客户找到合适的解决方案非常重要。汽车制造商肯定不会在云中存储任何与安全相关的数据，因为它不仅仅关乎云的安全性，还关乎路径的安全性。如大数据之类的话题，如果只收集了大量不重要的数据，它们则全部都映射到了云端上。”

安全处于首要地位

“如果制造企业认为他们的数据在本地就十分安全，这是一种谬误。”沃克教授警告说，“因为如果有人想接近他们，他们会找到办法。”制造企业可以从商业 IT 中学习，它具有多年的安全托管系统。由于数据存储在云中仅用于分析目的，通常只有数据所有者可以开始使用它，因为只有他知道数据的起源和商业关系。“关于安全性的讨论肯定是合理的，但它也不应该用来妖魔化新的概念。”SAP 专家继续说道，“仅有四到五个数据点，没有人可以从中推断出其过程、产品和设计。”

“有些云服务比现有的 IT 环境更安全。”尼贝克尔博士证实。在他看来，为了足够的安全性还应该评估托管数据的公司。“安全并不只是一道我锁上的门或者我闩上的窗户。如果我家的土地突然不属于我了，会怎么样?”他描述了这个设想。此外，必须弄清数据的使用权。沃克还倡议进行合理的质疑和监管：“SAP 提供相应的云区，但只是数据的受托人，而不是所有者。再者，我们的客户可以与我们签订合同，让他们的数据仅保存在德国的服务器上，而不是任何人都可以自由访问云中的数据。”

PSI 的总经理亚当斯博士补充说：“我们的 IT 公司一直都是尽力而为，起码在安全性和加密方面。但请不要忘记，云是一个可以随意访问和构建不同空间和系统的宏观概念。每种加密技术可以被解密。每个企业都需要考虑怎样创造自己的云服务。在与云端的通信连接的开始以及不再使用云端存储空间的结束。我们不需要质疑云，而需要考虑你用它做什么。”

工业 4.0 在实践中的范例

“我们有很多科研项目及企业项目，我们为他们提供咨询服务，帮助他们找到通往工业 4.0 的路。”沃特索博士说道。对他而言，智能工厂网络是用于实现柔性制造的工厂网络和使用 MES 进行人机交互的重要话题。

亚当斯博士称该项目为能源纳入生产计划，将由 PSI 与其合作伙伴共同完成。“首先与之相关的是潜力调查，比如哪些行业是适用的。我们从铝和钢铁行业或石化行业的能源密集型企业开始。对于这些公司来说，随时随地实现能源供应变得越来越重要。”

“我们已经与我们的用户费斯托一起草拟了一个自动化装配的概念，即在极度易变的产品环境中，订单规模为 1，MES 会根据‘按设计建造’的原则接管所有的编排工作。此外，装配顺序取决于材料的可用性，MES 在装配进行时为每个单独的 PLC 提供相关的变量参数，或在基于质量决定的装配线内提供工作流控制。”沃克从她的实践经验中了解到。与 Beckhoff XTS 线路上的案例进行比较，同步服务呼叫实现了在一定范围内小于 40ms 的周期。对于工业 4.0 来说，最大的好处就是其灵活性和 MES。

专家组成员

◎玛蒂娜·沃克教授，工业 4.0 能力中心高级制造业解决方案和 SAP 在德国子公司的物联网顾问，参与 VDMA-AK MES 的工作。

◎基姆·沃特索博士，Fraunhofer IOSB 成员，来自卡尔斯鲁厄，任信息管理与控制部副部长，管理工业 4.0 活动和智能网络工厂、工业互联网联盟（IIC）的测试平台。

◎马库斯·亚当斯博士，任 PSI Mines&Roads 有限公司董事、总经理，负责生产控制系统，同时兼任德国电气与电子工业协会（ZVEI）的 MES 工作组主席以及 CENELEC TC65 委员会秘书，负责自动化 IT 标准化事务。

◎马库斯·尼贝克尔博士，Proxia Software AG 的产品经理，同属 MES D. A. CH 协会会员。

制造执行系统（MES）的发展趋势

奥拉夫·绍尔

无论是现在还是将来，与生产相关的IT或者制造执行系统的功能在工业4.0中都是必不可少的。本节重点介绍以下几个发展方向。

已知的自动化金字塔的等级正在依托工业4.0的新信息模型进行重塑[1]，不同的基础技术也正对此提供技术支持。物联网、网络物理系统和嵌入式系统的投入使用导致过去自动化金字塔的所有级别与互联网技术的相关标准相互渗透。越来越多具有通信和数据处理能力的智能设备开始具备MES功能。例如，关键值的计算可以转移到设备端。现今，利用嵌入式系统上的IP功能可以简单地将设备转换为网络上的节点，这些节点可以自我联网，并在共享数据的同时与其他参与者通信。大数据和主存储器数据库技术也是基本技术之一：人们希望能在现有的ERP级别上直接访问和处理来自制造过程的在线数据，并从中生成与业务相关的信息。内存数据库通过更快的数据处理促进了相关技术的发展。此外，基于IP的通信也有着举足轻重的地位。作为工业通信的实时以太网不仅已经在办公区域内得到了广泛应用，还能延伸至工业生产现场，进而第一次创造了一个连续的物理通讯结构，通过实时以太网实现灵活、连续的数据交换。

服务导向

以前比较单一的MES正在往面向服务的体系架构转变。市场上与生产相关的IT系统新供应商正在根据服务的导向直接开发他们的系统。开发过程可以粗略分为以下部分：

◎APPs：具有自己用户界面的应用程序，但没有或只有非常有限的、仅自己可以在移动设备上使用的数据库。与生产相关的APP用于关键图形可视化的KPI APP、OEE或甘特图APP，它可用于生产结果的可视化。

◎MES服务：对于一个服务来说，它是一个具有具体功能的、有唯一输入值和初始参数的单元[2]。单个功能可以提供服务，或者服务也可以组合多个功能。

◎制造服务总线：服务通过此总线相互通信。在将来，该服务总线是面向服务架构的核心组件之一，它还需在集成层面实现服务交互。即使在今天的MES中，这些组件已经存在，却仍要为各自的制造商量身定制这些组件。因为还没有任何服务总线可以与来自不同软件提供商的MES服务连接。

◎集成服务：这些服务对于将MES服务连接到工厂机器、设施和其他设备都至关重要。

云计算

云计算的基本要点是计算速率，IKT 系统不是在用户站点本地安装的，而是根据需要从外部数据中心调用。结合以上所述的服务导向趋势，得出了一个示范性的简略架构，如图 2.17 所示。

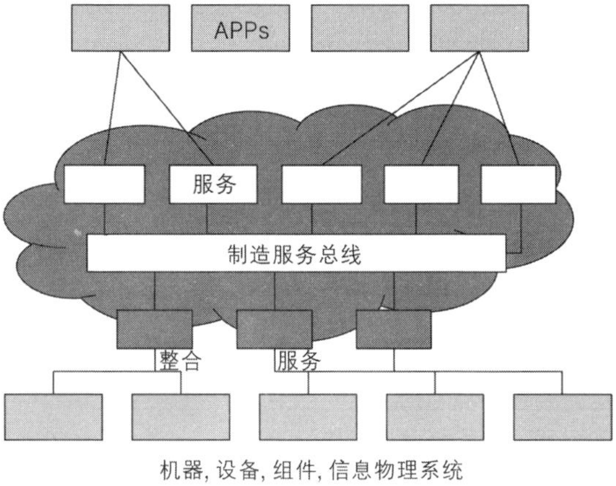

图 2.17 未来 MES 架构示例

互通性和即插即用功能

工业 4.0 提倡灵活的、适应生产的生产前景。智能组件能“判断”自身能力，并且“知道”安装哪些系统。如有必要，他们会自动更改配置和设置，以便能够适应生产任务、匹配工厂安装的设备。这种自适应性有以下要求：

◎从嵌入式系统到 MES 的标准化通信：已经证明 OPC UA 具有非常高的可扩展性功能，因此它可以集成到最小的嵌入式系统中，所占内存仅为 15KB[3]。

◎设备功能的标准化自我概述：属性和功能直接存储在设备上，操作员可以通过控件中的接口直接使用它们。设备制造商事先确定这方面所需的信息并将其用统一的方式存储在组件上，它可由机器或更高级别的 MES 识别并且进行解读。这种统一描述的方式被称为自动化标记语言。为了能够标准化其概述内容，德国工程师协会 VDI 制定了相关标准指南 VDI 5600 Blatt 3[4]。它解释了在控制器和重叠的 MES 之间交换的数据点的相关知识。MES D. A. CH 协会的新的“MES 通用机器连接”（UMCM）也为此制定了标准。

◎安全性：为了使工厂生产运作时，未经授权的工人或设备无法参与工作，我们提供了如下安全机制，例如从一开始就将身份验证和授权（权限管理）体系融入到结构体系中。借助能够产生自动化标记语言兼容对象的工具和开发环境，可以防止敏感数据在初期遭受攻击，保护数据不被更改盗用。

状态监控及 MES 融合

生产系统的生产力大小取决于合格产品的生产量以及生产设备的可用性。为了提高设备的可用性，通过持续监测来支持新的设施维护方案正在成为人们关注的焦点。它不是简单的纠正性维护，而是致力于发展成为一个有前瞻性的、预判性的、为设备的维护和行为动作提供合理建议的系统。(图 2.18)

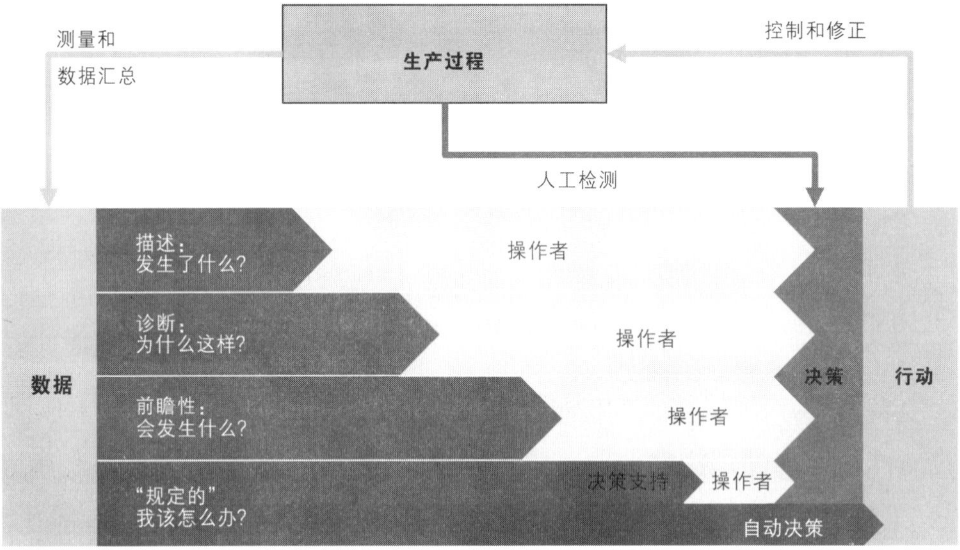

资料来源：嘉特纳研究总监亚历克斯·林登，www.gartner.com

图 2.18 从纠正性维护到"处方维护"[5]

基于目前已有的机器数据收集功能，可以假设 MES 在将来具备监控功能、诊断功能和决策支持功能，以便机器操作员可以快速而有针对性地维护机器和系统，提高其可用性。

基于软件的服务正在增加

随着工业 4.0 的发展，MES 供应商发现了新的机会：他们将他们的专业知识扩展到其他应用领域。在产品及其设备的领域内，基于数据的服务将会增加，例如远程维护、可用性保证、可用移动客户端访问机器数据、特定机器类型的连接器等。许多 MES 供应商拥有丰富的经验，可以帮助生产系统的设备定制这种基于软件的服务。

人机交互新技术

现在的工厂中，我们随处可以看到屏幕、键盘、鼠标，而在未来，还将增加手势交互、语音识别等新技术。这些技术的引入也解决了现在制造业中受固定点限制的问题，例如可以设置生产终端，用于接收工序反馈、产品质量结果或机器状态汇报等信息。这创造了直观的人机界面，即使在恶劣的工业环境也同样适用。由于消费者的需求期望值不断提高，它对于电子产品的技术产生了推动作用，企业为此研发了很多价格合理的传感器和交互设备，它将在未来的工厂中使用。最新的例子是谷歌眼镜，机器状况、工序操作情况或过程指示等信息都将直接反馈到这个眼镜中来。

参考文献

[1] Vogel-Heuser, B.; Kegel, G.; Bender, K.; Wucherer, K.: Global information architecture for industrial automation. atp 1-2. 2009, S. 108-115

[2] Bauernhansl, Th. (Hrsg.): Virtual Fort Knox. Abschlussbericht, Stuttgart: Juni 2013

[3] Imtiaz, J.; Jasperneite, J.: Scalability of OPC-UA Down to the Chip Level Enables "Internet of Things", 11th International IEEE Conference on Industrial Informatics, Bochum, Germany, 2013

[4] VDI 5600, Blatt 3: Fertigungsmanagementsysteme (MES): Logische Schnittstelle zur Maschinenund Anlagensteuerung. Berlin: Beuth-Verlag, Juli 2013

[5] Linden, A.: Big Data: Alles Hype! Oder Nicht? Gartner45 Webinarvom 28. 11. 2013

造物工程

约翰娜·科塞尔

从德国的“工业 4.0”到中国的“2025 中国制造”，再到美国的“工业互联网联盟”，工业 4.0 的发展趋势已经席卷全球。然而对于企业来说，它仍然是可有可无的。虽然越来越多的人能够认识到数字化、网络化对于生产过程的帮助，但人们仍然对其发展充满疑惑。比如说，这项工程到底会产生什么样的影响。

物联网（IoT）正在改变工厂调度员和运营商的角色。在未来工业 4.0 的实现过程中，它们将要与独立的、有自主学习能力的智能设备合作。当机器与产品可以在没有人类工程师的情况下独立合作时，生产秩序将会发生巨大的改变。

工厂操作员提供诉求，开发人员根据诉求设计系统，它能灵活应对不断发生的变化，也能独立解决相关问题。要想实现这个场景，我们既需要安全可靠的工厂机制，又必须杜绝过度监管。因为我们无法预见相关组件（包括智能组件）所有可能发生的状况。控制系统需要具有分析功能，它的控制有效性取决于它能否在正确的设备间根据其功能正确分析、理解并传递信息。

来自两个方面的要求

一方面，生产系统和分析系统必须可以相互沟通，以便于后续服务功能的实施（如预测性维护）。另一方面，对设备（尤其是可移动设备）工程的要求大大增加：人们计划在智能组件上配备越来越多的传感器和执行器，这对于数据管理和可变性管理的要求极高。此外，由于组件是按照一定的层级结构组合在一起的，为了能使它们更加密切地相互合作，对它们的功能性设计也应该在一个更复杂的体系中进行。

通用网络

Aucotec AG 战略发展主管莱因哈德·克纳普说：“只有无故障的、通用的网络化工程能提供完整的、跨系统、跨学科数据的数字机器和工厂模型，才能真正满足未来的要求。”该公司进行 CAE 软件开发已经有 30 多年的历史了，在数字资产模型方面的经验超过大多数供应商。12 年前，第一个基于数据库、功能导向和跨学科系统的工程基地（EB）就是在那里诞生的。如今，它在各个行业中都发挥着作用。例如在车辆生产中，它与车辆电气系统开发相关联；在卫星、特殊机器、能源供应网络或化学和其他大型设施的建设中，它的身影也随处可见。

"除了集中数据管理，项目必须解决工业4.0带来的非常具体的任务。"克纳普先生解释说。例如个性化定制生产（批量1）、在集中监督下进行的联网生产以及一些无法控制的数据量（大数据）。这需要处理机器和产品之间的沟通问题，需要像PDM这样的IT应用程序。(图2.19)

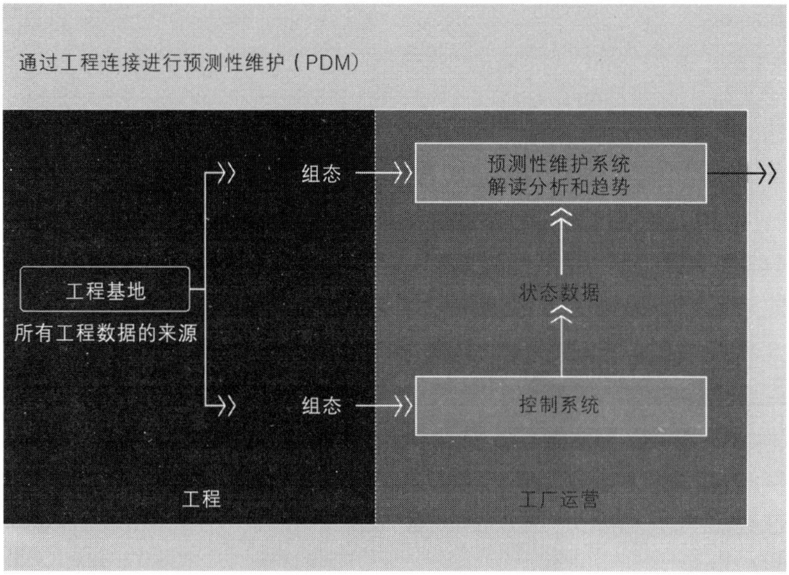

图2.19 带有工程连接的预测性维护（PDM）

个性化定制生产（批量1）

个性化定制生产（批量1）长期以来一直都是一个工程难题。"在工厂建设中，几乎没有两个相似的工厂。当然，他们的设计者有权利去追求工厂的独特性。"克纳普先生解释道。机器制造商也是一样，他们希望以尽可能高的标准化程度来满足客户的个性化需求。"投入到设备中的工业4.0技术越多，对标准化的需求就越高，因为复杂程度也越来越高。这个问题只能通过先进的模块化和高效的管理来解决。"克纳普先生说道。

EB是唯一一个建立在几十年的工厂和机械工程经验基础上的CAE系统。在EB的解决方案中，我们可以看到无数个组件就像所有的大型机器一样简单地被组装起来。标准化的存在造就了这些可重复使用的、以功能为基准的设计模板，进而加快了个性化定制的生产速度。

网络化工作，集中改变

每个工程师的每个工程步骤都存储在工程平台的中央数据库中，并可以立即以

多种形式（图表、视图、浏览器等）呈现出来，通过数据模型的方式可以避免很多错误操作。(图 2.20)

尤其是在发生变化的情况下，数据模型具有决定性的优势：它们在一个地方集中开发，但却可以在一个项目的多个方面呈现出来。“这简化了对于重复对象的烦琐检查工作，极大地加速了工作的流程。”克纳普先生解释道。此外，复杂的变更管理可使整个文档中的文件易于追踪。“遗漏文件、文件混淆、忘记检查新版本等风险将被避免。”克纳普先生继续补充道。

与物联网兼容的网络化工作简明易懂，清晰稳定。无论何时何地通过何种方式，每一个参与者都可以通过 EB 的通信服务器实时了解设备的当前状态。

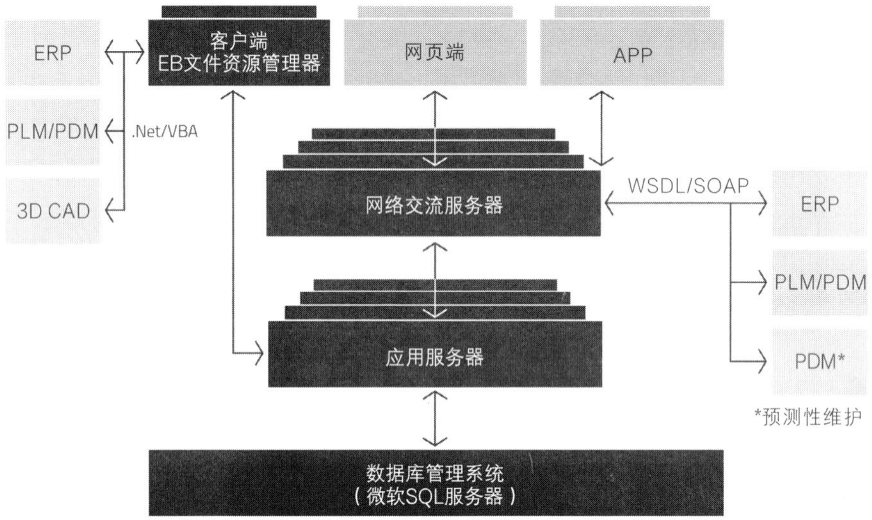

图 2.20　与外部应用程序连接的工程基础（EB）的体系结构

大数据不再受限

工业 4.0 的另一个“标志”是巨大的数据量。来自工厂的数据多样且复杂，这是一个原因；这些数据还可能来自通信机器、产品或者维护机器所需的状态分析，这是另一个原因。

针对大数据的问题，EB 提供了两个方面的应对措施：一方面，提供一个无限可扩展的数据库架构。另一方面，打造开放性数据库。所谓的“开放性数据库”指的是，它不仅支持企业内部的工程数据，还支持将连接到工程的异构信息嵌入数据库，或者通过生成超链接供人们使用这些数据。简单的数据归类已经落后了，如今的大数据没有限制，大数据应用程序也应该智能化、自主化。

不再被妖魔化的预测性维护

在上述的预测性维护解决方案展示中，我们已经了解到如何通过连接工程系统来节省时间，减少出错。作为资源核心，EB 为预测性维护和控制系统提供所有相关数据。正是因为 EB 可以对抽象的对象进行描述，例如，未出现在电路图中的从属测量变量，才使得这种数据相连得以实现。

为了计算工厂实时数据优化的维护间隔，预测可能发生的故障，预测性维护必须首先理解信号 xy 的值是什么，例如，它们代表某个传感器的特定压力或者温度。“通过 Aucotec 解决方案，预测性维护直接从 EB 中获得其工程信息。到目前为止，必须通过烦琐的列表和各种接口才能获取此信息。对于多达 50000 个甚至更多的控制系统信号而言，这很耗费精力。”克纳普先生解释说。

数据质量投资

与传统的 CAE 系统相比，该平台充分考虑了机器和工厂生命周期等方面。作为所有工厂数据的来源，以及某些后续服务（如预测性维护）的数据来源，对高质量数据的投资可以获得数倍回报。在工业 4.0 的时代，投资数据更是比以往任何时候都有必要！

3 标准化

信息化发展对工业 4.0 的指导作用

奥拉夫·格雷泽

工业 4.0 参考架构模型 (RAMI 4.0)

英格·赫伯纳

工业 4.0、工业 4.0 参考架构模型和工业 4.0 组件：不进行标准化，都将无法实现

罗兰·海德尔 乌度·杜布诶希

工业 4.0 的关键：从传感器到云语义的互操性

斯特凡·霍普

eCl@ ss——工业 4.0 本体的产品数据标准

罗纳德·海因策

独立于制造商、对通过自动化标记语言 AutomationML 控制系统原始数据的交换

阿恩特·吕德 妮可·施密特

信息化发展对工业 4.0 的指导作用

奥拉夫·格雷泽

数字化技术在机器、组件、设备和工厂的应用为工业 4.0 的发展提供了新的契机。使用者通过网络提出的反馈意见可以帮助生产者优化产品设计方案，革新欧洲合格评定标准。这不仅能提高效率，降低时间成本，同样可以使部分问题在产品进入生产工序之前得以凸显，以便人们在实际的生产过程中合理规避。

以未来为导向，工业 4.0 涉及许多实操领域。在不同领域中，各类智能技术系统互相通信，人们可以根据不同的通信功能将其归类到自动化金字塔示意图的各层级中去。说到这里，我们就不得不提到经济的数字化。为了实现这一目标，我们首先要对工业部件、加工设备甚至整个制造工厂运用数字化技术进行升级。这一发展趋势同样适用于在数字化工厂中被生产出来的产品。而工业 4.0 智能技术系统的独立决策能力、生产计划运营能力以及为用户工作生活及时提供所需信息的能力，正是通过这些标准化、数字化的流程，并借助非常复杂的事物模型（“物”指物联网层面的“物”）而共同造就的。数字化发展与运用为工业生产创造了新的机遇与未来。（图 3.1）

图 3.1　可以使用数字标准检查数字模型是否符合标准

繁杂的人工检验操作

当在机器运转过程中需要配电柜时，需要的是一个通过了欧洲合格评定标准的配电柜。这个标准也是产品 CE 认证的重要组成部分。在这个标准中包含了在生产过程中所需要用到的产品生产指令，以及为了遵守该指令而设定的各类产品标准。额外要求的欧洲合格评定标准解释了使用个别指令和标准的原因。该评定标准中还包括用于评估 CE 认证的测试及计算方法。此外，生产指令所要求的风险评估也在这里进行。

DIN EN 61439-1 是一个常用的标准：VDE 0660-600-1（2012-06）《低压开关设备和控制设备组件》第一部分通用规范，它主要用于产品设计方案领域。生产商借用这个标准来证明，他们的产品符合生产要求，满足合格评定标准。现在的产品设计方案大多数还是通过检测人员手工来进行验证，例如制造商实施不同的测量（如工作频率下的介电强度），并记录相关数据。此外，检测人员还需要确保所有已安装的组件符合电气间隙和爬电距离的要求。紧接着，还需要执行用于检测加热的计算，以及用于控制设备标准安装的视觉检查。当所有检测完成并达到合格标准后，检测人员需要在产品设计方案和欧洲合格评定标准上进行签字确认。

跨域自动验证

随着经济数字化的发展，工业设计已经可以建造详细的、说服力强的产品模型了。那么人们不禁要问，能否将检验（例如部分对产品设计的方案和欧洲合格评定标准的检验）放在产品正式进入生产之前，通过电子模型来进行呢？尤其是需要批量生产的复杂产品，比如我们通常提及的配电柜，也就是开关设备组件，如果能通过这种方式来进行检测的话，那么许多问题就能提前被发现，这种方式对于工业生产而言不仅简便，还能节省开销。

在工程设计中进行工程控制的想法并不是什么新的创意。现今，工程工具也会根据标准配备适当的测试功能。但是，由于专注于工程任务，个别软件工具只能实现特定领域的评估。此外，检测者也不能假设控件百分百符合产品设计方案和欧洲合格评定标准的要求。尽管存在以上的限制性，对产品的电子模型进行检测已经基本具备可操作性。现在的目标是，有计划地制定这种跨域检测标准。为了实现这一目标，控件将不再仅限于工程工具，范围可以扩展到如独立的软件或其他网站服务商。当然，一切设想的前提是，控件可以读懂这些产品模型。而为了实现这个前提，我们则要设定统一标准的交互格式。

电子预认证产品

在“智能工程与生产 4.0”的联合项目中，Eplan、菲尼克斯以及威图公司已经做过这方面的尝试。在持续性跟踪开关设备组件的工程设计后得出了一个虚拟样机。作为数据交换格式“AutomationML”和分类标准“ecl@ ss”的组合，人们得到了一个分层数据模型。虚拟样机包括工程过程中生成的所有信息，人们尝试将这些信息汇入工业 4.0 应用程序中，作为柜机管理中的产品说明来使用。产品说明包括了所用组件的详细描述（“ecl@ ss”部分）及其组成部分（“AutomationML”部分），涵盖如组件位置、组件对齐、标示、传电方式等信息。（图 3.2、图 3.3、图 3.4）

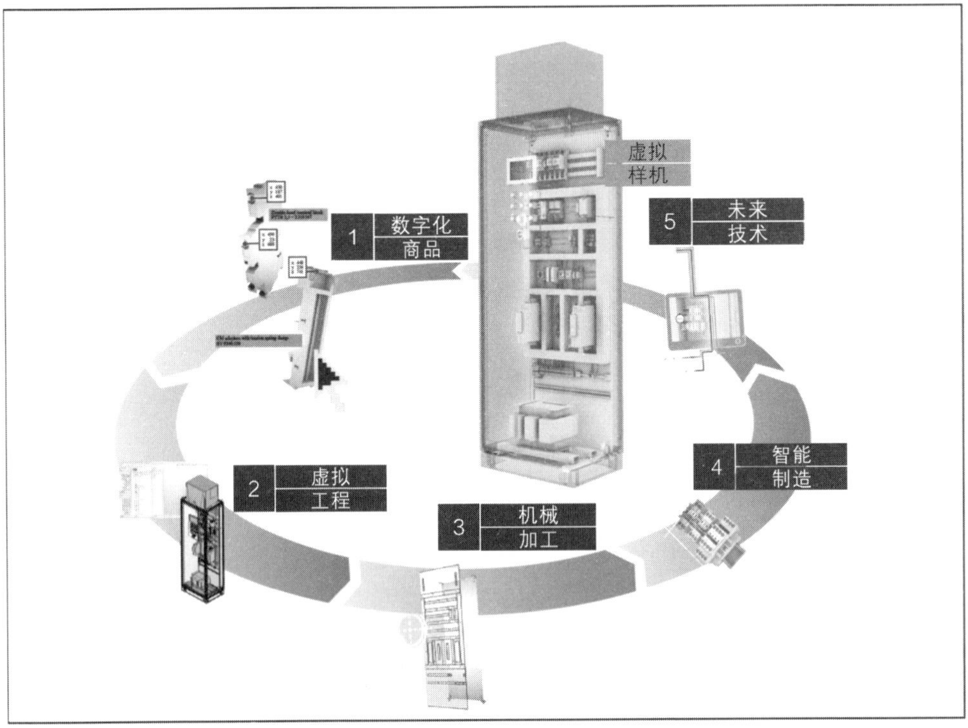

图 3.2 “智能工程与生产 4.0”的技术网持续应用于工业 4.0 的工程领域

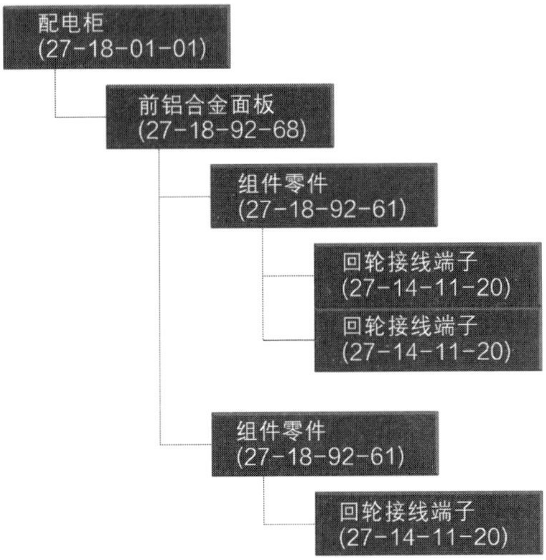

图 3.3 数字化产品描述 工业 4.0 产品的零部件具备数字自我描述功能，此功能的实现需要借助数据交换格式“AutomationML”和分类标准“ecl@ ss”所生成的分层数据模型。

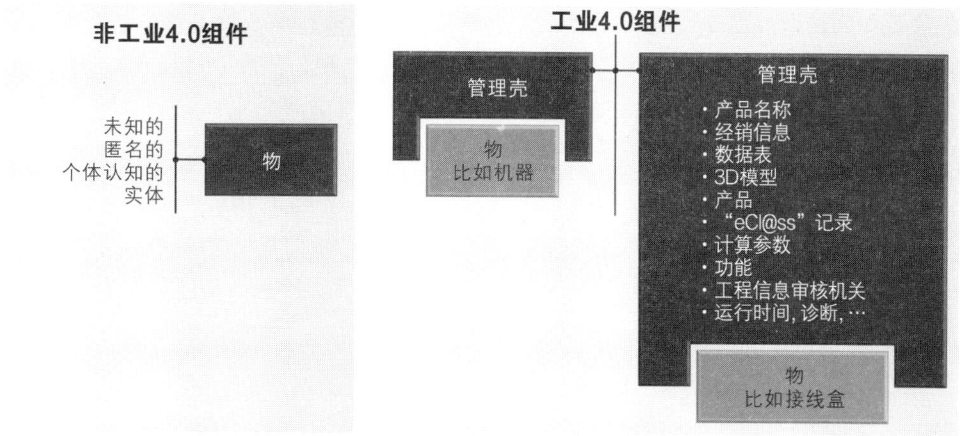

* 符合工业4.0的接口/数据格式
资料来源：基于工业4.0平台，对工业4.0组件的描述

图 3.4 工业 4.0 零部件的物理信息 每个工业 4.0 零部件都包含一个管理中心，在这里可以找到关于该零部件的物理信息。

通过对 DIN EN 61439 的观察，我们得知借助虚拟样机可以回答产品标准中的一部分问题。比如，机械产品安装时所使用的零部件检测方式和操作条件、生产资料标识的句法控制、采暖检定以及电气间隙和爬电距离的保持等，这些都是很好的应用实例。在实际生产中，DIN EN 61439 中的很多检测项目仍需要对完工后的实际产品进行检验。合作方因此建议，通过电子模型进行尽可能多的检测。当这一部分检测完成并通过后，给予产品“电子预认证”证书。当产品被生产出来后，再进行剩下的错误排查即可。

避免理解偏差

就数字化目前的发展来看，现有标准存在一个缺点：它是由人来制定并编写出来的。这就会造成某些时候的理解偏差。比如在 DIN EN 61439 的 10.2.7 条中规定：“检查后的标签需要清晰可见，即拥有正常视力或经过视力矫正的用户，不需额外放大即可见。”这类规定就容易造成践行者的理解偏差，但是却又无法避免。因为我们无法通过规定来准确说明，究竟什么样的标签是“清晰可见”的。

由此又产生了一个问题：标准以及标准产生的过程是否要随着数字化的进程发生相应的改变呢？理论上，我们确实要根据数字化的要求，制定出没有理解偏差的标准，这样的标准就可以在数字化的工具中进行运用。上述提到的测试软件可以使用数字标准作为规则手册，在此基础上生成对数字模型的测试。此外也可以在测试过程中自动进行筛选，哪些测试是只能在成品机器上进行的，比如标签的电测试和光学测试。目前，在工业 4.0 应用领域还没有类似的使用标准，我们也还不清楚这些法规将如何被设计出来。尽管如此，我们依然可以预见，未来的工业生产领域需要相应的生产标准。因此，参与“智能工程与生产4.0”项目的企业已经开始与德国电工委员会（DKE）取得联系，共同制定未来的生产标准方案。

工业 4.0 参考架构模型（RAMI 4.0）

英格·赫伯纳

在2015年汉诺威工业博览会上，协会的平台正式移交给新的政治领导层来管理，其中也包括了关于工业4.0平台的研究成果报告。作为两年来工作的重要成果，它包含有关工业4.0参考架构模型（RAMI 4.0）和工业4.0的相关具体信息。但是，这两个术语背后究竟是什么呢？

工业4.0的主要挑战之一是综合统筹电气工程、机械工程和信息工程（IT）这三大领域的不同要求。为了达成这个目标，两年前，BITKOM、VDMA 和 ZVEI 这三个协会决定通力合作，共同打造工业4.0发展平台。主要研究课题之一就是：如何借助这一平台，通过工业4.0参考架构模型将不同的领域融合到一个共同的模型中来[1]。

发展初始

研究起点是如何将工业4.0的分类作为“物联网和服务”的专业化发展。大约15个行业被列入研究范围。参考架构模型现在应该可以将任务和过程分解为可管理的部分，并将它们清晰地进行描述，以便借助它们来进行有关标准化的讨论。

工业 4.0 参考架构模型层级

协会开发并在2015年汉诺威工业博览会上展出了三维的工业4.0参考架构模型（RAMI 4.0），专家们认为，这是目前为止将工业4.0空间可视化的最佳方式。原则上它基于智能电网架构模型（SGAM），这个结构涵盖了从发电到输电、再到最终将电力分配到每家每户的全过程，依照这个结构搭建的工业4.0模型同样可以帮助人们形成对工业4.0的初步印象。产品开发和生产方案是工业4.0的核心，也就是说，在它的参考架构模型中要涉及产品开发过程、生产线、生产机器、现场设备以及产品工作模拟等。为了更好地描述机器本身、组件以及生产工厂，工业4.0的模型将SGAM模型的组件层替换为资产层，放置在整个模型的基础位置。在其上方添加新的集成层，这使得人们能够通过虚拟模型直观了解工业4.0的信息资产管理模式、通信层处理数据和文件的传输与记录、信息层包含的相关数据、功能层包含的所有必要的功能、相关的业务流程则映射在商业层。这种划分方式符合 IT 技术将复杂项目拆分成可处理的子单元时的处理方式。（图3.5）

工业 4.0 参考架构模型（RAMI 4.0）的第三条轴描述的是在实践过程中的功能分类。值得注意的是，这里仅仅涉及功能的分类，而非功能的具体操作与实现。对于工厂内的功能分类，该参考架构模型主要基于 IEC 62264 和 IEC 61512 这两大标准。为了实现从加工工业到工厂自动化等众多领域视图的统一，该模型采用了“企业”、“工作单元”、“站点”和“控制设备”等术语。当然，产品本身也是该模型中必不可少的一部分，在模型中被标记为“产品”。此外，还添加了“现场装置”，它描述的是智能现场设备的功能级别，比如智能感应器。同时，在“层次结构级别”的上端还进行了相应补充。上述提到的两个标准仅适用于工厂。最后，工业 4.0 还描述了工厂网络与外部工程办公室的远程合作、与供应商和客户的合作等。这一方面的内容可以在“互联世界”中找到。

通过上述方法，我们可以将多种复杂的功能结合在一起。借助参考架构模型所展示的方法，我们可以灵活地描述解决方案，可以对特殊规范、要求以及应用程序域进行定义，实现从当今世界走向工业 4.0 的过渡。

工业 4.0 参考架构模型现在被正式定义为标准化中的 DIN SPEC 91345。

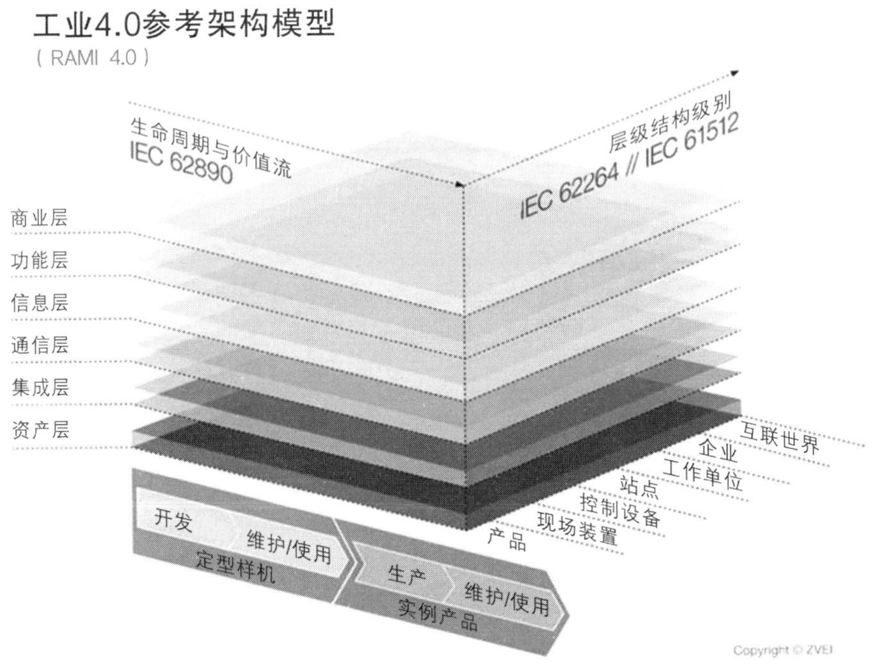

图 3.5　工业 4.0 参考架构模型三维视图

工业 4.0 参考架构模型的使用及后期规划

德国电气与电子工业协会（ZVEI）[2]将工业 4.0 参考架构模型描述为工业 4.0 解决方案的 3D 地图。借助这个模型，用户对行业的要求可以与国家及国际标准相互结合，从而进一步定义和发展工业 4.0。各类标准中诸如重复定义或定义缺陷等问题也会被发现。使用 RAMI 4.0 可以实现跨行业建模，该类模型已经在各个委员会中作为讨论基础得以应用。基于此，工业 4.0 参考架构模型统一了业内对标准、规范以及实例研究的理解。

根据德国电气与电子工业协会的计划，下一步将致力于确定识别标准及规范。识别功能在工业 4.0 中起着关键作用。通过该功能，各类产品可以在互联世界中独立寻找到自己的对接目标。产品生产过程中的数据交换也离不开此功能，通过识别功能可以实现机器或工件与机器之间的通信交流。当然，通信交流的实现需要其他非技术前提的支持，如设立统一的操控语言，定义其他重要的辅助性功能，如工业 4.0 组件实时校准同步、实时能力及功能可靠性等。

就工业 4.0 的通信领域而言，人们不会获得无限的自由空间。许多通信连接协议已经存在，例如基于以太网的总线系统或 OPC UA 协议。现在的主要任务是检测它们的适用性，并为其制定标准。

工业 4.0 组件

协会平台的另一个重要工作成果是建立了工业 4.0 组件参考模型。随着研究的深入，协会陆续在这一年中发表了多个改良版本。

工业 4.0 组件参考模型是工业 4.0 参考架构模型的其中一层，通过这个模型可以更加详细地了解网络物理系统属性，了解真实产品与虚拟产品、虚拟生产流程的联网等。使用该模型可以描绘生命周期和价值流的不同位置以及不同的层级。它可以代表生产系统、单个机器或工作站，甚至是机器内的组件。对于具有工业 4.0 能力的硬件或软件组件而言，重要的是真实产品及其相关数据和功能的通信功能。而该模型描述的正是生产过程中各个硬件和软件组件之间符合工业 4.0 标准的通信条件。

这里的一个重要先决条件是，工业 4.0 组件在其整个生命周期中将所有相关数据收集在一个电子的、被保护的“容器”中，该“容器”可以随身携带，并可给参与研发创造的公司以参考[3]。这个存储硬件和软件组件的虚拟映像电子容器在模型中被称为“管理壳”，它为网络化生产发展开辟了全新的可能性，为参与研发创造的公司提供了附加价值。

附加价值

德国电气与电子工业协会将工业 4.0 组件参考模型（图 3.6）为公司带来的附加价值概括如下：

管理壳包含了制造商提供的各种数据和信息，如 CAD 数据、连接图、使用手册等，系统集成商或工厂设备操作员又可以对这些数据进行进一步的补充，如维护数据、与其他软件硬件的连接数据等。此外，管理壳还提供了部分功能，如业务逻辑的规划、工程、配置、操作、维护或其他复杂功能。

使用者可以在组件上，从公司网络中，甚至从云端获取管理壳中的数据和功能。附加价值的产生来自于：信息一经存储，就可以通过 IT 服务为每个用户和应用程序提供透明的信息。符合工业 4.0 标准的通信协议与管理壳这个概念相结合，即可实现生产的横向和纵向集成。通过这种方式，人们可以完全获得有关工程以及操作和维护的相关信息。

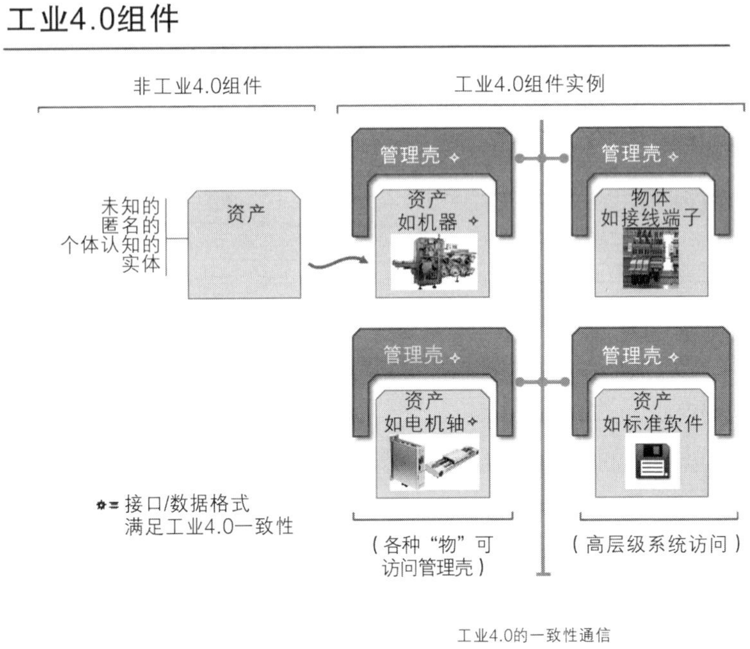

图 3.6　工业 4.0 组件参考模型

综上所述，管理壳中不仅要包含整个机器的数据信息，还要收集重要组件和零件的数据信息，这是工业 4.0 获得成功的关键。例如，电轴与机器功能的好坏有着明显的关联，那么在未来，人们就应该可以从中央维护系统中直接对电轴进行管理。自动化技术同样适用于没有自己数据接口的生产组件。例如，从管理壳的接线端子中储存的信息我们可以知道，哪些部件在什么时候、出于什么目的要进行连接，这使得每个部件都成了可以通过联网进行自我管理的智能部件。

工业 4.0 组件在实际中的应用

工业 4.0 组件可帮助相关公司以工业 4.0 的方式开发其硬件和软件组件。

使用者可以根据需求随时对管理壳中的数据进行补充，制造商和系统集成商可以通过提供新数据、知识模型、专业功能来实现智能服务。通过这种方式，因特网信息网络中的数据可以被更多的用户使用，数字工厂及智能工厂的实现将指日可待。

工业 4.0 组件实例

在如图 3. 6 所示的工业 4. 0 组件示意图中，专家展示了 4 个例子。

首先，由于机器本身的可操控性，机器可以作为工业 4. 0 的一个组件。这种情况下，机器制造商就是该组件的管理者。

其次，重要机器组件，如电轴也可以单独作为一个工业 4. 0 组件，资产管理系统或维护系统就可以独立监管该组件。这种情况下，组件制造商就是该组件的管理者。

同样的，也可以将机器的个别组成部件整体视为一个工业 4. 0 组件。例如，对于接线端子这个组件来说，安装具有单独信号的电路并在机器的整个生命周期内保持其信息实时性是非常重要的。这种情况下，电气规划师和电工就是该组件的管理者。

最后，软件同样也可以作为工业 4. 0 的一个组件。软件是生产系统的重要资产，因此也是工业 4. 0 组件。这类软件可以是独立的规划工具或工程工具，这类工具不管是对现在的还是未来的生产操作都至关重要。软件同样也可以是一个信息技术的“图书馆”，供应商把这个图书馆当作其软件扩展功能的功能库出售。这种情况下，软件的供应商就是该组件的管理者，不同工业 4. 0 软件系统负责各个 IEC-61131 控制器的分配。

参考文献

[1] Bitkom, VDMA, ZVEI: Umsetzungsstrategie Industrie 4.0, Ergebnisbericht der Plattform Industrie 4.0

[2] Hankel, M.: Industrie 4.0: Das Referenzarchitekturmodell Industrie 4.0 (RAMI 4.0). ZVEI-Papier (April 2015)

[3] Hoffmeister, M.: Industrie 4.0: Die Industrie 4.0-Komponente. ZVEI-Papier (April 2015)

工业 4.0、工业 4.0 参考架构模型和工业 4.0 组件：不进行标准化，都将无法实现

罗兰·海德尔 乌度·杜布诶希

无论是在广告中还是在展会上，许多公司已经在推广与工业 4.0 相关的产品或至少是工业 4.0 类产品。但是，这些产品只能服务于特定的公司，且与工业 4.0 关联不大。只有符合工业 4.0 平台标准（2017 年及以后）[1] 的产品才能支持工业 4.0。从技术角度来看，我们正处于重大技术发展的开端，其中标准化运作起着至关重要的作用。

理论上，发展体系结构的规格化运作有两种方式，我们可以将这两种方式在实践过程中进行相应的结合：

◎通过相关行业观点自上而下来确定产品规格化运作。如：根据软件架构标准 ISO 42010“系统和软件工程架构描述”来确定该产品领域的规格。

◎ 参照现有模型和概念，根据现有标准，自下而上确定核心技术的技术规格。

目前工业 4.0 工作意味着还要承担在旧的工业 3.0 世界向新的工业 4.0 世界的过渡。对于自上而下的方法，情况不一定如此，因为自上而下的设计可能会无意中通过错误的决定排除现有的方法和解决方案，从而获得迁移机会。这可能涉及当今大量产品的巨大变化，这将加大现有技术向工业 4.0 世界转变的难度。

因此，在工业 4.0 平台项目中，第一步用自下而上的方法决定，以避免产生与以前的解决方案完全不兼容的新解决方案。在接下来的过程中，参考架构内容的全面描述将是自上而下的。

工业 4.0 作为物联网的一部分

工业 4.0 背后的概念是什么呢？众所周知，工业 4.0 是物联网（IoT）的一种表现形式。出于开支和成本的原因，人们希望能通过互联网建立物联网模型，但是如果模型的细化程度不高，它就无法在实际工厂生产中得以运用。彼此合作的对象在工业 4.0 中称为“资产”[2]，它们彼此间不仅仅需要进行通信，更重要的是进行合作。合作资产双方必须在一定程度上了解对方，必须认知双方各自在合作中扮演什么样的角色。而为了达成这一目标，合作双方必须在达成合作之前对对方进行研究调查，通过研究调查资料得出一个直观可见的描述。通过这个描述来进行合作评估。

术语“度”通常是指资产虚拟映射的详细深度，例如生产设备的资产。在这种

情况下，“映射”被理解为数据处理系统中物理资产的虚拟表示，即在工业4.0中，生产工厂的组件（下文中通常为“资产”）的映射，包括其自身数据和算法的形式。

在当今制造技术中，要制造的部件还不是自动化控制生产过程的一部分。这部分部件在生产过程中还要进行进一步加工，加工后的部件才是成品的组成部分。与生产过程有关的数据从生产站到生产站并行传递，并以特定应用的方式进行修改或补充。现在工厂的资产还不知道他们的描述数据。现在工业4.0假设工厂中的所有资产（包括要处理的部分）都可以通过数据和算法访问有关自身的信息，并将财产的虚拟特征提供给其他资产，而后者又使用这些信息。这可以算是一项技术创新，因为在以前，物体的特征描述和使用指令存储于使用手册或数据表中，不存在于物体本身。即使手册以PDF格式在电脑上进行存储，电脑也不能真正识别这些信息，因为电脑无法自动获取文本里面的术语。

图3.7展示了过去几年里的技术发展。每个相关“资产”都包含了特定的技术数据，即所谓的“管理壳”（具有管理壳的资产称为工业4.0组件）。描述资产的术语（包括其语义）在工业4.0中具有一致性，所有资产（例如机器）均可理解并访问这些术语。这就需要特定的词汇和语法。这些词汇和语法必须保证在相关技术领域语义的排他性与单一性，防止出现理解偏差。在工业4.0中，这一领域被称为自动化技术。

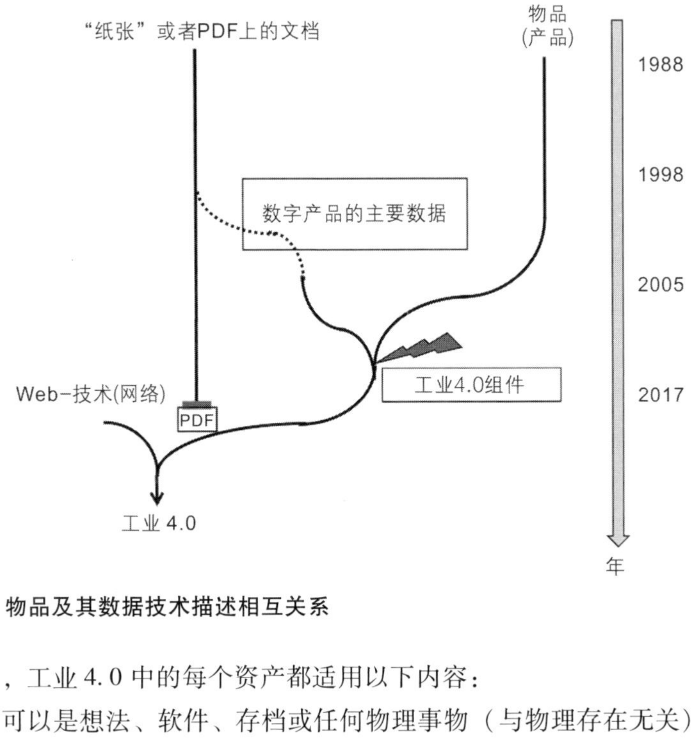

图3.7 物品及其数据技术描述相互关系

基本上，工业4.0中的每个资产都适用以下内容：

◎资产可以是想法、软件、存档或任何物理事物（与物理存在无关）。

◎每个资产都有一个生命周期。

◎每个信息都有一个载体。

◎在虚拟世界中通过其管理壳中的信息描述资产。

◎资产可以因不同目的而具有多个虚拟的、符合工业 4.0 规则的管理壳（即工业 4.0 组件）。

◎通过资产组合形成具有新属性的新资产。

◎资产在进程中通过时间、地点和状态描述特征。

◎通过由特征术语集合组成的工业 4.0 词汇来描述资产的属性。

工业 4.0 背景下的资产示例如下：

◎固定资产和设施组件；

◎电子组件；

◎子系统和系统；

◎机械；

◎设备和设备组合及盟友。

甚至包括：

◎概念和想法；

◎计划；

◎档案；

◎程序。

严格来说，根据 IEC 词汇 IEV 351，一个对象必须被称为“考虑对象”。但是出于简化的原因，我们在本书中使用其缩写“对象”，在工业 4.0 版本中为术语“资产”。

工业 4.0 组件

工业 4.0 术语词汇的统一必须通过特定的标准来实现，主要有以下两种方式：

必须严格定义术语的含义，且每个术语在技术术语库中只能代表一个含义。在德国，eCl@ ss e. V. 提供了一个包含 20 多个业务领域约 18000 个术语的术语库，其中自动化技术术语为第 27 组。IEC 也有一个名为“通用数据字典” CDD 的产品合集，该合集中有不同的产品组，尤其是自动化领域的产品[3]。

词汇概念的数据技术必须遵循通用规则，以便资产能完全识别该术语。这里 IEC 61360 及其对应的 ISO 13584-42 是首选。这些术语在 IEC 和 ISO 中被称为“属性”。eCl@ ss 和 IEC 中的特征根据 IEC 61360-1/2 指定其数据表示，ISO 工作组的特征通常使用经证明为相同结果的 ISO 13584-42。

根据图 3.8 可以看出，工业 4.0 组件是具有管理壳的一项或多项资产的组合。

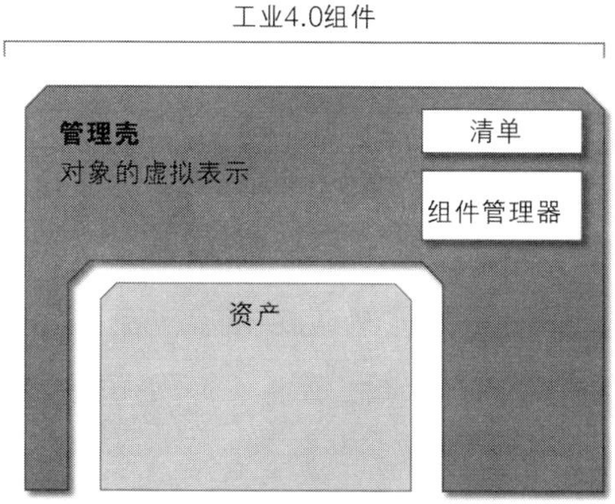

图 3.8 工业 4.0 中的每个相关资产都通过数据管理壳形式进行虚拟表示（图文来源：工业 4.0 论坛[2]）

当然，资产的“虚拟”表示必须根据数据技术进行组织。它至少包含描述各个资产的特征集合。但是，如果资产也了解其数据技术格式，则该资产只能使用其他资产的特征。因此，符合工业 4.0 标准条件的管理壳应被视为工业 4.0 组件的虚拟部分：

◎工业 4.0 组件的管理壳包含一组基于工业 4.0 词汇表示特定资产的信息。

◎信息采用 Industrie 4.0 特定格式，并根据 RAMI 4.0 进行结构化。

总之，这提供了一个工业 4.0 组件对另一个组件管理壳的明确访问。管理壳旨在通过工业 4.0 应用程序接口（API）访问其信息。管理壳组织由组件管理员实现。

即使在今天，许多产品已经具有公司特定描述性记录形式的管理壳，例如：到目前为止，还没有被称为“管理壳”的目录数据。如图 3.9 所示，如果现在的数据不是符合工业 4.0 标准的，那么就是在之前规则外创建了另一个工业 4.0 管理壳，这可能会产生简单的迁移路径。

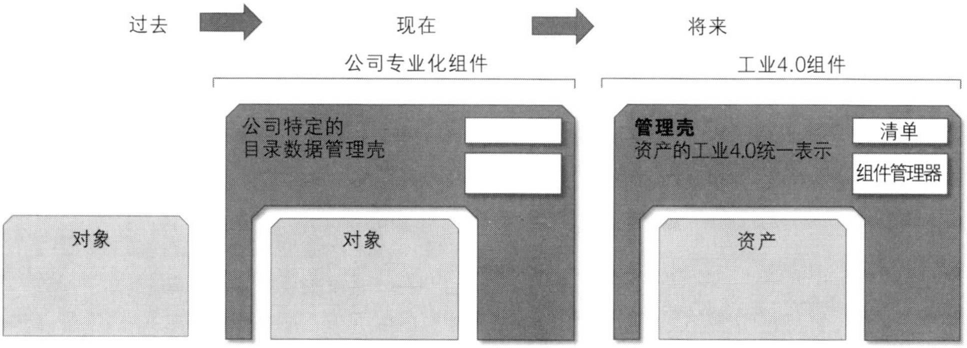

图 3.9 工业 4.0 管理壳 从简单对象（产品）到工业 4.0 组件的迁移路径，该对象始终保持不变。

在工业 4.0（图 3.9）的背景中，资产的虚拟表示称为“管理壳”。它们共同构成了工业 4.0 组件。

很早以前 VDI/GMA 7.21 工作组就从事工业 4.0 组件的理论基础研究工作。首先必须说明一点：一个日常的事物在 IT 领域中表示为一个“对象”。根据规定进行了以下测定[2][4]（图 3.10）。

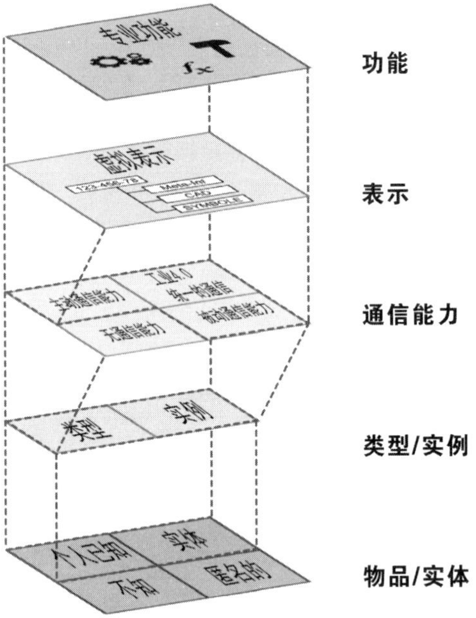

图 3.10 工业 4.0 技术数据工作原理[4]

首先必须说明一点：一个日常的事物在 IT 领域中表示为一个“对象”。根据图 3.10，在工业 4.0 中，对象是实体（资产），其作为类型或实例存在，具有被动的或主动❶的工业 4.0 通信能力，以及根据工业 4.0 规则具有正常功能的虚拟表示。虚拟表示和函数存在于工业 4.0 组件的管理壳中。此管理壳不一定必须机械地附加到资产上。相反，更常见的是管理壳存储在多个数据库中的一个或多个部分中，但在这种情况下，它必须通过明确的引用与资产密不可分地连接。这是一项信息技术挑战，尤其是在安全性方面。所有管理壳及其连接都映射在工业 4.0 元数据库中。IEC 62794[5]和 IEC 62832[6]涉及数字工厂（DF）的 DF 元数据库（图 3.11）。IEC 62832 内容的一个重要部分是基于 2000 年以后的工作结果[7]。这涉及一个信息可以存储在

❶主动通信能力是物理项目提供用于访问其管理信息的真实通信接口。被动通信能力意味着存在对项目的管理信息的访问，而实际项目本身不提供对其的访问。

位于任何地方的逻辑实体中。因此，这样的一个元数据库由各种投入使用资产的管理壳组成，这些资产随机存储在 RFID 芯片中，或作为条形码、或在数据库中等。唯一的要求是管理壳与资产的连接在逻辑上是不可分割的。

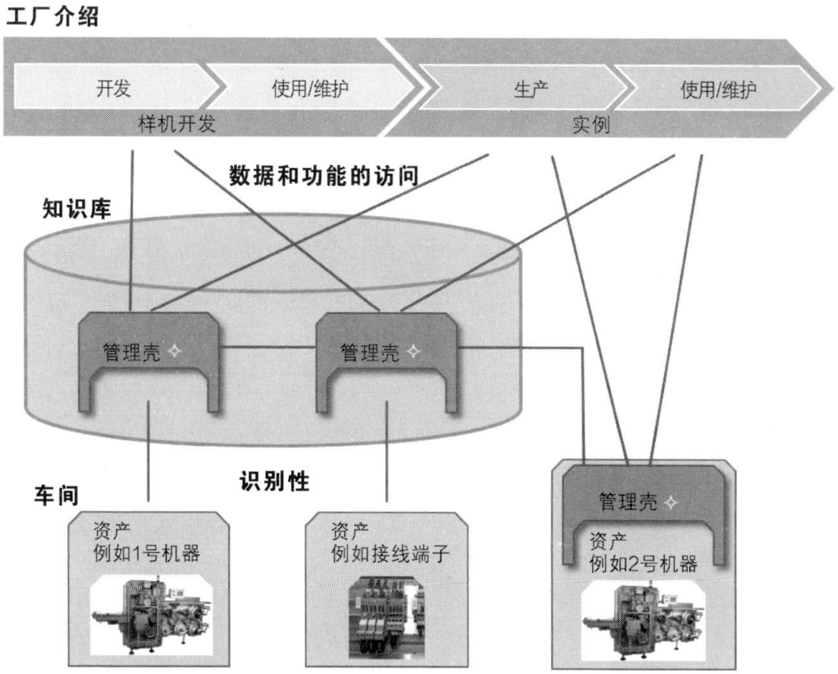

图 3.11 所有管理壳及其连接在工业 4.0 存储库中的显示（图文来源：工业 4.0 论坛[2]）

资产可能具有用于不同目的的多个管理壳。但它至少有一个管理壳，以便它可以储存信息。由于资产可以由其他资产共同组成，管理壳（嵌套式）必须要有一定的层次结构（图 3.12）。在这种情况下，由资产组成的实体代表一个单独的新资产，而该资产又具有独立的管理壳，即独立的工业 4.0 组件，而它又代表了由资产组合形成的新资产的新属性（图 3.13）。

在 2016 年汉诺威展览会上发布了工业 4.0 组件的基本结构，并且在 2016 年 7 月发布了英文版本。

现在让我们来详细讨论管理壳的结构。如前所述，它至少包含一个由它提供的信息目录。该目录称为清单。至少注册特征列表和其特征值可以通过接口（应用程序接口 API）访问。管理壳的结构以及其信息的访问在工业 4.0 中必须是一致的、标准的。

关于创建管理壳结构的工作目前正在进行中。其细节已经具体化。根据由 IEC

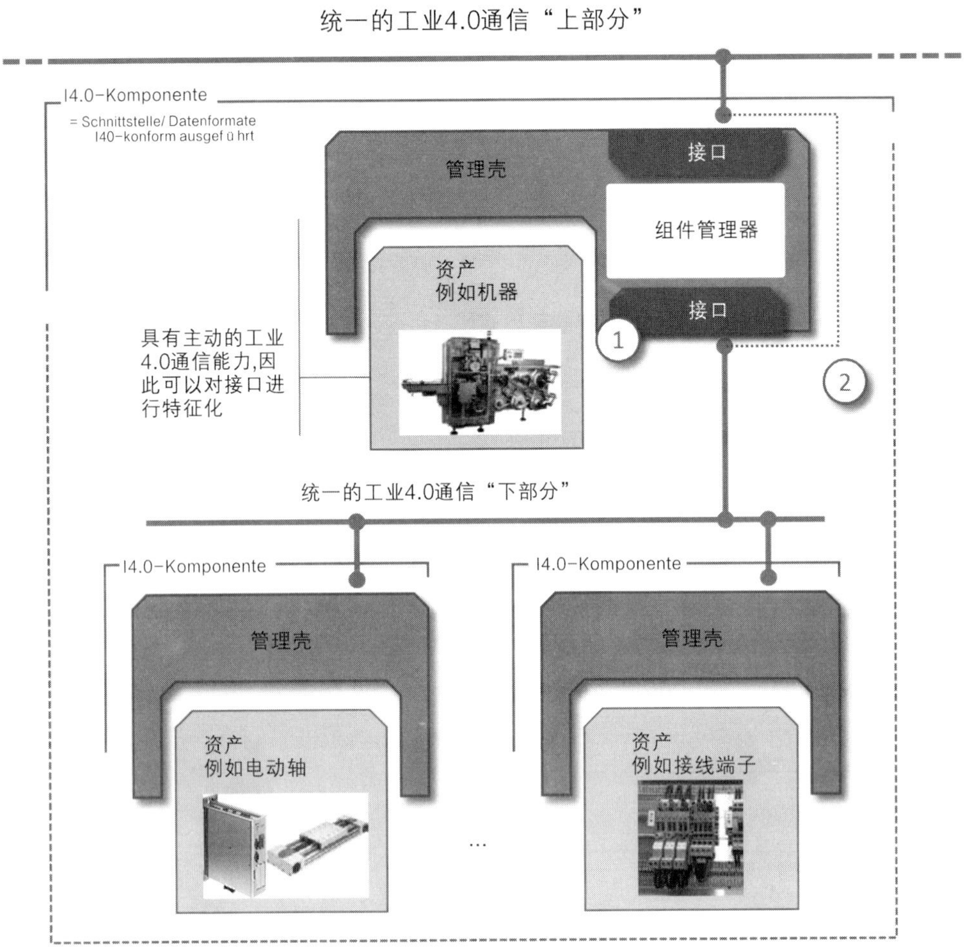

图 3.12　嵌套式管理壳（图文来源：工业 4.0 论坛[2]）

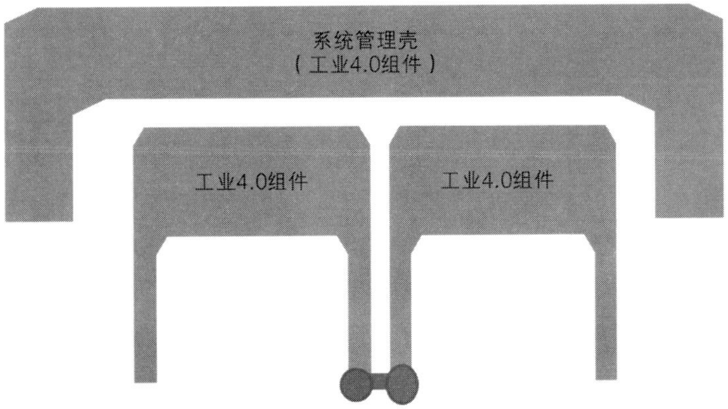

图 3.13　至少两个互联的工业 4.0 组件管理壳表示一个系统管理壳

TC65 WG16 工作组起草的文件 IEC 62832，管理壳（此处称为“DF 资产”）被分为两个部分（图 3.14）：

◎DF 资产主体，包含有关项目本身的所有信息。

◎DF 资产标题，包含有关项目发生情况的所有信息。

该对象本身在 IEC 中称为“PS 资产”。图 3.14 显示了源自 IEC 62832 的 DF 资产与工业 4.0 管理壳的比较。如您所见，工业 4.0 管理壳直接来自 IEC 的 DF 资产。因此它也是在标题和主体中构造的。

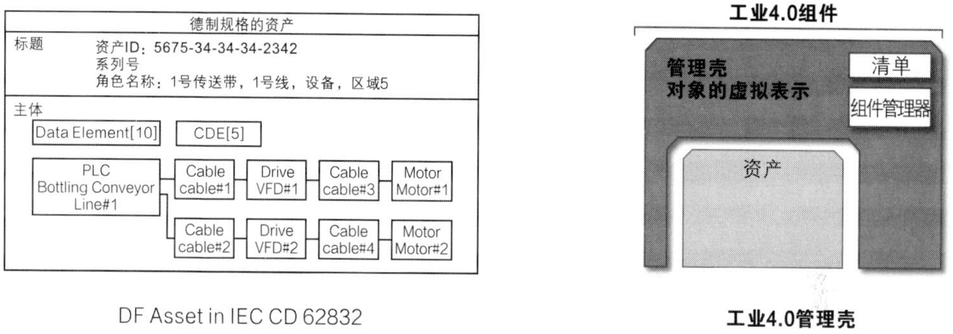

图 3.14　IEC 62832 标准下的德制资产与工业 4.0 组件的比较

目前工业 4.0 管理壳的工作主要集中在其详细结构上。计划按照生命阶段和应用领域进行结构化。例如，对于“运营”、“工程”、“调试”、“保养”还用于显示工厂的某些资产的特征。这些包括安全性、功能安全性、机器安全证书和防爆保护等。这些信息必须被规范化描述并提供明确的语义，以便其他资产（如计算机）能够相互访问。

这是一个不应被低估的标准化挑战。这包括选择现有的标准概念和标准、增加和扩展这些标准，并根据工业 4.0 的要求创建新的标准。如图 3.15 所示，三种类型是可区分的（基于郝夫迈斯特博士的观点）：

◎ “硬标准和标准”（IEC，ISO，……）；

◎“统一的标准”（IETF，W3C，……）；

◎ 领域和公司特定标准。

找到标准之间的“共有的部分”非常重要，这些标准一方面设定了明确的基本规则，另一方面具有足够的灵活性，不会妨碍工业 4.0 概念的适用性及其进一步发展。

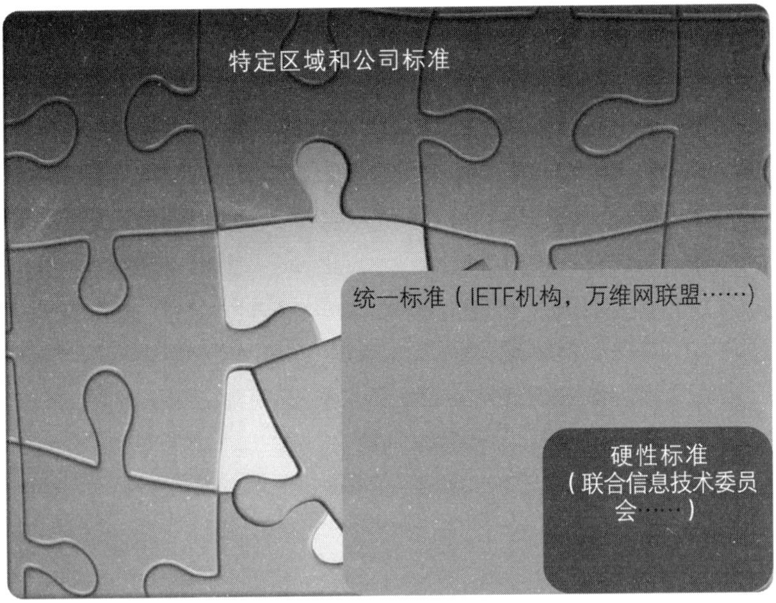

图 3.15 不同类型的规范和标准（由郝夫迈斯特博士修改）

工业 4.0 参考架构模型 （RAMI 4.0）

在前面的内容中详细描述了工业 4.0 参考架构模型（RAMI 4.0）。然而，关于其用途，还有一个特殊方面：工业 4.0 参考架构模型还用于适当分配、组织和价值链的控制以及任何工业 4.0 过程的进一步注释。如今，在一段时间内，通过流程步骤与负责人（所有者）的流程演示是普遍的（流行的），如图 3.16 所示。

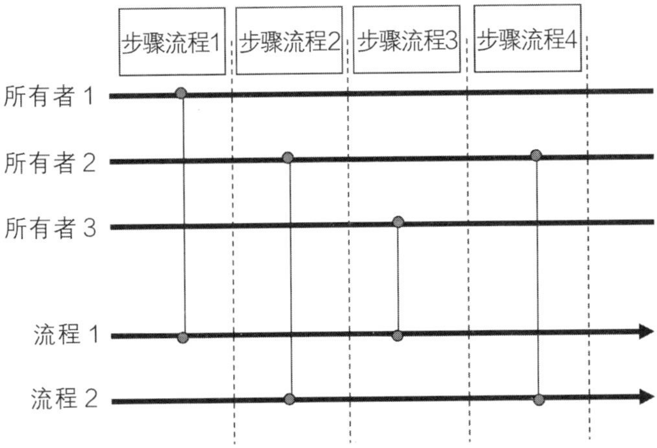

图 3.16 相对应的简单流程展示

这可能足以用于商业目的。然而，一旦要用于某些过程的实现方法，该描述就缺乏对这些方法另一个维度的描述。随着工业 4.0 参考架构模型的引入，简化处理的方法分为几类，类在模型中称为“层”。

这允许将价值链分解为有意义的方面。这些层代表了实现价值链的手段，即方法、函数和信息。有关价值创造链和流程的更多信息可以从文献［8］中找到。(图 3.17)

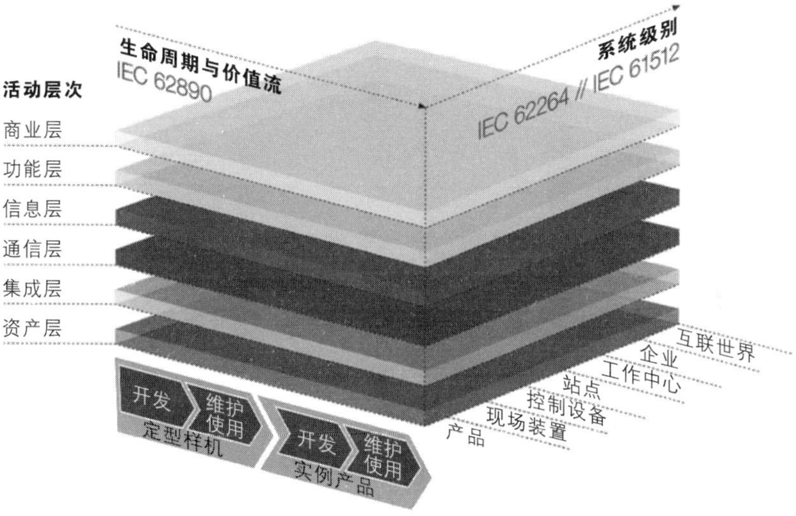

图 3.17 工业 4.0 参考架构模型（RAMI 4.0）（图文来源：工业 4.0 论坛）

工业 4.0 领域中的标准化

那么，在工业 4.0 的领域中，未来对标准化运作的需求是什么？其中一个重要来源是 DKE 的行业 4.0 路线图[9]，该路线图正在不断改进，并将于 2018 年发布新版本。让我们从工业 4.0 参考架构模型开始吧。

根据工业 4.0 参考架构模型，商业业务层包含任何类型的业务逻辑和任何类型的要约或限制。这些信息（现在大多以散文形式制定，可供资产访问）必须找到一种标准化运作的方法，就像业务逻辑、投标和规则被规范化描述一样，它们的数据技术在工业 4.0 中的表示，必须通过工业 4.0 中的全球协议来完成，因此标准化运作是经典主题。

这同样适用于功能层，其表示分配给特定价值链中相关功能的规范化描述。在流程控制有足够标准（例如 IEC 61131、IEC 61804 等）的同时，虽然（应用程序）过程功能有标准，但通常不是以适用于通用机械制造的形式存在。也可以这样表述，例如，虽然制造过程写进了 DIN 8580 标准中，但这不是通用可规范化的机械制造模式，因为到目前为止，还没有对此进行特别要求。但这却蕴含着巨大的开发和标准化需求。

根据特定标准在价值创造过程开始与规则制定时，理论上可以让各个制造商保留其独特卖点。因此，这些不是标准化的对象。

这不适用于价值创造过程的低级控制过程。例如 PLC 功能块（IEC 61131-x）、转速控制、过程控制等。在这方面已经有很多标准，且涉及到如今较普遍的进程。如今，在工业 4.0 的背景下，扩展的生产工艺必须修改一个或另外其他标准，可能还需要新的标准。例如，如果将机器在要生产的部件（产品）的需求下聚集在一起形成临时生产线。

在信息层中，要保留所有（应用程序）过程的相关信息，标准化数据格式将在这里发挥重要作用。虽然这些数据格式已经在部分标准化，例如用户组织配置文件的操作运行，但这是不够的。

通信层描述了根据在安装中要交换信息的有关格式、性质和语义。经典的工业 4.0 基本信息组必须以标准化的形式提供面向服务的解决方案（SOA）。

关于工业 4.0 的参考架构模型，集成层仍然是现实世界的虚拟代表。为了能够提供真实安装的虚拟映像，必须将此安装的所有资产的虚拟表示通过它们彼此的连接相互储存。在这方面，请参阅 IEC 62832 的工作。

就公司的结构而言，IEC 62264 和 IEC 61512 是基础，如图 3.17 中 RAMI 4.0 的明确表示。生命周期管理的概念可以从 IEC 62890 的草案中获得。

在工业 4.0 组件中，其标准化侧重于管理壳。产品数据将以标准化工业 4.0 词汇存储特征发挥重要作用，因为它们具有工业 4.0 组件的特征属性，从而允许其他工业 4.0 组件与其进行合作可能性的检测或进行合作[10]。可实现的兼容性在《技术系统互操作性基础的特性》[11]一书中有更详细的描述。

工业 4.0 组件已经考虑了 IEC 62832（数字工厂）中 DF 资产的关键点和功能（根据 IEC 61360 或 IEC 13584-42 规范特征的规则）。这也适用于标准如 IEC 61987 [12]中传感器和执行器的特征，或 IEC 62683 第 3 版第 1 次修订中的低电压开关设备（被完全包含在 eCl@ ss[13]）的特征。对于资产（管理壳）的识别和不同技术领域的特征（例如功能安全性、可靠性、状态监视等，仍然没有规范）必须进行标准选择。STEP 世界（ISO 10303）特别适用于机械性能的详细表示，ISO / IEC 11179-6、电子铭牌（DIN 66277）的前期工作以及提交的欧洲标准（CEN / CENELEC TC225）将对识别有很大帮助。管理壳的接口（API）是 OPC UA，目前将 13 个部分按照 IEC 62541 标准化。自动化 ML（IEC 62714）对工程有重大贡献，如将管理壳连接到设备（系统）。IEEE（例如 IEEE 802. x）可以采用无线和有线且可靠的实时传输技术，因此必须将工业 4.0 的要求引入各个工作组，以确保标准化结果可用于工业 4.0，这也适用于长距离连接的进一步发展。对于符合工业 4.0 标准的过程控制，PLCopen 可以以标准库的形式提供帮助。几乎所有这些技术标准在德国都以协会联盟的形式存在（图 3.18）。

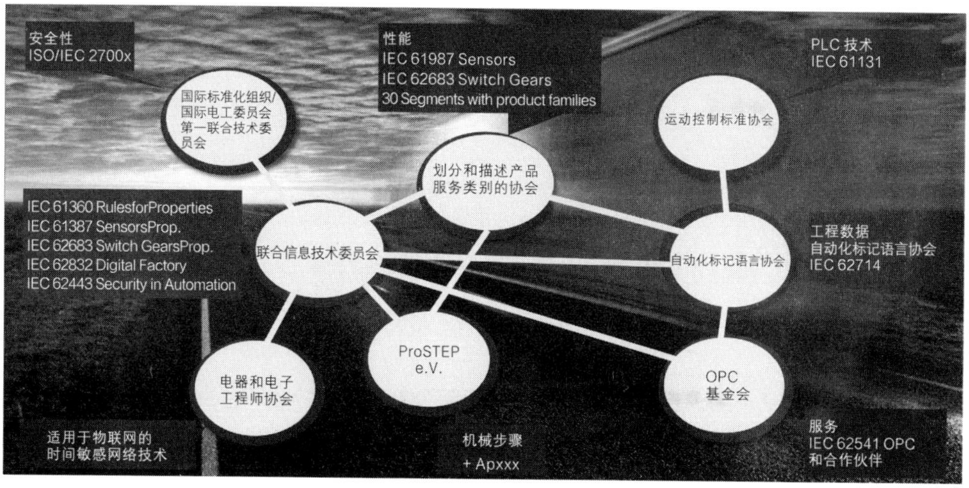

图 3.18　在德国主要的工业 4.0 技术以协会联盟的形式存在

如图 3.19 所示，四个技术领域正在出现，必须在内容方面加以努力，结果必须加以协调。在这些技术领域中，必须识别和指定模型。工业 4.0 相关的部分模型见图 3.20。

图 3.19　在工业 4.0 中形成的四个领域

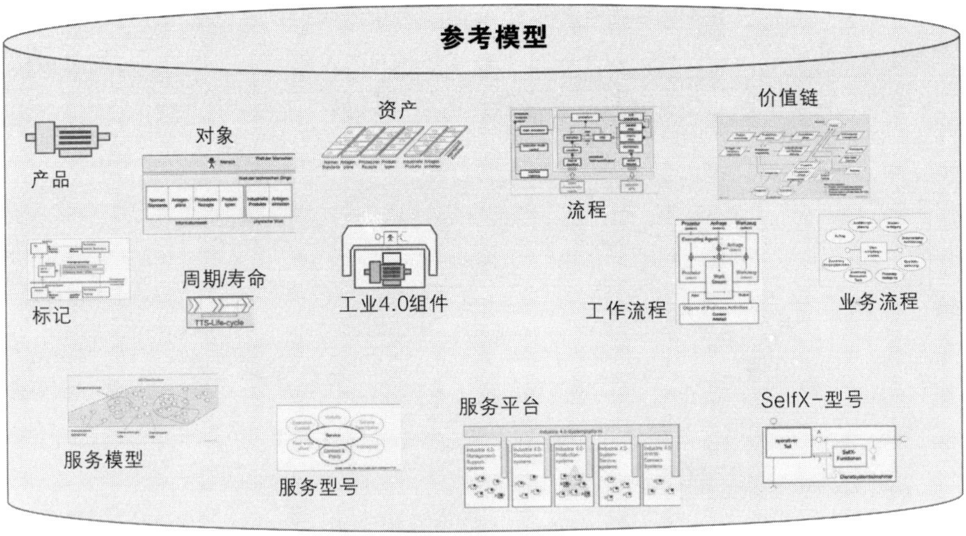

图 3.20 工业 4.0 相关模型的选择（来源：U. Epple，2014）

总结和展望

关键词工业 4.0 甚至出现在地区性报纸和杂志。其背后隐藏着下一个技术提升，不仅仅是自动化技术，其最重要的特点是对信息技术（IT）深入的和系统化的使用。现有的和经过验证的概念被系统化、扩展、修改和互连。因为从技术上讲，就想法和实现程度而言，工业 4.0 绝不像出版物中经常描述的那样新颖。值得记住的是现场总线用户组织（Profibus 用户组织）的 21 个配置文件，这些配置文件使得自动化组件在运营操作中跨供应商合作已超过 10 年。然而，更新的是一致与协调地使用强大的解决方案，特别是在工厂的所有阶段和应用过程的所有阶段使用信息技术。

许多公司已经有相关目录的数据组等，通过这些数据他们已经为他们的产品实现了私人的管理壳。将来，调整这个管理壳或根据工业 4.0 组件的规则来定义这样一个额外的管理壳应该不那么困难。这也适用于 RAMI4.0 集成层的“填充”，它主要处理工厂的虚拟表示。

通过强制收紧以前独立经营的网络，工业 4.0 包含一个重要的合作组件，将迫使制造商将自己的集成解决方案与其协调的产品系列开放。另一方面，通过创建的基础设施还可以在应用程序级别上进行新的资产组合，即合作。理论上，可以设想大量无意义或不太有希望的资产合作组合。所有人的技术（本领）将是识别有意义且具有商业前景的资产匹配组合。由此产生的“真实”工业 4.0 用例将是通过有意义组合产生的特定工业 4.0 资产的合作解决方案。

因此，工业 4.0 概念的关键是创建一个跨制造商的基础设施，用于资产，特别是自动化系统、子工厂、机器及其组件的合作。

具有高支出的工业 4.0 类（部分）解决方案已经以公司特有的方式实施，它们更有可能被视为工业 4.0 概念基本可行性的证明。工业 4.0 面临的挑战是促进最大限度地减少工作量和成本，以满足所有客户的利益。我们越来越接近 RAMI 4.0 和 Industrie 4.0 组件。

参考文献

[1] Leitfaden, Welche Kriterien müssen Industrie-4.0-Produkte erfüllen?, ZVEi e. V., November 2016; http://www.zvei.org/Verband/Publikationen/Seiten/Welche-Kriterien-muessen-Industrie-4.0-Produkte-erfuellen.aspx

[2] Umsetzungsstrategie Industrie 4.0, Plattform Industrie 4.0; *http://www.plattform-i40.de/umsetzungsstrategie-industrie-40-0*

[3] IEC Genf: IEC 61360-1 to 4-Standard data element types with associated classification scheme for electric components und IEC CDD; *http://std.iec.ch/iec61360*

[4] VDI/VDE-Gesellschaft Mess-und Automatisierungstechnik: Statusbericht; Industrie 4.0; Gegenstände, Entitäten, Komponenten. Düsseldorf: VDI e. V., April 2014

[5] IEC Genf, IEC TR 62794, Industrial-process measurement, control and automation; Generic reference model for the Digital Factory and automation assets

[6] IEC Genf, IEC 62832, Industrial-process measurement, control and automation; Reference model for representation of production facilities

[7] A Generic Reference Model for the Description of Plants and Products; Springer-Verlag Berlin Heidelberg New York 2003; ISBN 3-540-40169-5; Seiten 143-146, Udo Döbrich, Roland Heidel

[8] VDI/VDE-Gesellschaft Mess-und Automatisierungstechnik: Statusbericht; Industrie 4.0; Wertschöpfungsketten. Düsseldorf: VDI e. V., April 2014

[9] Die deutsche Normungs-Roadmap Industrie 4.0, Version 2, DKE 2016; *https://www.dke.de/de/std/Industrie40/Seiten/RoadmapIndustrie40.aspx*

[10] Springer-Verlag 2012, Informatik Spectrum, Datengetriebene Programmsysteme, Band 35, 2012, Heft 3, S. 190-203, Udo Döbrich, Roland Heidel

[11] Oldenburg Wissenschaftsverlag 2011, Automatisierungstechnik (AT), Merkmale als Grundlage der Interoperabilität technischer Systeme, Band 59 Heft 7, S. 440-450, Ulrich Epple (RWTH Aachen)

[12] IEC, Genf, IEC 61987-10, Industrial-process measurement and control-Data structures and elements in process equipment catalogues-Part 10: Lists of Properties

for Industrial-Process Measurement and Control for Electronic Data Exchange: Fundamentals

[13] eCl@ss Klassifikation und Datenbank Version 9.0 / Alle Klassen und Merkmale Stand 2013, eCl@ss e. V.; *http://www.eclass.eu*

工业 4.0 的关键：从传感器到云语义的互操性

斯特凡·霍普

由于数字化的进程，机器、传感器和工件一起联网到了数字工厂的数据库中。通信平台 OPC 统一架构（OPC UA）是国际标准 IEC 62541，列于工业 4.0 参考架构模型（RAMI 4.0）中，用于集成通信。在工业 4.0 平台的《什么标准必须符合工业 4.0 产品指南》中，OPC UA 被列为工业 4.0 基础的入门级的强制性要求。

为了使机器之间同步，同时在传感器到执行器再到 IT 世界之间实现统一的通信，即创建 OPC 统一架构（OPC UA）的理想平台：它就像一个设备和服务提供商所需的安全地用于数据交换的 USB 接口。OPC UA 都可以提供互操作性，意味着所有设备和服务都可以独立通信，无论其供应商、操作系统、层次结构和拓扑结构是怎么样的。设备所提供的功能应该是可读的，但不是每个人都能读取数据。这要求在设备中进行身份验证和加密等安全功能。如果数据连接中断，数据不会丢失，会自动缓冲一段时间。所有设备在这里都可以交流，这不正是物联网（IoT）吗？

为什么物联网还不够？

微软（Microsoft）、甲骨文（Oracle）和 IBM 等大型 IT 公司肯定很早就发现了数据作为“未来货币”的价值：从信息技术的角度来看，收集和评估数据是云解决方案中新商业模式的基础。因此，所有 IT 公司需要提供自己的 IT 协议，供其在云系统中转发：微软（Microsoft）偏好将 AMQP❶ 包装到一个 IoT 库中，IBM 将 MQT❷ 包装在一起，而甲骨文则“提供”自己的“IoT 协议”。将这些 IoT 解决方案一次性集成到用于扩展既定记录的数据库中当然是很容易的：机器会自动登录到它们的云中并周期性地向云中相应的接收程序提供一个包含预先定义内容的数据包，以便继续处理数据。但是，由于云提供商的协议不同，在智能工厂搭建时，这些物联网解决方案无法为机器制造商提供必要的互操作性。因此，机器和服务必须能够彼此直接进行信息互换，也就是说它们可以自动地交换数据和信息。无论何时，机器制造商都希望拥有数据所有权，即自己设定数据的权利，或者与运营商进行货币谈判，以确定谁可以设定哪些数据。

---

❶优先信息队列协议。
❷信息队列遥测传输。

设备或机器提供哪些数据和服务?

设备或机器提供的数据和服务见图3.21。

图3.21 设备制造商(例如洗碗机)和机器制造商(例如包装机)的视图在抽象的壳层模型下处于相同的层级

安全、访问权限、传输

从外部通信的角度来看,对机器数据和服务的访问首先应该从IT安全性方面考虑。OPC UA能提供通用的IT机制,用于访问中的身份验证、签名和加密。此外,机器制造商也是“数据的主人”,因为它决定了所有数据的透明度和访问权限,并为每个服务配置相应的角色。

◎一种客户端服务器模型,OPC UA客户端使用OPC UA服务器的专用服务。

◎一个公共用户模型,通过它使OPC UA服务器能向任意数量的使用者公开可配置的信息子集。

这两种机制都与实际协议分离,因此TCP和HTTPS用于客户端服务器,而UDP和AMQP以及MQTT用于客户端模型。当然,这两种形态你都需要:①为了确认传输的信息一致和安全,会限制连接的数量。②对于未经证实的信息交换,以“即发即弃”方式向所有人广播分发。OPC UA 提供两种机制。

因此，从 OPC 基金会的角度来看，是选 OPC UA 还是 AMQP 以及 MQTT 这并不是个问题，即 OPC UA 也使用这些协议。OPC UA 不仅仅是协议，而是一种能够满足市场需求的体系架构：最近的 OPC UA 堆栈的更新使所有服务、数据和信息模型都可被访问，并提供了更新的、更隐秘的协议传输。

比传输方式更重要的是信息模型的建立，此外，在数据的重要性方面达成一致也不容忽略，这才是工业 4.0 的关键所在。

建模

机器必须以机器可读的方式提供数据和服务，如果机器和服务要相互通信，人做的工作就应该尽可能简单：例如“我使用的是 xyz 服务的包装机”或“我是 RFID 阅读器”，接口的定义可以由相关的行业协会使用 OPC UA 建模。举个例子，HARTING 公司和西门子公司推进了汽车标识行业的进程，并在短短一年内实现了接口的规范性：在 2015 年汉诺威工业博览会上，集成 RFID 阅读器中的 OPC UA 服务器被作为重要的互操作性标准进行展示。在 BECKHOFF 的 SPS 控制、ICS 的可视化和 C 实验室的云网关中，可以通过极其简单的工程，实现对两家厂商设备的一致性访问。汽车 ID 组件集成到最小化的过程也因此变得更加明了。如果来自不同制造商的 RFID 阅读器能提供相同的界面，那么这些设备是否会消除差异？答案是否定的。除了标准化的信息模型，每个设备制造商都可以给自己的模型提供“一个例外”。标准化的“设备标准”和“设备个性化”的组合是有意义的，它可以适当地为设备制造商的竞争提供一些机会，并在外部提供其附加价值。此外还需注意的是：所有接口、标准和特定的制造商需要使用相同的机制访问 OPC UA 客户端。(图 3.22)

这层模型的数据和服务是工业 4.0 真正意义上的核心，也是“将物联网数据推入云”的关键要素：各种组织已经认识到这一点，并通过使用 OPC UA 为其市场特定的信息模型建模。

服务

无论设备或机器的用途是什么，某些服务始终可用，以下是其中一部分：

数据服务：提供了现在可视化所需要的“实时数据”（在这里谈论的是信息技术世界的现实数据，不要把它与生硬、实时的专用数据混为一谈）的机器。如果超过或低于特定值水平，则过去危险的历史数据也包括在该服务类别中。

管理服务：对设备的功能有更多的影响，PLC 控制可以在“停止”和“启动”状态之间切换（该服务由 PLCopen 和 OPCF 工作组定义），通过 OPC UA 文件传输将新的逻辑顺序程序传送到控制器中。因此，将修订的 PLC 逻辑分配到全世界的许多

图 3.22 各种组织通过 OPC UA 接口单独地或是在 OPC 基金会的帮助下定义了语义

分布式应用（例如风力涡轮机）中就变得很容易，此外，这还可以以很安全的方式实现。发送和加载的文件还可以为分散的智能测量仪应用程序提供服务。

监控服务：可以随时提供有关设备本身的信息。

应用服务或机器服务：设备或机器制造商可以简单地向外定义他们自己的服务。例如，在木材行业的串联机械中“读出进给速度”或“操作”。这在其他行业中也有类似的服务，例如智能相机发出了“拍摄和评估图像”的命令。

操作系统和实时性

对外部设备和机器通信而言，机器中的哪个操作系统正在运行或者是否实施了专门的实时措施并不重要：在“工业 4.0 兼容设备”的外部没有任何内容是可视的。操作系统的选择，例如，一个受不同标准约束并提供区分机器功能的实际依据的控制器制造商，长期的可用性支持、IP 政策的豁免、简单工程中的出色的软件工具链、从最小嵌入式系统到许多多核系统的扩展使用，都是区分一个控制器制造商与另一个控制器制造商的因素。

可扩展性

OPC UA 可从小型设备扩展到 IT 级别。早在 2012 年，弗劳恩霍夫 Lemgo 研究所就已将 OPC UA 服务器缩小到 10KB 的存储空间，以便将其集成到芯片上最小的传感器中。在工业应用中，Fa. Areva 将具有 OPC UA 功能的电流监测传感器减少到只需

240KB 闪存和 35KB 的 RAM 内存装载。

适应

作为“早期采用者”，倍福和西门子公司已于2008 年支持 OPC UA 标准，并将其集成到设备中。如今，几乎所有 PLC、可视化和 MES 技术及设备制造商（如 2010 年的 SAP）都支持这一标准。因此，新机器的连接不需要花费太多时间，只需要一定的集成和测试工作，这些工作可以在不到 1 小时的时间内完成。OPC UA 将在最小的设备中和云中持续成长。

微软（Microsoft）对 OPC UA 进行了大规模和战略性的投资：微软已经对 OPC 基金会的 OPC UA. NET 代码进行了拓展并将这些作为基金会的开源代码归还，使得其适用于 Windows 7、Windows 8、Windows 10，甚至还适用于 iOS 、Linux 和 Android。此外，还给将 OPC UA 集成到 Microsoft Azure 的云中提供了两种方案：

◎D2C（设备到云）：设备将遥测数据推送到云端。

◎C2D（云到设备）：在云端，您可以选择通过“控制和命令”访问设备中的共享数据和服务。

为了便于评估，OPC UA 的规范于 2015 年 5 月公开发布，其通信堆栈也同时发布。对于专业的 OPC UA 和工业产品的融合，公司将使用市场中畅销的工具箱。由于 OPC UA 与工业 4.0 相关联，基金会在斯图加特开设了另一个 OPC 实验室，该实验室可为非会员的成员提供访问权限。

在工业互联网联盟（IIC）中，OPC UA 在“连接框架”中是更重要的标准，目前有三个测试平台正在测试 OPC UA。在中国 2025 计划中，前四个 OPC UA 已经在 2016 年被认可为中国国家标准，其他部分规范在 2017 年实现。

在韩国的“制造计划 3.0”中，OPC UA 是连接 IT 和 OT 世界的重要组成部分。

技术路线图

机器人制造商库卡已经认识到 OPC UA 的潜力，并加入了 OPC 基金会以帮助制定这一标准。在库卡看来，通过 OPC UA 实现更快、更及时的通信，从而使单一的通信解决方案进行完全扩展：从卧式机器人控制到机械手控制，甚至还可以到 MES 和 IT 级别。我们希望能够通过时间敏感网络（TSN）实时交换互操作性标准 OPC UA。OPC 基金会已经启动了一个取代 TSN 的名为 OPC UA 的工作组。然而，未来的真正挑战更多地来自于不同制造商中复杂 TSN 设备网络的纯 TSN 配置。由于现在还没有可靠的技术路线，OPC 基金会尚未申请该主题。

结论

工业 4.0 的关键不在于尽可能多的驱动程序的通信链接（有多少 IT 企业认为这些驱动能作为中间件供应商呢）：语义的互操作性是关键，这要求把竞争对手联合起来，并对其特定领域的数据和服务（信息模型）进行建模。从现场设备到云的标准化和安全通信不再是幻想，而是可实现的现实。可以通过 OPC UA 让 IT 和 AT 共同发展！

eCl@ss——工业 4.0 本体的产品数据标准

罗纳德·海因策

以 eCl@ss 产品数据标准为例，领先的工业 4.0 专家对达成工业 4.0 共识语义的要求进行了讨论。经过验证的标准包括 40800 个产品类别和超过 17000 个功能，已成功应用于约 3200 家公司，现今，它打算成为工业 4.0 组件共识语义的重要组成部分。

eCl@ss 是否有可能提供完整的工业 4.0 本体？必须满足哪些要求？这些问题由工业 4.0 专家小组回答。工业 4.0 的定义问题一直存在。“工业 4.0 的应用，即将来自网络世界的新 IT 技术用于自动化技术，这为自动化系统组件的交互带来了新的可能性。”彼得·阿道夫斯博士强调说。这些可能性为生产和工程以及生产设施的处理提供了新的解决方案。

“新的商业模式同样重要。”迈克尔·郝夫迈斯特博士说道，“我们不一定要改变一切，但我们有机会邀请新的参与者并将外部资源整合到系统中。然后可以相对高效地管理数字信息和网络。我们必须努力实现这种横向整合。”迈克尔·策热玛尔希望看到类似“在当今的条件下”这样的话题。我们通过数字技术和软件实现自动化至少已经 20 年了。从三个新方面来看：“前所未有的计算能力和存储空间以及互联网被视为一种标准化的信息媒介。我们可以把这些运用起来。现今，很多东西都是数据驱动的，包括从产品导向到服务导向的日益转变的新型商业模式。”

对于阿恩特·吕德教授来说，工业 4.0 是一个“技术飞跃”。阿恩特·吕德教授确信：“工业 4.0 可以在未来实现基于产品和生产系统描述的自动集成生产系统，以生产未知产品，也就是说，将在生产过程中实现模型驱动工程。但在此之前还有很长的路要走。”在之前的自动化进程中，人们经常讨论如何使用数据来实现自动化。现在，您可以从数据跳转到信息。例如，日期可以传达一些含义：数据共享是数据透明的主要驱动力。约翰内斯·卡尔郝夫补充说：“有一点非常重要：信息将自动与不同的参与者连接。这是向前迈出的一步，始于 20 年前的 CIM 攻克了现在正在解决的障碍和威胁。具有决策力的人是有很强的信息综合能力的。已有的数据为其个人正确的决定提供了依据，并使其能够更快地开展工作。”

事物和功能

怎么理解双方同意的工业 4.0 语义？根据卡尔郝夫先生的说法，简单来说，就是“以一致的方式描述所使用的东西”。它可能是软件或者功能。“事物和功能都是紧密相联的。”就像桌子和椅子一样是一个整体。两者结合到一起，将椅子放在桌子下面，这样就展现出了它们的功能。未来需要面对的挑战是以何种适合的自动化处理方式对待事物及其功能。彼得·阿道夫斯博士用一个简单的例子解释说："如果我将传感器连接到控制器，输出信号从传感器传出来并应该连接到特定端口。但是，对于工业 4.0，传感器的输出端不再仅仅挂在控制器的一个端口上，而是挂在云中的网络上。然后，每个参与者都可以在网络或云中连接到该传感器。"必须找到新的方法使访问标准化，以便随时获得访问权限，例如，你可以访问任何传感器上的任何位置。当然，这也是语义的要求。

实践经验

"经验是在你实践很久之后才拥有的东西。" eCl@ ss 标准并不是新东西。"我们已根据此标准构建了整个产品数据库。" Pepperl + Fuchs 的彼得·阿道夫斯博士说道，"我们的数据是根据标准的数据页创建的。" 策热玛尔先生从流程自动化的角度补充："一方面是技术层面，另一方面是在项目规划工程维护等方面。还有就是采购和商业模式方面。有一些客户经验丰富并能够提出一些令人信服的实际的想法。" 客户对此也十分满意。"但如果我们在相应的 CAE 工具中有更多接口，可能会更使人高兴。" 策热玛尔总结道。郝夫迈斯特博士强调共存的特点："依据'共识'我们可以一起提出快速的解决方案。这是未来几年的核心要求。" 哪些产品数据需要具体存储？"产品数据通常可以在数据表中找到，通过电子信息传递给客户。" 郝夫迈斯特博士解释了他公司的做法，"每个设备配置准确的数据只是其中的一个关键。下一个挑战是设备的定位应用程序。维护和相应的工程以及 CAD 数据整理也需要附加进来。" 卡尔郝夫补充道："在原则上，该标准已经取得了相当好的效果，它全面地阐述了我们能在工业背景中向市场推出什么样的产品。" eCl@ ss 联合组织涵盖范围广泛的产品。第一个应用程序展示了数据链重复使用直到需要维护期间的价值。此外，根据阿恩特·吕德教授的说法，还有其他重要的方面需要考虑："一致协商达成的协议超出了之前的应用范围。采购和维护方面已经被纳入工程的考虑范围，其过程变得越来越重要。用缩略词定义和识别唯一的对象及其意义：在任何传递的记录中都可以引用它，任何获得此记录的人都可以继续使用它。不同的制造商及工具设备能够在无纸的情况下进行信息传输和使用数据。"

聚焦于安全性能

"安全性是工业 4.0 面临的主要挑战。" 郝夫迈斯特博士强调说，"如果安全性能得不到保障，整个计划就会面临失败。因此，该平台的另一个工作组负责处理安全问题。在安全得到保障且不发生变化的情况下获取特征将是许多不同增值伙伴之间的一个重要话题。我们能把 IT 视为典范，从信息技术中获得许多东西。" 阿恩特·

吕德教授强调：“工业行业要有这样的责任，而不是仅仅依赖政府机构。还需要不一定扎根于既定结构的合作伙伴。”他建议可以与混沌计算机俱乐部一起研究安全问题。

“语义学的制定和产品的数字描述是一回事。”卡尔郝夫博士说，“同样，传递给客户的数据以及留在公司的数据，将通过公共接口为客户提供更快的数字数据传输服务。让客户参与适当的IT机制、相应的语义学以及适当的安全结构制定是一个重要的议题。”

RAMI 4.0——工业4.0参考架构模型

在工业4.0的基础上，开发了参考架构模型RAMI 4.0。“它试图模拟和解释工业4.0世界。”阿道夫斯博士解释说，“我们可以将运营阶段的通信与周期分析的数据收集相结合。为此，工业4.0组件被定义为必不可少的构建块。它始终位于一个硬件的数字图像中，该模块由一个资产、一个硬件产品和一个附属的IT组成。其组合定义了工业4.0组件。它们可以在组件之间进行通信，其效率远远超过了现场总线通信。其不仅可以在操作期间进行通信，也可以访问3年前的数据表[1]。”工业4.0组件可以是机器、单个传感器或工件。在该模型中，甚至整个工厂都可以被视为工业4.0组件。在RAMI 4.0模型中，所有工业4.0组件都应该相互交互和通信。人们借鉴了IT技术，并观察了这些相互通信组件的不同层次。其中的一层是信息层，它包含组件的数据，例如机器或传感器的状态。“存储数据的方式是由eCl@ ss标准规定的。”阿道夫斯博士继续说道，“在所谓的功能层中，可以采用相反的方式考虑如何操作和访问外部工业4.0组件。这就是参考模型的理念。其通信和访问是在两个轴上实现的，一个在层次结构中，另一个在历史库中。”

如何保证未来发展的开放性？毕竟，只有过去的东西才能被规范化和标准化。“我们的管理壳包括一个模型和一个数据容器。”郝夫迈斯特博士解释说，“重要的是这个容器的内容。我们现在必须定义超出概念的内容，数据必须基于标准。并不是每个部分都要重新定义，但必须确定需要满足哪些功能，并且还需要规范其语义。此外，还有海量的数据集，例如CAD对象。无论如何，从工程或维护的各个角度来看，必须保证始终能够访问现在和历史的数据。”

在这样的背景下，阿恩特·吕德教授承认并非所有技术的发展都是可预期的。因为事物都是发展的。“目前在工业4.0环境中开发的标准都是基于产品，其涉及属性、特征和功能。”阿恩特·吕德教授说，“从我的学术角度来看，目前所有东西都可以用这个模型来描述。”卡尔郝夫博士补充说：“工业4.0也意味着对产品生命周期的支持，这也包括这种模型的扩展。到现在为止，我们已经拥有能把其扩展转移到模型中的设备。现在需要冷静下来思考，因为，我们已经为转移能力打下了良好的基础。语义学旨在保持模型的可操作性。我们开发的不是一个一劳永逸、全球通用的世界模型，而是一个适应未来需求的模型。”郝夫迈斯特博士采纳了这个想法，我们不是在讨论某一个固定的对象，而是一种必须始终可用的可扩展方案。工厂里的机器也需要被改造或扩展。语义学模型也必须保证其灵活性。同时，其巨大关系网也需要不断更新。“通过 RAMI 4.0，我们创建了一个通信模型，该模型不仅需要考虑其生命周期，而且需要考虑其实时数据。”阿道夫斯博士补充道，“在这样的数据菜单中存在早期出现的数据，例如传感器的尺寸，以及机器运行期间出现的数据，例如切换状态。应对参考模型的方方面面进行考虑。”产品生命周期中的过去和当前的通信不再是分开的，而是紧密结合的。在此背景下，阿恩特·吕德教授注意到了工程通用性的重要程度：“eCl@ ss 的标准化描述提供了实质性的帮助，它使过去工厂中使用 CAD 的早期结构设计到 CAE 或者 PLC 编程的信息能通俗易懂。”据初步估计，工程开销可以减少 15% ~20% 。

跨行业模式

已经施行的标准还需要继续维护。“eCl@ ss 协会本身已经实施了适当的机制，并且允许用户对这种机制进行改造。”阿恩特·吕德教授强调说，“使用新发布的版本，同时，始终提供一份用于传输和更新到当前版本的说明。所以，这给用户提供了自动更新的机制，而且每个版本都提供了这种机制。”

跨部门交流也在不断扩大。“工业 4.0 联盟将把不同的世界融合在一起。”卡尔郝夫博士介绍道，“IT 部门需要巨大的动力去认识和了解工业行业，看看这里使用了哪些数据和标准。”所谓的大数据也是基于对所有标准的统一定义。“通用接口需要的使用量越来越大，对于我们自己的系统来说也是如此。”菲尼克斯电气公司的专业人士强调说。策热玛尔博士说道：“它还需要被整合到不同的工具中。”这不仅限于 MES 和 ERP 解决方案，还有自动化标记语言和 eCl@ ss 之间的合作。“两者的结合才是工业 4.0 中数据管理的方式。”阿恩特·吕德教授说道，“这两个标准维护着不同的目标方向。eCl@ ss 描述的是一个具有自己属性的组件，而自动化标记语言描述了组件系统以及其层次结构中的相互关系。在自动化标记语言中，我们决定不为组件创建新标准。自动化标记语言的通用工作组协会和 eCl@ ss 协会已经取得了累累硕果。他们合力研究出了如何使用自动化标记语言中的 eCl@ ss 分类来确定数据点的语义。”

关于通过 OPC UA 或 Prostep 接口解决方案传输 eCl@ ss 功能，也不存在“技术限制”。郝夫迈斯特博士解释道：“OPC UA、自动化标记语言和 eCl@ ss 的合作提高了工程推进的效率。”自动化世界正在走向一体化。“参考架构已经有了方向和框架。”策热玛尔博士说，“合作是工业 4.0 的根本组成部分。其解决方案也是多种多样的，目前还有很多有待验证的方案。”接下来，ZVEI 和 eCl@ ss 联盟将进行正式的合作。

eCl@ss 的期望与工业 4.0 有关

“直到今天，没有人知道工业 4.0 是如何运作的，这个话题太大了。”郝夫迈斯特博士强调，“在这种情况下参与十分重要，eCl@ss 是双方协商的绝佳平台。”通信标准的开放性是新商业模式的必要前提。“只要自动化标准（正如我们今天经常看到的那样）是特有的结构，其标准就无法达成真正的开放。”阿道夫斯博士强调，“从某种意义上说，找到语义交换的标准是建立新想法、新服务的必要条件。这将推动我们前进，每个 iPhone 用户都可以证实这一点。”此外，卡尔郝夫博士说：“应用程序的普及带来了十分多的好处，它自动孕育了新的商业模式。就 eCl@ss 而言，我们需要促进交流并加快速度。第一步，我们需要借助一种结构化的途径发掘‘空白区间’。”

最后，策热玛尔博士说：“如今，你可以看到 eCl@ss 的使用非常广泛。就工业 4.0 本身而言，它是在两年前推出的，现在已经显现令人印象深刻的效果。”工业 4.0 从纯粹的协会平台转向更广泛的政治平台、经济和研究部以及工会平台，它变得越来越受欢迎。“在接下来的 12 个月里，我希望我们在不同行业里拥有 100 种不同的应用，”他总结道。

双方同意的工业 4.0 语义专家小组

迈克尔·策热玛尔是 Endress + Hauser 的首席运营官和 ZVEI 的总裁。

约翰内斯·卡尔郝夫负责菲尼克斯电气公司技术部门的工业 4.0 部门，并积极参与各种 ZVEI 工作组和工业 4.0 平台。

彼得·阿道夫斯博士是 Pepperl + Fuchs 的 CTO，也是 AG2 平台工业 4.0 发言人。

Festo 投资组合管理软件的迈克尔·郝夫迈斯特博士在 ZVEI 和 Plattform 工业 4.0 的不同的委员会工作。

阿恩特·吕德教授任教于马格德堡大学自动化系，并且是自动化标记语言协会的董事会成员。

参考文献

[1] *http://www.vdi.de/fileadmin/vdi_de/redakteur_dateien/gma_dateien/Statusreport_Referenzmodelle_2015_v10_WEB.pdf*

独立于制造商、对通过自动化标记语言 AutomationML 控制系统原始数据的交换

阿恩特·吕德 妮可·施密特

不同设计阶段、设计工具以及来自不同设计学科的专家的无损原始数据交换，已成为拟案中提高生产系统效率和质量保证的重要手段。为此，需要解决两个常见的应用问题：选择合适的数据交换格式，并证明这种格式的实际适用性。本节将着手于这两个问题，并对 AutomationML❶ 作为控制草案中包含生产系统设计的原始数据的数据交换格式给出回答。

导言

当汽车、移动电话、洗衣机等产品的功能性变得越来越复杂，但生产效率反而需要变得更高时，生产系统必须遵循这一变化并满足它们的要求[1]。但是，这些要求不只是针对生产系统当前的使用寿命，而是适用于整个生命周期，包括生产系统的设计和创建时间。在此期间，来自不同学科的专家共同致力于开发和创建一个全新的生产系统[2]：

1）有能力生产达到预期效果和复杂程度的产品（公司通常不仅仅生产相同的产品。他们有相应的产品组合，其中不同产品的功能不同，从这个组合中，消费者通常可以选择适合自己的产品）。

2）在更短的时间内创造或改变（缩短新产品的上市时间，也就是说，随时都有新的产品进入市场。产品的生命周期，特别是产品可以盈利的销售期，正在持续缩短。首次推出的具有新特点的新产品能为公司带来市场效益）。

为了满足第一个要求，必须设计更灵活和适应性更强的生产系统。这大大增加了这些生产系统的复杂性。为了应对这种复杂性，已经为遵循功能化的[3][4]、机电一体化的[5]或结构化的基本原则[6]，开发了设计方法以支持生产系统。

一个常见且有发展空间的方法是机电一体化思维，它实现了一种面向对象或系统的方法[7][8]。在这种情况下，面向对象不应被理解为面向对象的编程。更确切地

❶自动化标记语言（AutomationML）作为一种通用的工程数据交换格式，解决了工程过程中数据交换和集成问题，是进行数字工厂建模的一种具体实现方法。

说，这是在对系统方向更广泛的理解上，包含了面向对象的设计思想。生产系统是使用实体建模，即所谓的机电单元，例如机器人、传送带、电机等。在设计过程中产生的信息被分配/划分为一种数字化投影（也称为机电信息对象），例如机器人所需的工作空间、传送带的尺寸或发动机的类型。这样的机电信息对象会在下图中示意性地展出。其展示了在生产系统中全面描述一个对象所需的信息。(图 3. 23)

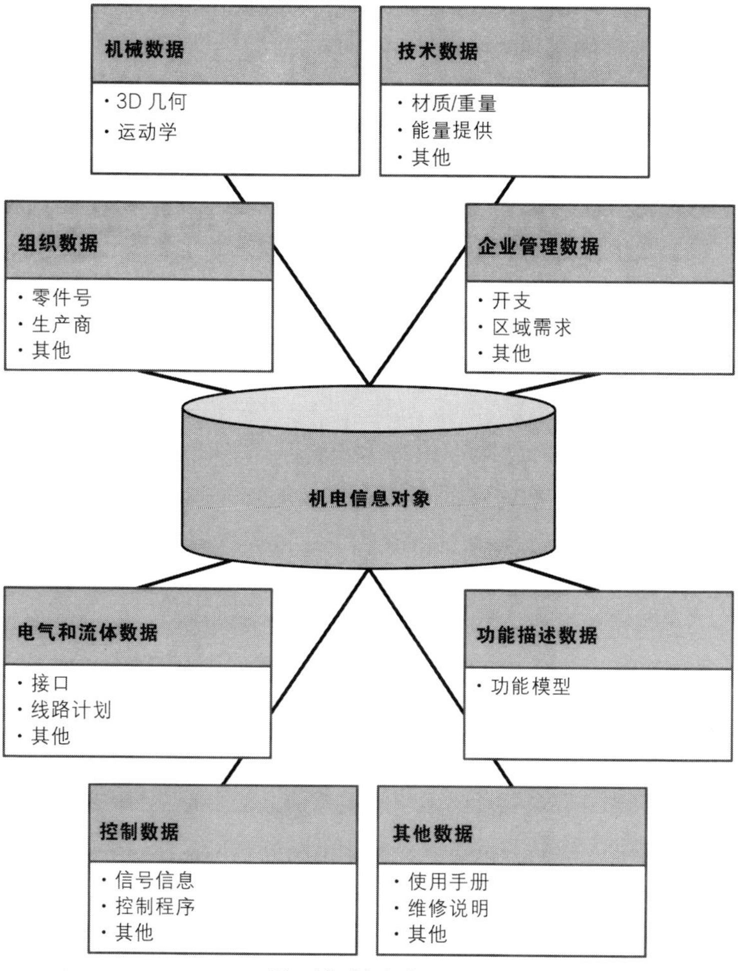

图 3. 23 机电信息对象的信息集[2]~[4]、[6]~[15]

如果一直采用这种方法，则可以在设计过程中进一步丰富数据。在该方法的初期，粗略地总结了预期生产系统所必需的原始对象。随着过程的进行，各个专家的任务是详细解释这些概述的对象，以便购买设备的外部件，并且最终建立生产系统以投入使用。

一方面，机电一体化思想使稳定的建模和数据存储成为可能，专家通过将所有关于对象的数据精确地存储到某处来支持其一体化。另一方面，该存储方法使其能在库中合并这些对象，从而在其他项目中重新使用。这可以显著缩短生产系统的设计过程，如 VDI Guideline 3695[15]中所假设的那样。

第二个需求可以总结为，生产系统的设计过程必须尽可能短，因为这对产品的上市时间有显著的影响。生产系统的规划和建设速度越快，公司就能越早地将其产品推向市场及客户。

由于生产系统的设计过程是由不同学科的专家组合在一起，进行各种活动或设计决策的复杂的相互作用，每个专家针对目标考虑的角度都不一样，为此有几种方法可以缩短和优化这一过程。但哪种方法值得遵循，在最终投入实施还有待确定。

2005 年，德国汽车制造商自动化计划（AIDA）开展了一项研究，首先分析了生产系统的设计过程、特定生产系统设计的任务以及最终调试。这项研究的主要发现是，设计过程中成本支出的一半来自于生产系统的实际设计[13]。为了研究引起巨额成本的原因，戴姆勒公司启动了一个旨在将这些成本精确减半的项目。由该项目得出的一个结果是，软件工具之间在交换数据时产生了大量不合理的费用。因此，尤其需要经常考量不同的设计过程阶段、设计工具以及各种设计学科专家之间的数据交换[16][17]。目的是进行横向整合，如《实施工业 4.0 战略计划的建议》[18]中所要求的那样。

仔细研究生产系统设计过程中的数据交换，可以发现异构软件工具的前景。表 3.1 包含了与此相关的、经常使用的工具的一种选择。取决于设计过程阶段和规程（CAD、CAE、控制编程等）。根据个别专家的偏好，其使用了不同的工具。在一些公司中，还规定了能使用的工具。无论如何，多样化的工具链类型都是可能的：这是设计生产系统所必需的工具，因为必须使用这些工具交换数据。举例来说，控制程序员从机械设计师手中接收要安装的自动化设备的列表（传感器、制动器和控制设备），电气工程师发送这些设备的布线概况以及工艺工程师指定如何控制设备用于生产过程。控制程序员需要此信息来生成项目配置和变量声明，并对操作流程进行编程。

但是，许多软件工具无法以适当的方式和方法将数据作为文件进行交换。许多可用于此目的的数据格式并不兼容，即一个工具中的文件无法在另一个后续工具中打开或导入。唯一办法是将信息作为 PDF 或纸张形式进行交换。然而，使用这样的“纸质界面”意味着专家们需要付出大量的时间成本，因为文件中的信息必须手动输入到工具中去。这个过程容易出错，耗时且成本高，因此该过程应减少至最低限度或完全避免。稳定且无损的数据交换可以缩短生产系统的设计过程并提高数据质量，即避免了在现场调试期间使用人工传输数据时可能无法发现数据错误的情况。

在不稳定的工具环境中，应对“纸质界面”的一种可能且常见的方法是，在各

表 3.1 在生产系统设计中常用工具的选择[19]

应用程序	分支	工具（举例）
CAD		CATIA v4,v5 Autocad UGS SolidWorks PTS ProEngineer MicroStattion Blender 3d Max Maya
仿真	流体材料仿真	Simple++/e-MPlant Witness Quest ALB(Automatic Line) Builder)Delmia
	机器人仿真	Cosimir IGrip D5 Catia v5 Robotics Robocad
	过程仿真	FEM Ansys
	电气仿真	PSPICE Electronics Workbench Multisim
办公	文本处理	MS Word OpenOffice
	电子表格分析	MS Excel OpenOffice
	演讲	MS Powerpoint OpenOffice
	数据库	Access Oracle MS sql
	交流软件	Email
项目管理		MS Project MindManager
产品数据管理(PDM)		UGS TeamCenter Dassault Smartteam Dassault Enovia
产品生命周期管理（PLM）		E-MPlaner Delmia E5 DPE
企业资源规划（ERP）		SAP R3 Oracle Peoplesoft MS Navision
报告		Cognos Crystal Reports Eclipse BIRT
可视化	样机	e-MEngineer Many others
	设备可视化	Jviz OpenGT OpenFlight
	HMI	WinCC/WinCC Flexible intouch
控制编程	PLC	STEP 7 RSLogix RSLinx CoDeSys iMap
	机器人控制	ABB Robotstudio KUKA SIM Dürr 3D Onsite
CAE		Ruplan ePlan Eagle Targetr 3001
流程配置		3D Onsite Robotstudio Robscan Design/Control Bos 6000
设备管理		Bentley Microstation Speedycon Triplan Autocad Architectural
计算机维护管理系统（CNMS）		Maximo Datastream 7i API Pro
编辑		Adobe Acrobat illustrator Wiki Excel Sharepoint MacroMedia
功能性工程		Automation Designer Cosmos Automation Framework

个工具之间创建对称的界面。这可以实现快速交换数据，但仅限于这两个工具之间。但是，如上所述，设计过程中涉及到许多工具，在遵循这种方法时，会导致许多转换器在工具版本发生变化时必须进行相应的更新，参见图 3.24（*a*）。因此，使用开放数据格式进行数据交换是更合适的方法，参见图 3.24（*b*）。

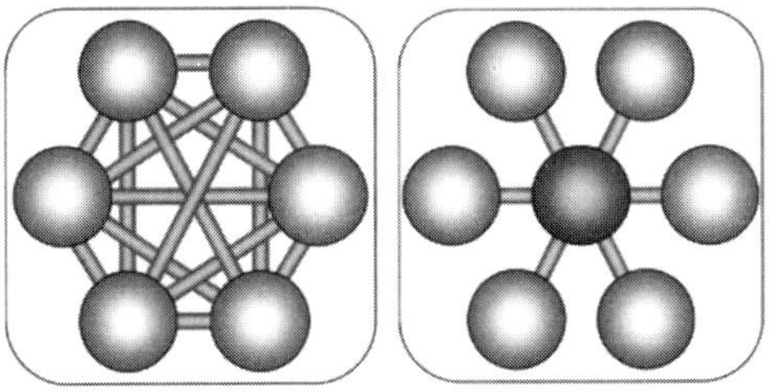

（*a*） （*b*）

（*a*）双边数据交换；（*b*）使用开放数据交换格式

图 3.24 工具链中接口数量示意图

因此，近年来，已经开发了各种数据交换格式，涵盖了整个通用格式，包括许多设计规则和信息数据，如 STEP、AutomationML、XMI 以及针对特定信息集（如 JT、X3D 或 XDDML）优化的专用格式[20][21]。作为技术基础，XML 将被广泛使用，因为它不仅具有可读性，还支持自动处理、可扩展性和与其他格式的组合。指南 VDI 3690 中描述了为应用程序选择或开发基于 XML 的数据交换格式的实际应用过程[21]。这个过程应该应用于需要在生产系统的设计过程中交换的信息，以创建控制程序。

以 AutomationML 为数据交换形式在近年来被当作候选者开发，其可用于改进生产系统的设计过程。它假设可以映射生产系统设计过程中设计工具之间要交换的所有相关的信息集（图 3.23）。尽管理论上的可能性很难被否认，但到目前为止，还没有已知的实际应用能从实际角度上验证这一说法。

本节将解决上述两个问题，即选择合适的数据交换格式以及实际应用的展示。为此，本节概括了选择或开发数据交换格式的一般过程，描述了生产系统的设计过程和需要交换的设计数据，介绍了实际应用的实验室模型，并概述了怎么使用 AutomationML 对已识别的信息数据建模。

数据交换格式的开发过程

可用于两个设计工具之间的信息技术连接的数据交换格式的开发，需要一系列专用的开发步骤来定义格式以及实现相应接口的创建。在应用中开发数据交换格式的开端，始终是对使用数据交换表的设计过程的详细分析。了解设计过程中要执行的设计活动以及在设计中使用或将要使用的设计工具迫在眉睫。在此基础上，必须确定需要交换的数据量（作为要交换的信息的说明）。重点应放在使用适当数量的信息支持设计过程，例如，一方面使用两个不同的设计工具，其至少完成了两个设计活动相关的信息；另一方面，使其他信息集的未来可扩展性成为可能。一旦确定了参与设计工具的相关数据集，便可视为数据交换的应用实例。在此，应描述设计活动网络中设计工具之间数据交换的必要路径，并为其往返路径的设计命名。

利用关于设计过程的工作流程和需要交换的数据的知识，可以选择实际的数据交换格式或者可以开发新的格式。在此过程中，相关决策者应想到不同解决方案的优缺点。特别是，现有的标准化数据交换格式和专有的、自行开发的数据交换格式提供了不同的影响和使用可能性。在表 3.2 中，命名和评估了一些相关数据交换格式的优点和缺点。

表 3.2 标准化和专有数据交换格式的优缺点

特性	标准化数据交换格式	专有数据交换格式
不依赖于制造商	是	否
公开可用	是	否
免费	否（标准的费用）	否（许可证的费用）
快速、轻松的定制	取决于格式	是
快速、轻松的拓展	取决于格式	是

在选择或开发的格式的基础上，最终可以使相关设计工具必要的输入和输出接口生效。

生产系统的设计过程

根据所描述的数据交换格式的设计过程，第一步是分析需要使用数据交换格式的设计过程，这里指的是生产系统的设计过程。

该设计过程在很大程度上对应于技术系统的设计，该技术系统是作为技术问题的一次性解决方案而创建的。当比较文献《机械和设备工程的最小工具界面》[22]和《关于机电一体化方法的工程流程汇总》[5]中的不同设计过程时，可以通过用于控制编程和虚拟调试的 8 个基本设计活动来识别一个设计过程，如图 3.25 所示。理论上应把各个设计活动按照指定序列执行，但每个设计活动都对所有先前的设计活动进行反馈，以备份受影响的设计学科之间的相互影响。

设计过程从产品设计开始。在此，相应的产品设计师或产品负责工程师，除了产品的外观和功能的说明书外，还开发其制造方式，即产品列表和产品制造过程的规范。在此基础上，在下一个设计活动中，过程工程师可以确定必要的生产方式和性能。在机械、电气和通信系统设计中，它拟定了生产系统中将被使用的资源量以及在系统上运行的生产过程，然后详细规划相应的生产系统资源，即生成与机械、电气和通信系统相关的规划文档。机械设计定义了由电气和通信系统相关设计的连接或联网的相关自动化设备。使用此设计信息，可以在控制编程阶段创建实际控制程序。最后一步是虚拟调试和实际调试，将其中所有设计信息一起使用。

图 3.25　生产系统的通用设计过程

必要的设计数据

基于相关设计过程的定义，在下一步中，可以识别要交换的数据和相应数据交换的实例。顾及各种设计活动并考虑它们为控制程序的实施提供的信息，很明显每个设计活动都提供了特定的信息。例如，在机械设计中（图 3.26 中的深灰色部分），规划的自动化设备包括它们在机械结构中的位置和尺寸。确定详细的过程和参数以及在这些可能的变量尺寸上的干涉。在电气设计中（图 3.26 中的中间灰色部分），计划在自动化设备之间布线。例如，此处的电缆类型和设备功能是相关的。在控制设计中（图 3.26 中的浅灰色部分），需要配置控制器，实现命令序列以及使用有具有特殊地址的变量。这些信息集在行业和跨学科之间强烈交织，而且彼此之间具有多种影响和依赖关系。图 3.26 通过不同的箭头展示了它们之间的跨学科联系和交叉关系。

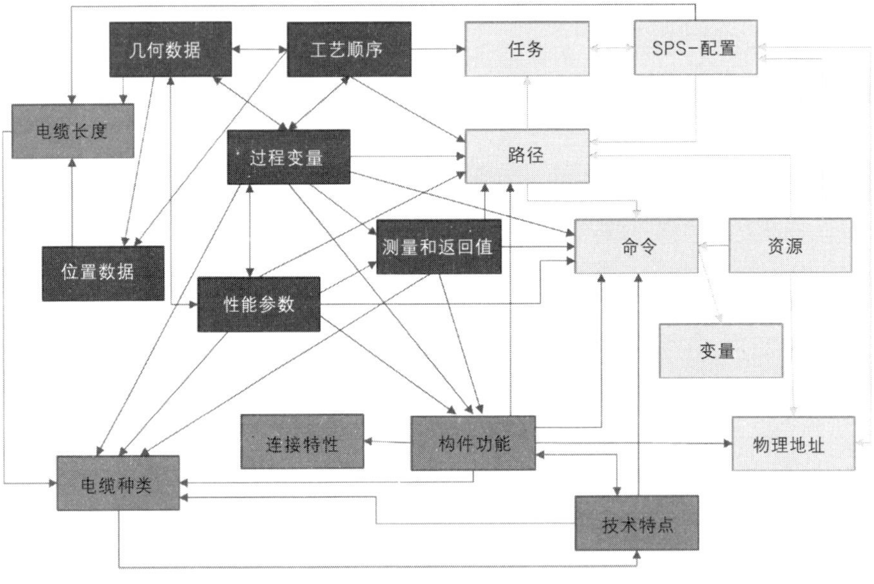

图 3.26　生产系统设计中具有控制关系的信息构想（部分）

总结相关信息并将其与各个流程活动相关联，得出表 3.3 中所示的必须被传递的信息集。

表 3.3 与控制编程相关设计活动的信息集

设计活动	与控制编程相关/生成的信息量
设备和工艺规划	生产资源的层次结构 需要执行的生产过程步骤的层次结构
机械设计	需要使用的自动化设备的数量及其特征
电气设计	自动化设备的物理输出和输出布线 定义 PLC 变量的物理地址
通讯设计	自动化设备之间的通信系统的布线 定义通过通信系统传输的 PLC 变量的地址
控制编程	控制程序

与此相应，用于生产系统的设计过程中映射与控制编程相关信息集的数据交换格式，必须能够映射以下信息集：

信息集 1：设备拓扑作为资源的层次结构，包括所涉及的自动化设备。

信息集 2：机械设计作为资源几何和运动学的代表，包括所涉及的自动化设备及其相关属性。

信息集 3：电气和通信电缆，包括电缆和设备特定的属性。

信息集 4：资源中预期过程的性能描述是受控和不受控制的性能。

信息集 5：控制程序。

信息集 6：其他通用信息，如组织、技术、业务和其他信息。

应当注意，所提到的设计信息集很大程度上与图 3.23 中提到的机电一体化信息体的信息集一致。一方面，它必须能够按照第 111 页“生产系统的设计过程”中描述的设计活动顺序传递；另一方面，必须使设计活动的并行化成为可能，这必然会导致，连续多次地从设计工具中导出信息并将其导入其他设计工具，并且能够始终如一、稳定地识别和使用设计工具的不同版本；此外，可以在电气、通信技术或控制工程设计中识别以前设计的问题或不一致性，对以前的设计信息进行修正。因此，必须能够对以前的设计活动进行信息反馈。总之，会得出下列数据交换格式的额外要求：

要求 1：易识别性的设计对象。

要求 2：设计对象的版本管理。

要求 3：体现设计对象之间的依赖关系。

要求 4：体现设计对象的要求。

采样系统

作为证明实用性的示例，如图3.27所示，使用基于菲舍尔技术（Fischertechnik一种儿童建筑套件系统）的，具有三个闭合圆周运输模块（8个转盘、10个传送带）的制造系统实验室模型。在这三个圆的每个圆中都有一台加工机床，每个加工机床有三个执行装置，它们代表不同的加工工具。传感器和执行器在三个不同的Modbus总线耦合器上互连，并配有离散信号。控制器依据IEC 61131，使用基于Raspberry Pi的柔性PLC。

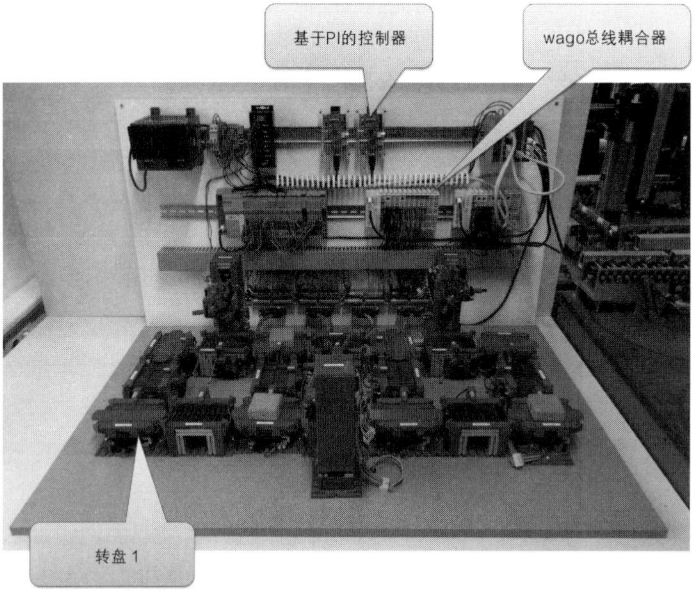

图3.27　示例系统：菲舍尔技术实验室模型

如图3．28所示，仅小部分的实验模型被用于介绍相关概念。该部分包括一个含有两个装置的转盘：用于工件检测的感应传感器和皮带运动的驱动电机。转盘中所有其他组成部分均被忽略。受测的两个设备中至少具有一个连接点（引脚），通过它可以将其连接到模块化的总线耦合器内。该总线耦合器由一个模块化的Modbus-TCP耦合器表示，它具有两个输入磁盘和两个输出磁盘，每个磁盘具有8个终端点，TCP耦合器配备有必要的硬件和软件，可将总线耦合器的各个终端点映射到Modbus-TCP服务器相应的寄存器中。控制器可以通过该服务器读取或写入总线耦合器的相应引脚，因此，总线耦合器通过以太网线连接到树莓派上的Soft-PLC，通过在Soft-PLC上运行的控制程序驱动转盘上的传感器和执行器。此外，该控制程序包含相应的控制变量，这些变量被映射到总线耦合器的引脚上，通过Modbus-TCP映射到传感器和

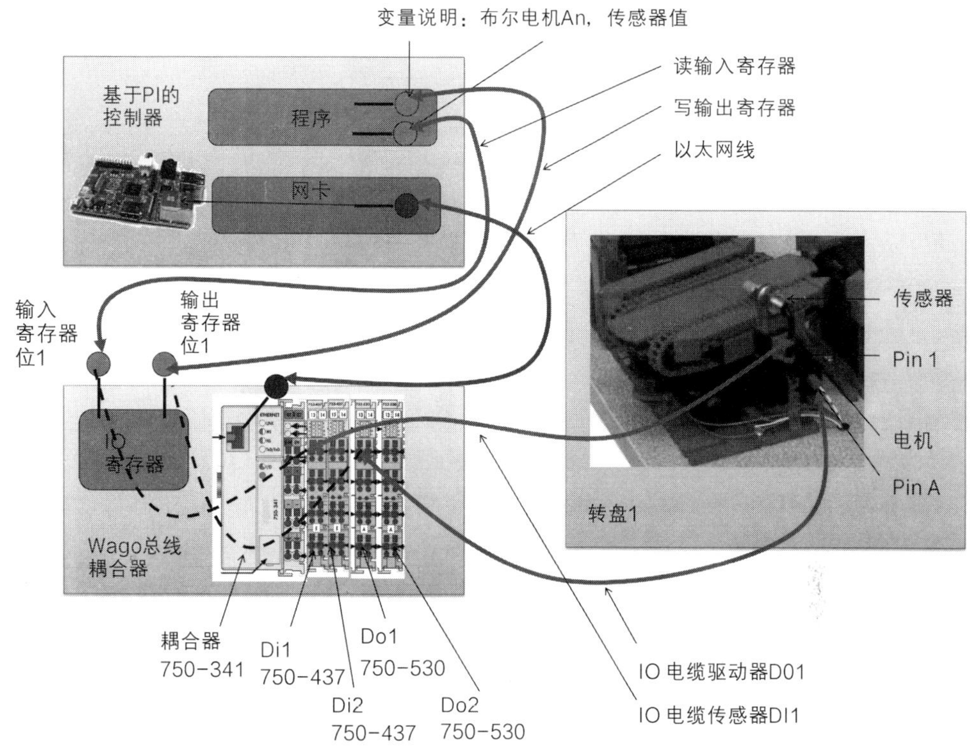

图 3.28 示例系统的建模部分

执行器的输入和输出中。

借助 AutomationML 表示的所有相关对象在 UML 对象图（图 3.29）中被再次描述。如果将它们与上一节中提到的信息集进行比较，所有必需的信息都包含在此示例中。

AutomationML

AutomationML 数据交换格式是通过研发和维护已注册的自动化技术领域的 AutomationML，其是一种开放、中立且基于 XML 和免费的数据交换格式，它作为生产系统设计过程的一部分，可以在不稳定的设计工具环境中实现跨域和跨公司的设计数据传输。为此，AutomationML 已在 IEC 62714 系列标准[23]中进行了标准化。

AutomationML 的目标是耦合各种工程学科的设计工具，如工厂设计、机械设计、电气设计、工艺工程、HMI 开发、控制编程以及机器人编程等。

AutomationML 在对设计信息进行建模时遵循面向对象的方法，并使物理和逻辑设备组件的描述作为不同方面数据对象的组合成为可能。对象可以由其他子对象组成，而且其本身也可以是大结构的一部分。工厂自动化中的典型对象包含结构（拓

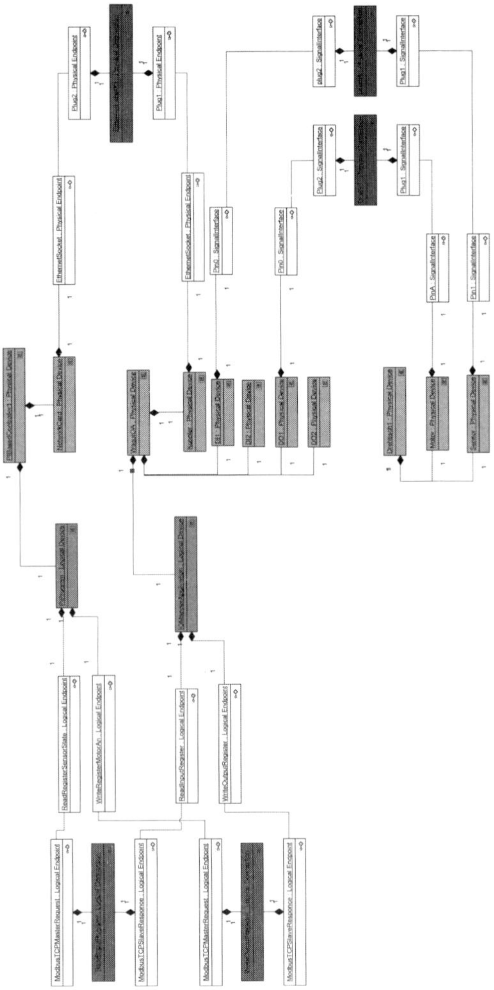

图3.29 统一建模语言中对象图的建模实体

扑)、几何和运动以及性能的信息。

AutomationML遵循模块化结构，并以所谓的屋顶格式集成和调整各种现有的基于XML的数据格式，参见图3.30。数据格式“按原样”使用，且尚未针对AutomationML的要求进行分支。但是AutomationML定义了应用程序规则。

从逻辑上讲，AutomationML分为：

◎设备结构和通信系统的描述，以AutomationML对象的层次结构表示，借助于从CAEX（计算机辅助工程交互）到IEC 62424[24]来进行描述。

◎COLLADA[25] 1.4.1（一种存储格式）和COLLADA 1.5.0版本表示的是不同的AutomationML对象的几何和运动学描述（ISO/PAS 17506：2012）。

◎描述由 PLCopen XML[26] 2.0 和 2.0.1 版本表示的各种 AutomationML 对象的逻辑数据控制。

◎描述 AutomationML 对象与存储在屋顶格式之外的文档信息的引用关系。

◎基于不同层面的 AutomationML，IEC 62714 中的 AutomationML 系列标准是由不同的部分组成的。每个部分都侧重于一个与 AutomationML 内容相关的方面：

1）IEC 62714-1：体系结构和一般要求。此部分指定通用 AutomationML 体系结构，设计数据的建模、分类、实例、关系、引用、层次结构、基本自动化标记语言库和更进一步的 AutomationML 概念。它为所有更宽泛的部分打下了基础，并提供了引用其他子格式的机制。

2）IEC 62714-2：角色类别库。此部分包括其他 AutomationML 库的规范。

3）IEC 62714-3：几何和运动学。此部分描述了生产系统及其组件的几何和运动特性的建模。

4）IEC 62714-4：逻辑。此部分标准化了生产系统中系统和组件性能的建模。

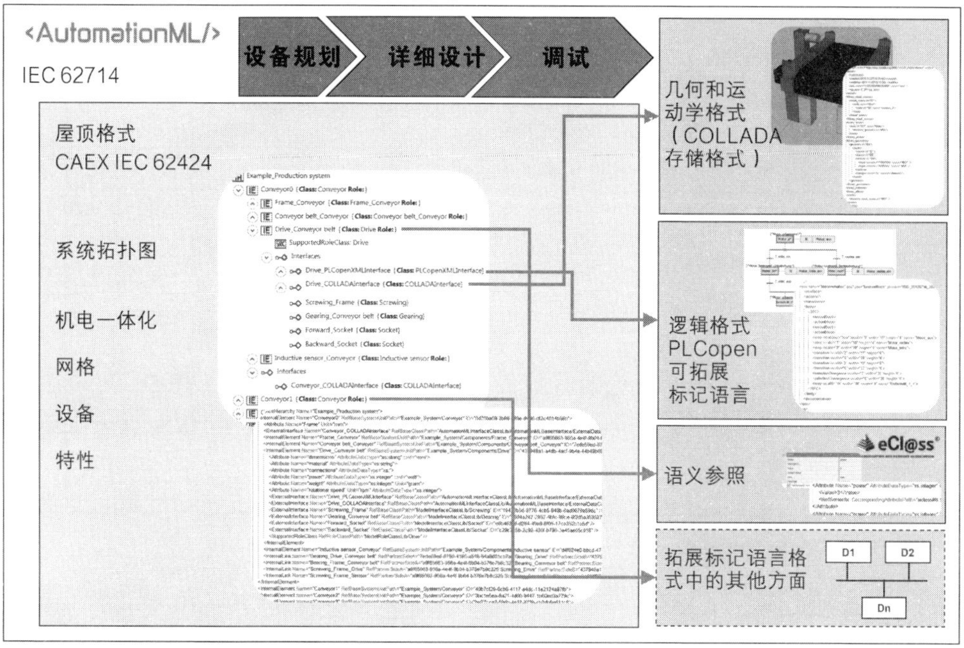

图 3.30　AutomationML 的基本结构

此外，将来还会添加其他部件，以便能够使用 AutomationML 映射更多信息集。

AutomationML 的基础是使用 CAEX 作为屋顶格式和合适的 CAEX 配置文件的定义，满足 AutomationML 的所有相关要求，即用于生产系统的设计信息的建模，用于组合三种上述的数据格式 CAEX、COLLADA 和 PLCopen XML 以及用于扩展（如果将来需要的话）。

CAEX支持上述面向对象的方法，参见图3.31，其中：使用角色类别指定系统对象的语义，其在角色类别库中定义和捕获；使用接口类别指定系统对象的接口，其在接口类别库中定义和捕获；使用系统单元类别（SUC）指定系统对象的类，其在系统单元类别库中定义和捕获。

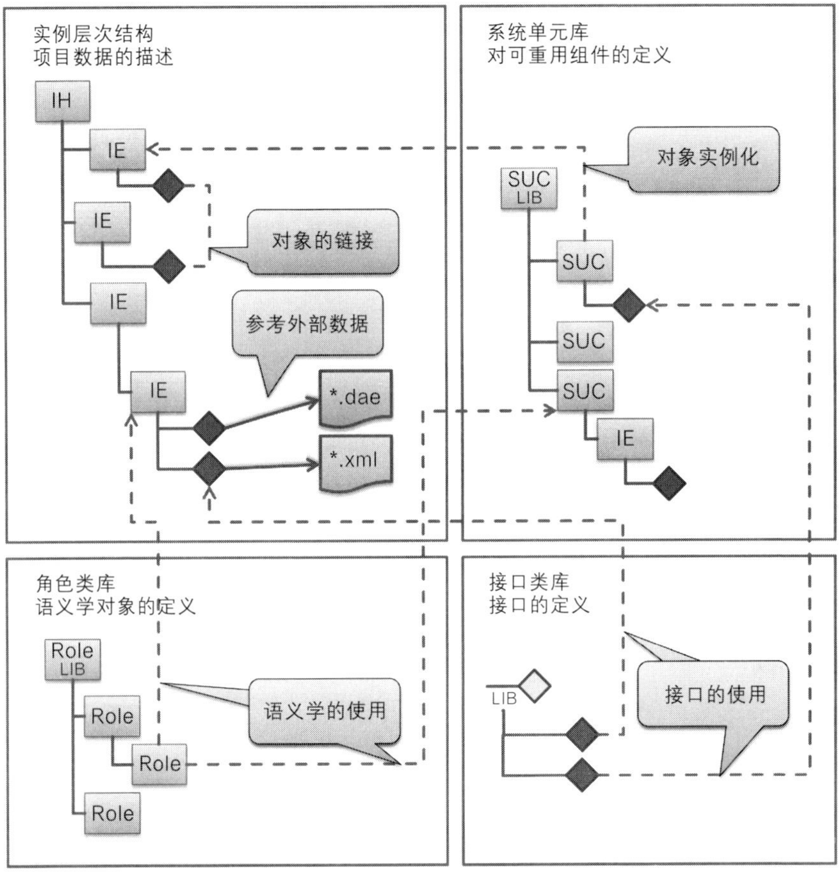

图3.31　AutomationML的拓扑描述

◎一个（或多个）实例层次结构（IH）中的各个对象按内部元素（IE）的层次结构建模，它出自于涉及它们的系统单元类别和确定其语义的角色类［其包含了用于相互链接或使用外部建模信息的接口（例如COLLADA和PLCopen XML文件）］。

◎映射对象特性、系统单元类、角色和接口特征。

AutomationML数据交换格式的其他主要特性包括：基于角色、接口和系统单元类别库及其从实例层次结构引用的数据对象的语法和语义分离，通过使用通用标识符为所有数据对象提供唯一标识符（UUID）以及通过基于组合、构面概念和镜像实体（镜像）在相应对象层次结构上构建数据的可能性，为每个数据对象提供版本和修订信息。

高效利用 AutomationML 需要一个（多于或少于隐含定义的）使用过程，其中包括五个主要的阶段，如图 3.32 所示。通常，该过程基于对确切的设计决策和所使用的设计工具的详细了解，规定了需要考虑的设计过程和相关交换信息的详细知识。

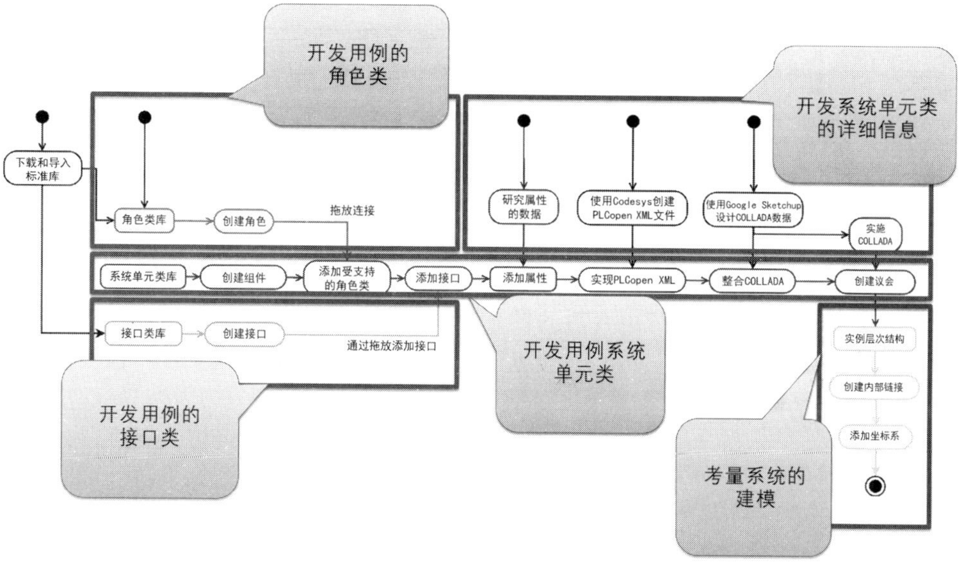

图 3.32 隐式 AutomationML 的应用过程

AutomationML 使用过程从角色类别库及包含其中的角色类的研发开始。因此，必须从语义的角度来识别与实例相关的对象类型，这些对象类型之后将由要交换的数据对象来表示。同时制订接口类库及包含在其中的接口类。它们描述了各个已识别对象类型之间的可能关系点，即基本建模概念（角色）及其关系（接口）的命名。一个典型对象类型是具有特定结构/分层结构、信息详细以及机械、电气和控制接口的自动化设备。

然后，识别可重复利用的系统框图，并将其作为系统单元类收集起来，该系统单元类具有相应库中的对应子结构、特征和接口，快速映射出口商和进口商的信息，使产品或组件目录与之一一对应。

一旦完成了所有库的建设，就可以开始对实际交换的信息进行建模。应该再次注意，至少在整个设计项目期间[11]，角色、接口和系统单元库（版本控制除外）在许多项目实际应用之前才创建一次，以及在不改变库的情况下进行使用。有关 AutomationML 的更多详细信息，请通过 AutomationML 的相关网站 www.automationml.org 进行下载。

使用 AutomationML 对设计数据进行演示

以下部分能评估 AutomationML 映射相关设计数据的能力。为此，检查上述设计过程的各个阶段和相关设计数据，并对相应的示例系统进行建模。在此基础上证明，AutomationML 适用于目标数据的建模。

设备结构

在设备和工艺规划阶段，应对生产系统技术资源的层次结构以及所需执行的生产过程的层次结构详细说明。根据《白皮书 1——AutomationML 的架构及通用化要求》[23][27]将这些层次结构与实例中内部元素一一对应。

图 3.33、图 3.34 和图 3.35 展示了采样系统的实例层次结构，类似于图 3.29 中 UML 模型的结构。生产系统在实验室规程下能观察到的部分是由运输系统的一部分构成，该运输系统拥有包含传感器和电动机的转盘。此外，它还有一个控制柜，其中安装了基于树莓派和总线耦合器的控制器。基于树莓派的控制器包含一个控制程序，该控制程序拥有电机和传感器数据的逻辑接口，以及一个用于接入以太网、带有 RJ45 插槽的网卡，参见图 3.35。

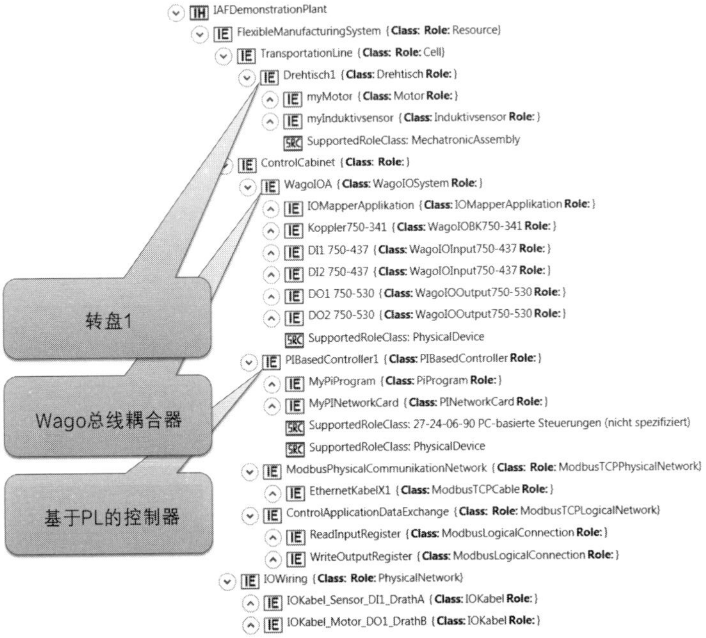

图 3.33 采样系统的实例层次结构

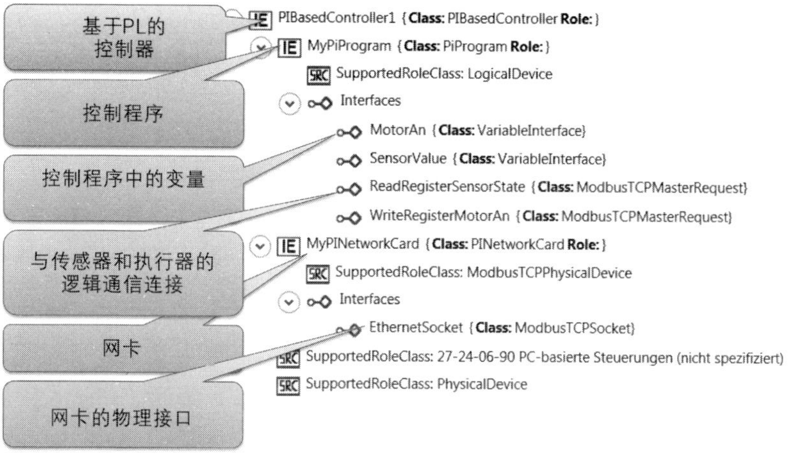

图 3.34 控制器结构模型

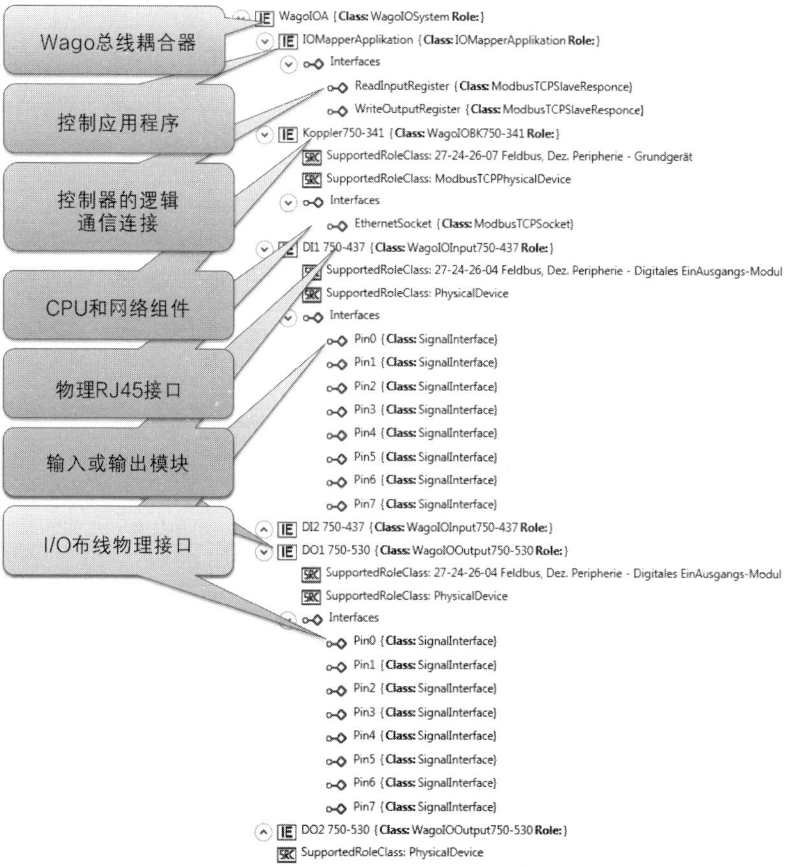

图 3.35 总线耦合器的结构模型

总线耦合器模型首先包含对总线耦合器控制应用程序的部分描述，该应用程序包含 Modbus TCP 服务器，并将总线耦合器的物理输入映射到寄存器位置。这个服务器为相应的输入和输出提供逻辑访问点。另外，总线耦合器包含一个 CPU 和一个带有 RJ45 插槽的网络组件，用于以太网电缆。此外，总线耦合器模型还包含对传感器和电机物理接线的输入和输出接口的描述，参见图 3.35。旋转台也具有类似的结构。

机械设计

在机械设计阶段，需要另外对核心自动化设备的数量及其特性进行详细说明，并将其集成到机械设计中。除此之外，它们应在结构中获取一个位置。根据自动化标记语言网站 www.automationml.org[27] 中的白皮书 1，每个自动化设备与实例层次结构中的任何其他机械组件一样，被映射为具有相应子结构和属性的内部元素。

图 3.36 包含与采样系统相关的系统单元类，它们为自动化设备建模打下了基础。例如，总线耦合器上端能使自己适应于处理 CPU、网络接口、各个输入和输出模块

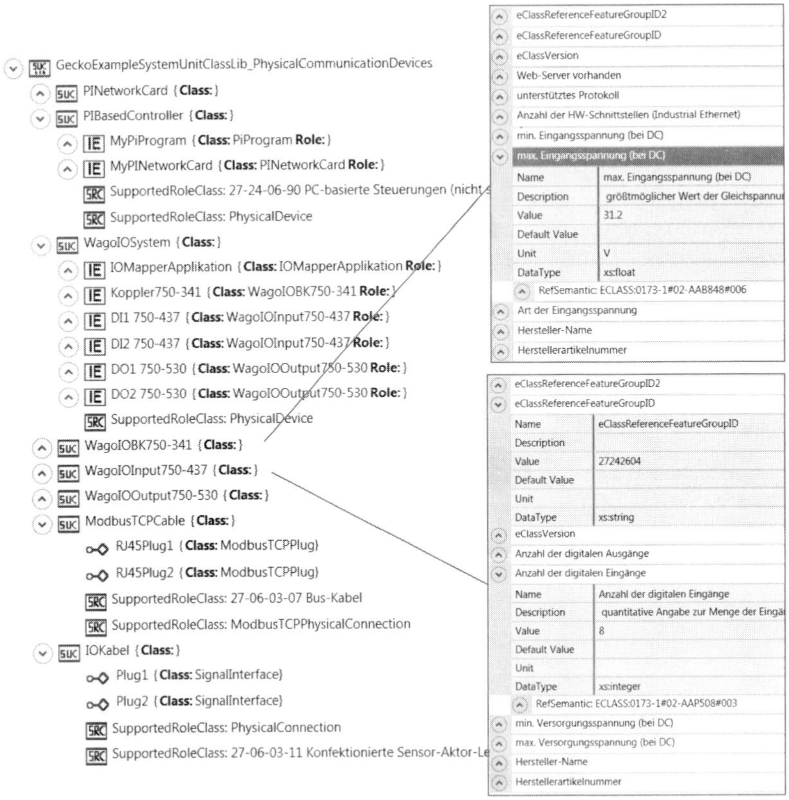

图 3.36 包含设备属性的描述

以及包括其上端和输入/输出模块在内的一定数量部件的总线耦合器的组装。各个部件都具有独特的属性，例如输出模块的最大输出电压或耦合器头的 IP 地址。

附加的实际机械部件能识别自动化设备及其特性，还可以存储生产系统的几何和运动学模型。根据《白皮书 3——几何和运动学》[27]，相关信息借助 COLLADA 进行映射，并通过相应的外部接口分配给各个组件（例如自动化设备）。另外，可以通过框架属性确定对象的位置，该框架属性允许在空间中指定笛卡尔坐标位置以及关于三个笛卡尔坐标轴的旋转，其对象处于实例层次结构中更高的级别。

电气设计

在电气设计阶段，形成生产系统布线的规范，也就是说，如何通过电缆连接机械设计中指定设备的电气接口与电气设计中相关设备的电接口。除此之外，还对电源和控制信号的布线进行设置，从而清楚地定义了所用控制器中各个传感器和执行器的物理地址。根据自动化标记语言网站 www. automationml. org 中的《白皮书——通信》，相应的布线对象用于电气设计的建模，它们集成在实例层次结构中，并通过相应的接口对象和内部链接与需要的对象相连。

图 3. 37 展示了在采样系统中将传感器和电机连接到总线耦合器所需的两根电缆。每根电缆有两个插头，设备中的每个插座都与内部链接相连。电缆以及插头和插座的接口包含了相应的特征属性。

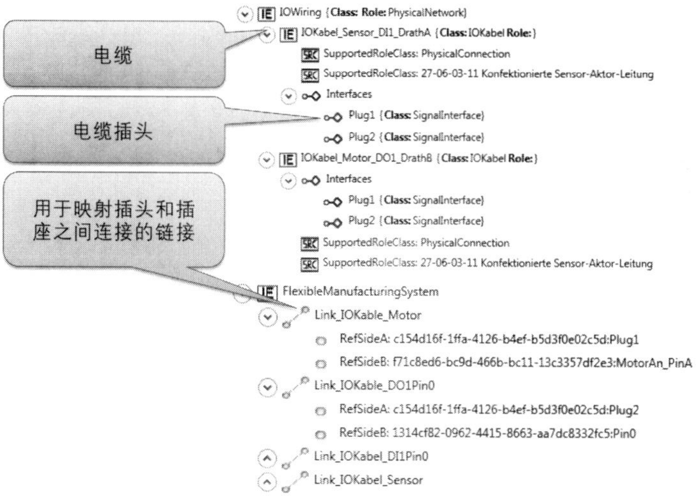

图 3. 37　电气布线模型

通信系统设计

通信系统设计阶段的目标是设计自动化设备（如控制器、传感器和执行器）之间通信数据交换的物理和逻辑结构。根据自动化标记语言网站 www. automationml. org[27]中对应的《白皮书——通信》，在实例层次结构中使用两组建模对象，它们代表了应用程序和设备的逻辑和物理网络[28]。

图 3.38 在逻辑层面上对自动化系统进行了概述，即采样系统中树莓派的控制应用和总线耦合器中 Modbus TCP 服务器之间的各个应用程序变量集的交换。此处，对应的逻辑连接与内部元素进行通信建模，并通过合适的接口和内部元素连接到应用程序之中，连接对象可以包含特征属性（映射其属性）。在采样系统中，这是所预期的通信频率。此外，逻辑连接的对象包含内部元素，这些元素描述了对应连接中通信数据包的交换。

图 3.38 通信系统逻辑层的模型

数据包对象将准确描述数据包结构和属性所需的信息保存了下来。因此，它们可以存储必要信息包的属性，如数据头设计和数据头要素以及相应各个交换变量的接口，参见图 3.39。然后，这些接口通过内部链接使变量与各个应用程序相连。与此同时，对发送器和接收器之间的变量映射进行说明。

图 3.40 展示了物理通信布线建模的示例。与图 3.37 类似，物理电缆建模为内部元素，可以通过插头和插座以及内部链接的接口连接到相应的通信设备。同样，此处的电缆属性（例如保护等级、文档或最大传输速率）也使用适当的属性建模。

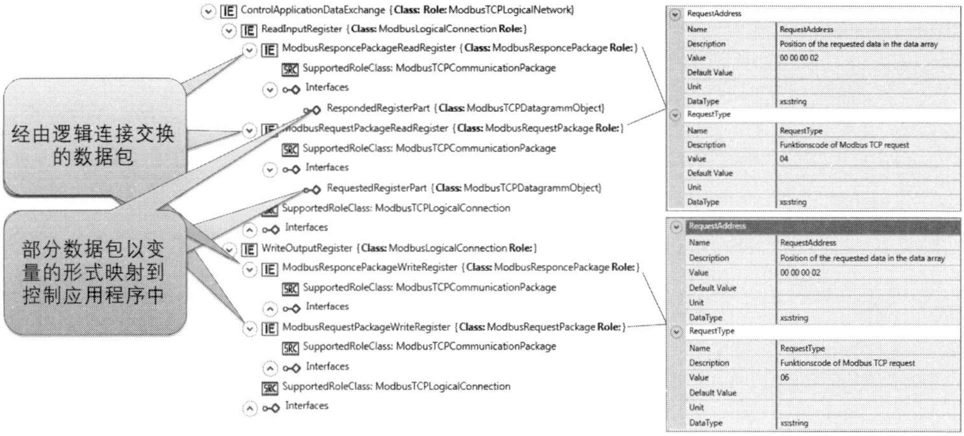

图 3.39 在通信系统逻辑层面上的数据包模型

控制程序和行为模型

在控制编程阶段创建实际控制程序，同时使用不同细节层次的行为模型，如甘特图、时序图、自动装置模型或已完成的控制程序模块。根据《白皮书 4——逻辑描述》[27]，行为模型通过 PLCopen XML 表示，通过相应的外部接口与设备中需描述的内部元素相连。此外，单个变量应用或整个程序块是否被引用需区别开。这使得区分完整的行为元素和物理输入/输出以及通信数据的变量成为可能[9]。

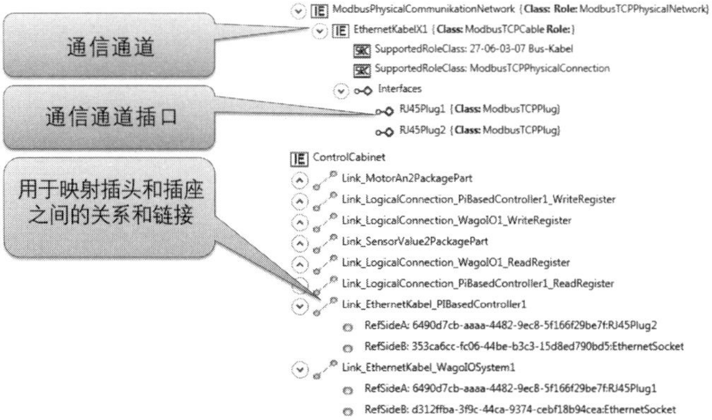

图 3.40 通信系统的物理布线模型

采购需要

在生产系统的调试阶段，自动化组件的采购清单十分重要。该清单是基于机械和电气设计的设备定义框架而创建的，如果有必要，可以在通信系统设计和控制编程中进行扩展。其必须包含自动化系统各个元件所需的所有信息，包括设备和连接元件（电缆、端子等）。

AutomationML 协会与 eCl@ ss 协会开始着手共同开发关于在 AutomationML 中集成 eCl@ ss 的白皮书，该白皮书定义了如何在 AutomationML 中对必要的信息建模。AutomationML 协会要求集成现有标准，现今，AutomationML 还在使用 eCl@ ss 标准。白皮书描述了如何将目录标准（如 eCl@ ss）中的语义定义分配给 AutomationML 的各个建模元素[27]。一方面，其展现了为给定的 eCl@ ss 目录创建角色类库的过程，用于系统单元类和内部元素的语义标识以及明确定义对象属性（如制造商名称、制造商特定的订单号等）的过程，参见图 3. 41。另一方面，通过指定 IRDI 的使用来精确识别其作为对象属性的特征。有关在 AutomationML 中集成 eCl@ ss 的详细信息可以在《通过将分类系统集成到设计数据中进行语义定义，以实现工具链中的无损数据交换》[10] 中找到。

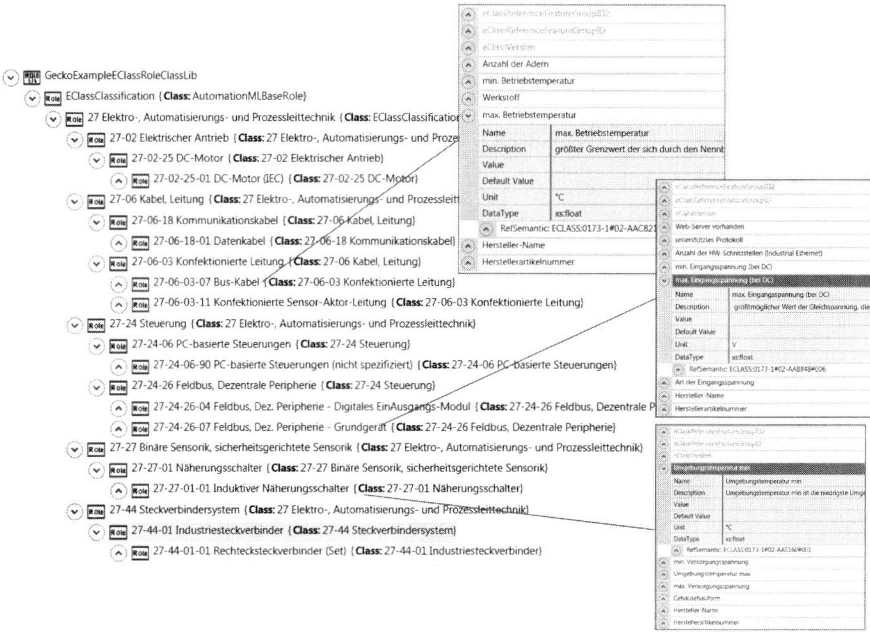

图 3. 41　用于 eCl@ss-Katalogs 建模的角色类库

通过设计工具输入装置收集控制编程的信息

根据上述建模选项，用于控制编程或用于虚拟调试的工具可以通过合适的自动标记语言输入装置导入以下信息：

◎描述和识别生产系统中使用的自动化设备。

◎自动化设备的使用说明，包括必要的控制变量和应用参数。

◎用于访问并行有线自动化设备控制变量的物理地址规范。

◎用于访问通信系统控制的自动化设备控制变量的地址规范。

◎各个自动化设备生产系统实际控制与分配的控制程序。

◎各个系统组件的行为模型。

如果考虑到上述列表，AutomationML 很明显可以描述为自动化系统的整个硬件配置，从而使其可以无损互换。因此，它是解决第 111 页“生产系统的设计过程”和第 112 页“必要的设计数据”中描述的数据交换问题的候补解决办法。

AutomationML 标准化进程

在 AutomationML 协会 DKE 和 IEC 作为标准化机构并不是碎片化的，AutomationML 协会的重要性在于，其能逐步扩大所提供数据的范围，并为用户提供逐步发展其出口商和进口商的机会。

如上所述，AutomationML 依赖于语法和语义标准化的分离。数据表示的语法是基于 XML 的格式 CAEX 而给出的，而各个数据对象的语义由角色和接口类的规定（部分由系统单元类）决定。

这种困境在标准化进程中十分常见[14]。为了成功实现标准化，负责标准化的团队需要从待开发标准的实际应用中获得反馈。

在数据交换格式上，在标准情况下使用和测试的第一个样机，用于传回相应的应用经验。其可用于提高适用性标准。但是，这种工具的开发意味着不可忽视的花费。因此，工具制造商在着手实施之前会尽量等待标准的最终版本。这将导致观察角度的不一致，且可能不适用于其标准。

为了避免这种情况，AutomationML 逐步建立兼容的规范，使得所需数据量的一部分能够以标准化的方式使用，并且可以集成专有数据之外的其他部分。这里，一个关于控制设计及规划数据函数相关较好的案例是应用 AR，即自动化项目配置[27]。

AR 即自动化项目配置，为 MCAD、ECAD 和 PLC 编程工具之间的信息交换记载了第一组数据，同时涵盖了上述设计链的一部分。完成这些配置，应对不同制造商的设计工具进行分析，并确定一组通用的建模思想，这些思想多用于分析的工具中。诸如自动化项目及其项目结构（文件夹）之类的概念是建模思想集合中最重要的元素，自动化设备与自动化设备内部组件的层次结构具有相关性，其层次结构包括设备中的自动化变量以及与自动化设备相关的通信系统的物理传输通道和组件。

将这些概念转换为角色和接口类及其相应的属性。结果如图 3.42、图 3.43 所示。

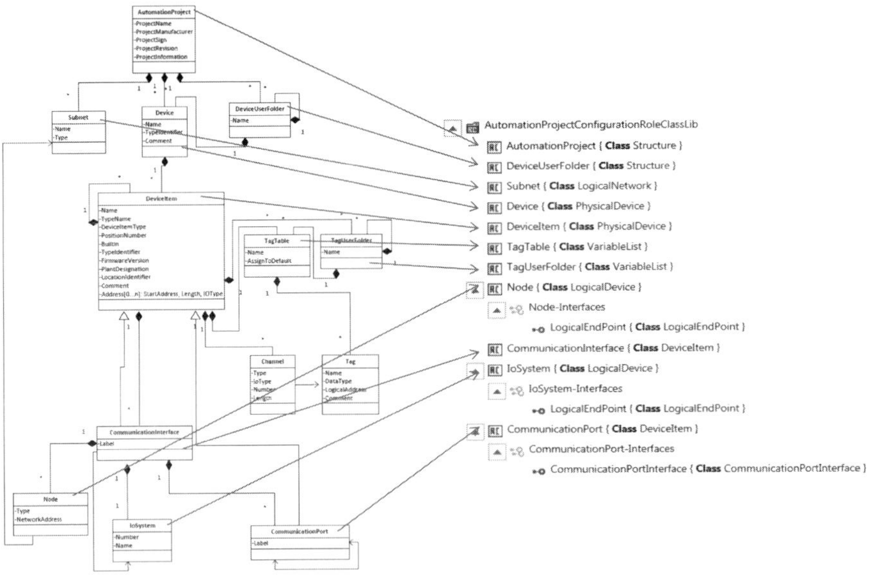

图 3.42 应用程序推荐的角色类库自动化项目配置

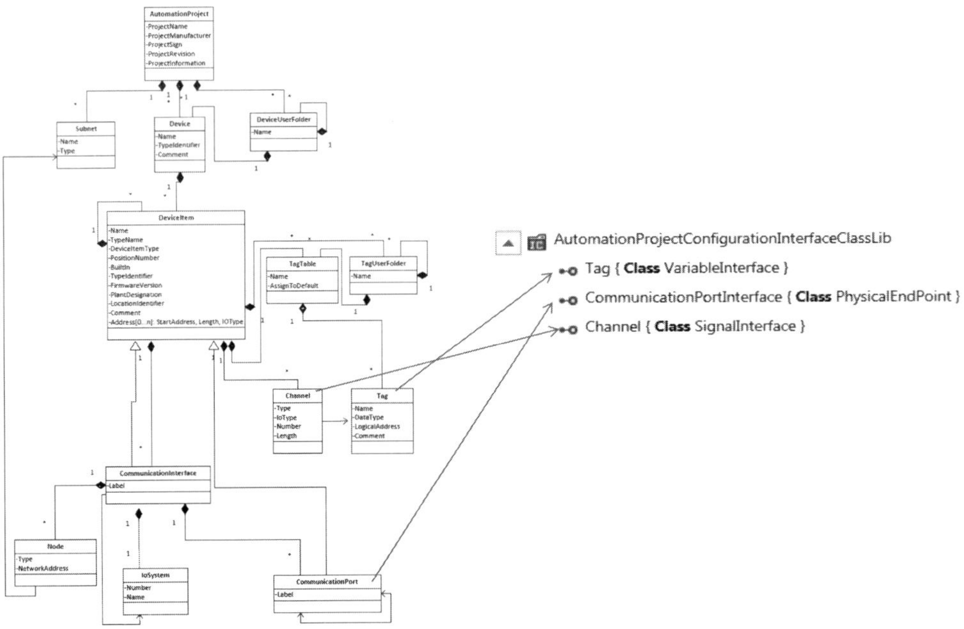

图 3.43 应用程序推荐的接口类库自动化项目配置

因此，在第 110 页“数据交换格式的开发过程”、第 111 页“生产系统的设计过程”和第 114 页“采样系统”中使用指定的角色和接口类可以实现第一次数据交换。

总结

本节介绍了一种方法，其可用于开发和选择相关设计工具集成的特定应用实例的数据交换格式。本节展示了如何将该方法应用于生产系统设计中无损数据交换的应用实例，重点是控制编程方面。所考虑的数据交换格式，即 AutomationML 能够映射由生产系统产生的所有信息，这些信息与调试期间的控制编程和外购相关。根据经验来看，在信息映射的同时，其建模过程可以被可视化。生成的 AutomationML 项目可以在 http://www. iaf-bg. ovgu. de/iniaf_media/aml2015Neu/ModbusTCP_Beispiel1_Drehtisch_150123. aml[12] 中找到。

到目前为止，在第 110 页“数据交换格式的开发过程”中所介绍的，即数据交换格式以无损形式在应用实例中的交换过程已经在生产系统的设计中实现，其控制编程的核心仅与前四个步骤有关。为了完全实现整个过程，其评估流程需要扩展到其他数据交换格式，该格式必须与第 120 页“使用 AutomationML 对设计数据进行演示”中的 AutomationML 具有相同的深度，以获得可比较的结果。如果有必要，自我创造的新型专用格式也应在考虑之中。此外，还应对数据交换格式在实际应用和可用设计工具中实现的扩散程度进行评估。

如第 115 页“AutomationML”中所述，AutomationML 具有大量的功能，使用它对项目和数据管理所需的信息进行建模。此外，AutomationML 使单个对象的识别以及为版本信息和订信息生成报告成为了可能。因此，AutomationML 不仅可以应用于上述顺序的设计过程，其本质上更具理论性，而且可以应用于具有循环（反馈）和/或并行动作的设计过程中，其中对象的识别和/或信息的聚合必须由多个数据源支持。

关于 AutomationML 的实际应用，AutomationML 协会已经提供全面且专业的技术支持。例如，在实现设计工具软件界面时，用户可以依赖免费提供的软件库来实现 AutomationML 文件的读写，并为设计工具提供符合 AutomationML 标准的对象模型。除此之外，软件系统还可以手动创建应用实例以及检查以 AutomationML 标准为依据生成和读取的文件的正确性。潜在用户可以使用它来加速开发过程以及提高出口商和进口商的质量。为了确保在 AutomationML 的使用过程中对有关专业信息进行普及，AutomationML 协会为其成员提供了相关专业知识的培训。

在最后，我们可以总结说，AutomationML 协会的许多成员已经为他们的设计工具配备了相应的接口，并将它们应用于实际项目中，其在所介绍的建模方法的基础上实现了无损数据交换，并带来了经济效益。图 3. 44 列出了撰写本文时参与的 AutomationML 成员。

图 3.44 AutomationML 参与成员

参考文献

[1] T. Bauernhansl, M. ten Hompel, B. Vogel-Heuser (Hrsg.): Industrie 4.0 in Produktion,Automatisierung und Logistik, Springer, 2014

[2] D. Wünsch, A. Lüder, M. Heinze: Flexibility and Re-configurability in Manufacturing by Means of Distributed Automation Systems-an Overview, in H. Kühnle (Editor): Distributed Manufacturing, Springer, London, 2010, pp. 51-70

[3] S. Kluge: Methodik zur fähigkeitsbasierten Planung modularer Montagesysteme, Dissertation, Universität Stuttgart, Deutschland, 2011.

[4] aquimo project consortium: aquimo-Ein Leitfaden für Maschinen-und Anlagenbauer, VDMA, 2010

[5] A. Lüder, M. Foehr, L. Hundt, M. Hoffmann, Y. Langer, St. Frank: Aggregation of engineering processes regarding the mechatronic approach, 16th IEEE International Conference on Emerging Technologies and Factory Automation (ETFA 2011), Toulouse, Frankreich, September 2011, Proceedings

[6] C. Maga, N. Jazdi, P. Göhner, T. Ehben, T. Tetzner, U. Löwen: Mehr Systematik für den Anlagenbau und das industrielle Lösungsgeschäft-Gesteigerte Effizienz durch Domain Engineering, at -Automatisierungstechnik, 2010, Vol. 9, pp. 524-532.

[7] T. Wagner, C. Haußner, J. Elger, U. Löwen, A. Lüder: Engineering Processes for

Decentralized Factory Automation Systems, Factory Automation 22, In-Tech, Österreich, ISBN 978-953-7619-42-8, 2010, *http://www.intechopen.com/articles/show/title/engineering-processes-for-decentralized-factory-automation-systems*

[8] M. Schleipen, M. Schenk: Intelligent environment for mechatronic, cross-discipline plant engineering, 6th IEEE International Conference on Emerging Technologies and Factory Automation (ETFA 2011), Toulouse, Frankreich, September 2011, Proceedings.

[9] L. Hundt, A. Lüder: Development of a method for the implementation of interoperable tool chains applying mechatronical thinking-Use case engineering of logic control, 17th IEEE International Conference on Emerging Technologies and Factory Automation (ETFA 2012), Krakow, Polen, September 2012, Proceedings

[10] A. Lüder, N. Schmidt, O. Graeser, M. Thron, M. John: Semantikdefinition durch Integration von Klassifikationssystemen in Entwurfsdaten zum verlustfreien Datenaustausch in Werkzeugketten,15. Automation Kongress, Baden-Baden, Germany, Juli 2014, Proceedings

[11] R. Drath: Warum ein Engineering-Weltmodell bisher nicht gelang, SPS Magazin, Whitepaper-AutomationML-Fachexperten erklären das Format, 2014, pp. 34-36, *https://www.automationml.org/o.red.c/dateien.html*

[12] Otto-von-Guericke-University Magdeburg, IAF-BG, "ModbusTCP_Beispiel1_Drehtisch_150123.aml," *http://www.iaf-bg.ovgu.de/iniaf_media/aml2015Neu/ModbusTCP_Beispiel1_Drehtisch_150123.aml*, Letzter Zugriff Mai 2015

[13] A. Alonso-Garcia, A. Hirzle, A. Burkhardt: Steuerungstechnische Standards als Fundament für die Leitechnik, atp, Jahrgang 2008, Heft 9, pp. 42-47

[14] R. Drath, M. Barth: Concept for managing multiple semantics with AutomationML maturity level concept of semantic standardization, 17th IEEE InternationalConference on Emerging Technologies and Factory Automation (ETFA 2012), Krakow, Polen, September 2012, Proceedings

[15] Verein Deutscher Ingenieure: VDI Richtlinie 3695-Engineering von Anlagen-Evaluieren und Optimieren des Engineerings, VDI Verlag, Mai 2009

[16] A. Fay, S. Biffl, D. Winkler, R. Drath, M. Barth: A method to evaluate the openness of automation tools for increased interoperability, 39th Annual Conference of the IEEE Industrial Electronics Society, IECON 2013, Wien, Österreich, November 2013, Proceedings

[17] N. Schmidt, A. Lüder, H. Steininger, S. Biffl: Analyzing Requirements on Software Tools According to the Functional Engineering Phase in the Technical Systems

Engineering Process, 19th IEEE International Conference on Emerging Technologies and Factory Automation (ETFA), September 2014, Barcelona, Spanien, Proceedings

[18] acatech: Recommendations for implementing the strategic initiative INDUSTRIE 4.0, April 2013, Report, *http://www.plattform-i40.de/sites/default/files/Report_Industrie%204.0_engl_1.pdf.*

[19] R. Drath (Editor): Datenaustausch in der Anlagenplanung mit AutomationML, Springer, 2010

[20] A. Lüder, N. Schmidt, R. Rosendahl, M. John: Integrating different information types within AutomationML, 19th IEEE International Conference on Emerging Technologies and Factory Automation (ETFA), September 2014, Barcelona, Spanien, Proceedings

[21] Verein Deutscher Ingenieure (VDI): VDI Guideline 3690-XML in Automation, Beuth Verlag, 2014, 3 Teile

[22] A. Lüder, N. Schmidt: A minimal tool interface for machinery and equipment engineering, 3rd AutomationML User Conference, Blomberg, Deutschland, Oktober 2014, Proceedings, *www.automationml.org*

[23] International Electrotechnical Commission: IEC 62714-Engineering data exchange format for use in industrial automation systems engineering-AutomationML, *www.iec.ch*, 2014

[24] International Electrotechnical Commission: IEC 62424-Representation of process control engineering-Requests in P&I diagrams and data exchange between P&ID tools and PCE-CAE tools, *www.iec.ch*, 2008

[25] International Organization for Standardization: ISO/PAS 17506:2012-Industrial automation systems and integration-COLLADA digital asset schema specification for 3D visualization of industrial data, *www.iso.org*, 2012

[26] PLCopen association: PLCopen XML. www.plcopen.org, 2012

[27] AutomationML e.V.: AutomationML web page, *www.automationml.org*, Letzter Zugriff September 2016

[28] M. Riedl, A. Lüder, B. Heines, R. Drath: Modellierung industrieller Kommunikationssysteme mit AutomationML, atp edition, vol. 56, no. 11, pp. 44-51, 2014

4 联盟

工业 4.0 平台——一个融合了政治、商业、工会和科学的联盟

狠宁·班廷 丹尼尔·任夫

工业价值链——日本及亚洲的发展驱动力

托马斯·兰特曼

基于工业 4.0 的中国智能制造的结构和环境

傅建中

大型云服务器供应商及机器学习策略

英格·赫伯纳

工业4.0平台——一个融合了政治、商业、工会和科学的联盟

狠宁·邦廷　丹尼尔·任夫

2015年4月14日，受政治、商业、科学和工会支持的，由德国机械设备制造业联合会（VDMA）、德国电气和电子制造商协会（ZVEI）和德国信息技术和通信新媒体协会（BITKOM）三大工业协会联合成立的工业4.0平台在汉诺威工业博览会上正式亮相。它的成立使工业4.0深入到了更广的社会层面，鉴于其与政治发展方针的一致性，工业4.0的转型得到了进一步发展。

这个由政治、商业、科学和工会联盟共同拟定的工业4.0平台，可以为所有相关的社会经济活动制定共同和统一的行动建议。政治、商业、科学和工会联盟必须对未来的从业资格培训、各行各业可行的标准和规范、研究和开发、数据安全和法律框架这几大方面提出工业4.0的诉求。在新的工业4.0平台中，所有相关领域的从业人员都有机会相聚在此，共同打造数字革命。他们应该对工业4.0的发展状态有着统一的基本认知，基于这种一致性，所有参与者都能重新定位自身发展，一同进行公开、透明的交流。

当今，工业4.0是德国未来工业重组的基准概念。现在是时候为实践铺平道路了。这不仅需要所有的需求群体加强协调，更需要从具体实践中吸取经验。工业4.0平台确保了政治、商业、科学和工会等重要参与者之间的必要合作。在以革新的方式应对工业数字化挑战时，团结一致是成功的核心要素，因为工业4.0是整个社会的任务。通过相关从业人员的参与和互联，工业4.0平台方便了他们共同拟定关键行动的建议，为进一步扩大德国工业4.0实践创造框架条件。工业4.0平台甚至超越了国界，该平台与国际其他相关的联盟进行了密集的会谈，以促进国际交流并推动重要的合作。

工业4.0平台的组成和架构

工业4.0平台得到了德国联邦经济与能源部（BMWi）和德国联邦教育与研究部（BMBF）的支持。联邦经济与能源部的西格玛·加布里尔和联邦教育与研究部部长约翰娜·万卡教授与其他来自商业、科学和工会的高级代表共同负责该平台运营工作。作为最高决策机构，平台领导者需阐明总体目标、确定战略方向和人员配置。此外，作为一个公共沟通平台，工业4.0平台也会出现在联邦政府举行的年度国家信息技术峰会上。（图4.1）

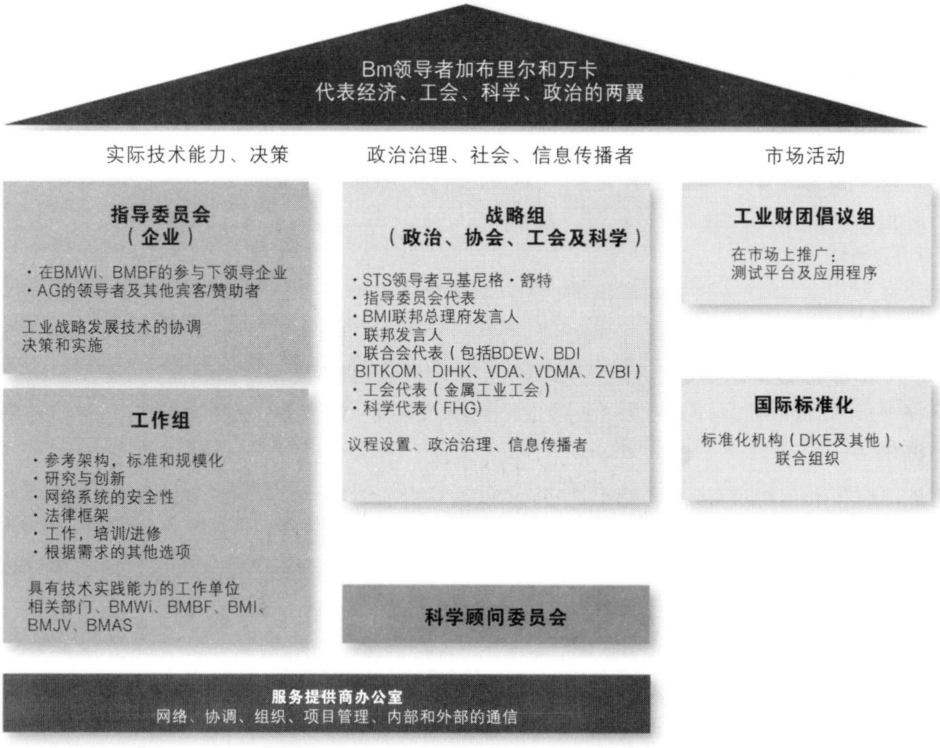

图 4.1　工业 4.0 平台的组织结构

指导委员会和战略委员会是平台的管理层，它们以平台的主要目标为导向，负责不同的任务领域。

由领先企业组成的指导小组负责协调和控制工业 4.0 平台的具体工作内容，并将特定主题工作组的产出成果纳入到一个整体总框架之中。

作为政治、相关行业协会以及工会的主要论坛，工业 4.0 中期设计战略小组确定了相关主题，负责发展规划，并作为平台在协会和科学方面取得成果的引擎。通过该小组的审核，视不同目标群体获得成果的程度而定，战略小组同时可以担任平台业务委员会技术工作的主要校验组织。

平台的核心是五个特定主题的工作组。在这里，来自企业和工会的 250 多位专家与相关联邦政府部门的代表一起，为工业 4.0 选定的行动领域拟定特定的解决方法。通过这种方式，他们不仅可以解决标准化和规范化以及网络系统安全领域中即将出现的问题，还可以整合法律框架、研究和培训以及职业教育等方面的问题。该工作组还得到了科学顾问组的大力支持。相关科学组织的主要代表为研究战略和议程做出了重要贡献，他们对积极参与其协作转型的研究机构进行了认证。

作为核心对话伙伴，独立的办事处能协调平台内的合作以及内部和外部的标准化通信。此外，它也是德国和其他国家在相关倡议上的核心沟通媒介。

创建工业 4.0 平台的目标和措施

工业 4.0 平台的目标是开发和建立一个统一的定位框架，以便让所有参与者对工业 4.0 建立共同的理解，同时为成功塑造德国制造业的数字化转型提供战略建议。

这不仅为从业公司及其全体员工提供了巨大的发展空间，还能使公众更加了解工业 4.0。该平台还确定了制造业的发展趋势，并把它们整合在一起，以统一对工业 4.0 的整体理解。

越来越多的用户参与到了上游价值的创造过程中，这就构成了新服务和可持续商业模式的基础。近年来，许多公司已经考虑到了消费者对制造业日益增长的灵活性、个性化和效率的需求。数字技术在制造和价值网络联网中的应用早已在实践中得到了认可，特别是对于中小型企业（SME）而言，智能化、数字化生产流程给他们提供了巨大的机遇。如何将这些流程具体化，使其在中小型企业中能够切实可行是该平台的核心任务之一。另外，对于许多企业，尤其是中小型企业，仍然在推广新技术时有这样和那样的问题。为此，该平台必须判断公司在实施数字解决方案的实践中所遇到的障碍，向公众推广工业 4.0 的具体附加价值。平台还为公司提供具体服务，有针对性地推动区域合作伙伴及倡议的互联。例如，在德国的工业和商业地区进行一系列关于“工业 4.0@ 中产阶层”的联合活动，直接面向中小型企业推介工业 4.0 的发展潜力，使他们了解到工业 4.0 为公司发展带来的机遇。

在 2015 年 IT 峰会上，工业 4.0 平台首次发布了关于工业 4.0 的在线地图（www. plattform-i40. de/I40/Landkarte），它提供了 260 多个来自该领域的网络和数字解决方案的应用实例。这些解决方案被用于具体应用中的互联、数字化技术附加价值的传输，展示了它们对工作和工作组织的影响。除此之外，这些网络和数字解决方案还能帮助人们实现工业 4.0 中数字化产品的美好愿景。通过这个在线地图，企业家们不仅能时刻对重要的产品流程及组织流程保持敏感性，还能获得对应用实例以及其实践方式的图样化说明。此外，工业 4.0 在线地图还提供实际测试环境，制造商和供应商可以对自己提供的产品和解决方案进行在线测试。为了便于访问测试环境，除了协助创建新的服务，该平台还可帮助企业在其所在地区获取信息和帮助。

在线工业 4.0 指南（http：//www. plattform-i40. de/I40/Kompass）系统地概述了其对企业的服务支持。根据企业处于工业 4.0 的何种实施阶段，感兴趣的企业可以获得该平台中的各种计划以及合作伙伴的相应帮助。

此外，工业 4.0 平台的在线图书馆（www. plattform-40. de/I40/Online-Bibliothek）为工业 4.0 主题提供了系统的入门介绍。在图书馆中可以下载平台的工作成果、指南以及平台合作伙伴的出版物和研究报告。

现今，为了能够对未来可能会出现的各种情况提前做出准备，该平台与合作伙伴一起对行业相关的发展前景进行探讨，这展示了完全互联的价值链。

通过有预见性展望未来的发展应用，人们也可以在平台上获取针对未来可能会遇到的问题的相关操作建议。对此，工作组对工业 4.0 的各个行动领域都进行了斟酌，使其具有统一的整体关联性。因此，工业4.0平台使工业生产的愿景和未来的工作变得更加灵活。工业4.0的应用场景阐述了价值链的变化，它既可以作为相应相关框架条件的定向辅助工具，也可以对重要整体环境中的实时倡议进行编排。此外，应用场景可以理解为要解决的研究问题，并通过此方法将工业4.0的实际需求与研究和科学领域的进一步发展相结合。同样，这些方案也是国家和国际活动的连接点。

行业的数字化发展是全球性的趋势，因此，决定性的问题必须在统一的全球框架中解决。在工业数字化方面，通过其指导思想创立统一的全球技术概念框架，工业4.0平台被视为是与欧洲、北美洲和亚洲国家交流的平台。作为国家倡议的中心联络点和合作伙伴，该平台的另一大任务是使成果具有互联性，该成果能通过办事处在相互交换的过程中供国际倡议使用。在这个过程中，工业4.0平台不仅要在国家领域进一步扩大影响力，吸纳更多的中小型企业，而且还要致力于将工业4.0的国际性发展列入到平台发展战略中去。

结论

工业4.0平台有史以来第一次将所有行业相关的参与者集中在一起。政治、商业、科学和工会联盟正在共同努力，为工业4.0在德国的发展创造最佳的社会环境和工业条件。作为交流的桥梁和合作的中心联络点，该平台将联邦政府和州政府的活动连接起来，将它们整合在统一的发展框架下。此外，该平台还是欧洲、北美洲及亚洲的合作伙伴进行国际合作的中心联络点。整个国家，甚至国际上都对该领域的合作充满兴趣。因此，工业4.0平台在全球范围内建立了多个合作咨询点，致力于使平台发展成为数字化生产转型的国际网络节点。工业4.0平台拥有来自150多家公司和组织的250多名参与者，它已成为德国乃至全世界最大的工业组织之一。其中心思想是展示数字解决方案在工业中的附加价值，从而调动德国中小企业的积极性。逐步壮大的工业4.0在线地图中包含了260多个应用实例，它介绍了已经实施的工业4.0系统解决方案。这些实例有助于企业理解工业4.0的附加值，尤其是对中小型企业。在此基础上，平台对工业4.0的未来应用场景进行了开发和分析，展示了不久的将来特定行业和应用中网络化增值链的发展潜力。借助平台专家给出的发展建议，平台正在为在德国经济领域大规模发展工业4.0做准备。

工业互联网联盟

尤莉·皮克

想象一个这样的世界：我们可以远程监控石油平台的运行，可以在飞机因故导致延误之前就提前预知哪个零件会发生故障。再或者，我们可以优化工业制造以节省资金和资源，甚至可以将医疗仪器和设备联网，以了解患者的整体健康状况。

随着工业革命和互联网革命的继承者“工业互联网”的出现，这些情景也将成为现实。根据世界经济论坛最新的一份报告，接受调查的市场领导者中有72%认为，“工业互联网”将对全球工业产生深远的影响。78%的人认为，这种影响将在未来5年内发生❶。然而，令人惊讶的是，88%的受访者承认，他们的企业还没有为这场工业互联网革命做好准备。

这就是工业互联网联盟希望能够填补的空白区域。

工业互联网联盟

工业互联网联盟于2014年3月由AT&T、思科、通用电气（GE）、IBM和英特尔共同成立。该组织是非营利性的，拥有开放的会员制度，旨在促进互联机械和设备的开发、改造和使用，推动人机合作的智能数据分析。工业互联网联盟促进和协调了工业互联网的优先事件和关键技术。截至2017年春，工业互联网联盟拥有超过250名成员和来自26个国家的企业，例如aicas、博世、Fraunhofer、KUKA AG、M2M Alliance、SAP、西门子、达姆施塔特工业大学和WIBU-SYSTEMS。它是一个全球智库，用于讨论和解决在兼容性、数据安全性和创新方面即将面临的挑战。

工业互联网联盟的工作组专注于各个领域的特殊挑战，包括技术、安全、测试环境和业务流程。成立至今，该联盟在各个领域都取得了进展。

建立“生态系统”

虽然整个工业互联网联盟是由物联网（IoT）专家创建的“生态系统”，但该联盟已开始将工业互联网的应用扩展到了各个行业之中。例如，2015年夏，工业互联网联盟在美国得克萨斯州休斯敦举办了互联网能源峰会。此次峰会汇集了能源行业的领导者，他们就工业互联网将在多大程度上改变能源行业的各个领域进行了讨论，其议题包括智能能源网、数字化油田等多个方面。该峰会由工业互联网联盟的能源工作组组织，旨在专门解决物联网对能源行业的挑战和机遇。

---

❶世界经济论坛：“工业物联网：释放互联产品和服务的潜力”，2015年1月，www3. weforum. org

工业互联网的技术与安全

应该注意的是，工业互联网联盟不是一个标准化组织。但是，该联盟与国际上的标准化组织以及其他主要工业组织（如 DIN、OASIS、对象管理组织 OMG、开放组织和开放互连联盟）签订了多项合作协议。随着测试环境的发展，工业互联网联盟旨在制定工业互联网标准的先决条件，然后根据此条件向标准化组织提出建议。该联盟已经开始公布它的一些关键技术文件和报告，包括工业互联网参考架构 IIRA（http：//www. iiconsortium. org/IIRA. htm），其中定义了工业互联网系统组件的共同语言及其之间的关系。这种通用语言可以帮助开发人员确定他们的系统需要哪些组件，从而加快实施速度。"工业互联网参考架构"有助于将现有标准和新标准集成到一个通用结构中，从而更容易识别需要填补的空白区域，以确保组件之间的兼容性。该文件描述了工业互联网系统的关键特性以及在使用工业互联网解决方案之前需要考虑的各个方面，同时对互联网行业关键问题进行分析，包括安全性、隐私保护、兼容性和连接性。

为了使参考架构变得更完善，工业互联网联盟发布了工业互联网词汇表单，该清单提供了工业互联网联盟（IIC）报告和技术文件中使用的术语的通用解释。与 IIRA 一样，本文档也可供下载（http：//iiconsortium. org/vocab/index. htm）。

数据安全是 IIC 特别关注的地方，其安全工作组正在积极开发最佳方案，以充分确保已经连接网络的机器和设备的安全性。

工业互联网开发测试平台

测试环境，即测试台是 IIC 成员的支点和核心，它使工业互联网能更加符合实际使用的要求。

第一个公开宣布的测试平台 Track and Trace 由平台成员博世、Tech Mahindra、National Instruments 和因特尔共同运营。该测试环境将工业互联网投入到了制造之中。其目标是在制造和维护区域"控制"便携式电动工具。这种"控制"包括对使用工具的有效追踪，以确保工具的正确使用，避免其滥用并获取状态和使用数据。在为期两年的项目中，工业互联网联盟的四名成员将为该测试平台提供他们的鉴定报告：博世将提供所需的软件；思科负责精确识别和定位；National Instruments 负责连接电动工具；Tech Mahindra 负责编写应用程序。

在工业互联网联盟成立一周年之际，Real-Time Innovations、National Instruments 和思科宣布了他们在"微电网应用通信与控制测试平台"上的合作。此次合作的目标是测试实时性以及安全数据总线的可行性，为之后机器到机器、机器到机器控制平面以及机器到云的数据通信提供理论支持。测试平台将分布式过程应用和控制应用与智能数据分析相结合。它将与商用组件互连，并依据实际情况用于能源领域。试验台分为三个阶段：2015 年 4 月开始的第一测试阶段，其重要任务是对项目的可行性进行研究、检查数据安全性及其性能；第二阶段表明了模拟环境中“微电网通信和控制框架”的可扩展性；最后阶段的任务是在面向实践的应用程序中展示测试平台。前两个阶段将在加利福尼亚州威斯敏斯特的南加州爱迪生控制实验室进行。现场测试将在得克萨斯州圣安东尼奥的微电网测试站的预知CPS能源网格上进行。

2015年6月，EMC公司宣布推出国际未来工业互联网测试平台（INFINITE），用于开发基于软件的基础设施，推动工业互联网产品和服务的发展。INFINITE的特殊之处在于，它在无需更改硬件或可扩展性的情况下，就可以实现网络的完全重新配置。INFINITE不仅可以通过基于软件的网络利用大数据创建完全虚拟主机，而且还可以通过物理网络安全地运行不同的虚拟主机。这种方法允许从各种接入点访问网络，而不会影响其安全性。更有趣的是：INFINITE还可以通过移动网络与这些虚拟主机连接。INFINITE测试环境将在爱尔兰进行两个测试阶段：第一阶段，在重新配置的EMC网络中连接三个地理位置不同的数据中心。在第二阶段，INFINITE将使用“蓝光”应用实例。“蓝光”允许救护车安全地连接到医院系统，使救护车在运输病人时就向医院传输信息，以便医院工作人员在救护车到达后，尽快做好照顾病人的准备。

在INFINITE发布一个月后，IBM和National Instruments宣布他们正在合作开发状态监测和预测性维护测试台（CM/PM）。状态监视（CM）是指在设备中使用传感器来实时获得有关组件状态的数据；预测性维护（PM）是将分析模型和规则应用于传感器获得的数据之中，以预测即将发生的问题，然后给运营、维护和IT部门提出修复建议。CM/PM测试台将证明持续监测机械和设备所带来的收益和优势，从而为即将发生的性能恶化或完全失效的早期迹象提供维护措施。CM/PM还使用了先进的分析技术，它不仅可以识别问题，还可以向服务和维护人员提供有关如何解决这些问题的建议。

根据机器和设备的使用情况，通过这种方法可以产生新的模式。例如，在涡轮机和发电机中，通过主动维护和维修来取代之前的定期固定维护，以及通过避免设备缺陷以减少生产损失中的保养和维修成本。此外，通过来自不同组件或过程的传感器数据的结合，可以对有缺陷或次优运行设备的整体影响提供更多的经验。借助于此方法，可以在问题影响工厂运行之前及早识别新出现的问题，并采取补救措施，从而提高工业生产的质量和效率。

最新的测试平台将在美国纽约Niskayuna的通用电气全球研究部总部举行的工业互联网联盟年会上发布。在通用电气公司的带领下，“高速网络基础设施”测试台将安装高速光缆，以推动工业互联网的进一步发展。该网络将以每秒100千兆位的速度传输数据，实现互联控制系统、大型基础设施项目和制造设施中机器到机器无损的通信和数据传输。

100千兆位传输功率同样扩展到了无线连接之中，作为此测试平台的一部分，它使移动用户从更快的数据吞吐量和更全面的分析结果中获益。通用电气公司是工业互联网联盟的创始者之一，通过在其全球研究中心安装网络电缆，为该项目做出了重大贡献。思科为其提供基础设施，以实现远距离数据传输（比如，从加利福尼亚州到纽约州）。目前，工业互联网联盟的成员 Accenture 和 Bayshore Networks 正在证明这种高速网络基础设施在发电中的应用前景。

通过上述的进展和其他未公布的项目开发，我们需要清楚地认识到，工业互联网联盟的成员想要成功建立工业互联网，必须具备新的见解。此外，通过这些测试环境，他们甚至可以了解未来“工业物联网”所必须满足的要求。每个测试环境和应用案例都为进一步改进和具体开发“工业互联网参考架构”（IIRA）提供了宝贵的经验。

工业互联网联盟的未来

自工业互联网联盟成立以来，工业互联网联盟已经克服了一些重大难题，并成为该领域的里程碑。在指导委员会的带领下，该联盟将继续专注于推动创新和开拓新的商机。

想了解有关工业互联网联盟的更多信息，请访问 www. iiconsortium. org

工业价值链——日本及亚洲的发展驱动力

托马斯·兰特曼

全球工业竞争日益严重，为了抢占市场份额，各国采用了不同的方法。例如，美国已经通过工业互联网联盟（IIC）建立了国家制造业创新网络；欧洲计划于2020年设立的资助项目“地平线”也瞄准了世界经济发展竞争力。此外，其他欧盟国家也有类似的启动项目，德国的计划就是工业4.0的发展。（图4.2）

图4.2　工业4.0的想法

基于日益发展的物联网数字化所带来的通信标准化，这一想法可以在几乎所有生产领域中推广使用。

但是亚洲，尤其是过去常常被称为工业发展先驱的日本，在这个领域能够提供什么新思路呢？源自日本汽车行业的概念和原则早已在全世界范围内的各个领域得以推广应用，比如丰田生产系统（TPS）、精益管理、全员维护（TPM）、带有安东系统（Andon视觉管理）的智能自动化（Jikoda）、防误防错（Poka Yoke）、即时看板（拉式生产系统）。

日益网络化世界里的安全与防卫

2020年的奥运会是日本工业发展中一个特殊的驱动力。如果我们在观看奥运会的同时也能感受到伴随这样一场全球体育盛会的高技术性能，比如赛事现场安全措施的制定、赛事期间网络安全的监管等，那么奥运会与工业发展的关联也就顺理成章了。

说起安全性这个话题，就不得不提到日本的智能电网。在这个智能的供电系统中，用户对物联网技术的接纳程度越来越高，越来越多的数据被存储到云端。因此，防止外部的数据攻击是一个非常重要的话题。

当然，保护系统免受内部和外部攻击的干扰并不仅仅针对智能电网，数据安全对于所有联网的智能系统都是无法避免的一个话题。在工业4.0下的智能工厂中，机器和设备通过物联网技术可以实现彼此间的交流，因此，数据安全性问题同样不容忽视。

追求稳步优化

来自日本的最新生产优化方法称为Monozukuri，这个词由“mono”（商品）和“tsukuru”（制造）组成，并以日本公认的“Kaizen”（持续改善）哲学为基础。这个方法背后的想法是以超越客户期望为目标，改进生产方式，高效生产出完美的商品。对产品进行后续优化（例如通过精益生产的方法）会导致效率低下，不是理想的生产方案。

Monozukuri希望与商业组织的不同领域进行合作，从而对技术和生产进行整合。实现这个目标的前提是数字化的普及。Monozukuri的计划包括改进开发和生产之间的接口、进行过程审核以及将质量数据传递给设计等。这些想法原则上是希望通过物联网中的网络来改进生产，与德国工业4.0的基本思路非常相似。

未来发展趋势实例

在亚洲，已经有了按照工业4.0的方法成功运作的高度网络化智能系统实例。例如，英特尔与三菱电机以及e-F@ctory联盟通力合作，利用物联网技术对马来西亚一家芯片工厂的生产进行了优化。“大数据分析”解决方案可捕获大量生产信息，将它们收集到云端。人们也可以进而对数据进行有效的评估和分析。通过这种方式，工厂可以引入预测性维护，可以提高生产率，甚至可以节省数百万美元的成本[1]。

通过在名古屋工厂伺服电机的生产中使用基于e-F@ctory概念[2]的自动化系统，三菱电机可以对其技术优势进行评估，对新的优化方案进行测试。根据防误防错原则，名古屋工厂符合“零缺陷”生产标准。这条生产线会被永久监测，收集到的数据经过实时评估和分析。正确的部件通过执行器释放，以进行下一步的组装，确保了最高的产品质量。

工业机器人为生产带来高质量的产品和高灵活性的生产线。技术以及工厂整合方面，亚洲的机器人技术走在了欧洲前面。

因此，日本政府早在2015年就发起了机器人革命倡议（RRI）。RRI还要以工业4.0方式实现机器人人工智能，确保在该领域获得全球领先地位。

机器人密度（每1万名员工中机器人的数量）用来衡量工厂的自动化程度。根据VDMA的数据，与其他欧洲国家相比，德国的机器人密度已经很高，但日本和韩国已经超过了它。中国是机器人市场增长最快的区域之一[3]。亚洲在这方面已经占据了先机。(图4.3)

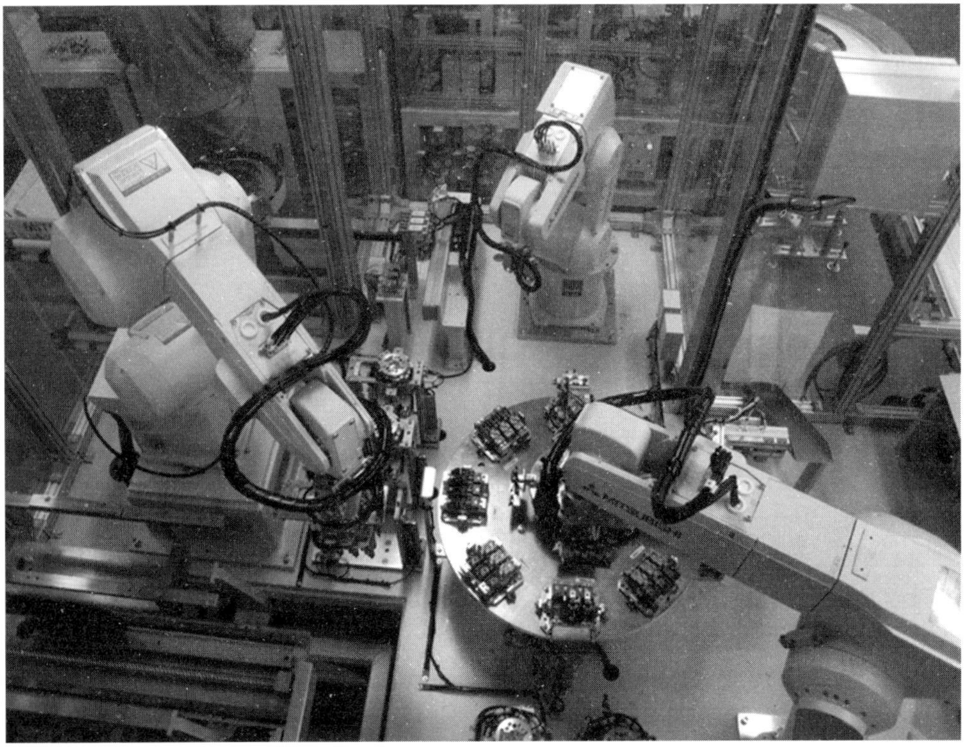

图4.3 三菱电机的工业机器人 三菱电机在日本福山工厂的断路器生产线拥有90多台工业机器人，以实现高质量和高灵活性的生产。(图片来源：三菱电机株式会社，日本)

展望发展局势

与此同时，许多亚洲国家正在积极观望工业4.0和工业互联网联盟的发展趋势，甚至根据工业发展方向的契合度来积极寻求政治接触。中国是2015年德国汉诺威消费电子、信息及通信博览会（CeBIT）的参会国之一。德国工业4.0平台通过工业4.0参考架构模型（RAMI 4.0）的整合方式引起了外界的极大兴趣。工业4.0参考架构模型能基于现有标

准清晰、直观地展示任务、流程，从而进行有针对性和目标性的讨论。（图 4.4）

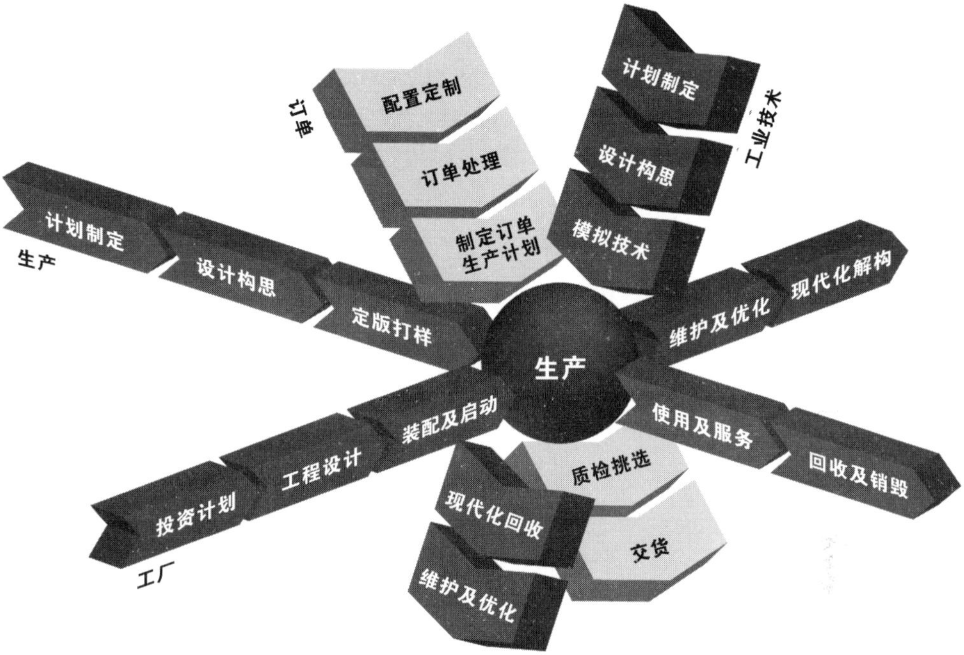

图 4.4 **工业 4.0 参考架构模型** 工业 4.0 参考架构模型将生产的所有方面纳入考虑范围，清晰直观地展示任务、流程，从而进行有针对性和目标性的讨论。

日本和德国采用类似的方法，从中会产生一定的协同效应。例如，两者都是高工资国家，都是出口驱动型经济，这意味着他们必须灵活地适应市场需求。他们必须保持相对较低的原材料储存量，并具有全球范围内适用的组织结构和机构，比如借助互联网、云技术以及其他现代技术建立的日本控制系统安全中心（CSSC）和德国的联邦信息安全办公室（BSI）。日本经济产业价值链[4]主导权与工业 4.0 参考架构模型的目标是一样，比如他们对物流和生产过程的研究和模拟。

我们也欢迎来自不同领域的大型自动化机械供应商参与到开发方案解决中来，共同应对现代生产中出现的挑战。

利用驱动力，营造协同效力

奥运会不仅可以短期推动城市的经济和技术发展力，如首尔、巴塞罗那和北京，同样也可以产生长期持续的积极影响。2020 年东京奥运会能为东京带来什么样的经济影响还有待考证。然而我们已经确定的是，在现今高度网络化、媒体化发展的大环境下，像日本这样一个高度创新发展的国家有足够的资源和能力来举办这样一场国际化的赛事，也有足够的创新力在工业领域实现长期技术发展。工业将在未来发生巨大变化，物联网、大数据以及网络安全作为未来发展的新动力，将从亚洲扬帆起航。日本的“ Monozukuri ”制物论就是迈向未来的第一步。亚洲、欧洲和北美洲之间企业和研发中心的跨区域合作可以为全面变革铺平道路。

参考文献

[1] Whitepaper “Optimizing Manufacturing with the Internet of Things”, Intel Corporation, 2014, *http://newsroom.intel.com/servlet/JiveServlet/download/8414-34347/Optimizing_Manufacturing_IoT.pdf*

[2] e-F@ctory Alliance, *https://de3a.mitsubishielectric.com/fa/de/solutions/efactory*

[3] Pressemeldung “VDMA: Robotik und Automation vor großen Aufgaben”, 19.05.2014, *http://rua.vdma.org/article/-/articleview/3936490*

[4] Industrial Value Chain Initiative, *http://www.iv-i.org* (Die Informationen auf der Webseite lagen zum Zeitpunkt des Artikels nur in japanischer Form vor. Unverbindliche Übersetzung zur Erläuterung: Industrial Value Chain Initiative: Diese japanische Initiative beschreibt die Optimierungsmöglichkeiten in der Produktion und Logistik durch das IoT.)

基于工业4.0的中国智能制造的结构和环境

傅建中

概述

“中国制造2025”是中国政府提出的一项倡议，其战略目标是增强中国国民经济面对国际竞争带来的挑战的能力。这项倡议是与德国工业4.0概念相对应的，其重点是在适当的强度上集中建立智能制造和物流。“中国制造2025”的主要目标是实现中国从世界的工作台转变成主要工业国家的大飞跃。这不仅仅是为了使生产更加灵活、更加以客户为导向，更是为了让产品的质量和功能性达到一个更高的水平。中国政府一定会实现这一目标，但这个发展过程应该被进一步加快。为了达到这个目标，中国政府尤其致力于推进“智能产品”和“智能制造设备”的发展。

具体来说，中国政府正在寻求并促进生产的数字化和网络化，从而使整个生产过程更加智能化。为了一步步提高研究、生产、管理和服务中的智能进程的水平，发展所需的新技术和行业，例如工业互联网，这一点至关重要。

根据这项政府倡议，2015～2020年的具体目标是：推进传统生产工业的数字化，尤其在主导行业要全面落实。与之相关的中期目标是：普及生产数字化和网络化，并借助示范工厂来展示成果。

根据智能制造系统架构的解释，智能工厂目标的实现应遵循如下四个层次：

◎智能单位（如机器、组件、运输工具）。

◎生产和物流中的智能流程。

◎定制生产，从批量到具有高可扩展性的批量生产。

◎建立新的远程服务和与之对应基于网络（例如远程操纵/远程维护）的商业模式。

“中国制造2025”的倡议详细规划出准备阶段和提升阶段。虽然我们仍处于初步阶段，在这个阶段，最初的概念被提出并加以试验，预计将在2025年以前集中进行智能制造。从大体上讲，在这个紧张的阶段，我们必须更加努力地去规范和发展智能制造的核心技术，尤其是工业化网络和信息安全方面需要被显著加强。这一倡议的“热点阶段”规定了智能制造要在中国市场实施新的以实践为导向的生产结构，这样才能使关键性行业进入一个成熟的阶段。

促进智能制造的核心任务如图4.5所示。

智能制造系统架构

智能制造系统架构通过生命周期、系统层级和智能功能三个维度构建完成，主要解决智能制造标准体系结构和框架的建模研究。如图4.6所示。

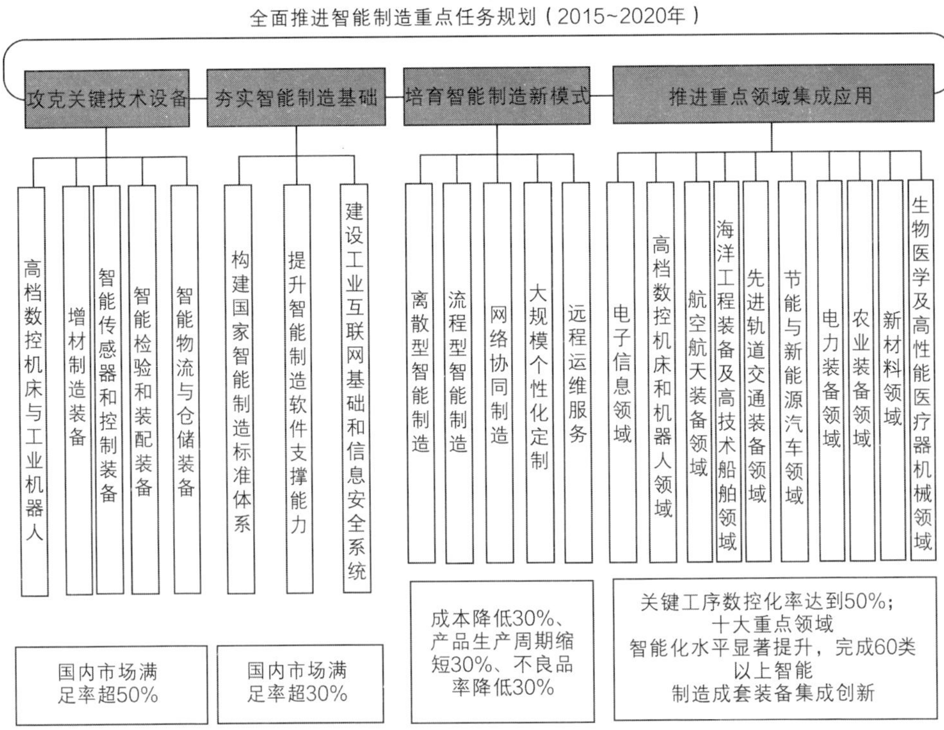

图 4.5　促进智能制造的核心任务　2020 年智能制造的核心任务规划：核心制造流程的智能自控达到 50%，大大提升智能制造在十个重要行业的应用，以及完成 60 多种智能制造的应用情况。

1. 生命周期

生命周期是由设计、生产、物流、销售、服务等一系列相互联系的价值创造活动组成的链式集合。生命周期中各项活动相互关联、相互影响。不同行业的生命周期构成不尽相同。

2. 系统层级

系统层级自下而上共五层级，分别为设备层级、控制层级、车间层级、企业层级和协同层级。智能制造的系统层级体现了装备的智能化和互联网协议（IP）化以及网络的扁平化趋势。具体包括：

1）设备层级包括传感器、仪器仪表、条码、射频识别、机器、机械和装置等，是企业进行生产活动的物质技术基础；

2）控制层级包括可编程逻辑控制器（PLC）、数据采集与监视控制系统（SCADA）、分布式控制系统（DCS）和现场总线控制系统（FCS）等；

3）车间层级实现面向工厂/车间的生产管理，包括制造执行系统（MES）等；

4）企业层级实现面向企业的经营管理，包括企业资源计划系统（ERP）、产品生命周期管理（PLM）、供应链管理系统（SCM）和客户关系管理系统（CRM）等；

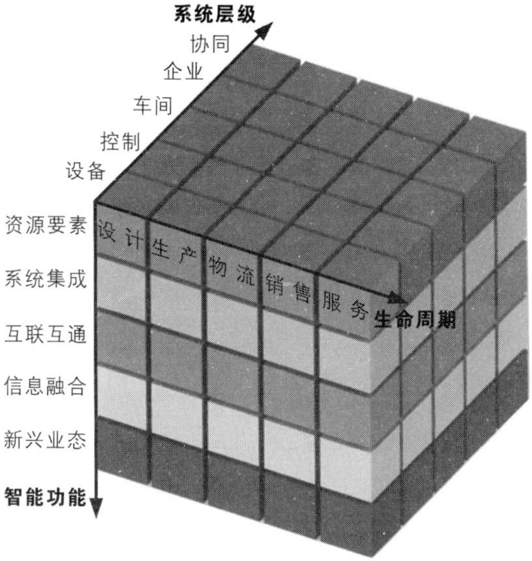

图 4.6 智能制造系统架构

5）协同层级由产业链上不同企业通过互联网络共享信息实现协同研发、智能生产、精准物流和智能服务等。

3. 智能功能

智能功能包括资源要素、系统集成、互联互通、信息融合和新兴业态等五层。

1）资源要素包括设计施工图纸、产品工艺文件、原材料、制造设备、生产车间和工厂等物理实体，也包括电力、燃气等能源。此外，人员也可视为资源的一个组成部分。

2）系统集成是指通过二维码、射频识别、软件等信息技术集成原材料、零部件、能源、设备等各种制造资源。由小到大实现从智能装备到智能生产单元、智能生产线、数字化车间、智能工厂，乃至智能制造系统的集成。

3）互联互通是指通过有线、无线等通信技术，实现机器之间、机器与控制系统之间、企业之间的互联互通。

4）信息融合是指在系统集成和通信的基础上，利用云计算、大数据等新一代信息技术，在保障信息安全的前提下，实现信息协同共享。

5）新兴业态包括个性化定制、远程运维和工业云等服务型制造模式。

4. 示例解析

智能制造系统架构通过三个维度展示了智能制造的全貌。为更好地解读和理解系统架构，以可编程逻辑控制器（PLC）、工业机器人和工业互联网为例，分别从点、线、面三个方面诠释智能制造重点领域在系统架构中所处的位置及其相关标准。

（1）可编程逻辑控制器（PLC）

PLC 位于智能制造系统架构生命周期的生产环节、系统层级的控制层级，以及智能功能的系统集成，如图 4.7 所示。已发布的 PLC 标准主要包括：

◎《可编程序控制器 第 1 部分：通用信息应用和实现导则》（GB/T 15969.1）

◎《可编程序控制器 第 9 部分：小型传感器和执行器的单量数字通信接口（SDCI)》（IEC/TR 61131-9）

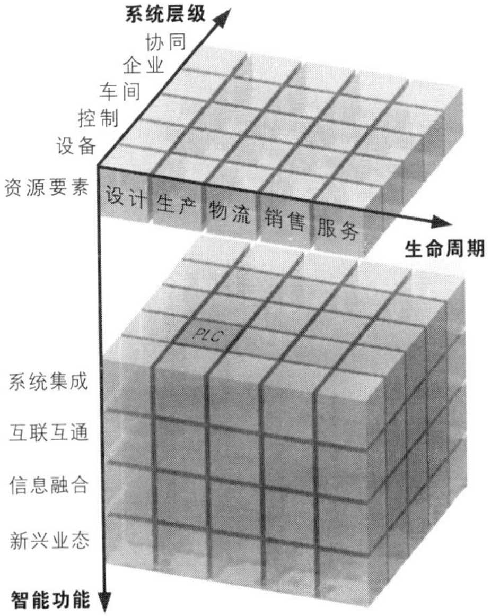

图 4.7 PLC 在智能制造系统架构中的位置

（2）工业机器人

工业机器人位于智能制造系统架构生命周期的生产环节、系统层级的设备层级和控制层级，以及智能功能的资源要素，如图 4.8 所示。已发布的工业机器人标准主要包括：

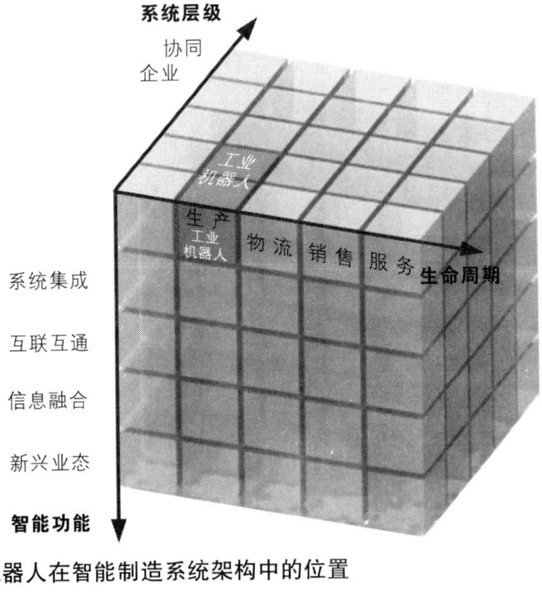

图 4.8 工业机器人在智能制造系统架构中的位置

◎《工业机器人编程和操作图形用户接口》（GB/T 19399-2003）

◎《工业机器人用于机器人的中间代码》（GB/Z 20869-2007）

正在制定的工业机器人标准主要包括：

◎《机器人仿真开发环境接口》（20120878-T-604）

◎《开放式机器人控制器通讯接口规范》（20112051-T-604）

（3）工业互联网

工业互联网位于智能制造系统架构生命周期的所有环节，系统层级的设备、控制、车间、企业和协同五个层级（图4.9），以及智能功能的互联互通。已发布的工业互联网标准主要包括：

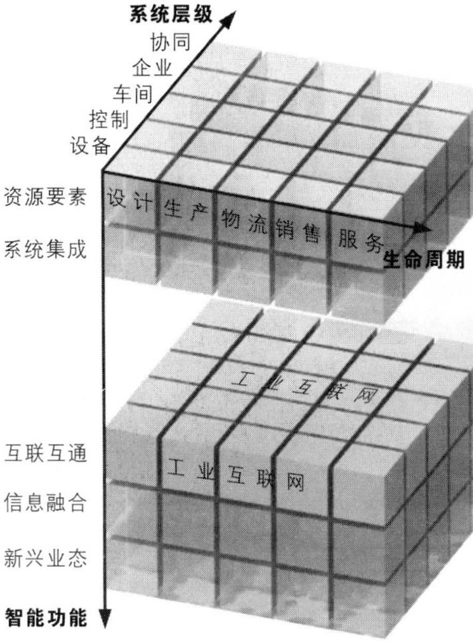

图4.9 工业互联网在智能制造系统架构中的位置

◎《用于工业测量与控制系统的EPA系统结构与通信规范》（GB/T 20171-2006）

◎《工业无线网络WIA规范 第1部分：用于过程自动化的WIA系统结构与通信规范》（GB/T 26790.1-2011）

◎《工业通信网络 现场总线规范 类型10：PROFINET IO规范》（GB/T 25105-2014）

◎《CC-Link控制与通信网络规范》（GB/T 19760-2008）

◎《工业以太网现场总线EtherCAT》（GB/T 31230-2014）

◎《基于Modbus协议的工业自动化网络规范》（GB/T 19582-2008）

◎《测量和控制数字数据通信 工业控制系统用现场总线 类型2：ControlNet和

EtherNet/IP 规范》（GB/Z 26157-2010）

◎《工业通信网络 现场总线规范 类型 20：HART 规范》（GB/T 29910-2013）、《以太网 POWERLINK 通信行规规范》（GB/T 27960-2011）

智能制造标准体系结构

智能制造标准体系结构包括：A 基础共性、B 关键技术、C 重点行业等三个部分，主要反映标准体系各部分的组成关系。智能制造标准体系结构如图 4.10 所示。

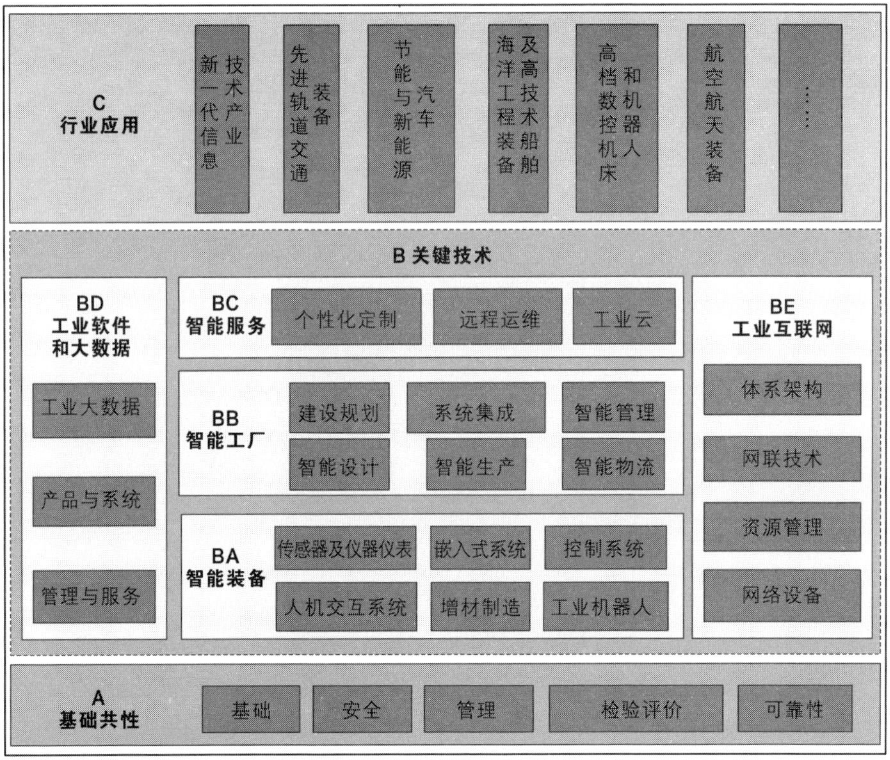

图 4.10 智能制造标准体系结构图

具体而言，A 基础共性标准包括基础、安全、管理、检测评价和可靠性等五大类，位于智能制造标准体系结构图的最底层，其研制的基础共性标准支撑着标准体系结构图上层虚线框内 B 关键技术标准和 C 重点行业标准；BA 智能装备标准位于智能制造标准体系结构图的 B 关键技术标准的最底层，与智能制造实际生产联系最为紧密；在 BA 智能装备标准之上是 BB 智能工厂标准，是对智能制造装备、软件、数据的综合集成，该标准领域在智能制造标准体系结构图中起着承上启下的作用；BC 智能服务标准位于 B 关键技术标准的顶层，涉及对智能制造新模式和新业态的标准研究；BD 工业软件和大数据标准与 BE 工业互联网标准分别位于智能制造标准体系结构图的 B 关键技术标准的最左侧和最右侧，贯穿 B 关键技术标准的其他 3 个领域

（BA、BB、BC），打通物理世界和信息世界，推动生产型制造向服务型制造转型；C 重点行业标准位于智能制造标准体系结构图的最顶层，面向行业具体需求，对 A 基础共性标准和 B 关键技术标准进行细化和落地，指导各行业推进智能制造。

智能制造标准体系框架

智能制造标准体系框架由智能制造标准体系结构向下映射而成，是形成智能制造标准体系的基本组成单元。智能制造标准体系框架包括：A 基础共性、B 关键技术、C 重点行业三个部分。智能制造标准体系框架如图 4.11 所示。

中国智能制造与德国工业 4.0 及美国工业互联网对比

德国工业 4.0、美国工业互联网联盟以及“中国制造 2025”都是旨在改善世界经济状况和各自国家产业结构的战略举措，特别是为了确保并增强各个工业国在国际竞争中的竞争力。从技术角度来看，这三个概念的共同点在于：用以提高生产效率和产品灵活性的数字化和网络化，都能享有最高级别的优先权。但三者在基础条件、战略目标、发展重点和实施路径有着很大的不同，如表 4.1 所示：

表 4.1　德国工业 4.0、美国工业互联网和中国智能制造对比分析

		德国工业 4.0	美国工业互联网	中国智能制造
相似之处		信息技术与制造技术的深度融合		
不同之处	基础条件	**制造强国** 成功完成工业 1.0、工业 2.0，基本完成工业 3.0；串联式发展	**软件、互联网经济发达** 成功完成第一次工业革命，第二次工业革命；第三次工业革命飞速发展	**制造大国** 尚处于工业 2.0 后期发展阶段；跨越式发展
	战略目标	**巩固制造业领先地位**	**保持制造业长期竞争能力**	**跻身世界制造强国行列**
	发展重点	**偏重生产与制造过程** 重点关注智能工厂和智能生产	**偏重分析服务** 重点关注生产设备的智能化	**偏重生产要素与互联网化** 推动制造业智能转型，推进产业迈向中高端
	实施路径	**自下而上的“制造 + 互联网”** 全球性信息物理系统 CPS 横向集成、纵向集成、端到端集成	**自上而下的“互联网 + 制造”** 开放式的全球化工业网络，人、数据和机器互联	**两化深度融合** 优化生产要素，更新业务体系，重构商业模式

德国工业 4.0 的概念是第一次到第三次工业革命的延续。德国政府倡议的主旨在于所有相关的生产领域能够实现一体化，以及相互间可以实现信息融合。其重心

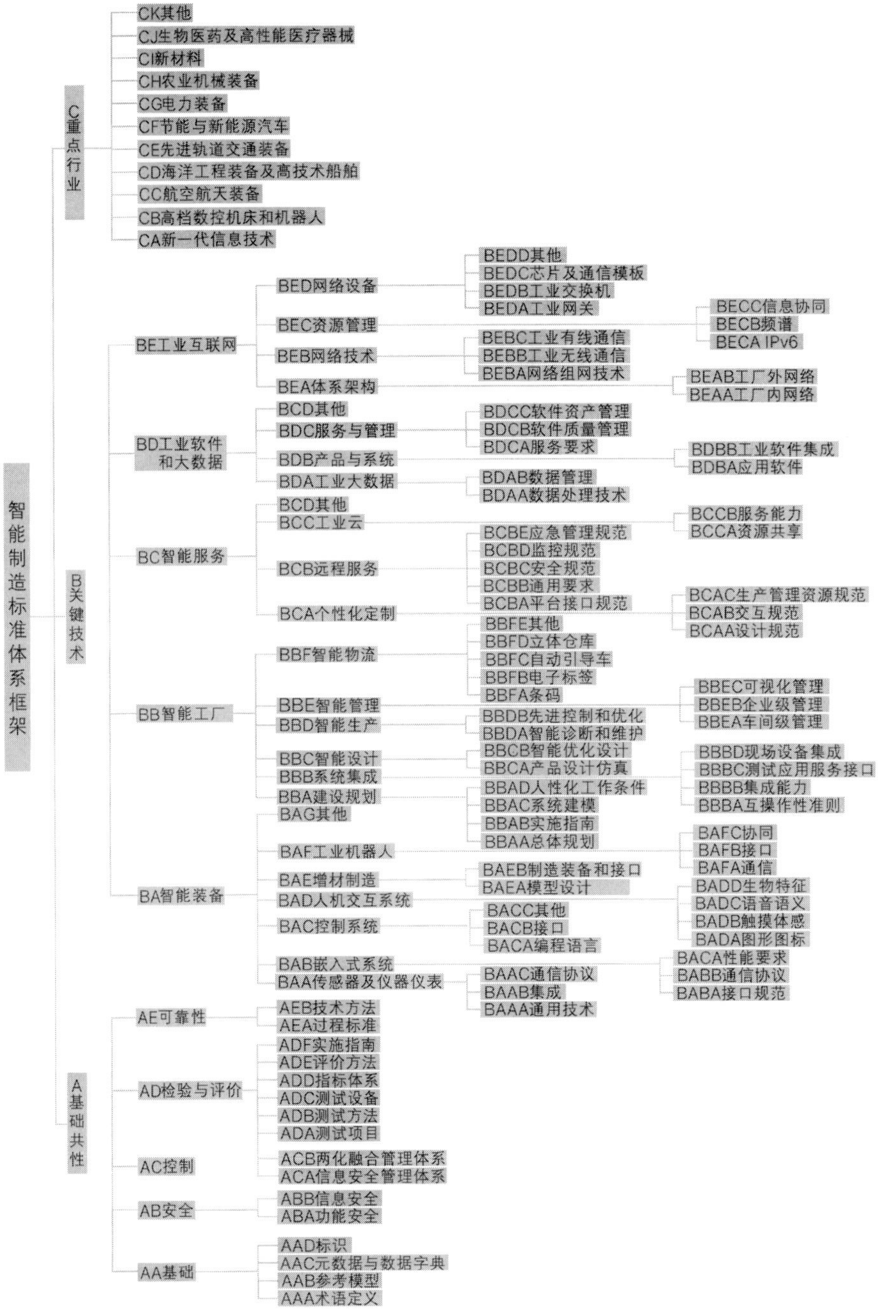

图4.11 智能制造标准体系框架[1]

在使有着明确目标的生产进程能发展成智能工厂。相比于另外两个倡议，德国工业4.0更关注机器/工具制造的“硬件”部分以及自动化技术。

美国的主张，即所谓的工业互联网，相较而言更侧重于软件、互联网技术、大数据和服务模式。主要目的是通过早已进入终端用户市场的网络来增强美国的传统工业。通俗来说，即在人与人之间已经建立了很好的联系之后，现在要使机器与机器、人与机器同样也可以相互联系起来。

最后，中国的“中国制造 2025”项目代表了全面的生产结构变化，不仅是以提高生产能力为目的，更是为了大幅提升产品和工艺的质量。中国不只是想简单地改善其目前的定位，更是希望通过继续发展来实现从“世界的加工台”到世界领先工业国的巨大飞跃。为了实现这项飞跃，中国制定出强有力的“中国制造 2025”战略。

参考文献

[1] 国家智能制造标准体系建设指南(2015 年版) Nationale Richtlinien für den Aufbau der Standardisierungssysteme der intelligenten Produktion

大型云服务器供应商及机器学习策略

英格·赫伯纳

那些在数字化背景下考察新型商业模式的人，一定不会忽视数据分析的发展，尤其是机器学习的数据分析。一些主要的云服务器供应商，包括谷歌、IBM 和微软，也同样提供机器学习技术。有趣而又值得探讨的是：这一技术在哪些工业应用领域、在什么样的项目规模上运用是有意义的？各个解决方案又有哪些特殊功能？

在工业 4.0 的背景下，大数据在机械设备制造企业和制造型工业企业这两大领域迅速赢得了关注。那么，现在的受众领域类型对于大型云服务器供应商来说有哪些意义呢？五年后的目标群体又会是谁呢？

微软物联网高级商业分析师劳拉·盖尔强调："工业 4.0 是联邦政府战略的重要组成部分，该战略的目的是将德国传统强劲的工业制造和创新型科技相结合，使德国的中小型企业成为世界性的成功典范。就这一点而言，工业 4.0 绝不是我们的炒作宣传，对于德国来说，它是一个关乎未来德国工业生存的概念。"盖尔还解释道，"这一战略尤其对机械设备制造和一般的制造型中小企业非常重要，因为两者都在国民经济中起到决定性的作用，也是传统增长模式的推动力，在数字化转型中能够、也应该为其他行业领域做出表率。对于微软来说，这两者都具有很高的价值，因为有许多具备先进技术知识的先驱者致力于德国这两大领域未来发展的研究。其他的市场领域可以向这些行业看齐。我们有理由相信，在这一先驱行业的带动下，未来的五年内德国的工业格局将会发生翻天覆地的变化。"

多年来，机械设备制造行业一直是 IBM 业务的重点。"我们的产品及其解决方案的核心组成部分的目的，就是为了推动数字化转型。"IBM 物联网数据和分析解决方案主管卡斯特·郝特曼博士解释道，"在工业 4.0 和物联网方面，我们还致力于发展战略性合作伙伴。我们不仅在一开始就为其做出努力，近年来，更是在工业标准和模范方面做出了巨大的贡献。"IBM 在过去的几个月内和客户一起推出了一系列重要的战略性项目，发展了新型合作伙伴关系，特别是国际化兼容互补型的服务供应商，比如 Cisco 和 Adlink。客户可以通过这些战略性项目获得更全面的解决方案。

无独有偶，谷歌也已经在很久前就开始了这项业务。"在企业成立之初，我们一直持续地在大数据分析和机器学习领域进行投资，经过多年的研究与发展，今天，它们正是谷歌云平台（GCP）区别于其他平台的核心差异。"谷歌云平台主管晏斯·布斯曼这样说道，"对于那些想要搭上工业 4.0 这辆快车的企业来说，如果对大数据进行评估，如何应用自主学习算法是至关重要的。我们将在未来数年内继续提升我们在该领域的专业知识，特别是在德国企业需求量不断增加的背景下。"

机器学习详解

机器学习的应用可以从大数据中生成智能数据，以便在预测性维护方面使用。在细节方面，谷歌、IBM 和微软可以提供哪些解决方案？它们又会在多大程度上适用于机械设备的制造呢？

"不同的分析方法可以很好地适应它们各自的要求。"郝特曼博士说道。"例如，使用决策树就可以以便于理解的方式呈现分析结果。有时候，这种解释是非常关键的，例如对于生产经理和工程师，他们通常希望能够详细了解算法是如何得出特定结论的。在神经网络则不同。算法是怎样得出结果的，相对来说是很难理解的。但在特定情况下它们的确会得出精准的结果。"他继续解释道，"我们为客户提供不同操作方法下产生的不同结果，这样客户会拥有更多的自主选择权。"郝特曼博士将其称作 IBM 策略。除此之外，还会提供一系列的云选项，这样就可以用不同的处理方法来支持不同的分析变体（描述性、预测性、规范性、认知性等）。这些解决方案中，有些是专门针对机器和基础设施设计的，还有一些融合了跨行业的构想。例如工业分析平台，包括对于制造和维护流程的优化、对产品质量的优化以及对于预测性维护的分析解决方案。此外，解决方案的体系结构会预先被准备好，以便分析模型可以在实地工厂中投入使用。小型工业计算（边缘计算）事先得到的结果可以直接被应用。"我们经常在这里使用混合方法：对于全局优化或大数据分析，我们使用安全可靠的云平台。然后结合实地分析，为我们的客户提供最优质的服务。"郝特曼博士认为这种云服务和实地解决方案的混合是云平台的成功秘诀。郝特曼继续说道："借助我们的云平台，比如 Bluemix，企业不仅可以优化他们的生产，还可以设计新的服务类型。"他将 Bluemix 称作一个理想的、以快速开发、测试和运营创新方法为目的的云平台。"通过 Bluemix 和我们的 Watson 物联网这两个平台，人们可以使用分析和认知型服务。认知型服务又可以扩充预测性维护的价值，比如说，以文本形式将维护报告和生产建议等重要信息呈现出来，用于后期的数据分析。除此之外，Bluemix 还可以应用和连接外部的数据和服务。"郝特曼解释道。

对于自己的解决方案，布斯曼是这样描述的："借助我们的谷歌云平台，我们为机械设备制造商提供了简易而全面的产品解决方案，这个方案能提供关键的数据和信息。因此，大量数据的实时分析和对来自不同来源的数据相关性的识别，不仅能通过机器学习得到改进，还能开发其他的应用可能性。机器学习并不是什么魔法或者不切实际的空想，它是 GCP 的核心竞争力，并且已经在许多领域给企业提供了实实在在的帮助，比如报告、检测异常、实时监控警报等。"布斯曼继续补充说道，"GCP 近乎无限的计算能力可以用于完善和训练机器学习模型，并从大型复杂的数据中获取新的方法。对于机械设备制造商来说，这个方法非常实际，比如我们以特定的方法处理不同传感器的数据（振动、温度、湿度），就可以预测到可能发生机器故障的时间，进而适时地进行适当的维护。"

针对微软的产品，盖尔这样解释道："借助'微软小娜'智能服务，我们为预测分析提供了全面的、基于云的解决方案产品组合，它也可用于预测性维护。该组合集成了各种服务，包括存储、信息管理、机器学习和机器人框架，以及诸如面部、虹膜、语音和文本识别之类的预配置解决方案。”接着，盖尔又补充了另一个例子：Azure 物联网服务（图4.12）。“Azure 能提供很多服务，目的是将大量设备和应用程序通过公共云相结合，然后进行集中控制。”她解释道。对于德国微软云，她说：“我们通过德国数据中心为欧盟和欧洲自由贸易联盟的企业提供 Azure 平台的公共云端服务。某些行业拥有非常严格的数据标准，新的本地产品主要针对的就是来自这些行业的组织和公司。对客户数据的访问由 Data Trustee T-Systems 提供，这是一家总部位于德国的独立公司，服从德国法律制度。”微软希望通过新的云服务为合作伙伴和客户提供更大的灵活性和更多选择。2016 年 9 月 21 日，微软 Azure 推出了新的服务，人们可以使用由微软提供的公共、私有或混合云服务，也可以依赖德国的数据中心。

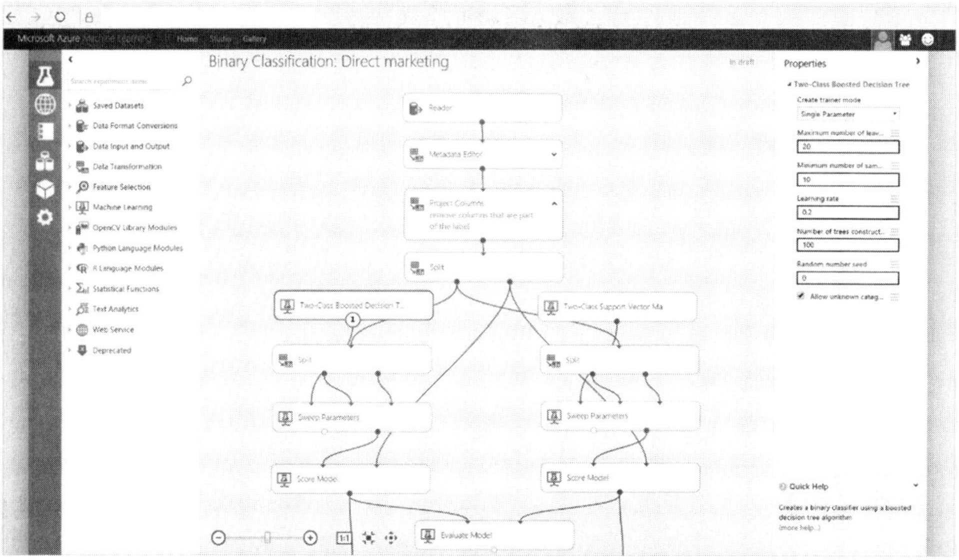

图4.12 微软 Azure 机器学习 一种完全托管的云服务，允许用户创建、部署、共享 Predictive Analytics 解决方案。

差异特征

有趣的是，关于云端机器学习解决方案与其他的解决方案有何不同，专家给出了不同的意见。关于这个问题，盖尔非常自信地给出了答复：“市场上的任何一个平台都不能做到像微软在工业4.0 解决方案这样的全面、集成和开放。我们提供纯云服务，还提供本地和作为桥接技术的混合解决方案，以帮助企业轻松实现工业4.0。”

布斯曼也同样对他们的解决方案深信不疑：“十多年来，谷歌在各种产品中导入机器学习技术，而世界上数百万的人每天都在使用谷歌的产品。Tensorflow 等开源项目是迄今为止使用最广泛的深度学习框架，它为每个人提供了使用这项技术的机会。”谷歌云端平台用户可以通过云机器学习和机器学习 API 的形式受益于 Google 多年的机器学习经验，并将它们运用到个人的业务需求中。(图 4. 13)

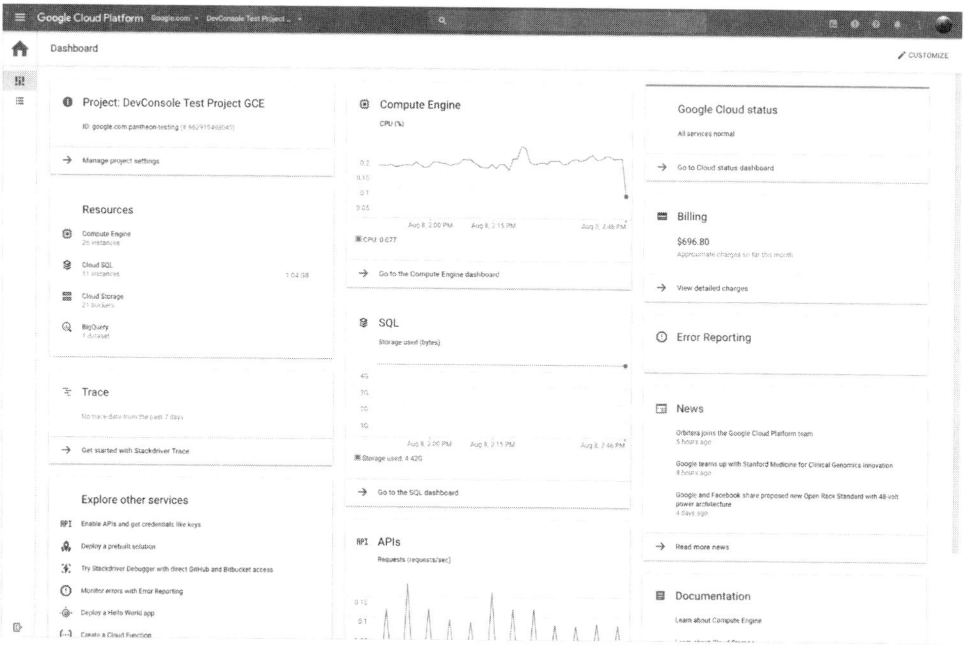

图 4. 13 谷歌云端控制台

郝特曼博士不同意他们的观点，他认为：“IBM 是 30 年来人与人之间互动的机器学习方法的领头羊，无论是第一位机器围棋世界大师，还是智力竞赛节目 Jeopardy 的第一个机器冠军，IBM 都将开发这些流程并将它提供给工作人员和企业视作一项挑战。基于这些经验，我们的人工智能服务 Watson 使当今的任何人都可以使用对非结构化数据（例如音频、视频或文本）的分析，将它们集成到自己的解决方案中，从而获得新的增值见解。”

“在过去的 12 个月中，我们单单为 Azure 就开发了超过 1000 个新型服务器，或者通过收购将其他服务集成到我们的产品组合中，比如 R 数据分析。”盖尔说。作为范例，她引用了面部、语音及情绪识别的最新技术和接口。“通过 Azure Marktplace，人们可以轻松地设置和使用这些服务，其中一部分功能甚至仅需要用户对预先编程的组件进行简单拖放即可。”她这样解释道。总的来说，微软越来越依赖开源技术和它们在 Azure 中的集成融合，比如 Docker 等容器技术。微软与 OPC 基金会的紧密合作也体现了微软的开放性，以确保数百万应用程序和符合 OPC UA 标准的工业设备之间的兼容性。

“云机器学习使谷歌云平台用户能够分析客户数据，管理产品生命周期，进行独立预测，并缩短培育模型所需的时间。同样的，集翻译、语言和视觉 API 为一体的培育型机器学习模式，不仅仅是技术潜力的例证，也为所有研发者和用户提供了机器学习的可能。”布斯曼说。

郝特曼博士列出了区分IBM方法的三个特征。首先是数据的机密性。“关于这点我们采用了最高的标准，这使我们区别于其他各种竞争对手。我们没有自己的数据使用策略，也就是说，我们不会和客户的数据进行交易。”他解释道。其次，他补充道：“我们不仅提供云平台，还将自己视为数字化服务的提供者和推动者。换句话说，我们就数字化战略的发展提供建议、提供技术解决方案，并且根据不同的要求在客户的委托下提供分析服务。”这些跨行业、国际通用的服务形式也根植在其他服务的生态系统中，比如，后端集成或者社交媒体数据和天气数据的应用。此外，在同一平台上，人们可以自由选择经过授权的软件和成本优化后的开放性资源产品。最后，郝特曼博士再一次强调：“我们提供多种的混合变体，比如我们的服务不仅可以在本地使用（俗称本地云），也可以在IBM全球的40个数据中心使用。”通过Watson云认知服务，IBM在整个云服务中提供了一种独特的解决方案。

机器学习与公司规模无关

中小型企业在面对工业4.0和云应用的主题时，有时候会觉得力不从心。大数据和中小型企业尤其难以相互适应。如果想要赢得相关的解决方法，一个企业需要具备哪些特征参数呢（企业规模、数据量等）？

郝特曼博士说：“实际上并不存在一个普遍的最低规模标准。对于中小型企业来说，如果他们在解决复杂的质量问题的过程中，用传统的方法并不能起作用，这时候数据分析就显得尤为重要，或者说是生存必需的。对于全球性公司而言，减少追索权可能会更有意义。”他将这种具有成本优势的准入机遇称为基于云的分析解决方案和按需付费定价的模式。借助我们的伙伴关系网，为所有企业（无论他们的规模大小）提供便利，他将这个称作IBM策略。（图4.14）

微软也将其目标用户对准了所有规模的企业。“我们的服务对于中小企业和创业公司都很重要。和大公司一样，它们使用起来也很简单。它们可以通过更好的机器承载力和更短的停机时间来降低运营成本，提升效率。也可以通过降低边界成本来提升每个产品的销售额。”盖尔说，接下来的一点也很重要，“现代科技使得公司无论规模大小，都有机会运用最新型的经营模式。比如单件生产，只有将对单个产品和机器的使用需求与在现代分析模式下的机器承载力相结合时，企业才能真正获利。”

布斯曼也表示：GCP的解决方案可以适应任何公司，公司规模大小和数据容量都不是障碍。即使是小型和中型公司也可以从数据分析工具和机器学习中获益，否则在金融市场就会被大公司，尤其是了解技术诀窍的大公司所制约。大公司可以在GCP的帮助下大大提高实施速度，尽可能在节约成本的同时，高效地处理复杂又庞大的数据。

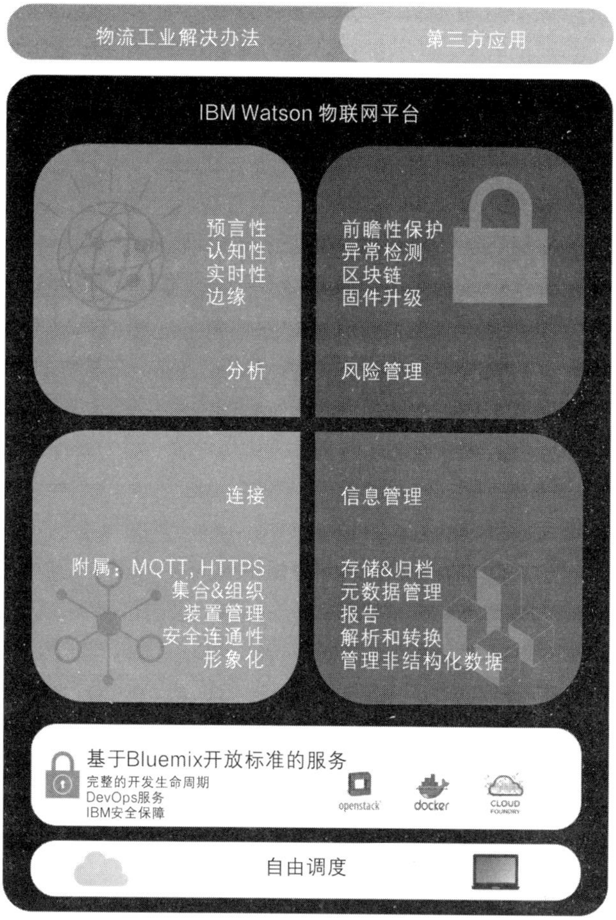

图 4.14 IBM-Watson 物联网平台及其基本组成部分

可预见的准入成本

看起来这些解决方案似乎也适用于中小企业了。但是，机械设备制造的准入成本（物力、人力、数据处理等）有多高呢？人们需要以哪种格式准备数据，以借助工具对其进行有意义的评估呢？

从谷歌的角度来看，布斯曼说："准入成本其实是微不足道的。如果用户或者客户使用完全托管服务，例如 Big Query 或 Vision API（图像识别分析），那么即使没有或只有很少的相关背景知识和预算，也能够进行数据处理。某些需要再处理的情况，也可以通过云中的托管服务完成。数据会通过加密的互联网连接，VPN 通道或直达私密线路被上传到云端，这是整个过程的一项准则。此外，我们的服务成本是透明的，因为只将实际使用量，也就是以分钟为单位作为收费标准。"

盖尔也提出了对微软的建议："公共云的数据分析成本取决于客户的实际使用情

况。但与内部部署解决方案不同的是，它没有投资成本，我们的客户不需要再为设置、调试和硬件维护的问题烦恼。”微软小娜智能服务会为企业准备好一系列现成的模型，并且这些模型可以随时投入运作。Azure 数据目录集成了所有流行通用格式的数据，比如从电子表格的形式到数据库，从目录到第三方连接。

对于这个问题，郝特曼给出的答案就相对保守了：“原则上准入花费不能一次性计算，而是与各自的需求、先决条件和具体目标息息相关。目标是，每个项目都迅速投入到具体的商业案例中，因此解决方案是及时地自筹资金。经济改善潜力将直接影响解决方案的实施效果。在许多案例中我们可以看到，只需要相对来说较少的投入，就已经可以获得全面的成功了。”IBM 正在采用各种各样的方法来使开销最小化，比如具有实现集成标准组件的平台，一体化数据模型和提升重复利用率的现存分析资产。郝特曼博士总结道：“这包括了 OPC UA 等机器上的通用连接接口和常见的分析方法，比如异常检测和故障预测。在项目方法方面，我们也将其和易于实施的软件包相结合。商业上，解决方法通常与所支持的机器数量密切相关，因此，这里的成本也很大程度上取决于可以实现的结果。除此之外，云服务也减少了必要的资本约束。”

总结

总而言之，上述三家云服务提供商凭借其广泛的服务，以及他们在数据分析和机器学习领域多年积累的经验，为机械设备制造的要求做好了准备。所有人都坚信，他们会为小型、中型和大型机器制造商或者最终为用户提供正确的解决方案。大家也都认为，他们相对降低了公司的准入成本。与此同时，大型自动化公司正在形成自己培养机器学习的能力，争取实现自给自足。当机器和设备生产商能就这个话题放弃他们的保守成见，秉持开放的态度时，全新的商业模式才会真正诞生。

5 初步成果及后续发展

智能工厂——从构想到实践
斯蒂芬妮·费舍尔 多米尼克·高艾茨科

北威州智能技术系统集群（it's OWL）——适用于中型企业的工业 4.0
罗曼·杜米特雷斯库

博世在工业 4.0 方面的投入
斯特凡·阿斯曼 蒂洛·雷森霍夫

“智能工程与制造 4.0”中最大化数据集成
托马斯·米歇尔斯

实操案例：智能现场设备和自校正制造
严·斯特凡·米歇尔斯

实操案例：使用云解决方案对电梯运行过程进行优化
英格·赫伯纳

实操案例：拉法基·霍尔西姆建筑公司的预测性分析
斯特凡·黑尔特

实操案例：自动控制柜结构
约翰纳斯·卡尔霍夫

实操案例：工业 4.0 升级
伯克哈德·巴尔茨 马考·比荣

实操案例：工业 4.0 在制冷装备诊断上的应用
罗纳德·海因策

实操案例：离散型智能制造新模式在新能源汽车动力电池生产智能化工厂的应用
傅建中

实操案例：流程型智能制造新模式在乳制品智能制造中的应用
傅建中

智能工厂——从构想到实践

斯蒂芬妮·费舍尔　多米尼克·高艾茨科

为了将互联网和通信技术仿照智能家居的例子应用到工业生产中来，2005 年，6 位成员在德特勒夫·泽尔克教授的带领下成立了“技术创新智能工厂 KL e. V.”。这是第一个专门为工业 4.0 提供的跨制造商研究和演示平台。直到十几年后的今天，这个平台仍然是工业 4.0 研究领域的先行者。伴随着 Smart Factory KL 研究设备的升级，工业 4.0 也逐步由最初的想法转变为现实。

工业 4.0 中的 Smart Factory KL

工业 4.0 这个术语已经成为未来生产的代名词，它得益于现代信息技术的进步，具有高度灵活性和高度网络化的特征。而工业 4.0 发展的实际动力，来自于德国对于未来工业秩序的美好愿景。他们希望可以通过运用更灵活的生产技术，使德国的生产基地适应全球不断变化的边界条件，并进一步巩固德国工业作为 IT 自动化技术创新领导者的地位。

未来新生产模式实现的前提是必须与工业界达成共识。也就是说，与互联网一样，工业 4.0 必须提前设置通用标准，允许智能机器彼此相互联网，同时，复杂的生产过程也必须易于理解并进行干预。

其中，技术基础无法凭某个机构的一己之力来制定，而是必须通过联合项目来共同研发，这就是 Smart Factory KL 的合作项目以及其 18 个知名的工业合作伙伴正在共同追求的目标。在这个全球独一无二的项目中，Smart Factory KL 致力于将工业 4.0 领域中有实际意义的、前景光明的想法变成现实。

工业 4.0——示范工厂

工业 4.0 示范工厂由各种跨制造商生产模块组成，这些模块以共同生产可定制的名片盒作为示例产品。工业合作伙伴（博世力士乐 Bosch Rexroth、思科 Cisco、EPlan、费斯托 Festo、哈丁 Harting、赫希曼 Hirschmann、万国商业机器公司 IBM、iTAC 软件 iTAC Software、缆普电缆 LappKabel、梅特勒-托利多 Mettler Toledo、密泰克 MiniTec、皮尔兹 Pilz、菲尼克斯电气公司 Phoenix Contact、ProAlpha、思爱普 SAP、泰科电子 TE Connectivity、南德意志集团 TÜV Süd 和魏德米勒 Weidmüller）分别将自己的想法、专业知识、启动资金等注入该项目。最终的结果令人欣喜：9 个生产模块不仅可以单独运行，还可以灵活地与其他模块组合运行。单个生产模块具有模块布置灵活性、易于重新配置和多功能性等优点。最终形成一个整体模块化工厂，其中生产工厂和工厂组件可以根据“即插即用”模式灵活组合。（图 5.1）

图 5.1　汉诺威工业博览会的工业 4.0 示范工厂

智能设施与信息集成系统

工业 4.0 模块概念的实现离不开模块化设计的智能基础架构。借助一系列已有的机械、机电和信息技术标准能确保模块之间的正常交互作用。所有模块仅通过单个插头即可连接到所谓的“工厂主干网”。各个制造商专用的盒子为模块运行提供电源、压缩空气、更高级别的紧急停止回路以及工业以太网。此结构也允许所有模块连接到“工厂主干网”，以便实时交换相关信息。ERP、MES 或数据监视解决方案之类的更高级别的 IT 系统可以深入地参与该过程，并在必要时直接介入工厂。这种垂直集成简化了数据管理，并最大程度地减少了媒体中断（因为现有数据是自动传递的，无需手动捕获和传输）。

数字存储器——产品日记

为了进一步提高生产灵活性，产品配备了 RFID 标签作为产品信息数字存储器。该标签可提供有关生产订单的信息，并可通过对标签的读入和读出与系统进行通信。

通过这种模式，产品以分散方式管理自己的制造过程，同时记录当前的制造状态作为“产品日记”，这些“日记”信息就能在之后得以记录或修改。这样一来，就解决了小批量产品重新编程或其他复杂操作带来的麻烦，从而可以有效地生产单批量的客户定制产品。此外，数字存储器有助于跨公司联网，因其统一的标准化格式，储存器可以被价值链上的所有公司读取和修改，即所谓的横向集成。

人在工业 4.0 中扮演的角色

Smart Factory KL 也把在工业 4.0 环境中的工作人员纳入研究范围，在示范工厂的基础上测试并进一步开发新型技术支持方案。除了信息的准备和展示外（主要是各个模块操作系统中针对制造商生成的相关信息），手动工作站还可以在工作期间为操作员提供其他帮助。比如，利用平板电脑、数据眼镜或投影等现代交互手段，可以达到增强操作员现实感知的效果，随后再通过计算机生成相应的操作建议。一方面，在任务非常多样化的情况下这些帮助是非常有意义的；另一方面，这项技术也可以用于资格考核或低绩效员工整合。

在工业 4.0 生产环境中的人们面临着新的挑战。环境的信息化、生产环境的多样化对人们提出了更高的专业要求，而这恰恰可以通过适当的技术支持来实现。

总结

近年来，工业 4.0 已成为制造公司未来的主题。工业 4.0 的发展是个长期的课题，需要与有能力的工业合作伙伴共同解决。Smart Factory KL 及其 18 个工业合作伙伴正在全球范围内推出独特的工业 4.0 工厂，向世界展示了以实践为导向实施工业 4.0 的里程碑式的创新。但是为了全面实现这一愿望，仍然有一些困难需要克服。比如，模块化、灵活的工厂结构 4.0 的认证方法、对安全和法律问题的考虑等，这些问题可能构成潜在的阻碍。

北威州智能技术系统集群（it's OWL）——适用于中型企业的工业4.0

罗曼·杜米特雷斯库

生产的数字化是德国中小企业成功的决定性因素。工业4.0的主要倡导者为此搭建了北威州智能技术系统集群（it's OWL）。47个项目正在开发技术解决方案，以帮助公司提高机器和设备的可靠性、可用性以及资源效率。此外，我们确保将技术成功地从理论研究转移到中小型企业的实际应用中来。目前，大约170个中小型企业正在积极实践新型技术。创新型初创企业说明了智能技术系统具有较高的商业潜力，而工业4.0的发展对员工的工作条件和工作概况的影响也将成为一个全新的课题。

在智能技术系统集群it's OWL（图5.2）中，大约有200家公司和研究机构正在开发智能产品，研究生产系统的解决方案，涉及从机器、车辆、家用电器的智能自动化和驱动解决方案，到网络化生产系统等多个领域。it's OWL在联邦教育和研究部的前沿集群竞赛中表现极好，在全德国范围内被视为工业4.0最大的创新之一。

图5.2 北威州智能技术系统集群（it's OWL） 汉诺威贸易博览会上的OWL联合展台展示了切实可行的解决方案。（图片来源：东威斯特法伦立珀有限公司）

智能自动化是工业 4.0 的关键

北威州智能技术系统集群（it's OWL）的核心竞争力是自动化。世界市场领导者倍福 Beckhoff、哈丁 Harting、伦茨 Lenze、菲尼克斯电气公司 Phoenix Contact、万可电子 WAGO、魏德米勒 Weidmüller 正在为此开发新的解决方案。例如，德国倍福自动化有限公司在科学的自动化平台上与机械制造商和厨房家具行业的用户一起工作，将学习和状态监视集成到标准自动化技术中，用于提高机器的效率和生产率。该平台的组件已经可供客户使用。

哈丁开发了一个基于智能生产模块的新生产平台，可灵活适应各个生产过程的不同要求。与比勒费尔德大学的认知与机器人实验室（CoR-Lab）合作，并根据规划级别中易于更改的工作计划协调机器工作流程，打破了机器控制系统的传统操作模式。模块化系统架构是员工协助、过程监控、系统优化领域应用的基础。（图 5.3）

借助伦茨提供的高效驱动解决方案模块化系统，公司可以在生产物流中节省多达 35% 的能源和资源。

菲尼克斯电气和魏德米勒两大公司所贡献的解决方案将在之后的章节进行详述，分别见第 196 页、第 182 页。

图 5.3　基于智能生产模块的新生产平台　不应该仅仅从技术层面来看待工业 4.0，企业家、开发商、人力资源、员工、工作委员会和工会应该共同拥有决定未来工作场所的话语权。

中小型企业成功完成技术转让

前沿集群 it's OWL 的研究中心为智能产品和生产过程开发了新的基础技术，涵盖了自我优化、人机交互、智能网络、能效和系统工程等领域。这些技术可以向公司（尤其是中小型企业）进行技术转让，使这些企业可以与研究机构合作，共同应对挑战。截至目前，公司的回应和反馈非常积极，已成功完成了 73 个转让项目，另外57个项目也正在运作中。公司可以快速轻松地使用经过现场验证的新技术。

例如，位于勒讷的steute公司与比勒费尔德大学开发了一个交互辅助系统，用于眼科手术中脚踏开关的安装。通过此方式可以显著提高生产的易用性和效率。另一个例子是位于代特莫尔德的MSF-Vathauer公司和东威斯特法伦立珀应用科学大学共同研发的"能量回收系统"，在电动机制动期间释放的电能可以被直接释放，没有中间储存。

目前正计划通过"数字化北威州—中小企业能力中心"（德国联邦经济部的11个国家能力中心之一）和"中小企业的工业4.0"这两个项目来为中小型企业提供新的技术帮扶，免费提供从咨询到培训、经验组交流到示范中心和快速检查等服务，目的是支持公司认识到数字化的潜力和使用新技术。

智能机器和智能产品的商业潜力

通过网络和技术平台公司可以开发其商业潜力。从it's OWL平台组建以来，已经新成立了34家公司，研发了25个商业概念。其中一个例子是位于居特斯洛的to-pocare公司的智能堤坝施工机。凭借全球独一无二的绕组技术，该公司可以直接在河岸或受洪水威胁的沿海路段生产用于堤坝建设的无限长的软管。通过应用程序提供的虚拟模型连接所有实际使用者。帕德博恩市verlink有限公司为网络机器和技术设备开发量身定制的软件解决方案和云平台。在增材制造技术领域，位于比勒费尔德市的Krause DiMa Tec公司为机械工程和工厂工程以及相关行业提供从技术选择到设计和施工、到负载调整优化这一套完整的解决方案。

对就业和地区发展的影响

随着数字化的不断发展，工作模式改变所带来的社会问题也日益凸显。工作将如何变化？员工应该具备哪些能力？企业和员工如何共同应对变革进程？

鉴于日益激化的社会状况，it's OWL于2016年1月启动了"工作4.0"这一项目，根据实际经验为公司提供方案。五家公司（分别为海蒂诗Hettich、米勒Miele、菲尼克斯电气公司Phoenix Contact、魏德米勒Weidmüller以及迪堡·尼克斯多夫Diebold Nixdorf）参与了这一示范项目，参与其中的包括公司高层管理人员、生产管理人员、人力资源、员工、工作委员会以及工会。内容涉及援助系统的使用、交互式机器人和技术验收等方面。

it's OWL为德国东威斯特法伦立珀地区的经济发展提供了强大的推动力。2014年，东威斯特法伦立珀被德国联邦经济部评为"德国最具创新和最高效的五大地区"之一。自前沿集群it's OWL启动以来（2012年中期），集成商公司创造了大约7200个新的工作岗位，并为大学和研究机构中的科学家创造了500个就业岗位。在智能技术系统领域设立了6个新研究所和23个新课程。

博世在工业4.0方面的投入

斯特凡·阿斯曼 蒂洛·雷森霍夫

工业生产正处于激烈的动荡之中，这种变化被泛称为工业4.0。在工业4.0时代，机器、计算机、数据库和生产站点是通过数字化互相连接的。机器通过传感器收集大量的数据。使用复杂的算法可以从数据中获取全新的信息。借助这些信息，可以对未来进行展望和了解，并判断何时应该对机器进行预测性维护、如何缩短生产周期等。这类由独立通信的软件组件、机器和电子部件所构成的系统，称为网宇实体系统。这个日益增长的、由IT驱动的新工业基础正在创造全新的服务：通过持续的质量控制，来进行高效的第一批次生产并实现更好的能源管理。在网宇实体系统的帮助下，企业可以适应日益波动的市场并缩短产品生命周期。因此，工业4.0可以增强企业的竞争力。

塑造未来网络

在网络化、物联网（IoT）和由此衍生的商业模式领域，博世（BOSCH）是主要的国际参与者之一。行业内的行动指的是与整个物联网相关的三个层面，即传感器从其环境中收集信息，软件从数据中得出新的结论，并创造具有额外用户利益附加值的新业务模型。博世确信未来将是网络互连的。这不仅适用于工业4.0，也适用于所有人从事的领域：智能家居、智能城市、互联移动和工业4.0。

成功的双轨战略： 领先的用户及供应商

国际上有超过270家工厂，已经开始为工业互联开展大量的试点项目，并且正在不断进行评估。工业互联被证明是成功可行的，博世集团将在国际上进行推广。首先，它不仅强化了自身的制造能力，还成为了工业4.0的领先用户。从长远来看，那些能够经受时间考验的可持续发展的产品，才是未来应该为客户提供的产品。只有这样，才能促使博世成为世界领先的供应商。

由于博世集团工业技术范围广泛，它能够在从机器、组件和传感器，到能在德国范围内定位的IoT云、用于分析大量数据的软件，再到协作的工业机器人等大部分领域为自己研发解决方案，做到自给自足。而在这个过程中，人发挥着核心功能，因为他能通过互联价值流提炼出从未了解过的信息。同时，企业也通过这样的方式为员工减轻负担，员工可以更专注于创造性的工作，而不是枯燥的日常任务。

工业 4.0 不再只是愿景

到目前为止，为了充分利用网络化带来的潜力（除德国外，人们将这种潜力统称为互联工业），还需要更多未知的技术。企业需要继续开放以及相互合作，以便让其价值链更紧密地联系起来。这种开放和合作往往是快速、自动地交换数据、货物、工件和服务的前提。开放的技术标准和对交换数据安全性的信心是这一点的基础，没有人可以独立发展工业 4.0。所涉及的每个参与者都必须确保他们的合作伙伴能从他们的系统中获得所需的所有数据。德国是许多相关领域的领导者，应该继续保持这一地位。许多州已将工业 4.0 列入其产业政策的重要议程，这是一个好的开端。因为，引入工业 4.0 除了能提高生产效率外，也会给企业本身和整个机械工程领域带来很大的销售潜力。事实上，工业互联对许多企业来说不再是纸上谈兵的空想，它已经在很多方面实实在在地为企业、员工和客户创造了价值。

三步走策略

作为领先用户，博世规划了一个三步走策略，参见图 5.4。

图 5.4　博世作为领先用户实施了三阶段计划　在第一步中，寻求并实施单独的工业 4.0 解决方案，以节省生产时间、提高能源利用率和产品质量；在第二步中，将几个单独的工业 4.0 解决方案组合成网络化的价值流；最后，在第三步，也是最复杂的一步，将几个工业 4.0 工厂连接起来形成一个国际生产网络。

第一步，专家们都在寻找能够节省生产时间、提高能源利用率和产品质量的工业 4.0 解决方案。在其他地方已经得以成功实施的案例是可以移植到其他工厂中的。例如，在一个工厂中，通过射频识别（RFID）标签精确记录货物流动，创建货物流动的数字图像。通过这项技术可以知道哪些部件能在预计时间内到达生产线，何时需要包装多少成品，哪个部件在哪里、库存有多少。该技术不仅可以显著减少手工劳动和库存量，其反应速度和生产率也得到了显著的提高，实现了更精简的物流流程。通过对RFID技术的使用，博世在其工厂的内部物流显著提高了生产力。甚至在某些特定条件下，其生产库存减少了近三分之一。在国际上，已有40多家工厂采用了这种解决方案。为了扩大其优势，各个解决方案的可移植性至关重要。

第二步，将几个单独的工业4.0解决方案组合成网络化的价值流。拖拉机液压阀的生产就是一个典型的例子：在洪堡一个工厂的单条多产品生产线上，正在生产由2000个不同的组件组成的200个不同的液压模块，这要归功于网络化和系统的自动订货功能。这些液压模块可以控制卡车或拖拉机中的液压驱动系统，倾卸装货车厢或提升犁的高度。类似多产品生产线的九个工作站都是智能互连的。在工件上放置一个RFID芯片，它们就能识别如何将成品放在一起以及需要哪些工作步骤。使用这种方法，即使产品的数量少，也能实现高效的生产，其目的是保证低成本的第一批次生产。这种生产的灵活性十分必要，因为不同模块的使用频繁度是不一样的。

此外，可以在多产品线上同时生产不同种类的模块。这样就缩短了机器的调试时间并提高了生产率。安装液压元件所需的工作时间表可以被自动检索并在监视器上以照片或胶片的形式呈现出来，甚至可以为某些操作员单独显示，具体取决于每个操作员的教育水平及语言水平。工程师们所要达到的目的之一就是最好地支持操作员的工作。新的多产品线取代了其他六个产品线。但是，操作员的人数保持不变，因为可以根据具体的工作情况，将它们移到另一条生产线上。

最后，第三步，也是最复杂的一步，将多个工作站互联以形成国际生产网络。例如，ABS/ESP制动系统在全球11个工厂中生产，每个工厂都可以服务于地方市场。借助于工业4.0的全面使用，博世这一组合生产线的生产力在短短一年内（从2013年到2014年）增加了近四分之一，见图5.5。它成功的基石是工业4.0中常见的无形资产——数据。这些数据来自于安装在生产线上的成千上万的传感器。这些传感器能检测气缸的运动、确定夹持器的循环时间、测量温度和压力。所有信息都将被结构化并实时传输到大数据库中。它在计算机中创建了真实的虚拟映射，由机器和机器人构成的物理生产线将会得到一个“数字双胞胎”。数千台单独的机器通过遍布全球的网络连接在一起，所交换的数据将以每分钟为频率进行对比，因此，它的速度比以前快得多。例如，在日本的枥木工厂的空气驱动缸发生了故障，它就可以提示世界各地其他同行检查这一部件。通过这种方式已经消除了部分机器停运事故，从而提高了生产率。如果可以通过好的想法达到缩短生产周期的目的，借助于标准化的机器，这种成功可行的想法也可以在其他工厂中使用。

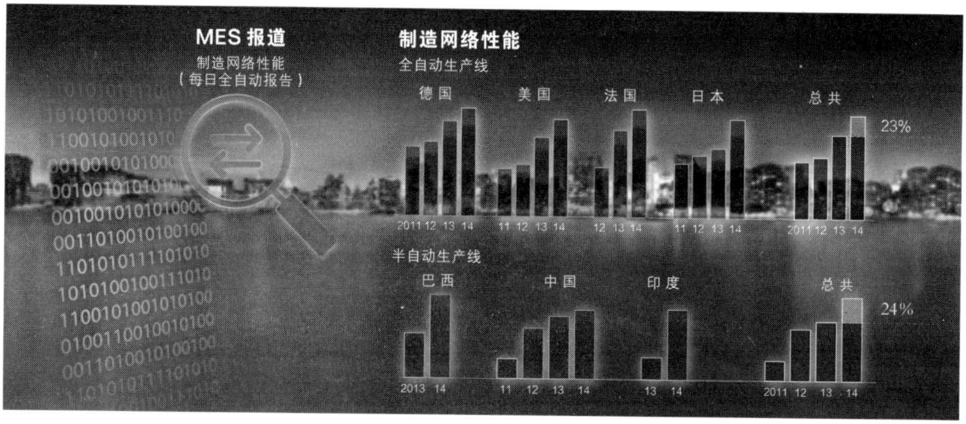

图 5.5 各个工厂的智能评估数据是提高生产力的基础 博世生产的 ABS/ESP 系统在国际制造网络中占比增加。仅 2013 年至 2014 年，自动化生产线就实现了 23% 的增幅，半自动化生产线实现了 24% 的增幅。借助工业 4.0 的应用，近几年的生产率也有所提高。

博世取得的成果

在网络化制造中，IT 解决方案与生产流程的无缝交互变得越来越重要。例如，在工业 4.0 领域中，需要能够理解硬件和软件的专家。只有掌握这两个领域的知识，才能从生产制造中收集大量数据并有针对性地进行评估。其中的关键是大数据、数据挖掘或数据分析。每种方式都有很大的商业潜力。除此之外，博世还将液压阀的测试时间缩短了 18%。从 30000 个制造阀门的生产数据中可以看出，如果某几个早期的检测结果正常，则可以省略之后的检测步骤。通过对先前测试的分析，就可以预测后续测试步骤的结果。这样的方式可以为工厂节省大量的时间与金钱。试想一下，对于数以百万计的零件，在一个环节节省几秒钟，其积累起来就能节省几天；在一个环节节省几元，其积累起来就能节省几百万元。

4 个小时内的盘点时间

举个例子：在中国苏州，与之前的工时相比，RFID 技术的运用为工厂节省了 97% 的盘点时长，也就是整整 440 个工时！在苏州的工厂中有四个生产区域，每个生产区域最多有 2500 台机器，在某些情况下，甚至需要打印列表，然后手动记录库存。之前，公司每年都要花费大量的精力来盘点机器，这是个不小的任务。然而现在，通过智能网络，库存信息的统计可以在 4 小时内完成。因此，现在所有的机器和设备都配备了 RFID 无线技术，以后的工作也变得越来越智能而简单。

良好的前景：10 亿欧元的“成本节约”与“业务增长”

凭借着丰富的经验，博世已成为工业 4.0 应用的国际领先用户之一。其目标是，在近年实现自持工厂 10 亿欧元的节约额。同时，博世在互联行业领域为其客户提供硬件、软件和新服务，并计划近年增加 10 亿欧元的营业额。

智能动态手工装配系统的引入

只有将客户需求放在首要位置时，才能实现额外的收入。比如在组装多变量产品时，模块化制造站会在装配中借助智能动态手工装配系统。它通过单一或灵活多变的生产步骤在显示器上逐步指导操作员。同时，它们也会以正确的顺序提供必要的部件。通过 RFID 技术，系统可以识别要处理的工件，并提供相关工作步骤的详细信息。这简化了生产流程，提高了过程可靠性并减少了工作量。根据操作员的知识水平、语言水平以及工作经验，系统可单独进行调整。智能动态手工装配系统甚至可以对假期兼职者进行快速培训。

实时安全性

工业 4.0 在质量和安全控制方面不断取得进展，例如汽车行业中的关键步骤：螺栓连接。在许多情况下，比如在变速器中，固定螺钉的扭矩必须精准符合规定。运用工业 4.0 解决方案，使用的则是联网的无线蓄电螺丝刀，同时记录螺丝拧紧过程中的扭矩，并将该数据传输给软件解决方案流程质量经理。它可以实时检测螺丝拧紧的过程，判断其是否正确执行。如果出现了特殊情况，专家可以通过短信、邮件、平板电脑或智能手表接收消息，其数据偏差如果十分明显，人们就可以立即采取措施以保证质量。这使得产品召回风险大幅下降，同时产品质量也会不断提高。

同样，为工业生产率提高做出贡献的，还有灵活且网络化的生产助手——制造机器人。这些机器人易于编程且能灵活使用。借助于灵敏的传感器，机械臂在与人靠得太近时会立即停止工作。因此，即使没有防护栏杆，人和机器也同样可以合作。机械臂已经由职业保险联合会认证，确保了与人类直接合作的安全性。通过智能联网工作站，进而将机械臂、工作台和显示工作指令的监视器相结合，从而形成一个完整的系统。

博世在工业 4.0 领域的七大特色

以上只是工业 4.0 解决方案如何帮助用户节省时间、金钱和其他资源，或通过实时控制提高质量的几个例子。博世从这些多样化的经验中得出了工业互联的七个特征（图 5.6）：

1）组件和系统通过软件及其智能理解能力独立完成任务。

2）产品和组件能接收虚拟实时图像。

3）开放标准：跨制造商和独立于平台的标准是顺畅交换信息的前提。

4）快速的网络化和灵活的配置：软件解决方案能安排管理软件和机器之间的信息交换。

5）安全的价值网络：工业4.0领域中的安全性包括，保护人们免受与机器相关的风险以及生产资料和IT组件免受环境中的攻击和干扰。

6）在投入实际应用之前，数字化生命周期管理能加速并保护其规划和工程流程。

7）在工业4.0中，人起着决定性的作用。

图5.6 博世的工业4.0特色 博世已经为其工业4.0解决方案确定了七个标准，它们必须尽可能多地满足以上七大要求。发展始终是围绕着人来进行的，借助工业4.0的发展，人比以往任何时候都要更了解技术，同时，还可以更加专注于创造性的工作，而不是耗时的日常任务。

通过商业模式进行颠覆性变革， 而不仅仅是靠技术

关于工业4.0主题，人们总是讲注意力放在硬件上，比如智能手机、平板电脑、高速计算机、大容量存储器、传感器、RFID或WLAN。尽管使用这些硬件十分重要，但它们并不是工业4.0的重点。最重要的仍然是技术发展，因为它能为企业及其客户创造新的商业模式。技术将拉开工业4.0革命真正的帷幕。

新的商业模式会是什么样子？包装机制造商不再销售设备本身，而是将其销售给药品生产商。这说明，被销售的不再是机器本身，而是这项技术，最后通过包装药物的数量来计费。这种业务模式要求机器具有最大的可用性，制造商/操作员可随时通过预测性维护和智能维护确保这一点。

同时，在这个例子中，可以看到工业4.0具有颠覆商业模式的潜力：可能出现新的商业契机，比如在制药商从制造商处购买机器后，接管机器维护工作的维护人员。这时，如果相关公司仍然希望通过提供技术服务类产品创造营业额，他们就需要多多留意此类中间环节。

新玩家的新市场

网络技术为许多从业者打开了新的市场，他们可以抓住客户的需求并为他们提供新的解决方案，比如，IT 专家可以专门为机器上所需的产品终检或预防性维护进行机器数据预测。新商业模式的出现是绝对不容忽视的，诺基亚和柯达就是典型的反面案例，他们在各自的领域中，一直是市场领导者，但在很短的时间内就被其他企业所取代。老牌龙头企业所臆想的稳固的市场地位，可以很快就被后来者占据。而优步的例子向我们证明，即使没有自己的车队，它也能在全球范围内革新人们的出行方式。所有已存在的商业模式都有可能被淘汰，比如对于交通行业来说，出租车、短途客车和快递司机就要警惕了。

为什么是现在?

工业4.0现在的发展并不是偶然。继续发展的前提条件是在传感器技术、机器人技术、微电子学和数据处理方面取得巨大的进步。近年来，WLAN、快速数据库、传感器、RFID 标签或云计算已经变得相对便宜，它们基本上可供所有人使用。因此，仅靠这些技术将不再具有竞争力。更确切地说，具有优势的是使机器、工件、数据库或传感器通过因特网大规模实时交换的数据。经过短时间发展就达到今天这样的规模，几乎是不可想象的，但却真实地发生了，而且该技术已经变得越来越成熟，许多新产品和服务正在上市。

工业4.0的起源通常被认为是2013年4月8日。当时，工业4.0工作组将其在汉诺威工业博览会的实施建议以报告的形式递交给了德国总理默克尔。该报告是在博世公司的热格弗里特·戴斯博士和德国国家工程院（acatech）主席猊宁·卡格曼（孔翰宁）院士的主持下撰写的。事实上，早在2012年10月，该委员会就提出了第一次建议，当时主要是针对一些研究性问题，而最后的总结报告关注的则是，德国如何成为工业4.0的发展先驱以及世界领先的提供商。

工业4.0及其进一步发展

在当前的工业4.0时代，制造物理世界与信息技术以及互联网虚拟世界融合在一起，形成了信息物理系统。那么，是否还存在工业5.0呢？它是什么样的，现在还无法预见。当然，分析数据的能力将变得越来越重要。IBM 的专家估计，全球将近

80%的数据仍处于非结构化状态。这些数据一般是新闻和社交媒体的帖子以及大多数生产数据。发现这些数据之间的联系，把它们用来加速生产或预测即将发生的机器故障，是未来制造业的主要课题之一。

因此，2012年开始的发展远未结束。硬件和软件以及数据分析算法将来会变得更快、更高效，编程的进步和“新摩尔定律”技术的不断发展将继续创造出更小、更好的半导体。我们现在所处的不是发展的最终时代，而是发展的核心时期。

博世正慢慢变成一家软件企业

为了使工业4.0成为工业历史上的华丽一章，我们需要许多既能理解制造，也能理解IT方面的专家来推动两个产业的结合。然而，目前的专家数量严重短缺。根据德国机械设备制造业协会（VDMA）的一项研究，人才短缺是新信息和自动化技术发展的一个主要障碍。根据业界推断，有超过4000个职位空缺专业人员的需求将大幅增加。仅博世集团就需要14000名大学毕业生，几乎每两个空缺，职位就有一个与IT或软件有关。物联网的互联正在改变贸易规则，因此，人员需求比以往任何时候都要多。由于IT人员的不断增多，博世正慢慢变成一家软件企业。

有时，生产线上的生产工人和程序员一样多。为了应对这一现象，应尽早地开始进行全面的教育培训。对于数字化世界的理解应该从小抓起。年轻人仅仅会使用智能手机上的应用程序是不够的，他们也应该精通编程语言。因为只有会使用编程语言，才能真正实践自己的想法。因此，时代也向我们提出了新的要求，将编程语言作为第二门外语来学习。

总结

工业4.0不再是一个遥远的愿景，而是真真切切不断出现在我们的生活中，它已经为制造商、供应商和客户节省了时间、金钱和资源。产业联盟BITKOM估计，到2025年，德国的工业4.0经济潜力将接近800亿欧元。因此，我们必须提前发掘这种潜力，走在时代的前端。

“智能工程与制造4.0”中最大化数据集成

托马斯·米歇尔斯

由于自动化和控制技术被视为“工业4.0”的核心驱动要素，系统组件供应商、工程解决方案、制造自动化技术生产商同样需要为方案开发过程以及工业4.0理念的实施做出贡献。易盼（Eplan）、威图（Rittal）和菲尼克斯（Phoenix）这三家公司通过配电装置的示例展示了其数字产品描述的方法。

为了在未来保持企业的创新性和竞争力，制造商比以往任何时候都更需要提高生产力、工作效率、资源利用率及生产灵活性，关注生产作业中的制造系统和产品开发过程的设计。未来的产品生命周期将更多地取决于个性化的客户意愿，甚至延伸到最初的产品开发理念、制造过程、运行过程以及改造和回收等。一个更重要的目标是，即使只是生产一批次，也可以生产各种各样型号的产品，且无需在生产过程中进行大量的设备改建。这需要更高效的开发、生产和业务流程，以便更好地将客户和供应商纳入更复杂的价值创造网络之中。对已经存在的生产过程、理念和思维方式，除了要进行检测外，还要有计划地重新建立它们。未来的产品开发流程需要数字化的产品数据和互相连接的工程工具构成的智能价值链。这些应与其他软件解决方案（如ERP、PDM和PLM系统）保持一致，并与企业IT基础架构深度融合。其收益在于能够创建可在产品生命周期中使用的整体数字产品数据模型。

“智能工程与制造4.0”

易盼（Eplan）、威图（Rittal）和菲尼克斯（Phoenix）联合组建了一个技术平台，共同完成数据、接口、软件系统、产品和生产系统的标准化定义。

2016年汉诺威博览会期间，在“智能工程与制造4.0”的展位上，企业介绍了工程和制造过程中数据的完整纵向集成（图5.7）。博览会参观者能够亲眼看到产品数据是如何生成的、数据是如何被用于创建虚拟原型并通过标准化接口传递给生产方的。五个参展站点用实例展示了其成品的数字化描述，例如工程控制柜的搭建、基于NC的机械加工构件以及标准件的自动化智能包装等。此外，在德国电子电气和信息技术委员会（DKE）的支持下，他们对数字化预认证的控制设备是否能作为未来技术的可能性进行了讨论，数字化产品描述将继续用于整个产品生命周期的调试以及工厂内的操作和维护。至此，工业4.0的理念变得愈发清晰，人们能够大致了解，在未来智能制造工业中数字化发展的数据世界是什么样子的。企业共同的目标是，在未来预先对所有必要数据进行数字化，通过软件解决方案和软件服务将其连接在一起，并使其在产品生命周期内发挥作用。通过此目标，可以达到迄今为止还无法想象的创产值。

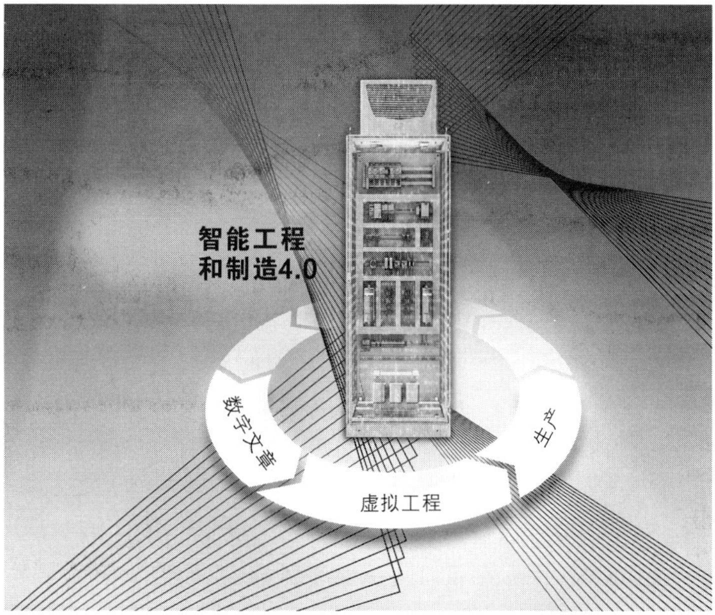

图 5.7 汉诺威工业博览会上的智能展示　易盼（Eplan）、威图（Rittal）和菲尼克斯（Phoenix）在汉诺威工业博览会上展示了工程和制造过程中数据的完整纵向整合。

制造自动化的零部件

目前已有多种技术可用于自动化制造和生产，包括控制设备搭建领域。然而，除了自动化技术供应商之外，零件制造商也正面临着巨大的挑战。在部件的设计阶段就应该考虑到自动化技术在制造和装配方面的要求，例如对部件的自动化装配或机器人辅助布线的调试。其目的是，通过与自动化处理相关的产品特点来丰富其设计模型。数字化的产品数据始终与系统、软件工具、流程和生产技术互相兼容，这在将来是不可缺少的。

数字化数据是生产制造的推进剂

数字化数据可实现严格的模拟技术，从而实现完整的数字产品开发和产品描述。同时，它们帮助公司能够在整个产品生命周期内持续、高效地控制流程。如今，设计人员可以使用合适的软件工具开始预先规划，并持续使用从基础工程到详细工程所生成的数据。其中可能会涉及其他的行业，最终形成生产数据。然而，目前现有的各种可用的自动化技术以及制造商和机器特定的数据传输、再处理形式，仍然在很大程度上阻碍了标准化的、同类形式的数据供应。数字化数据的目的是：制造商和跨系统标准在提供数据及其储备的同时，实现“产品记忆”和“自我评估”等新规则；支持部件和标准件智能制造的同时，保证产品质量，包括产品的测试和生产记录。在 2016 年，我们对自动化标记语言标准作为一系列数据供应的用途进行了更广层面的说明。自动化标记语言还允许将传统的自动化技术（如机床、钻孔和铣削中心）集成到工业 4.0 的数字化辅助制造流程中。

虚拟化——完全数字化产品描述的基础

如何从一开始就能确保组件的通用数据管理不出差错？如何在各企业之间使流程标准化？可以想象的是，生产资料在将来会以一个虚拟的形式存在。它们可以基于 CAE 数据（如数字化电路图），将虚拟系统与新系统互联。反过来，在基于工程数据的同时，这些新系统已经进行了虚拟调试、测试和优化。改进的诊断工具能在发生故障时追溯至其 CAE 数据，并为服务人员提供发生错误的原因、会产生的影响和故障排除所必要的信息。使用该系统可以持续缩短停运时间。相反，这又给第三方系统（ERP、PDM、PLM 以及 PLC 编程、驱动设计、热设计等）在工具的集成、智能连接以及数据模型和工程方法方面带来了巨大挑战。将来，在“工业 4.0”背景下的新场景和服务应该被列入产品开发的考虑范围之内，并在数据和系统方面的整个生命周期中得到支持。

“从管理层到车间”

“从管理层到车间”这个短语概述了易盼（Eplan）、威图（Rittal）和菲尼克斯（Phoenix）共同的承诺。“基于虚拟样机和所有组件通用的数字化描述，我们创造了制造单个个性化定制的工业产品的先决条件。它遵循第一批次原则，符合工业 4.0 理念的要求。”易盼（Eplan）的首席执行官马克西米利安·布兰德尔解释道。德国威图公司的研发部总经理托马斯·斯特凡博士补充说：“为了在现今的工业行业中实现更高效的增值流程，获取高质量的技术产品数据并保持始终如一的标准化工程流程是至关重要的。”菲尼克斯电气的常务董事罗兰·本特简明扼要地总结了其共同的任务：“以第一批次的高度自动化生产为例，我们展示了端到端数字化的具体潜力以及跨区域和系统的数据完全集成能力。我们迫切希望了解未来的开发和生产将如何进行。”

合作项目的重点

◎使用通用的数字化产品数据。

◎与自动化生产相关的产品特点的定义。

◎标准化数据传输。

◎产品数据以 eCl@ ss 的格式进行标准化。

◎与其流程兼容的数据传输。

◎通过 Eplan 数据门户提供与系统和流程兼容的产品数据。

◎面向过程的软件集成。

◎数字产品开发中系统和规则知识的可用性。

◎虚拟样机。

◎3D 虚拟的产品开发和对成品完整的数字化描述。

◎提供数字化样机。

◎数据提供给基于自动化标记语言和 eCl@ ss 标准的智能生产，其关键词为“产品记忆”。

◎部件的机械加工。

◎数据从虚拟样机传输到机器控制器和全自动处理器中。

◎第一批次的智能装配制造。

◎借助于数字化的产品描述，智能控制系统可以识别每个产品生产所需的站点。

◎带有“产品记忆”的 RFID 生产控制。

◎借助于带有产品信息的 RFID 标签，智能制造系统可以决定机床是否必须加工该工件。

◎借助于数字化模型的质量检测。

◎数字化的产品描述包含用于自动化质量保证的测试说明和参数，其检测结果可以作为生产记录进行备份，并添加到整个文档中。

实操案例：智能现场设备❶和自校正制造

严·斯特凡·米歇尔斯

工业4.0对整个工业行业进行了重新定位。从整体来看，它是一种范式转变，从规划、实施到销售方面，都对企业的工作结构进行了重新定义。“第四次工业革命”是由制造业中的企业自发组织的。原则上，这些企业都是基于三大支柱方向进行的改革，即增值网络的横向整合、自动化层次结构的纵向整合以及由此产生的新的服务和商业模式。

横向整合将价值链中更多的参与者和系统与企业内部的网络相连。纵向整合的核心是不同层次结构中的自动化技术和信息交换的互联性。此外，必须进一步拟定横向和纵向网络价值链的商业模式。陈旧、不灵活的制造企业将变为模块化、高效节能的“智能工厂”。该设想的轮廓乍一看似乎是乌托邦式的，但在今天，我们已经可以实现第一个模块了。工业互联的合作伙伴，魏德米勒（Weidmüller）已经在东威斯特法伦立珀的精英集群“it's OWL”中实现了两个工程：第一个是联合工程“itsol-innovIIT”，即配备工业信息技术的创新型现场设备；第二个是在制造业中使用的自校正冲压和弯曲工具“Self X Pro”。

“InnovIIT”——使用智能现场设备进行状态监测和诊断

在联邦科学研究部的支持下，由东威斯特法伦立珀大学工业IT研究所和弗劳恩霍夫❷工业自动化应用中心（IOSB-INA）共同参与开发了“InnovIIT”工程，即工业IT的革新现场设备。通过该项目开发的现场设备，工厂操作员可以借助工业级以太网以十分详细和透明的方式监控其工厂设备和作业流程。因此，用户可以实现状态监测，同时可以对机器和设备进行预防性监测。通过规划好的校正可以缩短停机时间，同时对必要的措施进行规划和预估，以规避后续其他不必要的成本。集成组件的通信能力起着至关重要的作用，因为它是数据进行透明交换的先决条件。这些模块从信号转换级别直接通过工业级以太网为用户提供全面的信息。（图5.8）

---

❶现场设备（FD）是自动化技术领域中的技术设备，其直接与生产过程相关。自动化技术中的“现场”是指控制柜或控制室外的区域。因此，现场设备可以是工厂和过程自动化中的致动器（致动器、阀门等）和传感器（换能器）。

❷弗劳恩霍夫应用科学研究促进协会，简称弗劳恩霍夫学会（Fraunhofer-Gesellschaft）。成立于1949年，主要从事应用科学的研究，在德国有56个研究机构。此协会以物理学家约瑟夫·冯·弗劳恩霍夫的名字命名。

图 5.8 通过以太网可使过程变得更加透明 魏德米勒创新型信号转换器配备了以太网接口，该信号转换器用于传输诊断信息、信号和数据。

魏德米勒新开发模块的优越之处在于，除了信号采集、处理、标准化和输出等传统功能外，其信号转换器还提供全面的诊断功能。通过以太网传输的后处理数据可以调整生产和制造数据以及其他信息。比如，当前的能源价格，人们可以获得所有完全透明化的生产数据。该技术已经在日常使用中得到了检验：魏德米勒已经在自己的生产设备中使用了相同的系统，目前主要用于注塑件的生产。

工业 4.0 的下一步是实现生产设备各个部分之间的直接通信，即具有通信功能的模块可以将信息传输到云端，并对其进行分析，从而得出对有关设备的推断和结论。设备操作员能够通过新的方式来优化、诊断制造流程和能源管理系统。整个流程都是闭环进行的：至今为止，收集的数据可以被重新进行分析和评估，从而长期推动其过程优化。该解决方案的优势显而易见：根据对所获得的数据的评估和联网，可以获得大量细节经验。例如，可以根据归因原则推出其成本组成方式。这也适用于制造缺陷和机器磨损的早期检测。

制造企业需要在大数据云中为“物联网”、生产及生产控制做准备，且必须同时适用于企业现有的所有机器设备。

“Self X Pro”——自校正制造工艺

东威斯特法伦立珀的精英集群“it’s OWL”中的另一个项目是“Self X Pro”。它是由魏德米勒、帕德博恩大学和弗劳恩霍夫工业自动化应用中心合作开发的。在物联网方面，魏德米勒及其研究合作伙伴正在研发一种冲压和折弯机的自我优化解决方案，可用于自动校正生产过程中的违规行为。为此，他们在 Self X Pro 架构中开发了所需的方法和硬件组件。其研发重点是资源效率、过程可靠性和机器生产率。为此，他们目前仍是在由纯机械控制的工具和机器中集成测量技术，其用于检测制造过程中的波动。具有自优化算法的智能控制能确保持续追踪产品要求、优化制造流程。为此，冲压和折弯机内的测量系统可以记录所生产零件的特征值和机器数据，并将此信息传递给智能控制器，使其自我优化。这使冲压和折弯机能够响应偏差。刀具会自行调整，从而对正在进行的制造过程进行优化。（图 5.9、图 5.10）

从长远来看，可以将自我优化功能应用于整个生产线，在这些生产线中，机器可以彼此通信并传递制造过程中检测到的违规操作。例如，如果在工艺链的第一道工序识别出原材料不具有其所需的属性，系统会自动传递此信息，以便工艺链中的下一台机器可以对此进行优化。将来，这种方法可用于防止整个机器系统和设备出现故障。即使在制造过程中发生波动，这项技术也能保证产品质量不受损。

自我优化功能还可以进一步促进电气连接技术的微型化发展，并在保证最优产品质量的同时实现产品创新。

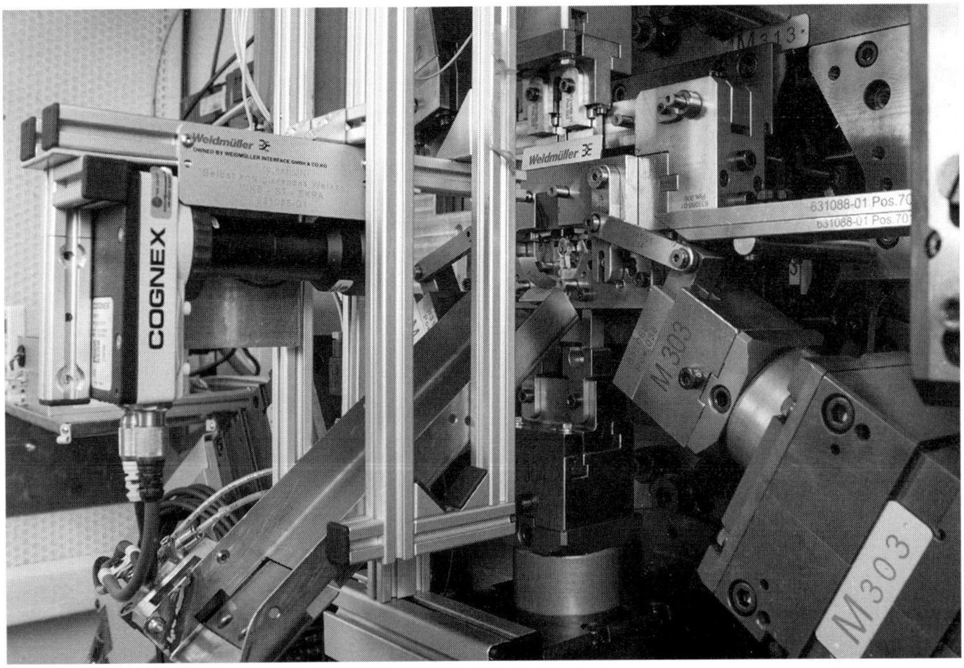

图 5.9　安装了摄像系统的、可进行自我优化的冲床和折弯机

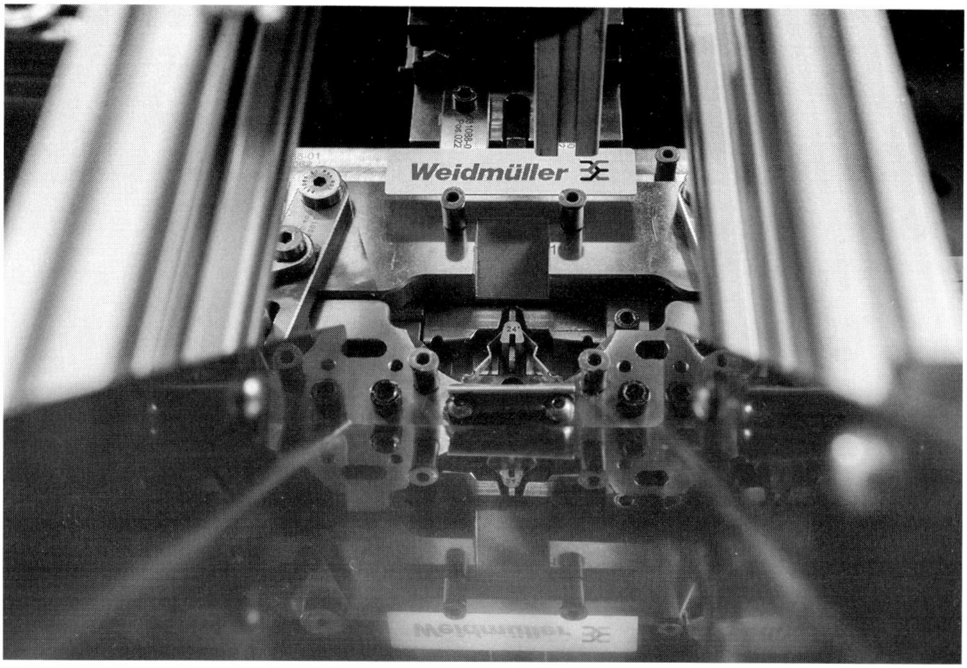

图 5.10 使用冲压和折弯机生产高强度钢材质的接触弹簧

适用于智能工厂 KL 的模块化基础设施盒

在智能工厂 KL 技术倡议的试生产线上，魏德米勒开发了一个用于连接各个制造模块的模块化基础设施箱。根据工业 4.0 的需求概况，标准化的接口是这些设备中进行能源分配的必要前提，它也是物联网中制造信息检测的前提。基础设施盒（图 5.11）可根据即插即用的原则，灵活地集成并投入运行，它与智能工厂 KL 中的所有

图 5.11 **基础设施盒** 基础设施盒构建了中央单元，其能在必要的基础设施层之上，为每个制造模块提供所需的一切。

制造模块相互兼容，不仅可以实现透明度的最大化，还可以使功能和数据的安全性达到最优化，并给予操作人员和设备最完善的保护。借助此设备可以在不增加原有工作量和原有运行时间的条件下，加速数据通信，控制命令和状态信息的传输以及保证最小批量高效制造流程的可靠能源供应。

结论

工业 4.0 有改变甚至改革全球工业制造业的潜力。魏德米勒正在积极探索工业 4.0 的道路，并且已经通过“Self X Pro”和“itsol-innovIIT”这两个以未来为导向的项目迈出了发展的第一步。作为工业互联的合作伙伴，魏德米勒正在推动自身向未来制造工厂的转型，致力于在自持工厂和客户的应用中一步一步实现工业 4.0。

实操案例：使用云解决方案对电梯运行过程进行优化

英格·赫伯纳

蒂森克虏伯集团旗下的电梯公司在全球运营着约110万部电梯。为了进一步增强其智能商业系统的易用性和可靠性，蒂森克虏伯与CGI共同开发了一套解决方案，即通过Microsoft Azure IoT服务将电梯中的数千个传感器和系统连接到云端，实现了电梯的云联网。

所谓“实践出真知”，通过实例，我们能进一步了解，究竟何种商业模式能够在物联网的大环境中成长。

在电梯技术领域，蒂森克虏伯正在整合其在全球范围内与客运设备相关的业务。蒂森克虏伯是世界领先的电梯公司，它在全球900多个分公司及办事处拥有约50000名员工，客户遍布150个国家和地区。2013、2014年度，蒂森克虏伯的销售额约为64亿欧元。其旗下的产品包括客运电梯、货物升降机、自动扶梯、自动人行道、乘客登机桥、楼梯、平台升降机以及为一整个产品系列量身定制的个性化服务解决方案。

当然，蒂森克虏伯同样注重于巩固并提高其在全球竞争中的优势地位。在当前大环境下，数字化和工业4.0被视为核心技术。一方面，物联网（IoT）被视为是进一步优化电梯系统易用性的最佳方式；另一方面，借助智能联网的监控系统，产品安全性和可靠性可以提升至一个新的水平。

蒂森克虏伯股份有限公司的首席执行官安德烈亚斯·席伦贝克在2017年的汉诺威工业博览会上表示：“通过投资云计算和物联网，我们可以不断推动数字化发展，并巩固我们在全球市场的领先地位。”就具体应用情况，他介绍了与微软和IT服务提供商CGI共同开发的智能网络监控系统：电梯通过云网络互联，这样一来，无论是电梯舱的运行速度，还是有效载重量，甚至是电梯的门机构，几乎所有的功能都会受到监控。从网络中获得的监控数据被输入至仪表板上，实现了在PC和移动设备上对实时KPI进行观测（图5.12）。一个仪表盘（Dashboard❶）中的两种基本数据类型

---

❶Dashboard（为仪表板之意）是一个苹果公司Mac OS X v10.4 Tiger操作系统中的应用程序，用作称为“widget”的小型应用程序的运行基础。其界面主要为一半透明的图层，在启动以外的时间是隐藏起来的，用户可通过按下热键来启动，而热键可在偏好设置中变更指定。

可以互相结合：对检测出的紧急问题进行报警、存储事件并将其用于管理之中。该解决方案可为技术人员提供即时诊断和高质量的可视化实时数据（图 5.13）。“我们

图 5.12 **查看从网络中获得的监控数据** 技术服务人员可以访问移动终端上的预测电梯数据，包括错误代码、可能故障原因的报告以及故障排除建议。

图 5.13 **通过云网络互联的电梯** 对于全球已安装使用的电梯，韩国首尔蒂森克虏伯呼叫中心的专家们有权访问电梯中与现场技术服务人员相同的实时数据。

希望通过预测和预防性维护来打破行业现有的标准，并确保我们的电梯具有更长的寿命。”安德烈亚斯·席伦贝克说道。

机器学习的预测性维护

预测性维护解决方案基于一个云计算平台 Microsoft Azure，它为不断增长的集成分析、计算、数据库、移动设备、网络、存储和 Web 提供服务。Azure 的内置工具、预建模型和托管服务可以简化企业、Web 和物联网（IoT）以及移动应用程序的创建和管理流程。其服务的网络将通过安全的专用连接、混合数据库、存储解决方案以及归档和加密功能与现有的 IT 环境融为一体。

Azure 服务在使用状态下是可集中扩展的。通过其自动预测分析服务，例如蒂森克虏伯使用的机器学习方法，用户能提高其商务智能性：结构化、非结构化和物联网的数据流将用于提供正确的决策、改善客户服务并创造新的商机。Azure ML 是为应用中的机器学习而开发的，这意味着用户模型可以在几分钟内部署为完全托管的 Web 服务，无论在哪，它都可以生成与其他数据的连接。随着需求的变化，算法可以进行更新并得以重新使用，同时保留其对现有成果的访问权限。

借助 Azure ML，蒂森克虏伯可以获得有关其电梯运行和维护的新数据。该系统具有智能信息循环的功能：电梯数据会被传输到动态预测模型之中，通过与 Azure 的无缝集成不断更新其记录内容。借助此功能，电梯可以告知技术人员如何进行维修。在所有不同种类的电梯中共产生了 400 多种可能的错误报告，通过对以往错误报告的学习，可以提高电梯的维护及维修效率，并延长电梯使用寿命。

为未来做好准备

“与微软一起，我们正在将工业产品数字化，并将大数据转化为智能数据。我们正在扩展业务模式，从而获得决定性的竞争优势。通过这种方式，能够为客户提供有前瞻性的、甚至是电梯的预防性服务。”安德烈亚斯·席伦贝克总结道。

智能电梯可独立提供有关其状况的反馈，在未来，电梯故障运行的可能性将被降到最低。对于中高层建筑来说，电梯是建筑物内必不可少的运输工具。因此，现代化城市依赖于高效可靠的电梯系统，持续的城市化将加深这种依赖性。自 2014 年以来，全球超半数的人口居住在城市中。根据世界卫生组织的统计，到 2050 年，全球百分之七十的人口将居住在城市里，比现今增加了 30 亿。

工业 4.0 的进一步发展

工业 4.0 的实施对蒂森克虏伯整个集团意义重大。“在蒂森克虏伯，我们相信工业 4.0 必将取得成功。”首席技术官赖因霍尔德·阿查茨博士说道。基于机械电子组件与 IT、软件组成部分的互联构成的网络物理系统，再通过无缝工程（即没有数据和媒体中断的系统开发）以及跨业务流程价值链的整合，我们已经在许多地方实践了工业 4.0 理念。

机器学习和 Microsoft Azure ML 的详细信息

什么是机器学习？Microsoft Azure 机器学习（ML）给客户提供了怎样的机遇？

日常生活中，机器学习的应用随处可见。例如，当我们在线购物时，它会根据客户已经购买的产品向客户推荐更多内容。当我们使用信用卡时，机器学习能帮助银行检测欺诈行为，并在发现可疑交易时通知银行卡所有者。机器学习可以理解为建模的过程，它可以从现有的数据中学习，并对未来数据进行预测分析。

微软提供的 Azure 机器学习是一种基于云的功能强大的预测分析服务，借助它可以快速创建分析解决方案（图 5.14）。这意味着该服务是完全托管的。用户不必购买硬件或手动管理虚拟机手动操作上位机。相反，可以使用浏览器上的工具 Machine Learning Studio 来创建机器学习工作流程，并使其实现自动化。此外，还有数百个现有的机器学习库可供使用，以开发预测分析解决方案。用户也可以根据需要添加用户设定的 R 和 Python 脚本来扩展解决方案。ML-Studio 可以与任何浏览器配合使用，从而实现快速开发和迭代解决方案。

借助 Azure ML，用户可以探索和构建 Web 服务，训练 API 新旧模型，管理端点以及为个别客户扩展 Web 服务。此外，还可以通过诊断功能配置监视和调试服务。

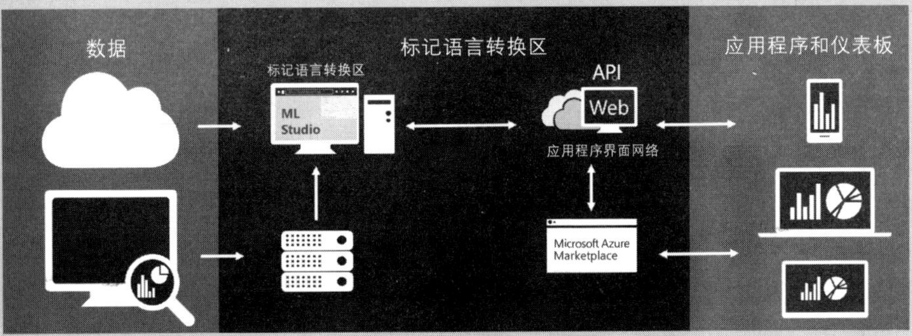

图 5.14 Microsoft Azure 机器学习工作原理示意图

实操案例：拉法基·霍尔西姆建筑公司的预测性分析

斯特凡·黑尔特

水泥建筑材料的生产过程耗费了大量的能源和成本。为了提高生产效率，拉法基·霍尔西姆建筑公司决定运用 IBM 的认知和预测分析对这些过程进行分析和评估。目前该项目正在试运行阶段，如果效率得以提升，拉法基·霍尔西姆建筑公司可以大大降低其制造过程中的能源消耗。

拉法基·霍尔西姆建筑公司[1]在水泥、集料（砂和砾石）和混凝土的生产上是全球领先的制造商之一。该公司在 90 个国家/地区设有代表处，在全球约有 1000 多台碾磨机（图 5.15），他们可以将水泥熟料和油页岩混合研磨成不同强度等级的水

图 5.15　拉法基·霍尔西姆建筑公司旗下的水泥厂　拉法基·霍尔西姆建筑公司旗下的水泥厂，制造过程中的能源消耗十分巨大，平均每生产 1t 水泥需要 100kW·h 的电量。

泥。其生产过程耗能巨大：平均每生产 1t 水泥需要约 100kW · h 的能源。总的来说，其电力成本平均占水泥生产总成本的 10% ~15%。

能源密集型的生产过程

基于产业特点，拉法基 · 霍尔西姆建筑公司始终致力于能源利用效率的提升。比如，尽可能降低旗下所有磨粉机的能耗并保持其稳定性。不管是现场培训、操作手册、运行过程，还是其技术设备，在各个领域和层面都实现了标准化的普及，不同磨粉机的能耗差别很大，差异总和超过了 10 个百分点。

为了详细了解能源使用的地点、时间和原因，必须对水泥球磨粉机内的确切物理过程进行建模，以便做出正确的决策并优化能源需求。这种相互作用至关重要，因为，除了许多不受影响的固定尺寸外（比如化学成分或毛坯材料的粒度），工厂的操作员对某些变量（例如磨粉机内的温度）还需自行决策，并控制其能源消耗。（图 5. 16）

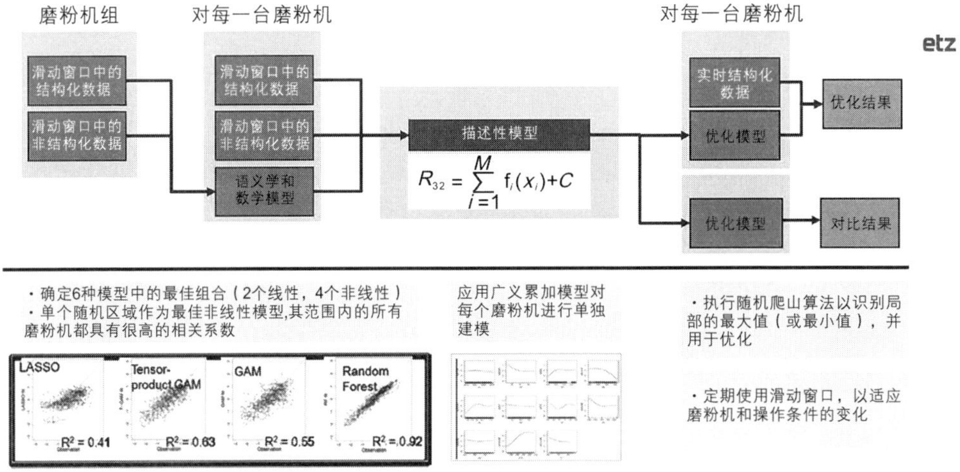

图 5. 16　过程数据以及操作员得到的数据被合并后加以分析，从而进一步开发优化策略。

借助智能和学习分析工具来实现目标

为了给生产过程与操作员手动控制之间的协调过程建模，从而降低能耗，我们开始使用 IBM[2] 的沃森智能学习分析工具。无论该数据来自何处，采用何种形式，这种认知学习系统都具有处理数据的能力。它遵循的原则是理解、学习和评估。从某种意义上说，软件也可以“思考”。从数据分析、自然语言处理到传统机器学习方面，该认知系统都可使用现有的 IT 应用程序和应用领域。现今，借助大约 50 种不同的技术支持，该系统使用了近 50 个应用程序编程接口（API），包括语义分析、图像、面部和语言识别与翻译服务。沃森与科学家、工程师等专家一同工作，它可以从专家那里学习 API。到目前为止，它已经创建了大约 100 个认知应用程序。

为了识别模型和通信，并获得新的见解，沃森对数据进行了说明。它可以对数据和信息进行筹备和组织，以提高内容处理效率。但是，为了正确评估这些内容，需要进行附加的训练。这种情况下，人类专家的任务就是帮助沃森进行分类。

就像人类专家一样，沃森通过使用特定主题或专业领域的认知参考框架来快速扩展其专业知识。这就是关键区别所在：传统计算机系统的编程方法是基于规则和逻辑的，其受限于严格的决策树；但认知系统遵循类似于人类的思维方法。

认知系统使水泥厂获益

拉法基·霍尔西姆建筑公司选择了 IBM 沃森系统来实现这些特殊功能。其任务是分析工厂内的物理过程和操作员的决策过程，并通过模式识别将它们相互关联。这是一项复杂的任务，因为生产过程中的物理过程是无法直接测量的。此外，即使毛坯材料发生极小的变化，例如矿物组合物的材料成分发生变化，也会影响其生产过程，因此需要人工干预。

两种角度：过程数据和个人行为的结合

因此，IBM 团队必须从两种角度来观察这些过程：一方面需要更精确地分析工厂内部的物理流程；另一方面，对操作员的执行方式进行评估也是非常重要的，因为他们是保证制造流程顺利进行不可或缺的一部分。这种将过程数据和人类操作员的行为进行结合评估的方式是创新的，为了实现这一创新方式，必须借助认知系统。(图 5.17)

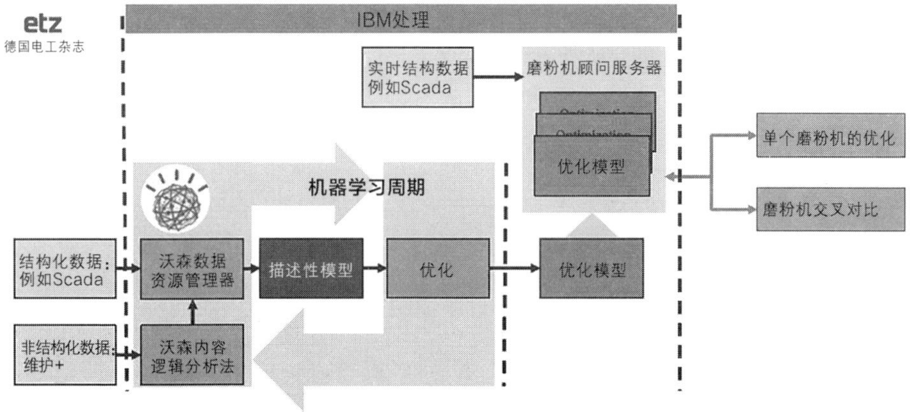

图 5.17　自动化机器学习过程支持预测分析

为了对程序流程和操作员执行方式进行建模（这也是数字咨询的必要条件），该系统提供了过去几年来自不同工厂的数千个数据集。这包括过程、生产数据以及操作员的书面记录。这种经典模式识别方法为实际生产过程和手动控制之间的协调提供了新的经验。此外，为了获得可靠的结果，必须使用认知方法记录非结构化数据（维护报告和其他个人记录），并将记录的信息应用于分析之中。

这个时间比预期的要短：如果你本来期望能在过去 10 年的数据和记录中提取有用的信息，那么你很快就会发现，仅仅过去 18 个月的信息就已经足够了。在此基础上，可以确定行动建议发展的合理模式。

IBM 首次将复杂的统计分析与认知方法结合起来，同时，在评估物理和操作流程的基础上开发了新的程序和建议，以优化整个流程。

密切合作

这种使用真实数据进行工厂流程的建模，需要 IBM 和拉法基 · 霍尔西姆建筑公司之间的密切合作。从第一天开始，拉法基 · 霍尔西姆的操作员、企业专家就与当地的 IBM 团队和纽约 IBM 研究实验室就该程序进行了讨论，并使用了必要的分析工具对该模型进行了开发。

这种处于试运行阶段的认知系统可以不断地分析所有相关数据。然后，分析结果会以操作建议的形式提供给操作员，比如，在非特殊情况下，每天通过顾问分析工具调节工厂的温度。

为了使操作员更容易地使用新工具，工具的易用性也十分重要。为了优化操作过程，IBM 开发了一个易于理解、十分直观的界面，一目了然地显示了应该做什么、是否以及如何实现认知系统提出的建议。

能源成本的减少使拉法基 · 霍尔西姆建筑公司每年在预算上节省了大量资金。同时，它将持续改善企业的生态平衡。

此外，认知系统可用来优化各种各样的参数。比如，当需求大时，能源成本往往位于次要位置，这时，认知系统就要寻找到使产量最大化的最优方法。

沃森对 IBM 的战略意义

继 20 世纪 90 年代末推出“电子商务”和 2010 年底推出“智慧地球”之后，IBM 正在通过其战略计划“认知商务”[3]实现企业数字化的进一步发展。

为了这项新的尝试，IBM 成立了一个咨询机构，其目标是帮助客户将其业务转化为认知业务。这项实践将由约 2000 名分析专家、数据科学家以及行业和变革管理专家共同参与。根据 IDC 的说法，其市场潜力十分巨大：预计未来 1 年内，所有消费者中的一半会定期使用认知计算解决方案的服务。

IBM 已为此做了充分的准备：近年来已经在 5 万多个分析项目中积累了经验，并获得大型数据科学团队以及全球各研究机构的数千名科学家的鉴定意见。此外，IBM 还成立了独立的部门，包含了 3 万多名不同行业的咨询专家，致力于沃森技术、分析解决方案的开发。

参考文献

[1] Lafarge Holcim Ltd., Rapperswil-Jona/Schweiz: *www. lafargeholcim. com*
[2] IBM Deutschland GmbH, Mainz: *www. ibm. com/de-de*
[3] IBM Cognitive Business: *www. ibm. com/outthink/de*

实操案例：自动控制柜结构

约翰纳斯·卡尔霍夫

工业4.0一直以来都是个备受争议的话题。当工业和科学界的专家们还在忙于未来项目的理论实施时，精英集群企业“it's OWL”已经提出了第一个实际的应用方法。其目标是将之前的花费减少30%以上。随着时间的推移，项目发展已经过半。当我们再次观察时发现，减少30%的开支这个目标仅仅是保守的估计。

以菲尼克斯电气公司的“自动化多功能生产技术（AWa Pro）”研究项目为例，相应智能技术系统的挑战以及科学与工业专家之间的合作会变得更加直接明了。莱姆戈工业信息技术研究所（InIT）的工作人员通过PROFINET❶和数字图像处理进行实时通信。实时数据的传输依赖于项目概述集群“智能网络”，该项目是由弗劳恩霍夫工业自动化应用中心（IOSB-INA）等共同开发的一种新的特殊通信方法。

具有自我优化功能的硬件和软件

AWa Pro项目致力于发展智能自动化组件，如控制器、控制设备、现场设备以及智能设计和操作软件。为此，硬件和软件均配备了自我优化功能。在工业4.0的必经之路上，所拟定的机构和技术不仅是未来自动化系统的基本组成部分，还是具有语义互操作性的、紧密互联的解决方案。

客户的需求是驱动引擎，制造商需要为客户提供附加的灵活性并降低制造成本。因为，使用现有的计划实现开箱即用的方法会十分困难。在调试和转换期间，工程开支和其他成本会增加。产品的个性化增大了其差异性，因此制造商需要灵活地调整其批量规模，包括从第一批量到大规模生产。当前，机器概念是通过定义好的硬件和软件以及接口来规划和实现的。要生产的商品也需提前考虑其变量，并据此确定其生产过程。因此，其灵活性体现在预先考虑到的配置之中。

产品的数字化描述

如果需要这些配置之外的其他产品、制造过程或功能，则必须顾及自动化系统

❶PROFINET是一个开放式的工业以太网通信协定，是由PROFIBUS & PROFINET国际协会所提出。PROFINET应用TCP/IP及信息技术的相关标准，是实时的工业以太网。自2003年起，PROFINET是IEC 61158及IEC 61784标准中的一部分。

的大部分功能组件，即机械组件、控制技术、引导系统技术和通信技术的扩展。也可调整或重新配置现有的解决方案。除机器和设备相关方面之外，还应评估其对工艺环节的影响。在重新更换设备及设备停运期间，其通常涉及操作运行中或故障情况下的手动系统，通过该手动系统可以节省大量的费用开支。这也是为什么需要多功能自动化技术来降低成本、减少需求时间并提高灵活性的原因。(图 5.18)

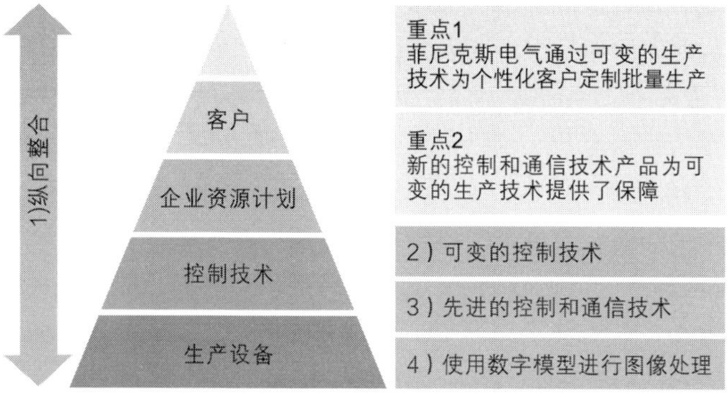

图 5.18　精英集群项目的核心以及生成的工作包

如果可以改变各个生产模块的数量、功能和顺序，则生产设施是可变化的。通过这种方式，系统可以制造计划之外的个性化产品。这种适应性的前提是对要生产的产品进行数字化描述。由此，智能设备能够自主得出生产组件所需的制造模块。此时，我们需要的是将产品进行数字化处理。所谓的“数字化处理”就是将产品从订单达成、到生产流程、再到交付的过程中，被逐渐丰富的产品信息汇总到企业的IT 系统中来，同时这些信息也能作为数据源使用。(图 5.19)

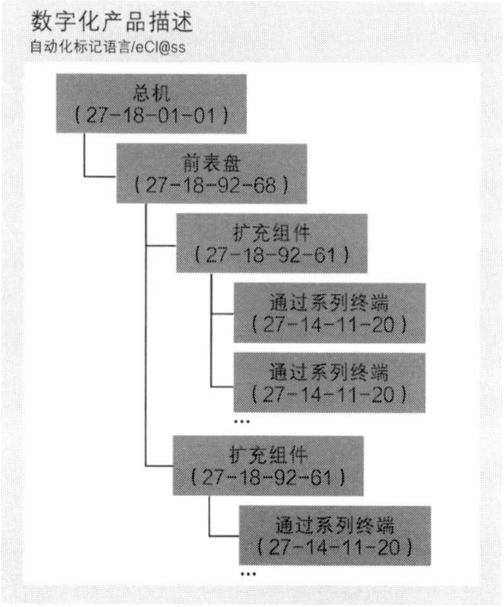

图 5.19　数字化产品的描述涉及数字商品的分类整理

将项目成果整合到现有的产品中

作为AWa Pro项目的一部分，用于自动控制柜构造的技术演示器已经得以实现，它具有提高产品适应性、定制个性化产品以及通用数据集成等功能。此外，菲尼克斯电气公司将这些方法集成到现有组件中并进行测试，以便在未来不同型号的设备中供用户使用。此方法包括以下四大方面：

1）纵向集成——IT系统的集成　其整合的目的是在客户、生产的产品和流程配置方面创建连续的数据流。

2）可变化的控制技术——适应性强的操作系统和监控系统　主要涉及在可重新配置的生产线中灵活地管理批量规模、可变的产品以及工艺配置。

3）可扩展的控制和通信技术　在自动化组件（PLC、Profinet IRT现场设备）中开发自动化配置。

4）针对数字化模型的图像处理　在质量检测系统中使用数字化产品信息的自动化配置。

这个为期三年的项目以生产出针对特定客户群、具有自适应性的产品样机为目标。其项目根据联邦教育和研究部要求，由卡尔斯鲁厄项目管理机构（PTKA-PFT）进行指导。(图5.20)

图5.20　AWa Pro项目的框架是已经实现了的自动控制柜结构的技术演示

总结

用于自动控制柜构造的技术演示器这个实例表明，具有共同数据格式的通用数据链既可以简化机器和产品的工程量，还能创造灵活多样的生产设施，利用该设施可以以低廉的价格批量生产个性化产品。这种同时兼顾生产成本和最终客户群需求的生产模式，不仅可以增大整体市场需求、提高机器和设备制造商对生产资料的利用率，而且还提升了德国作为高薪国家的竞争力。

实操案例：工业 4.0 升级

伯克哈德·巴尔茨　马考·比荣

随着现代化的发展，电液控制的生产系统变得更加节能，并具有物联网功能。

通常来说，加工设备能使用很多年，有时甚至是几十年。定期的现代化保养能确保老旧设备仍可以出色地完成任务。工业 4.0 升级除了将提高产品易用性、实现更高的能效作为目标之外，还致力于更新老旧系统，使它们同样能适用于工业 4.0 的发展。下面介绍一个自动化行业中塑料部件制造商的项目。通过有针对性的现代化措施，不仅降低了 50 吨型号注塑机与电动液压驱动系统的能耗，而且还提高了系统在预测性维护和网络互联方面的数据透明度。

在机器使用寿命结束后不再对其进行升级

直到现在，注塑机还是由传统的 15kW 异步电动机提供动力，电机始终以 1500r/min 的速度驱动液压单元。液压泵中可安装可变排量泵（负载传感泵），即泵的流量可被机械控制。即使只有很小的体积流量，电机也能以 1500r/min 的恒定速度驱动泵。在 13s 的占空比下，测得的能耗为 20W·h，每小时耗电 5.6kW·h。

设备组件，如电机启动器、传感器或阀门，通过点对点控制线路连接到 PLC 上。然而，这种传统的连线方式越来越容易受到干扰。此外需要特别注意的是，它没有提供有关电机电流、开关时间等详细操作的数据。

工业 4.0 升级的核心：易用性、能源效率、数据透明度

最重要的是，注塑机的操作员希望通过升级实现以下目标：一方面，设备需要达到最新的技术水平，因为老旧组件备用件的采购将变得越来越困难；另一方面，按照现今的标准，尽量降低高能耗才是重点。液压装置的现代化也旨在为连续和详细的监测状态奠定基础。即便是最简单的自动化组件，其数据也应该是透明化的。其目的是获得尽可能完整的机器图像，以便能够更快地检测关键的设备状态和其偏离正常条件的程度，从而最终避免高成本的停运时间。同时，还应将液压动力单元连接到云上，以实现远程维护，并将系统集成到能源管理解决方案中。

现代化措施

机器升级的关键在于液压动力单元电动系统的现代化：现今，液压设备的主泵

并不是一直运行的，而是取决于过程和实际需要的功率。这意味着只有在系统真正运行时才会消耗能量（即按需供电）。通过变速驱动，可以根据驱动需求轻松地调整供油量，从而有效、显著地降低功率损耗。

为此，注塑机液压单元的驱动将由变频器（Eaton PowerXL DA1）控制的永磁电动机替代，该电机驱动轴向柱塞泵（Eaton 425 活塞泵）。同时，电机可以对微控制器、压力和流量进行调整。PID 控制器可用于调节压力、泵的流量/速度特性，并以泵流量的形式显示出来。发动机控制器会接收来自液压系统中压力传感器的压力数据，并基于此数据，将发动机转速调节至与液压负载相匹配的泵流量。因此，发动机是受负载调节的，只有在运行过程需要液压装置时，发动机才会运行。

系统智能化

为了对所有投入使用的自动化组件进行连线，操作员能在设备层面上决策使用智能连接系统，而不是之前的点对点连线，比如伊顿的 SmartWire-DT。它允许如开关设备、断路器、命令和信号设备、传感器和执行器之类的组件通过单线连接到控制器之中。该线路为连接的设备供电，同时处理数据通信。

除了简便、快速的安装过程外，该系统的最大优点是特殊的通信模块。同时，其核心涉及多个专用集成电路（ASICs），它配备有用于提供数字和模拟测量信号的接口，并包含用于实现独立程序算法的处理器以及强大的通信接口。因此，便宜且紧凑的模块可以代替简易自动化设备信息的检测和预处理，并将它们直接纳入到数据采集系统之中。

SmartWire-DT 通信模块允许将连接的设备直接集成到中央控制器或现有的通信环境中。这既适用于液压动力单元的传感器，也适用于变频器，而变频器可提供大量的数字和模拟过程的数据。因此，可以以简单且节省成本的方式，从每个独立的组件中连续获取其相应状态的详细信息。

能耗减半

设备升级措施的主要目标是提高能源效率，到目前为止，在这一方面成绩不菲。借助于变速驱动和液压动力装置的按需驱动理念，使能耗降低到 2.8kW · h 成为可能。假设，机器每年有 300 天运行两个 8 小时轮班，那么每台机器每年节省的能源价值可达到 2016 欧元。这样算来，用于设备现代化改造的投资成本仅依靠能效回报就能在 2.2 年内实现摊销。同时，由于降低了发热量及泵的噪声水平，不仅机器的使用寿命得以延长，操作的安全性和舒适性也同样得到了提高。此外，旧自动化组件的更换提升了生产系统的易用性，同时，排除了未来几年内备件不可用的风险。

物联网已经就绪

通过智能连接系统的ASIC模块，所有与之相连的自动化组件也会成为智能可通信的单元。同时，它们形成了基本的信息物理系统（CPS），即工业4.0概念意义上的功能单元。各种CPS在液压动力装置中组合成一个完整的生产组，并形成独立的信息物理生产系统（CPPS）。在该系统内，CPS仅能相互交换数据，这对整个系统的运行以及液压单元的运行就绪是十分必要的。它不会传输与更高级别设备无关的任何数据，更高级别的机器控制也因此减轻了负担。例如，液压动力单元可以独立评估电动机的电流值（比如电动机电流过高），并根据预设编程采取相应的措施。

此外，它通过网关模块连接到更高级别的现场总线上，并在这期间与网络相连。执行控制单元具有OPC-UA接口，即工业M2M通信协议，它不仅可以传输机器数据，还可以描述机器可读的语义。所有数据（包括设备层面）都可用于基于云的预测性维护。因此，该系统为全面物联网化做好了准备。注塑机的操作员可以获得所有最新详细的数据概述，例如温度和压力。获得授权的人员可以在相应的移动设备（如智能手机或平板电脑）上随时控制其能耗。然而最重要的是，现在我们可以快速地识别任何故障，同时启动预测性维护，以进一步提高机器的易用性。

通过网络连接，操作员还能允许机器制造商访问机器。通过此方式，可以进行远程诊断检测并纠正任何故障。当然，这也提高了其易用性，因为技术服务人员的现场访问通常会耗费大量的时间。此外，机械工程师还可以为现代化系统提供详细的操作数据，这些数据也可用于未来的开发：在获得操作员许可的情况下，设备制造商可以准确地了解客户对机器的使用情况以及可能发生的任何错误。他可以将这些信息直接纳入到他们的研究和开发中。也就是说，客户直接推动了产品创新的发展。通过这种“客户驱动创新”的方法，制造商的研发部门可以更贴近客户，并根据客户的需求精确地改进机器设备。

通过电动液压驱动技术创造更多价值

作为一家能源管理公司，伊顿公司能提供节能解决方案，帮助客户更安全、有效、可持续地使用电力、液压和机械能。伊顿公司是世界上为数不多的、涵盖全面的电气工程和液压系统以及开发集成电液系统的公司之一。尤其是在控制流量方面，他们会使用液压技术驱动的电机，或者泵驱动的电机，其中包含了大量的电气和机械部件，例如驱动器、泵和阀门。通常，这些系统的设计延长了设备的使用寿命，为新开发和升级的项目提供了多种优化的可能性。如果能充分利用这一潜力，伊顿公司将获得更长远的发展，他们拥有这一领域的技术，正积极地为未来工厂开发新的技术和方法，并对机器和设备的改进做好了准备。（图5.21）

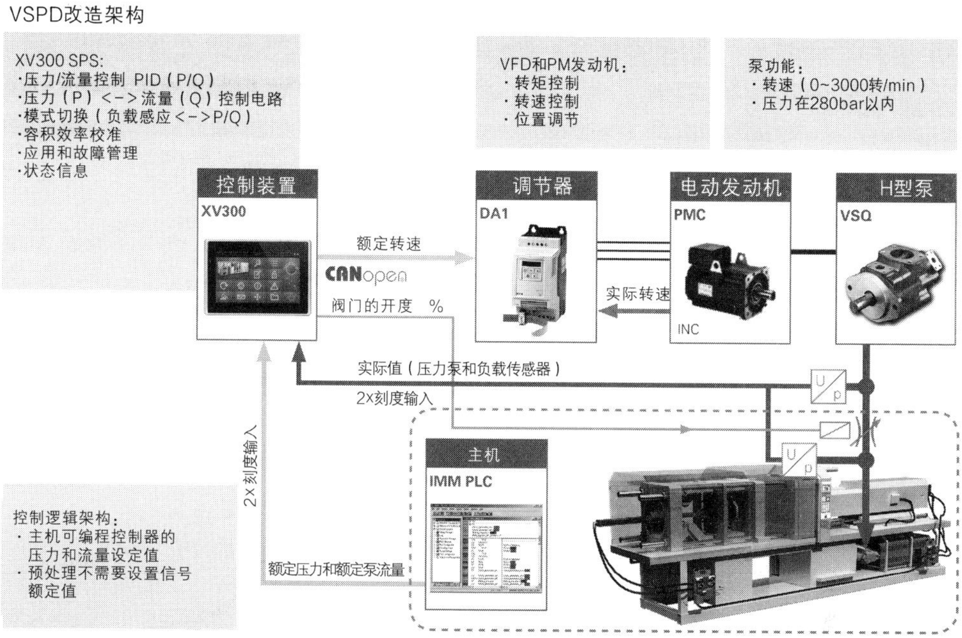

图 5.21 电动液压动力生产系统升级项目的系统概述

实操案例：工业 4.0 在制冷装备诊断上的应用

罗纳德·海因策

在节约运营成本方面，冰箱的潜力是巨大的。第三代“RiDiag”软件为维护和服务提供了更好的支持，并实现了对操作数据的全面诊断。

随着“Blue e +”冷却装备的推出，制造商威图公司[1]将更加专注其经济效益（图 5.22）。尤其值得注意的是，这些设备的能耗已显著降低，节能平均高达 75%。“随着诊断软件‘RiDiag’的引进，我们将实现制冷效率可持续优化的第二步。”德国威图公司的研发部总经理托马斯·斯特凡博士（图 5.23）强调说。

图 5.22　工业 4.0 在制冷装备诊断上的应用　随着“Blue e +”制冷装备的推出，制造商威图公司将更加专注机器的制冷效率。

支持维护、优化操作

随着第三代产品的升级，用于制冷装备诊断和参数化的软件已经得到了进一步的修正和发展。其中，诊断软件适用于所有“Blue e +”冰箱及“Blue e”系列制冷装备。接下来，他们有意向让威图温控系统中的 Chiller 制冷系统通过“RiDiag”软件进行参数化升级。“规划人员、技术服务人员、维护工程师或能源管理人员可以感受到制冷器操控或两年以上数据规划存储等诸多功能带来的便利。”同时，基于 Windows 运行的新版本在简化服务的同时提高了服务效率。“我们的目标是，进一步优化冰箱的运行时间。”斯特凡博士补充道。

该软件可以通过 USB 或将来通过网络与制冷装备进行通信。“通信模块可以将冷却单元信息通过 OPC 统一架构（OPC-UA）传递到云端，用于对制冷装备的监控或控制系统的进一步处理。”斯特凡博士解释道。

图 5.23 德国威图公司的研发部总经理托马斯·斯特凡博士

当发生已知错误时，其发生的频率和错误出现的时间、最高环境温度、外壳的最低内部温度、冷却单元运行时间、利用率等信息，都会报告给维修人员。(图 5.24)

制冷装备控制室

制冷装备显示屏主页显示了其主要功能，其中包括设备名称、序列号、当前温度、运行时间、系统消息及其他参数。“所有在显示屏上展示的信息，我们都可以在软件上监测到。”斯特凡博士补充说。而产品升级只需要将制冷器连接到互联网后，通过诊断软件即可下载至控制中心。

“RiDiag”软件不仅显示制冷装备的运行状态和出现的运行错误，还能为检修者提供进一步的帮助。比如，当检修者将鼠标移到错误提示上，软件会自动显示文本信息，进一步说明如何对运行错误进行修复。同时，当机器修复需要德国威图公司服务中心的帮助时，软件可以直接将请求通过 Web 表单将诊断数据发送给服务中心。

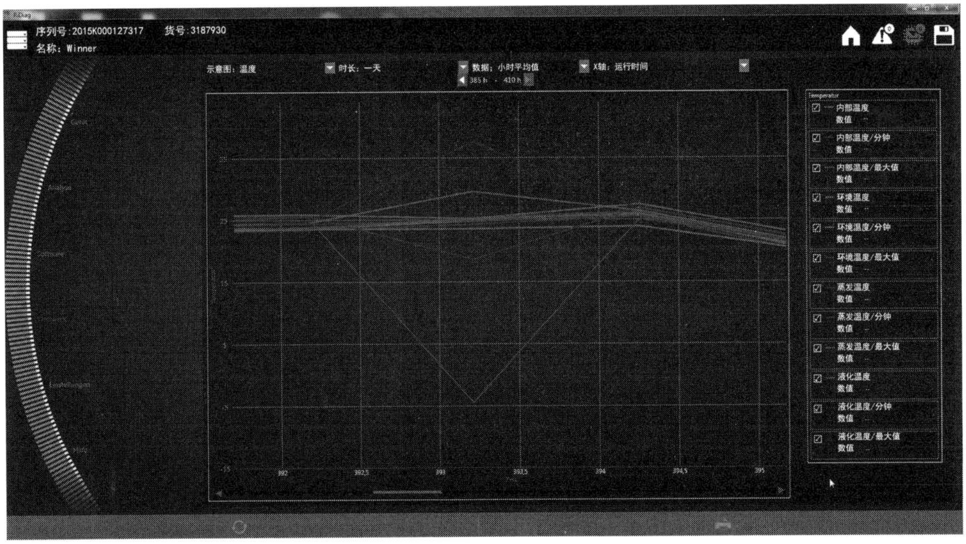

图 5.24　用于制冷装备诊断和参数化的软件　通过“RiDiag”软件，检修者可以随时掌控制冷装备的运行情况，如制冷装备的内部及外部温度，或机器的最高及最低蒸发温度。

如果检修人员在配置中提供了制冷装备的位置，软件可以直接将服务请求发送至相关服务部门或机器所在地的分公司。这样一来，维修人员就可以在上门检修的同时携带相应的替换零件，使检修服务更有效率。

第三代产品中的新功能是数据控制室（Daten-Cockpit），在数据控制室中可以显示所有的数据，比如温度、电机的输入电流和电压等。检修人员可以通过对数据的分析进而得出相应结论。对于节能运行尤其重要的是能效比（EER）的呈现。通过此项数据，检修人员可以更加直观地了解到，制冷装备通过什么能量效率、在什么设置下、需要什么外部环境条件来运行[2]。数据控制室显示制冷装备中所有传感器的测量值，其中不仅包含制冷循环的相关数据，同样也显示了整个机器的用电计划（图 5.25）。当故障发生时，软件可立即判断出发生故障的零件。斯特凡博士说：“软件和技术服务为我们的消费者提供了无忧的售后服务。”

总结

斯特凡博士认为：“开放的平台为发展提供了无尽的可能。通过机器不断运行所获得的数据对后续的数据分析具有重要意义。当机器运行出现故障时，在故障前期对其进行修复总是更容易些。而来自诊断软件的信息可以在过程控制或能量管理系统中发挥巨大价值。”

带有诊断软件的制冷装备将成为工业 4.0 重要的一部分。诊断软件可以改善服

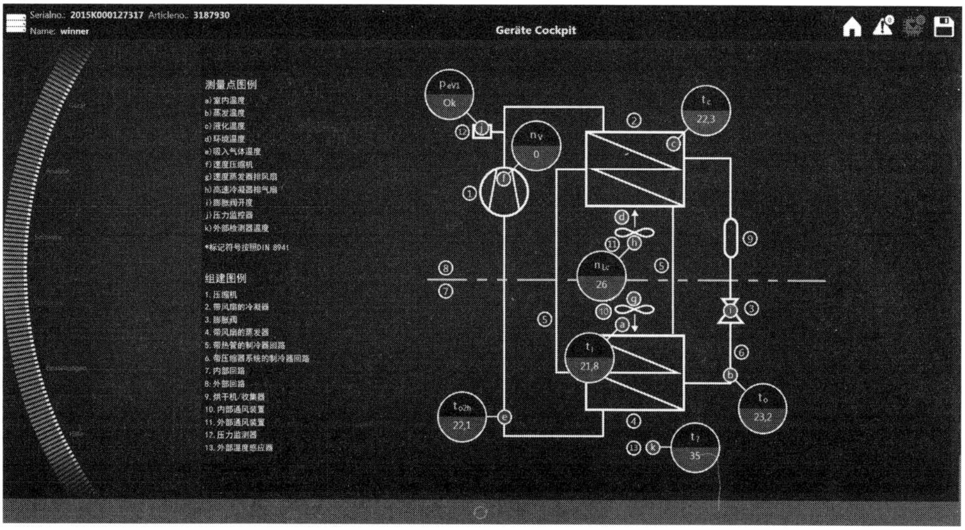

图 5.25 通过诊断软件下载的数据 数据控制室不仅包含制冷循环的相关数据，同样也显示了整个机器的用电计划。在系统数据返回时，检修人员也能立马得知具体某个数据是从哪个部分生成的。

务，优化操作，从而进一步节约成本。

参考文献

[1] Rittal GmbH & Co. KG, Herborn: *www. rittal. de*

[2] Lotz, S.; Koch, H. -R.: Berechnungstool für die energieeffiziente Schaltschrankkühlung. etz elektrotechnik & automation 137 (2016) H. S5, S. 92-95

实操案例：离散型智能制造新模式在新能源汽车动力电池生产智能化工厂的应用

傅建中

随着新能源汽车产业的快速发展，动力电池规模化制造、高质量制造成为制约中国电池行业和电动汽车发展的瓶颈，极大影响中国在世界未来新能源汽车产业格局中的地位。基于目前国内电池生产制造企业设备自动化程度和装备水平不高、生产效率较低、电池一致性差的现状，本项目以新能源汽车动力电池生产智能化为目标，针对电池生产工艺流程，集成开发和应用一系列安全可控核心智能制造装备，并以智能化电池生产装备为基础，实现新能源汽车动力电池生产过程的自动化、连续化和智能化，进而通过电池生产过程的数字化并应用网络技术和电池生产过程信息化技术，集成基于大数据的智能化分析与决策支持方法，实现面向订单的智能化电池生产模式，建立电池生产智能化工厂技术体系。(图 5.26)

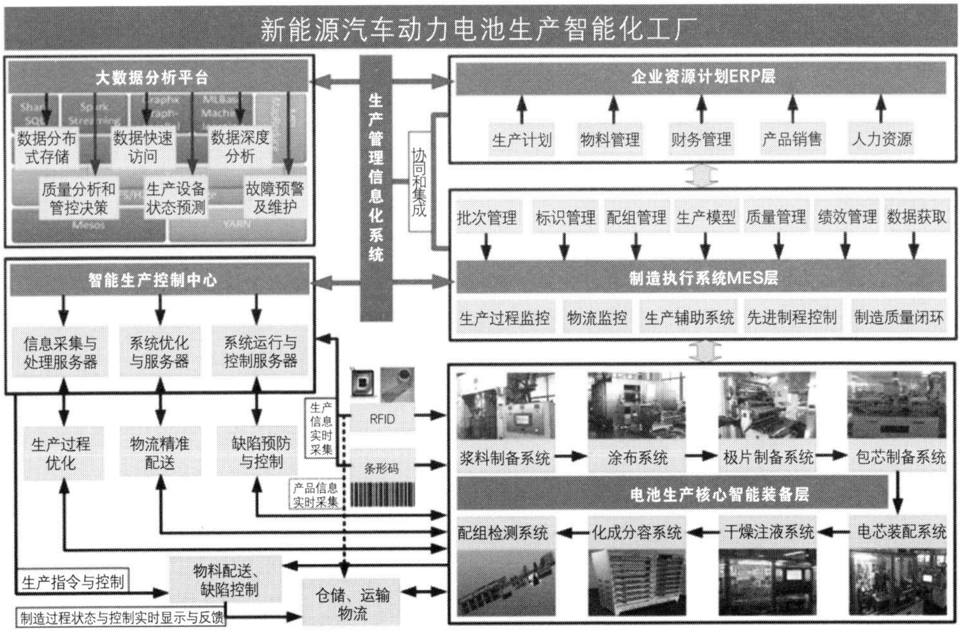

图 5.26　动力电池生产智能化工厂体系结构图

动力电池生产智能化工厂总体设计

本项目针对现有的新能源电动汽车动力用锂电池电芯生产和PACK组装两个车间组织智能化工厂建设。采用自主研发的高一致性动力锂电池自动化流水线生产技术和具有国内先进水平的自动化设备，实现制浆、涂布、辊压、分条、制片和卷绕等关键工序自动化。主要设备包括全自动分散机、挤压模头涂布机、极片连续辊压机、全自动焊接制片机、连续自动分条机、圆柱全自动卷绕机、全自动装配生产线、电池组自动焊接机等工艺设备和自动测厚仪、动力电池组综合测试仪、电压内阻自动分选配组机等检测试验设备，以及供配电、给排水等公用工程设备。工厂总体布局如图5.27所示。

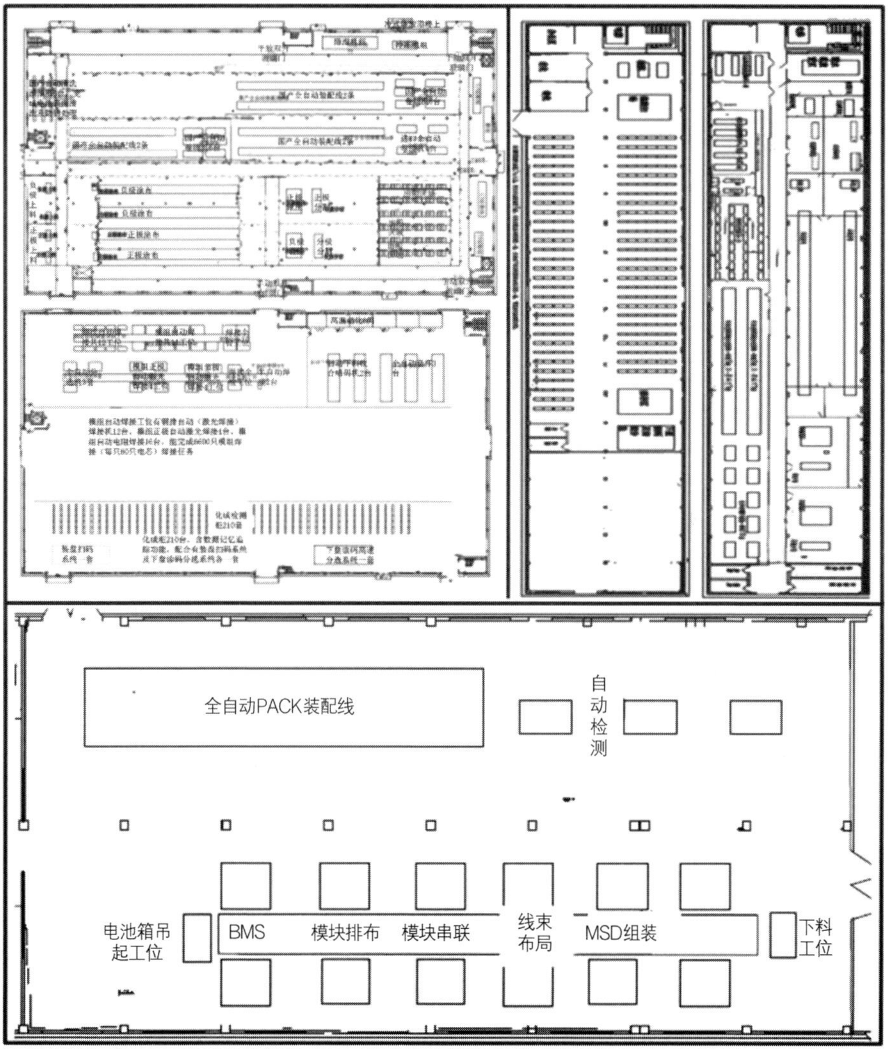

图5.27 新能源汽车动力电池智能化工厂总体设计图

工艺流程和布局数字化建模

在工厂、车间、生产线、生产装备、制造资源的数字化模型基础上，在工艺分析方法和技术指导下，在工艺分析工具的支持下，对产品的工艺路线、工序安排、制造设备进行合理规划，并通过数字化模型对工艺方案进行仿真分析，最后得到最优的工艺规划方案。使工厂生产规模相适应，并能达到工艺要求，确保产品质量。工艺流程数字化建模如图5.28所示。

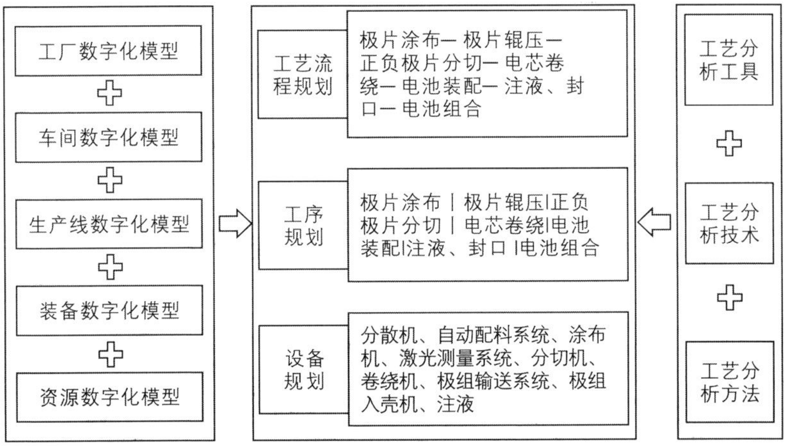

图5.28 动力电池生产工艺数字化建模规划图

规划后的工艺流程为：极片涂布→极片辊压→正负极片分切→电芯卷绕→电池装配→注液、封口→电池组合。新建车间布置按照工艺流程，实现原料到成品整个流程通畅无交叉运输，整个布局满足正常生产要求。

网络架构和信息模型

根据锂电池生产车间的实际情况以及目前工业自动化技术的发展水平和现状，采用两层工业控制网络系统实现整个系统的网络通信功能，如图5.29所示。

底层采用基于现场总线技术的控制系统来完成对整个生产过程工序机台中各设备的信息采集、集成；对于自成系统并留有以太网口的机台，采用工业交换机构建工业以太网，实现与上层集中监控与信息管理网络的通信；上层采用基于工业以太网技术实现信息传输，并开发和使用专有的应用软件系统来完成终端数据的采集和处理。

动力电池生产企业数据集成架构如图5.30所示。系统所涉及的数据包括企业内部数据和企业外部数据，根据数据特性可分为公共数据、共享数据和专有数据。

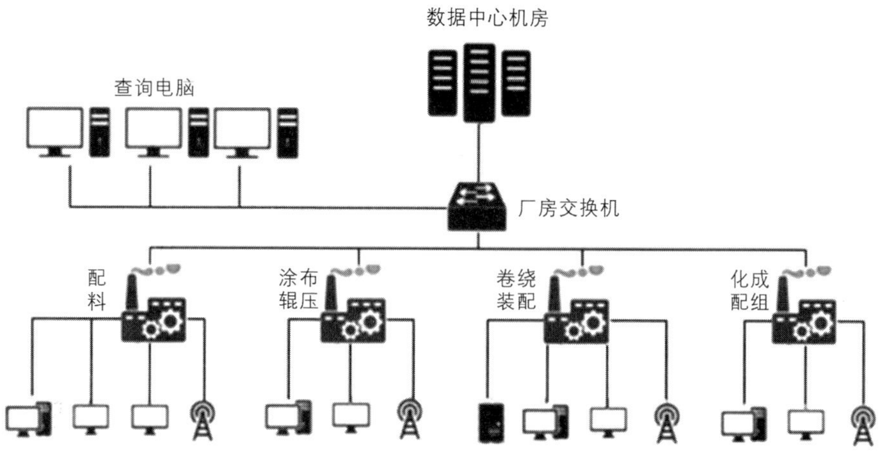

图 5.29 新能源汽车动力电池智能化车间网络架构图

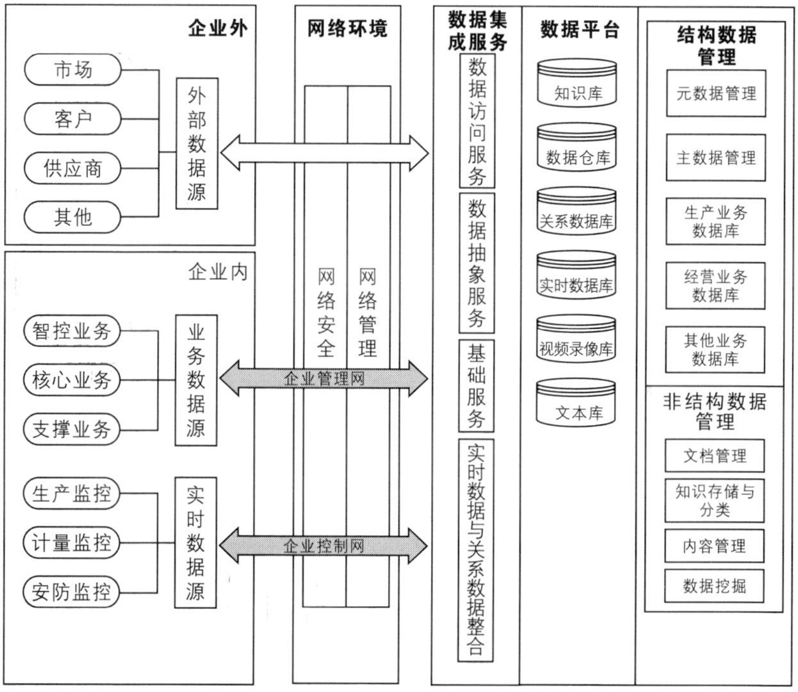

图 5.30 电池生产企业数据集成架构模型图

1）公共数据：为企业核心数据，属于各系统都需要的信息。如企业组织结构、岗位、工种、人员、存货档案、固资编码、供应商、客户等信息。

2）共享数据：为与其他信息系统共享的信息。如在能源管理系统和成本核算系统中都需要产量、能耗、成本等信息。

3）专有数据：不与其他信息系统共享的信息。如实时过程数据、系统日志、文档信息、知识等。

4）外部数据源主要包括市场信息、客户信息、供应商信息等数据。

5）内部数据源包括实时数据源（如生产监控、计量监控、安防监控等）和业务数据源（如管控业务、核心业务、支撑业务等）。

外部数据源和内部数据源通过网络传输和数据集成，存储于生产管理数据服务器中。通过对各类数据的加工处理、规则提取和数据抽象形成各类业务数据库、知识库，并按照结构数据与非结构数据进行分类管理。

产品数字化三维设计与工艺仿真

（1）产品数字化三维设计

以Solid Works和CATIA作为统一的三维设计建模工具，大大提升企业三维设计数据的管理效率和协同设计水平。设计师借助三维设计建模工具的模块功能，例如电池模组设计、线束设计、大型装配体建模、运动仿真等，实现模型参数化设计和模块化设计。同时以AUTOCAD作为平面设计工具，用于设计电器原理图和整个控制逻辑，实现产品建模阶段、应用阶段的设计协同，提高动力电池设计效率、质量和准确性。图5.31给出一种矩阵式PACK结构三维设计图。

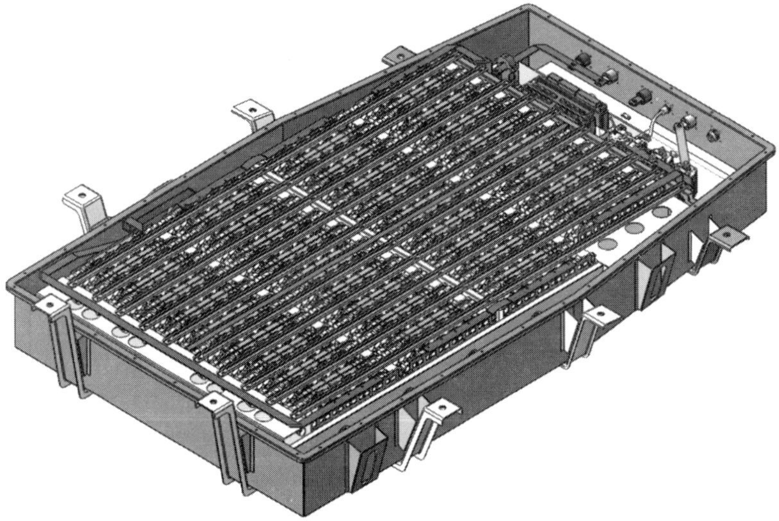

图5.31 矩阵式PACK结构三维设计图

（2）仿真分析

通过Comsol Multiphysics仿真软件改进单电池和模块的设计，提升企业核心竞争力，增强创新能力，加快研发速度。通过详细描述模型中的相关过程，结合不同的假设条件，将不同假设条件下给定电池所观察、模拟的行为进行关联，实现对电池相关参数的优化设计。

例如，通过建立锂离子电池热效应模型，运用 Comsol Multiphysics 热分析软件对锂离子动力电池组进行生热温度场和散热温度场仿真分析，如图 5. 32 所示。根据仿真结果指导电池温度控制系统的设计以及指导设计电池组散热设备和温度传感器的空间布置。

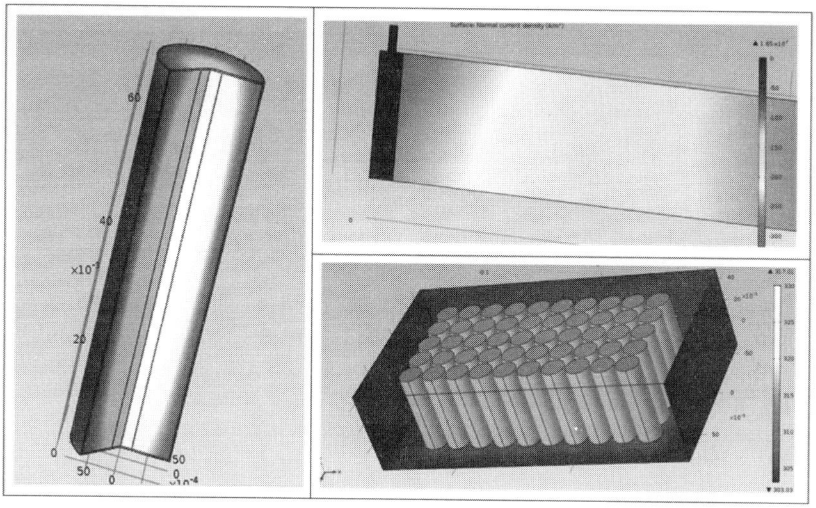

图 5. 32 锂离子电池热仿真分析图

产品数据管理系统 （PDM）

通过产品数据管理系统的应用，实时了解每个研发人员的工作状态及负荷情况，以便做出最优的安排；使管理者及时了解每个研发项目的进度，实现项目组成员工作量的统计，以便进行工资计算和考评；对即将到期的研发任务进行预警，从而降低任务延期的风险。产品数据管理系统主要包括系统管理、项目管理、任务管理、进度管理、资源管理、文档管理、问题管理、质量管理等功能模块。

1）系统管理模块 包含各类基础性设置，如组织架构定义、流程定义、项目分类等，以及各类资源档案的创建和操作人员的创建、权限的分配等。

2）项目管理模块 主要包含项目的创建及审批，创建项目时既可填写相关信息，还可上传相关文档，如 Word、Excel、jpg、CAD、origin、Solid Works、Minitab 等，并能导出标准文档。

3）任务管理模块 在项目创建并通过审批后，可以进行任务分配，指定任务计划开始和结束日期。任务接收人员既可以经过确认选择接受，也可以输入理由选择拒绝，提醒管理者重新进行任务分配。任务接收人对于接收的任务，还可进行下级任务分配。

4）进度管理模块 在任务分配结束后，管理者可以了解所有项目、某个项目、某个任务的进度信息。需要项目的负责人或执行者进行上传报量工作并刷新进度，也可启动审批流，向相关人员发出审批消息。

5）资源管理模块 系统可以了解项目组成员目前的任务情况，如有多少未完成的任务，方便管理者更好地安排工作。

6）文档管理模块 研发项目过程中的各类Word、Excel、PDF及图片等文档，都可以按照项目的关系，分门别类地进行归档并执行相应的文档授权管理。

7）问题管理模块 问题的相关管理包含问题发布、问题回答、问题统计与查询等，并转化为公司的知识库管理。

8）质量管理模块 在研发管理软件中，可对研发的产品进行质量跟进管理，先将质量有关的文档上传，研发人员在研发时可依照相关标准进行研发，相关人员也可对研发的产品进行检验，并将结果在系统中进行记录。

现场数据与生产管理软件信息集成

配备完备的电池生产过程在线检测设备，开发电池生产设备数据接口（包括：涂布、烘干、切片、极耳粘贴、卷绕、入壳、滚槽、注液、封口、成化、PACK组装等工序），建设先进可靠的电池生产设备数据传输网络，配置先进的实时数据平台，通过实时数据传输和高速数据采集、存储与访问，实现锂离子电池生产过程的数字化。

由于电池生产设备由不同厂家生产提供，导致底层控制设备数量和品种型号较多，不同厂家所使用的控制器不同，并且控制器对外的通信接口也不同，因此需要针对不同设备采用不同的现场数据采集方法：

1）对于配置RS485通信接口的设备控制器，通过RS485/DP协议转换模块连接到DP网络中，再由DP主站通过以太网通信模块接到工业以太网上。

2）对于自带以太网接口的设备，通过以太网交换机接入工业以太网中。

3）对于自成系统的设备采用两种方式：一种是和第三方配合开发数据交换的路径实现数据共享；另一种是使用OPC、ODBC或FTP技术进行数据交换与系统集成。

整个系统设置一个集中控制室，集中控制室（中控室）内根据需要设置采集服务器、应用服务器和操作员工作站，并建立中央数据平台，设备的运行数据、设定数据、质量数据、能耗数据及产量数据，从设备、质检系统、水电风计量仪表、人工统计和检测系统中，通过相应的数据接口采集到中控室中央数据平台，由计算机进行实时监控并将关键数据进行实时归档存储。

产品全生命周期管理系统（PLM）

企业的每一款电池、电源系统都在产品全生命周期管理系统中进行分类集中管理，一切产品研发都基于产品全生命周期管理系统展开，产品全生命周期管理系统中保存的资料成为唯一合法的产品技术资料，形成集中的产品设计资料库。产品技术资料以产品和 BOM 为中心组织管理，包含产品设计过程中的每个产品的图纸、工艺、客户资料、BOM 信息等。产品全生命周期管理系统界面如图 5.33 所示。

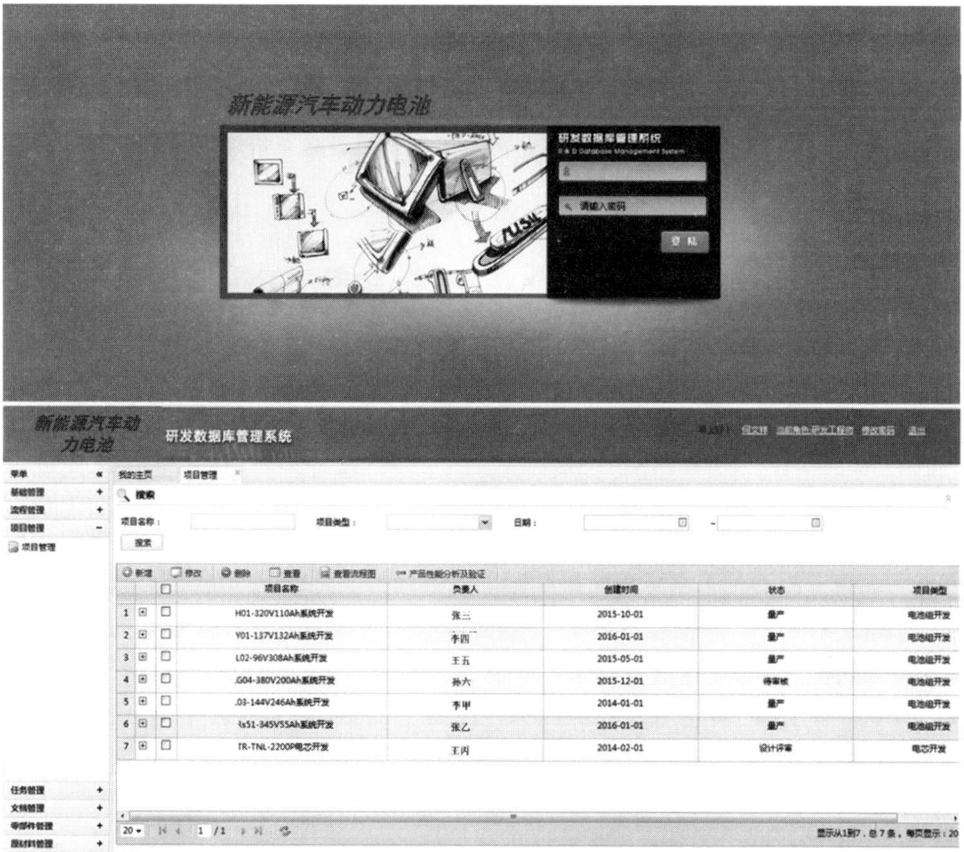

图 5.33　产品全生命周期管理软件界面图

不同的设计小组在同一个平台下进行协同设计工作，结构设计工程师负责产品的机械结构部分，电气设计工程师负责产品的电子电路部分，化工工程师负责电池配方及原料部分，同时跨产品的设计团队还可以借用/参照其他团队已发布生效的图纸文件，结束以往设计人员各自为政的局面。设计人员点击相应的产品 BOM 即可获取关联的设计图纸并可看到各种变更信息和零部件的使用情况。对企业经常使用的物料以标准零部件的形式分门别类地整理组织管理。对 ERP 系统中已经存在的有效物料，导入产品全生命周期管理系统中构建的可信的标准物料信息，方便设计工程师查阅和调用。

生产管理信息化系统

动力电池生产管理信息化是实现智能化的主要载体。通过电池生产管理信息化系统的建设和实施，协同企业资源、财务和业务，实现面向订单的精益化生产组织与管理模式。通过信息化系统的实施，有效集成企业各类生产数据，通过对数据的加工和处理串联企业多层次业务管理系统，实现电池生产的智能化。应用层面达到信息有效传递与共享，消除信息孤岛，提高工作效率；管理层面使管理流程可视化，经营与生产协同，有效控制生产中的各项业务，实时准确掌握企业经营状态，实现快速、科学的决策。

1. 制造执行系统（MES）

制造执行系统用于订单的执行，完成电池生产过程的物料、设备、人员等生产资源的调配和动态管理，以及质量、产量、效率、成本等生产指标的监视、控制和高效管理。包括电池生产过程实时数据采集与可视化、电子看板、订单跟踪管理、电池生产质量管理、物料追溯、自动统计和分析、能耗管理和分析、与 ERP 的交互等主要功能模块。

（1）电池生产过程实时数据采集与可视化

通过与电池生产设备数据接口和车间网络，实时采集电池生产过程数据和操作参数，如图 5.34 所示。将数据保存到实时数据库的同时，通过可视化界面实时显示各设备的运行状态，如图 5.35 所示。按照机台的车间布局实时在线显示机台当前状态和运行过程，以颜色变化和动画形式表示正常运行、故障停机、停台、断电等状态；实时监控空调、除尘等公用设备的运行状况。根据实时数据进行分级报警，按照需要将报警信息推送至管理终端机或智能终端设备，将岗位人员与生产过程密切关联，缩短信息的传输延迟，记录报警信息的处理流程，支持报警事件处理过程追溯。

（2）电子看板

电子看板是精益生产目视化管理的重要工具，电子看板可实时显示车间生产信息，如班别、时间、订单号、设备故障、机台运行状态以及实际产量、目标产量、合格率、停线时间、安全事故等，如图 5.36 所示。当生产信息发生变化时，显示同步更新，以便车间主管及时掌握生产现状和必要的情报，从而快速制定并实施应对措施。

（3）订单跟踪管理

对产品品种或订单的执行过程进行跟踪，实时查询和显示每个品种或订单的生产进度，如图 5.37 所示，并且可以实现根据与预期进度的评估结果进行主动式预警。

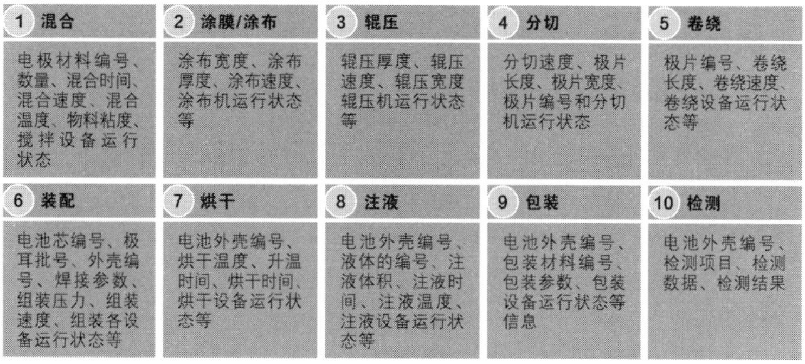

图 5.34 电池生产过程实时数据采集内容

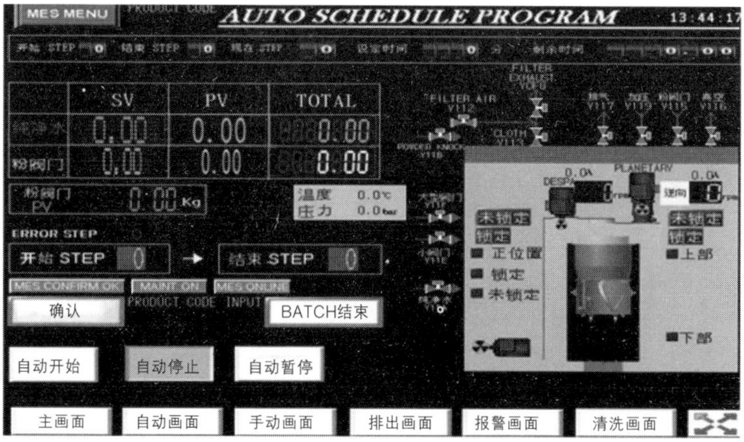

图 5.35 生产过程可视化界面设计图

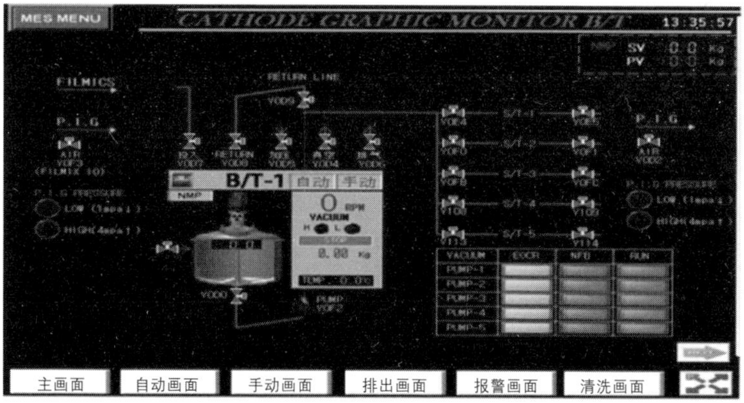

图 5.36 电子看板

（4）电池生产质量管理

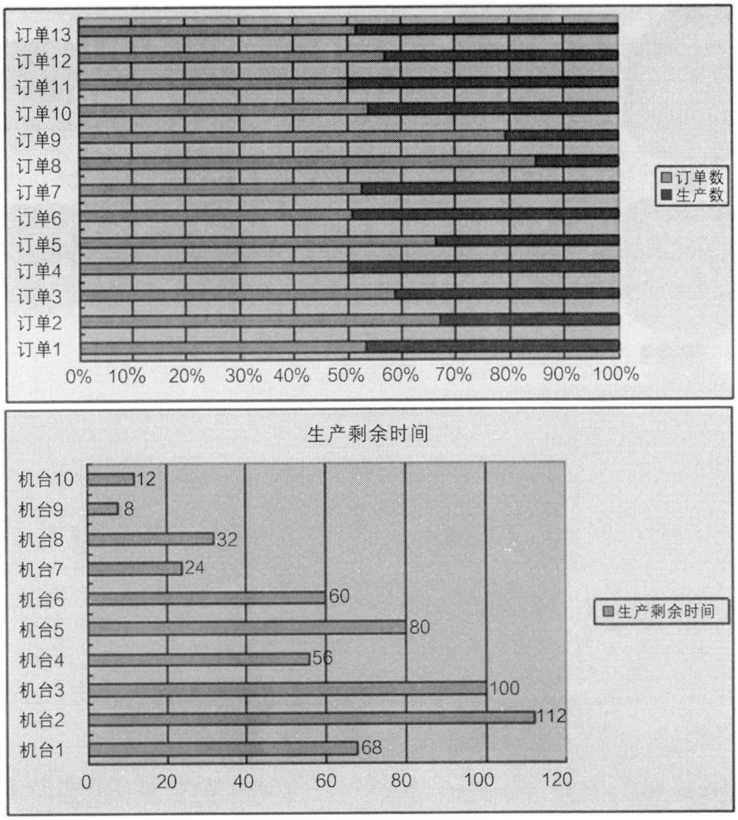

图5.37 订单进度图

集成统计过程控制（SPC）方法，利用系统化的方法对生产过程进行科学管理。通过对中间过程的化验数据和产品化验结果进行受控性分析，及时发现过程质量和产品质量是否有出现问题的征兆，预先采取措施避免发生质量事故。收集并记录在线的质量检验分析数据等质量信息记录，跟踪产品在加工过程中的质量状况，对质量偏移以及质量指标可控性进行指示和预警，以保证产品质量在可控范围之内，能够主动向相关人员提供质量改进的有关决策支持信息。实现质量追溯管理，将产品生产过程中质量影响因素与质量指标关联，快速查看指定查询条件下的质量分析过程。

（5）物料追溯

通过将PCS和MES结合，利用检测、控制、网络和计算机技术实现企业物料移动转化过程的信息记录，将生产过程的物料消耗、转化率、设备的运转信息集中存储，实现从原料投入到产品产出过程中物料移动和变化过程的信息记录和关联。通过与基础测控系统的集成，实现物料移动状态的自动判断，将物料移动过程附加时间戳，通过时间戳与来自其他功能模块的质量和数量数据关联，最终获得物料在生产移动过程的实时历史记录。

（6）自动统计和分析

按照规则自动生成各类统计报表，形成按照机台、品种、员工等各种形式的数据报表，其形式可根据用户的操作习惯进行定制。按照用工方式和工资核算方法自动统计岗位工作量。提供计划完成情况报警功能——根据车间下达的计划和实际完成情况进行跟踪报警，加强对生产进度的管理和控制。

（7）能耗管理和分析

实时监控采集设备的电压、电流、功率、功率因数、功耗分量分布状况，实现同类型设备的台时耗电、单位产品耗电等的各种比对，协助相关人员分析对比查找原因（人为因素、设备因素、电网质量因素、工艺因素），有针对性地进行改进，达到节能降耗的目的。提供各种功率变化曲线、功耗趋势曲线的综合分析，进而实现较为合理、及时的润滑保养周期，改善设备运行状况，延长设备寿命。能耗与品种和订单关联，为财务人员进行成本核算提供依据。

（8）与 ERP 的交互

MES 系统根据国家标准 GB/T 25485-2010 和 ISA-95 标准开发，具有与其他同样国际标准的软件及数据库无缝连接的接口服务，从而实现 MES 系统与 ERP 系统的数据交互。

2. 企业资源计划系统（ERP）

企业资源计划系统用于接收和管理外部订单，制定生产计划、物料需求计划并完成以财务为核心的业务管理功能，提供可靠的经营决策依据，提高企业决策效率和对市场变化的反应能力。包括营销与分销系统 SD、物料管理系统 MM、生产计划管理 PP、财务管理 FI、成本控制 CO 等主要功能模块，如图 5.38、图 5.39 所示。

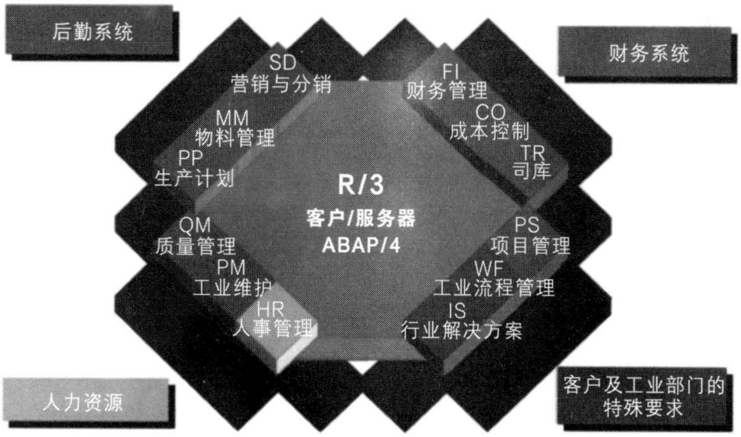

图 5.38 ERP 系统功能结构图

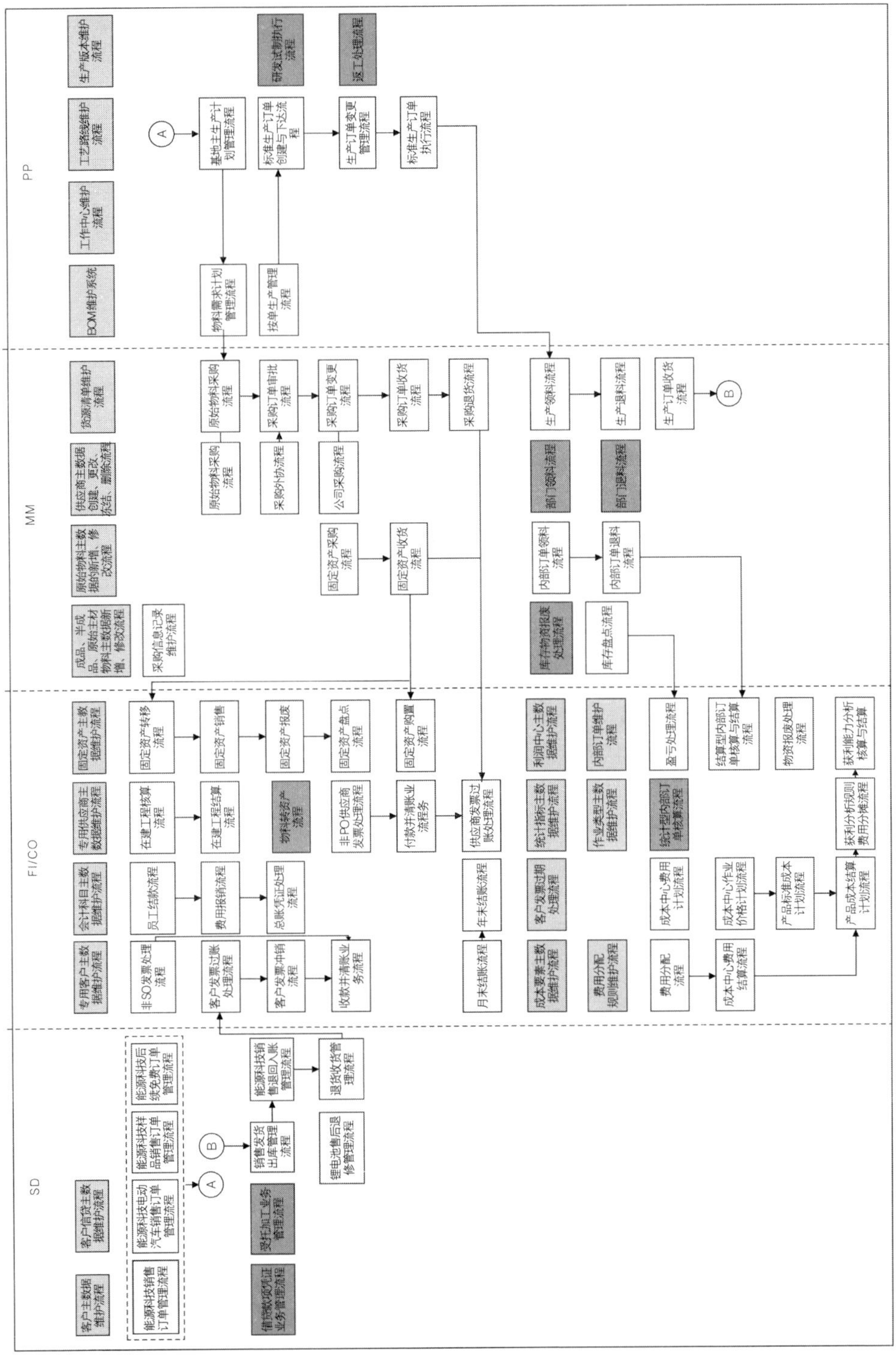

图 5.39　ERP 系统总流程图

（1）营销与分销系统 SD

实现销售计划编制与检查功能，通过产品核价实现产品价格自定义、订单价格报警和订单价格审批功能，并根据客户信息、产品报价进行合同评审；按销售订单组织货源和下达发货申请单，系统对合同生效、发货申请实行严格控制，从而对销售合同、发货申请、客户信誉、应收账款四大环节进行有效管控；同时通过自动采集销售数据，形成各种销售统计分析报表，实现对销售情况和业务员业绩进行考核的功能，为管理者提供决策依据。销售处理流程如图 5.40 所示。

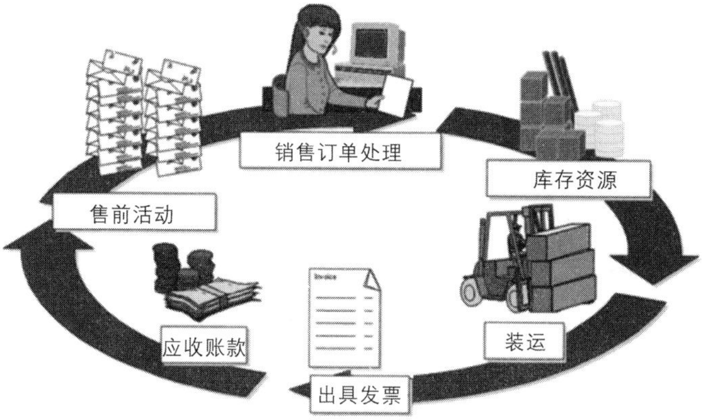

图 5.40　销售处理过程图

（2）物料管理系统 MM

采购管理系统任务来源于生产计划和工场作业对原料、机物料等物料的需求计划。采购管理是对需求计划、采购计划、采购比价、采购合同、到货检验、入库、付款等全过程的管理，与生产计划管理、仓储管理、工场作业管理集成，实现对采购物流的计划与控制，如图 5.41 所示。

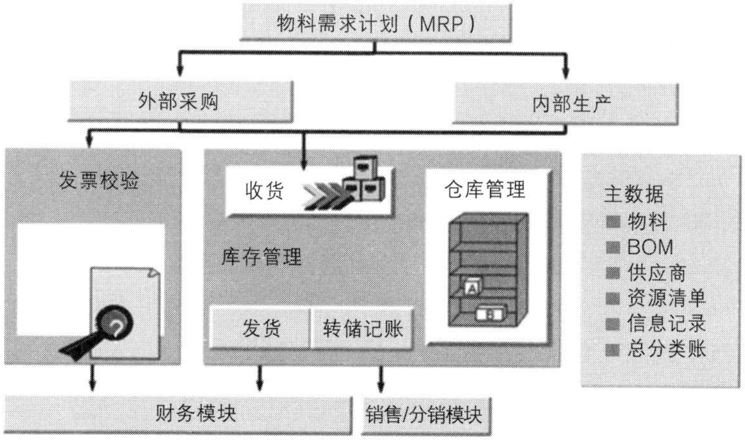

图 5.41　物料管理系统构成图

（3）生产计划管理 PP

首先对企业所面对的各种不同的需求，以合适的方式录入系统，之后根据不同生产模式所确定的计划策略进行需求的相关计算，得到准确的需求信息。针对不同的生产模式，采用更加合理的计划安排方法，用以指导生产和采购。设计各种特殊的计划策略用于满足工厂不同的计划要求：面向库存生产（Make-to-Stock）、面向销售订单生产（Make-to-Order）、面向销售订单组装（Assemble-to-Order）。MRP 计算计划订单的批量后，计算计划订单的开始和结束日期，作为计划订单的基本日期。根据客户订单或计划独立需求的要求日期确定成品计划订单的结束日期。根据成品计划订单的开始日期确定装配计划订单的结束日期。MRP 根据物料主数据或工艺路线的前导时间信息逆推确定每个订单的开始日期。生产计划相关流程如图 5.42 ~ 图 5.45 所示。

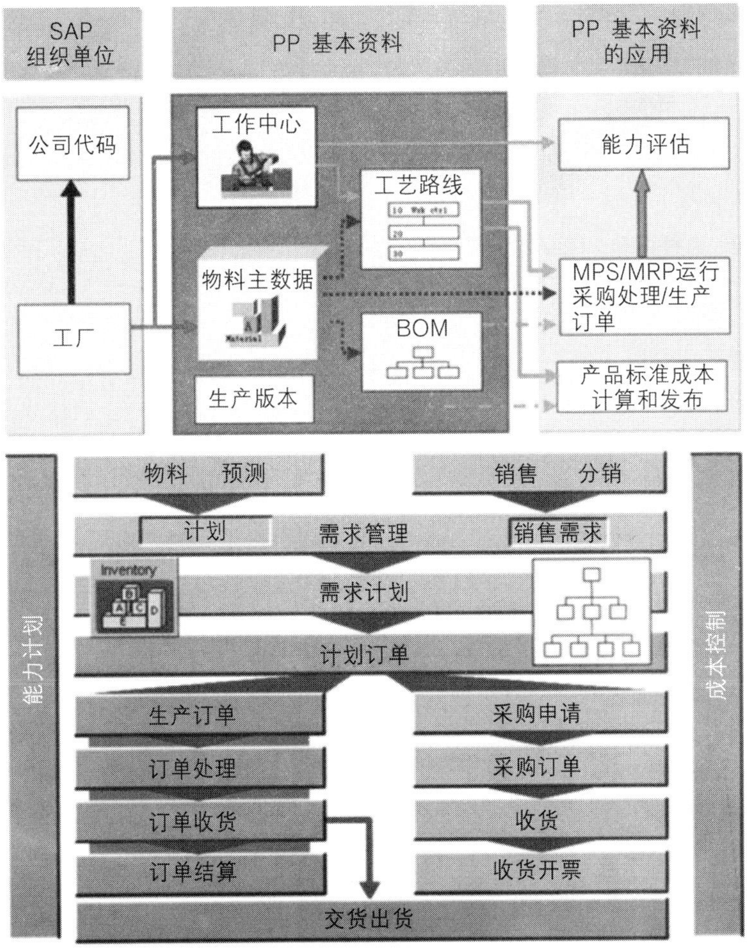

图 5.42　生产计划集成图

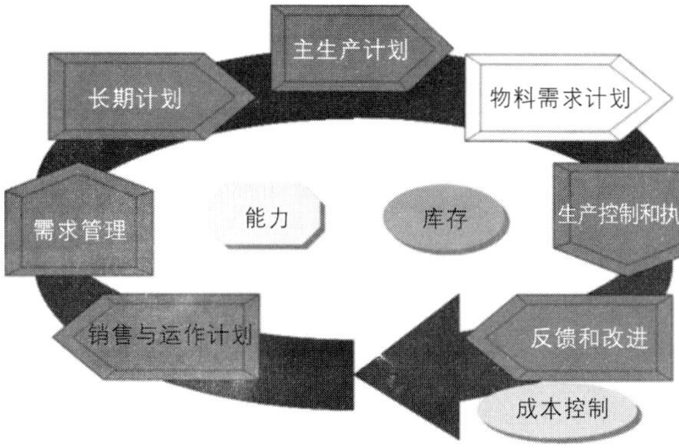

图 5.43　物料需求计划图

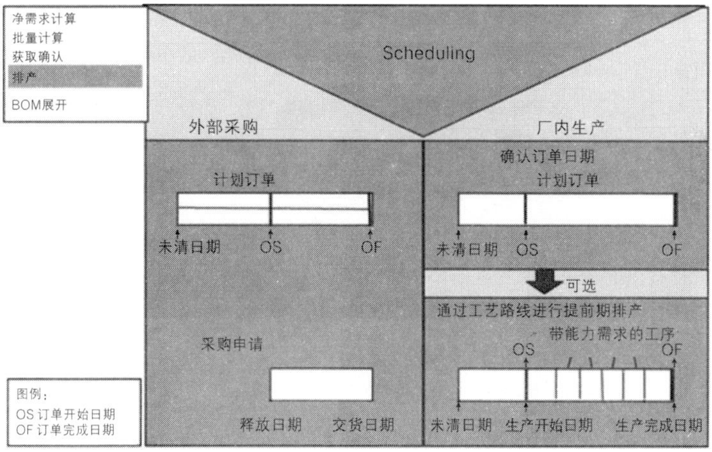

图 5.44　MRP 排产图

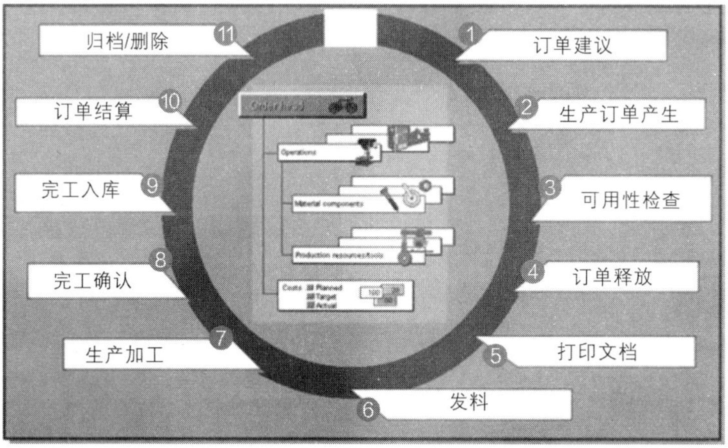

图 5.45　生产订单处理流程图

（4）财务管理 FI

将采购、库存、生产、销售与资产、物料、费用、收入、成本集成，管理费用、生产成本、获利能力集成在一起，加强各部门、各系统之间的信息沟通能力，全面、及时、准确地掌握生产、销售、存货、费用以及客户、供应商的信息，满足管理层及时掌握生产经营的运行状况。财务管理系统如图 5.46 所示。

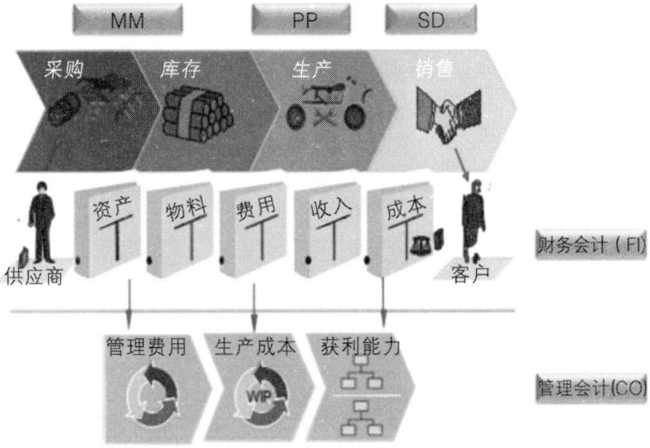

图 5.46 财务管理系统构成图

集成前端业务信息流实时产生会计凭证，实现企业人、财、物的企业全面管理，产、供、销的全流程管控，减轻财务核算的工作量，同时规范财务的业务处理流程。明确能源科技需要改进的业务流，规范现有业务如应收、应付、总账、固定资产等处理流程。明确组织结构、业务范围、部门、岗位职责、操作模式和标准。明确业务关系、控制点和关键主数据，通过系统设置的有效控制点进行制约，充分考虑成本效益原则。

（5）成本控制 CO

建立标准成本体系，建立统一的成本中心层次体系。标准成本体系是指围绕标准成本的相关指标（如消耗定额、工价、费价等）而设计的，将成本的预测、核算以及分析功能有机结合而形成的一种成本控制系统。主要包括：成本标准的制定、成本差异揭示及分析、成本差异的账务处理三部分。标准耗量通过物料清单 BOM 维护，标准价格也以直接维护在物料主数据中，计划作业价格和标准作业量将区分“直接人工”、“电费、蒸汽”和“制造费用”三种作业类型分别核算。引入作业量概念，在差异揭示与分析时可以同时分析量差和价差。成本控制相关流程如图 5.47 ~图 5.49 所示。

3. MES 系统与 ERP 系统的协同与集成

MES 采用当前精确数据对生产活动进行初始化，及时引导、响应和报告工厂的

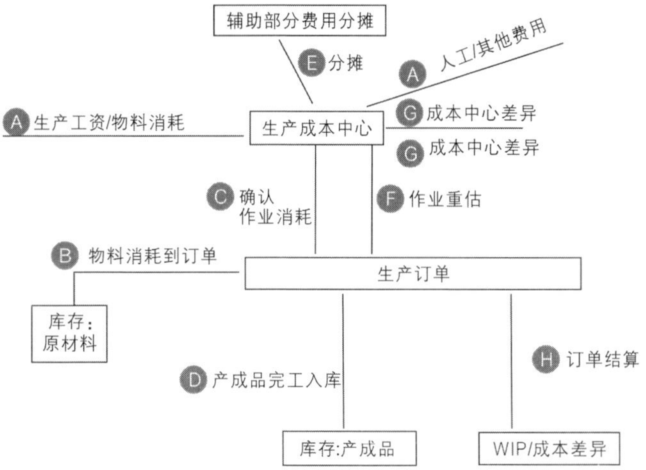

图 5.47 成本分解图

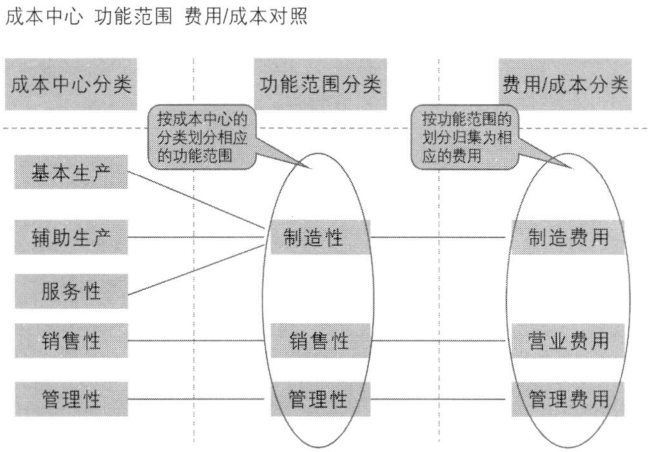

图 5.48 成本中心图

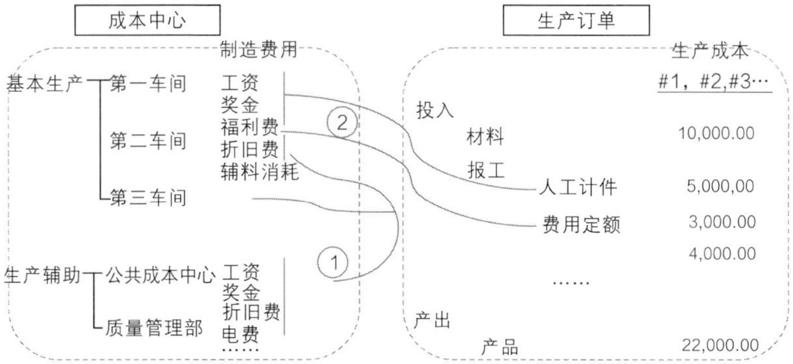

图 5.49 成本与生产订单关联图

活动，然后反馈给 ERP 生产模块，ERP 将企业的生产、库存、财务、客户、销售等层面集合在一起，对随时可能发生变化的生产状态和条件做出快速反应，用科学的方法和流程化的模式，实现企业“产销一体化”和“管控一体化”的信息化目标。

通过流程把 MES 和 ERP 集成到一起，使 ERP 与 MES 一起构成计划、控制、反馈、调整的完整闭环系统，通过接口进行计划、命令的传递和实绩的接收，使生产计划、控制指令、实绩信息在整个 ERP、MES 过程控制系统基础自动化的体系中透明、及时、顺畅地交互传递。

4. 生产过程大数据分析

针对动力电池生产过程中不断产生的海量结构化和非结构化数据，建立大数据分析平台，实现数据分布式存储、快速访问和深度分析，为企业对电池生产过程的深入量化分析，挖掘非显见的改进生产效能的知识，开展质量分析和管控决策，为实现生产设备的状态预测、故障预警及维护等提供技术支撑。

采用 Spark 作为大数据分析处理的计算框架，集成 Hadoop 的分布式文件系统 HDFS，通过 Spark 的内存计算实现电池生产海量数据的快速分析、处理和可视化，通过大数据分析平台支撑动力电池生产过程智能化分析与生产决策，系统框架如图 5.50 所示。

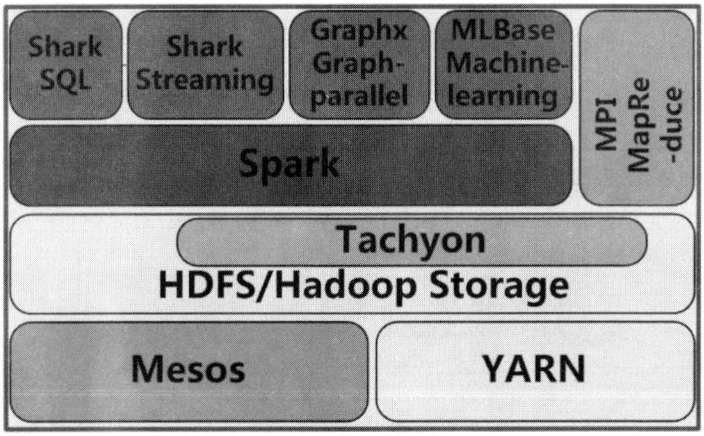

图 5.50 大数据系统框架图

动力电池生产过程大数据分析包括以下功能：

1）结合产品生产工艺流程，建立原料经不同工序直到最终产品生产过程全流程的质量跟踪。

2）辅助用户对质量进行跟踪分析，对产品质量出现的问题追踪溯源，通过分析报告，为用户提供质量问题的可能原因，方便用户做进一步分析。

3）根据原料、工艺、设备、生产操作等方面，采用自主研发的搜索技术，自动搜索、分析影响产品质量的原因，对问题进行定位。

4）采用自主研发的故障识别方法，对原料、工艺、设备、生产操作方面出现的故障进行判别并做出提示。

5）支持多种逻辑推导计算模式，实现对生产流程中各节点的工艺数据及质量数据的跟踪分析。

6）支持时间轴漂移模式，可设置各节点之间的时间漂移量，消除产品在生产过程中经过各节点所产生的时间差，保证分析数据的准确性。

5. 智能生产控制中心

智能生产控制中心是“人”与“智能化生产系统”的信息集成交互中心，以易于理解的、可视化和形象化方式展示企业全方位动态信息。通过详尽的指标体系，实时反映企业的运行状态，使企业高层管理人员能及时、准确地把握和调整企业运营。通过对市场需求、客户反馈信息以及生产过程的设备、物流、质量、产量等海量数据的自动分析和处理，辅助制定生产经营决策，下达生产指令，调度指挥异常生产事件的解决过程，驱动企业的业务流程和加工制造过程更加快速、高效地适应和响应复杂多变的订单，实现低成本、高质量的电池生产。

动力电池管控中心运用现代信息网络、数字技术和专家系统，实现电池生产过程工艺参数的在线监测、数据显示、集中控制和网络监控，实现对每个工序和作业点的可视化监控，真正做到连通和驾驭所有功能强大的工艺流程网络信息化管理系统。同时系统可以将实时数据传递、集成和分析，以数据分析反向指导生产管理，实现集生产状态远程监控、产量报表自动生成、质量数据实时监视、订单实时跟踪、无缝集成 ERP 系统等功能为一体的管理平台，整体上实现生产过程透明化、车间管理精细化，全面提升企业管理水平。

新能源汽车智能工厂标准体系

1. 工艺知识分类和编码规范

开展工艺知识分类和编码规范研究，对工艺知识的分类方法、分类原则和分类体系模型等内容进行研究，在分类体系的基础上，制订分类编码的原则和具体的编码方案等内容的标准规范。工艺知识分类体系如图 5. 51 所示。

2. 工艺知识表达规范研究

制造企业的工艺知识一般有下述几种存在形式：以工艺文件形式存在的工艺知识，包括各种工艺卡片、技术文件等以纸张、书本为载体的工艺知识；以电子文档形式存在的工艺知识，包括各种结构化和半结构化的文档等所有以计算机存储器为载体的工艺知识；物化在机械产品上的工艺知识，如产品的外观、内部构造、操作性能等；体现在员工头脑中的工艺知识，如诀窍、操作技能等。

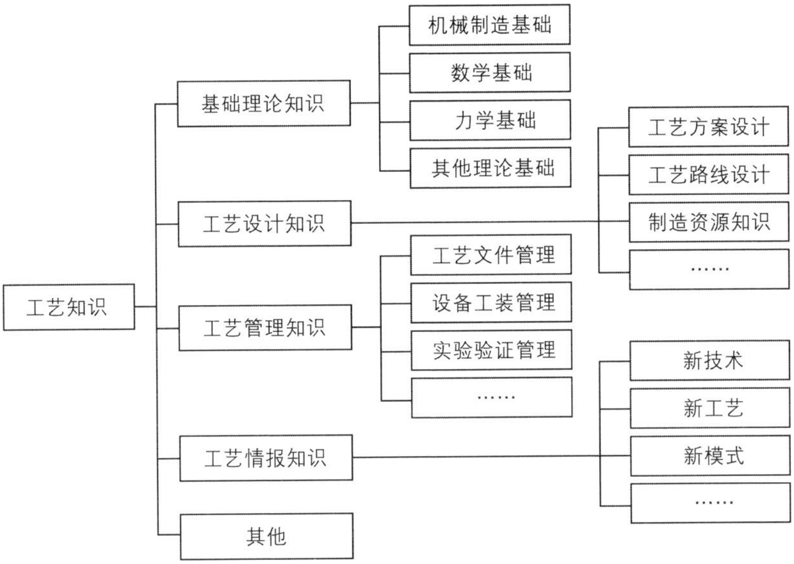

图 5.51 工艺知识分类体系

工艺知识表达是建立工艺知识管理系统的关键技术之一，也是智能制造环境建模的支撑技术。知识表示方法主要包括谓词逻辑表示方法、产生式规则方法、框架方法、语义网络方法、过程模式方法等。针对应用于智能制造领域的工艺知识的描述和表达方法等内容进行研究，制订应用于智能制造领域的工艺知识描述与表达等内容的标准规范。

3. 智能制造运行管理关键绩效指标标准规范

智能制造是建立在 CPS、物联网等技术之上，基于海量实时生产数据的获取，实现智能化的数据分析和知识发现。基于对现实信息的分析、判断和评价以及历史数据的分析和统计，对智能制造运行管理的评价体系进行研究，实现对智能制造运行状态和效率的分析及评估。

（1）基于关键性能指标的智能制造运行管理评估体系研究

按照时间、数量和质量等三种类型详细分析关键性能指标的基础要素和数据来源，提出适用于智能制造运行管理的评估体系结构，如图 5.52 所示。

（2）关键性能指标模板的规范化研究

标准化的关键性能指标模板模型如表 5.1 所示。该模板模型细化了关键性能指标的各种要素，规范地描述关键性能指标的定义、公式和属性，保证关键性能指标内容的完整性、数据的可追溯性、定义的规范性以及应用的可实现性。

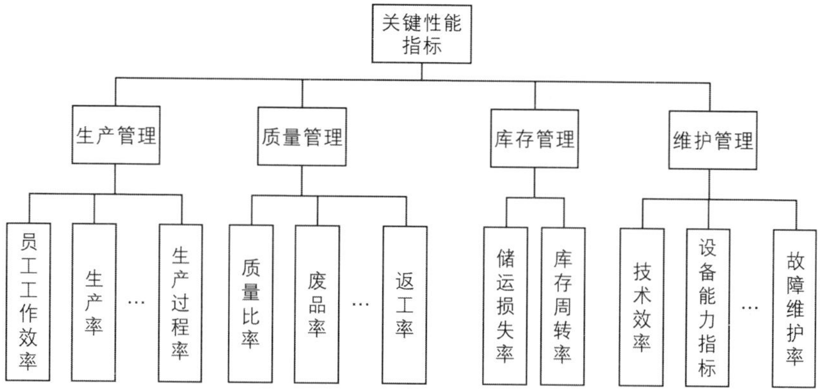

图 5.52 智能制造运行管理评估体系结构

表 5.1 关键绩效指标定义模板

名称/标题索引	定义关键性能指标的名称
	描述
效益/应用	使用该 KPI 得到收益的简要说明，包括应用和使用结果
检测时间	KPI 可以按照按需、定期、定时等方式进行检测
	定义及计算
公式	基于定义的 KPI 属性制定的 KPI 计算公式
单位/尺寸	描述 KPI 的具体单位
评价标准	根据实际要求确定的 KPI 的上下限和应用趋势
分析/向下钻取	深入分析 KPI 的评估对象和数据来源
	备注
说明/注解	对涉及的相关定义详细说明
目标用户	使用该 KPI 的用户群

(3) 典型关键性能指标提取

在智能制造运行管理关键性能指标体系建设过程中，根据制造企业的实际应用经验，列举制造执行系统涉及的生产、质量、维护、库存、能源等运行活动关注的典型关键性能指标，并分析其异同性，形成关键性能指标集合，该性能指标集合体现企业生产制造过程中的目标和关键成功因素，覆盖运行数据、设备数据、质量数据和工作时间数据等，为企业的生产制造过程提供基准和参照。可用于指导智能制造运行管理系统及其组件的设计，分析和评价企业制造执行的状况，为其他功能（如跟踪、调度等）提供支撑，并指导其优化。

项目总结

本项目针对新能源汽车动力电池的制造过程，以动力电池生产过程自动化、信息化和智能化为手段，通过开发锂电池生产系列软件，包括设计与工艺仿真、PDM、PLM、制造执行系统MES、企业资源计划系统ERP等软件实现动力电池产品优化设计和生产过程高效管控，解决生产全流程物料跟踪、质量追溯等核心问题。在获取电池生产过程数据的基础上，建立新能源汽车动力电池生产大数据分析平台，开发大数据的智能化分析与决策支持方法，增强对电池生产数据的处理能力，挖掘非显见的生产知识，实现整个生产的智能化制造。

实操案例：流程型智能制造新模式在乳制品智能制造中的应用

傅建中

质量安全始终是乳制品行业发展的基石，乳制品对于消费者而言，1% 的不合格就是 100% 的不合格。建立国际先进的乳制品智能工厂以及乳制品全生命周期质量追溯系统，是实现每一份产品安全、优质、高效到达消费者手中的基础保障，是强化乳制品质量水平，提振消费者信心的重要手段。

本项目采用新一代装箱机器人、新一代码垛机器人、新一代缠绕机器人、智能物流成套装备、生产过程管控系统、全生命周期质量追溯系统以及自主研发配方管理系统等数十种安全可控核心智能制造装备和软件，实现乳制品工厂制造装备升级、信息互联互通的智能工厂建设，打造乳制品流程型智能制造新模式。

工厂总体设计、 工艺流程及布局数字化建模

数字化乳制品生产工厂模型如图 5. 53 所示。建立液态奶数字化工厂，实现从收

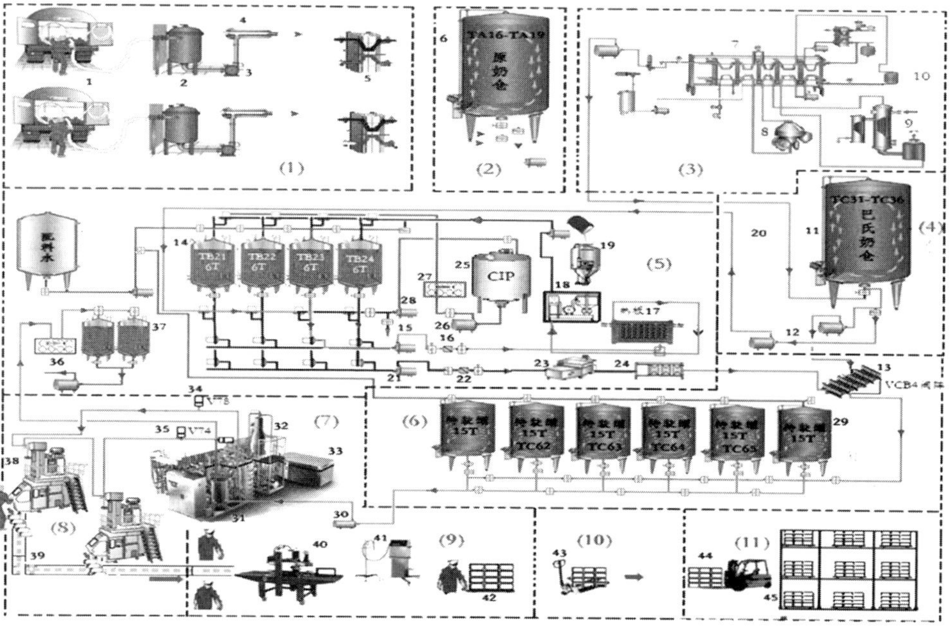

图 5. 53　数字化乳制品生产工厂模型图

奶到产品入/出库所有流程环节由中央控制系统控制、总体设计和数字化建模。整个生产工艺流程主要包括：收奶系统（包括：原奶过磅→原奶检验→过滤→储存）→标准化系统（包括：净乳→标准化→巴氏杀菌→储存）→UHT灭菌工艺段（包括：脱气→均质→预保温→UHT灭菌）→无菌输送→无菌灌装→喷码→全自动二次包装（包括：贴管→装箱）→码垛→检测合格→出厂的工艺流程和数字化建模。

工厂互联互通网络与产品信息模型构建

基于在线二维码采集系统装备实现产品信息模型构建与工厂互联互通，如图5.54所示。采用云计算技术，结合计算机软件技术、互联网技术、自动识别技术、信息加密技术等，基于一物一码基本原理为每件乳制品建立唯一的“身份标识”，实现对产品信息流的监管和控制、防伪防窜管理以及最终的消费者管理等全方位、立体化的管理系统。建立全生命周期的数据积累，为工厂实现产品信息模型构建和原奶全流程制造环节、产品全流程流通环节互联互通，为乳品提供可溯功能保障。

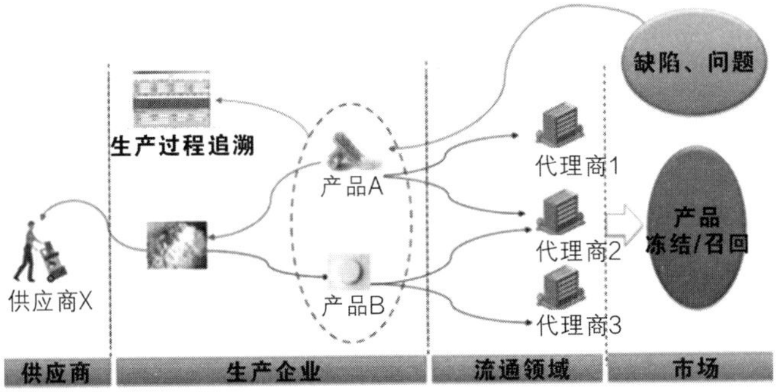

图5.54　乳制品二维码采集系统信息图

建立三层应用体系TTS系统，对物品的全生命周期追踪管理，支持生产、流通、仓储、使用、消费等各环节的良好互动，保证信息交互与共享，使各个环节成为统一的整体，如图5.55所示。

工厂生产流程实时数据采集与可视化

基于视觉（OCR）传感器采集系统装备实现数据采集与可视化，如图5.56所示。采用OCR识别传感器采集系统装备自动提取相应数据，减轻操作的重复性及烦琐性。通过扫描仪将图像输入给计算机，然后由计算机提取出每个字符的信息，准确率可达99%。

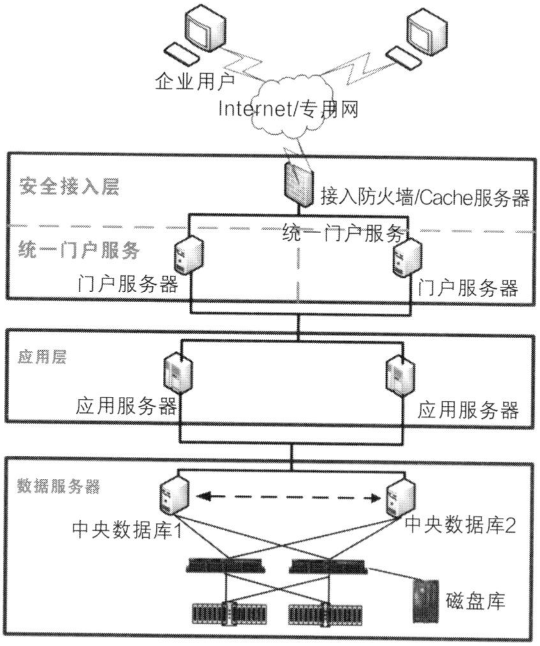

图 5.55 TTS 网络布局图

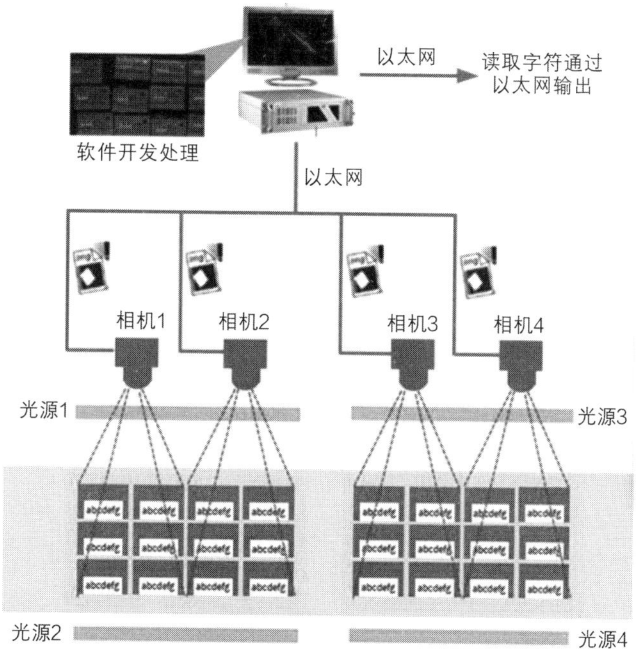

图 5.56 产品数据采集与回传模式图

工厂现场数据与生产管理软件信息集成

基于条码采集系统装备实现物料信息与生产管理信息集成，如图 5.57、图 5.58 所示。通过条码采集系统装备对已赋码产品进行逐级关联，实现单品到大箱至托盘建立最小包装到最大包装的多级关联关系，只需获取产品生命周期内任何一个数据采集点信息，即可进行正向逆向的追踪追溯查询，获得相应产品的仓储及物流信息，实现管理信息的集成。

条码采集系统建立在 Windows 平台上，包括生产计划模块、信息采集模块和物流数据跟踪模块。其中信息采集模块主要用于生成、打印、扫描条码，记录产品加工过程的详细信息，包括基础信息维护、条码打印与扫描和条码信息查询与统计三个子模块。信息的采集与跟踪实现过程如下：

1）在生产线的前段，根据主控计算机发出的生产信息，生成条码。

2）将包装条码与产品进行逐级关联。

3）对条码进行数据采集，保存产品各阶段的转运信息。

4）针对产品进行溯源，保证对任意时间节点都可进行双向查询。

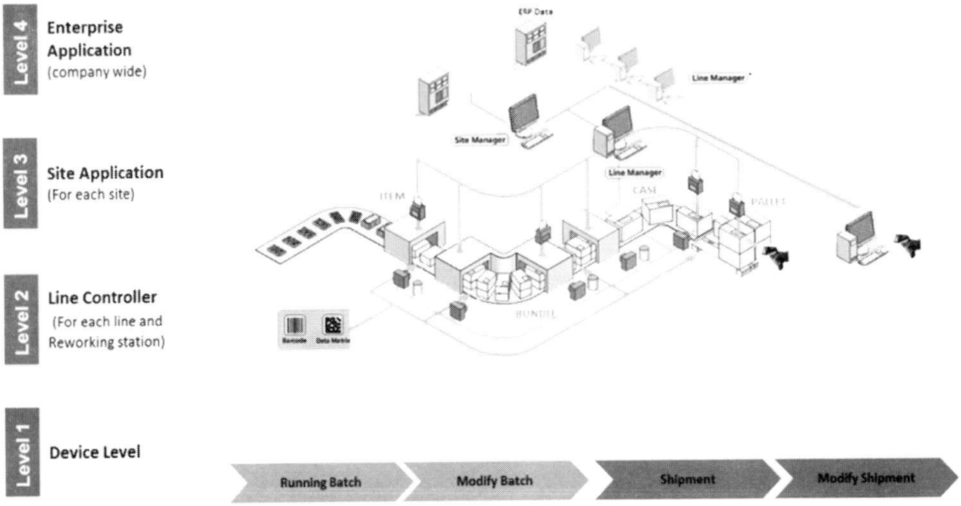

图 5.57 条码采集系统运营模式图

车间物流工艺在线仿真与优化

基于乳品车间物流智能化成套装备的物流工艺在线模拟与优化，打通产品出厂到流通环节的物流工艺在线模拟和优化调整，提高发货速度。通过对车间物流智能化成套装备的路径规划模拟、堵塞优化，确保智能物流系统能够高效执行搬运作业

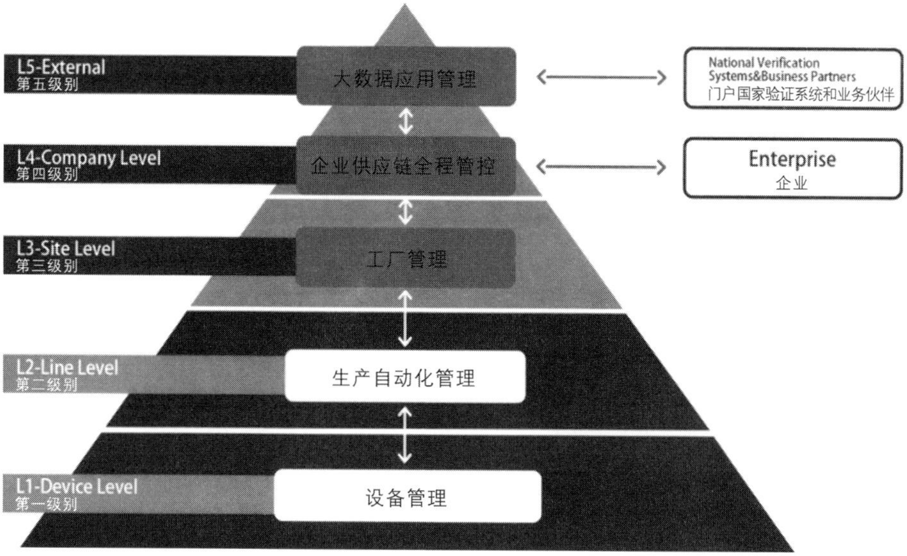

图 5.58 物料信息与企业管理运营模式图

任务、实时监控系统运行状态、控制设备自动充电、故障诊断以及对外数据交互功能等。车间物流智能化成套装备包括 AGV 控制管理系统，AGV 车载控制系统，AGV 自动导引车，车载安全防护系统，在线自动充电系统，AGV 监控信息系统，如图 5.59 所示。

车间制造执行系统（MES）与企业资源计划系统（ERP）协调与集成

基于实时数据采集系统实现 MES 系统与 ERP 系统协同与集成，实现乳制品智能化生产，提高人均劳动效率。在生产执行过程中，制造过程信息采集与分析模块主要是将现场实时采集到的制造过程信息以及经过分析处理后的相关信息提供给 MES 系统中的制造过程监控模块和工艺在线应用模块，并将工艺在线应用模块中获得的工艺作业指导信息通过现场终端动态展示给操作者进行作业指导，同时将监控模块中需要展示的开工状态、制造资源状态、计划状态、任务执行进度等信息通过电子看板或车间大屏幕动态展示。生产过程信息采集与分析模块通过计划的执行，将采集的生产进度信息经过分析处理后提供给企业资源管理系统（ERP），以便在企业层面进行系统优化。

1. 乳制品流程型智能制造信息系统架构

以生产计划为主线、生产过程动态质量管控为重点，与企业资源计划 ERP、高级排程 APS、仓储管理 WMS、原奶收奶、化验系统、车间层控制系统 PLC 集成一体化系统，如图 5.60 所示。

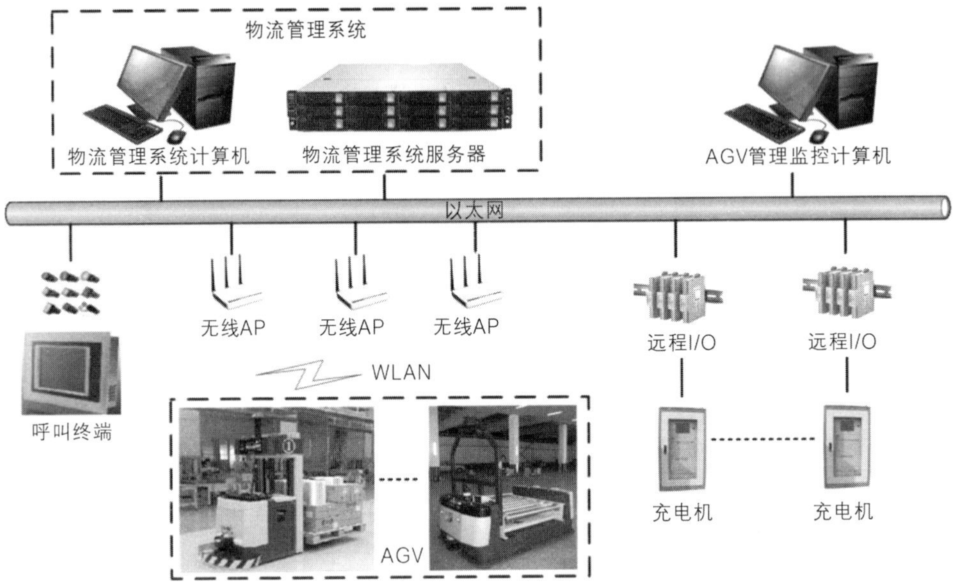

图 5.59 自动导引运输车 AGV 系统网络拓扑图

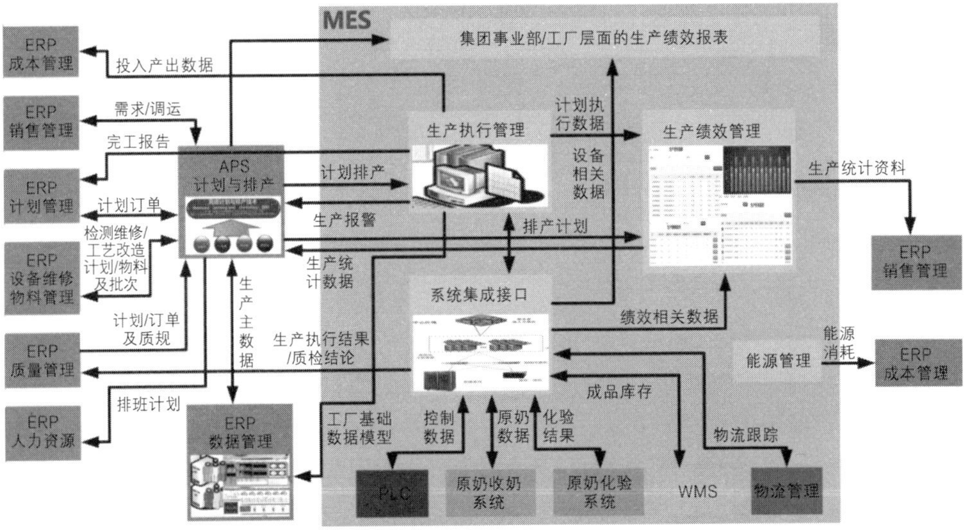

图 5.60 乳制品流程型智能制造系统架构图

2. 云服务平台

采用云服务模式，在集团建立统一的云服务应用中心，在事业部层面建立事业部级的管理平台，对下设各分（子）公司、厂产生的运营数据做统一的管理、分析和决策。各分（子）公司、厂作为生产管控系统的子用户建立工厂级管理平台，可实现对制造现场生产数据实时监控、分析及改善。为整个产业链提供覆盖全流通的平台，让企业上下游环节享受到流向追踪、产品防伪、产品防窜、渠道管理、分销管理以及消费者管理等诸多服务，如图 5. 61 所示。

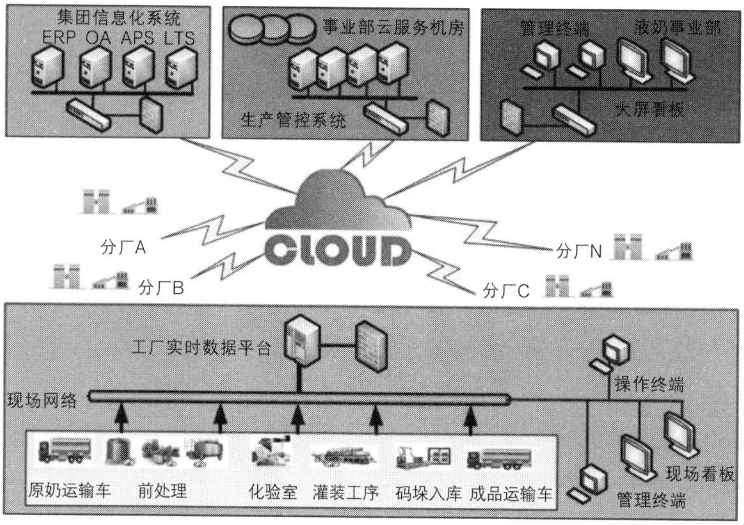

图 5. 61 云服务信息系统平台架构

3. 生产管控系统

生产管控系统架构如图 5. 62 所示，对现场生产、质量、设备运行等进行管控，实现数据统一规范的管理。

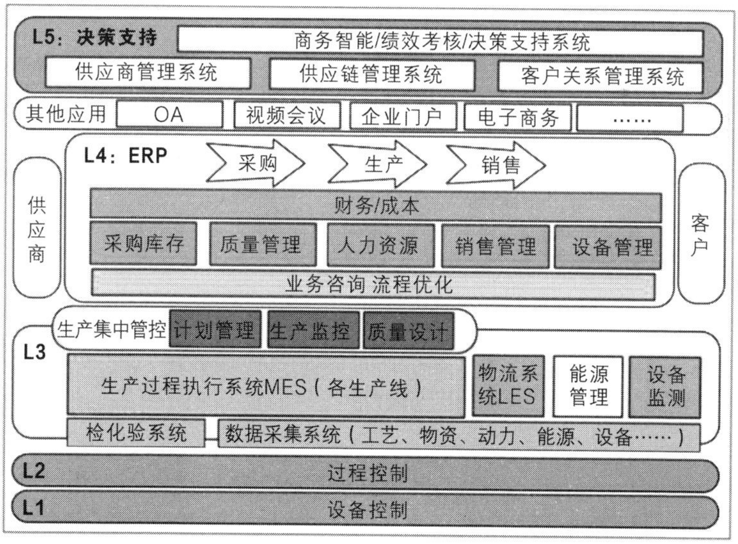

图 5. 62 生产管控系统功能图

4. 数据采集平台

现场统一的数据采集平台是整个生产管控信息化系统的基础，将各分厂、工序、设备的生产、过程、工艺、设备、质量、成本等实时数据收集和归并后，存入各分厂的实时数据库中，再根据生产管控应用系统的需要，将现场数据上传到云服务平台，如图 5.63 所示。

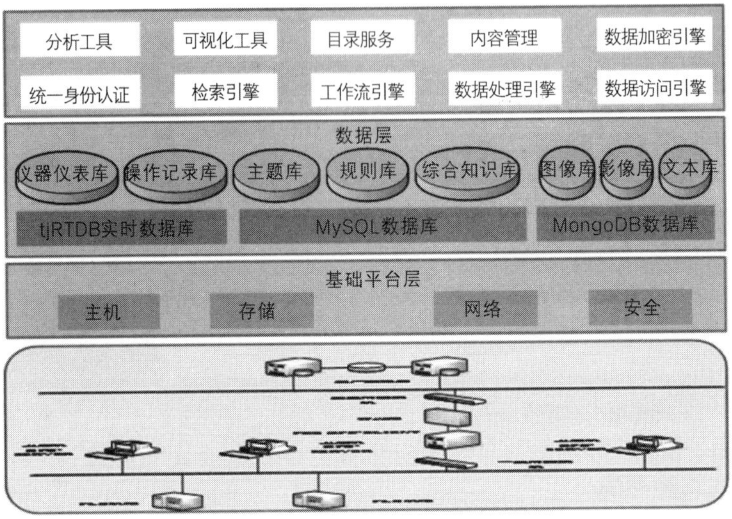

图 5.63 数据采集平台架构图

5. 生产管控整体业务流与信息流

生产管控整体业务流、信息流，如图 5.64 所示。基于工厂生产运行管理从奶源、生产计划、生产配方、生产物料准备与供给、生产设备运行到对应人员的定岗定职。一方面是即时管理生产状况，另一方面为决策生产运维，确保乳品有效生产提供高效保障。

乳制品流程型智能制造系统智能功能

通过乳制品工厂总体设计、工艺流程及布局数字化建模，工厂互联互通网络建构与信息模型，生产流程实时数据采集与可视化，现场数据与生产管理软件信息集成，车间制造执行系统（MES）和企业资源计划系统（ERP）协同与集成，实现乳制品智能制造系统五大智能功能：

1）构建乳制品制造管理平台，提供实时可视化数据管理与分析。

2）建立质量追溯平台，实现产品端到端全过程信息可视化、可追溯。

3）支持集团层面战略决策平台，完善企业资源管理、客户管理、仓储管理等系统。

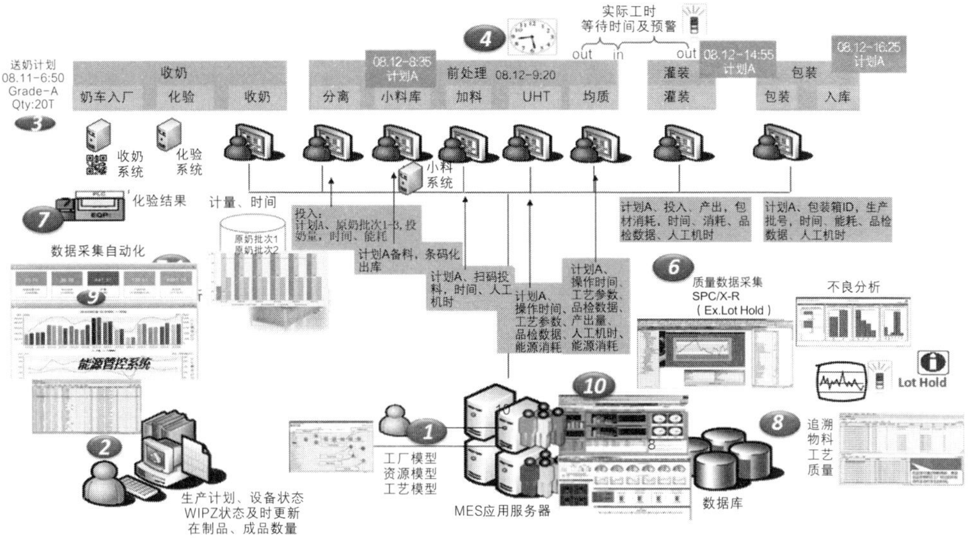

图 5.64 生产管控业务流、信息流图

4）建立生产管理控制平台，对现场生产、质量、设备运行等进行管控，实现数据统一规范的管理。

5）建立制造现场的数据采集平台，实现对现场数据的实时采集和归集。

乳制品流程型智能制造系统功能分解环节互联互通、协同工作实现五大智能功能，如图 5.65 所示。

图 5.65 乳制品流程型智能制造系统智能功能分解环节

1. 生产排产

通过 APS 高级排产系统的实施和投运，各分厂从接收到主生产计划开始，组织和协调各自分厂的原辅料、包材的需求计划的制定和提交，并通过现场生产工艺、设备运行、质检数据的实时采集和处理，实现生产过程的透明可控，为生产计划、

CIP计划与设备检修计划的协调和配合提供数据参考，在最终实现按期、按质、按量完成计划的前提下，最大化地发挥设备产能、降低消耗。主要包括：

1）计划排程　接收APS下发的工厂周、日滚动生产计划，根据可视化的各产线工序设备的生产状况及品种、检修、清洗要求等，参考设备的检修计划后，根据规则自动生成各产线工序的品种生产计划和清洗、包装计划。

2）备料准备　根据工序主要计划的安排，提前进行各类辅料的备料、配料准备工作，并反馈备料结果。

3）计划执行跟踪和调整　收集各产线工序的生产实际数据，进行计划执行的跟踪，当出现紧急情况时，及时根据系统的信息和现状，进行计划的调整和变更。

4）计划完工　计划执行完毕后，将按计划的投入和产出进行归集，进行计划完工处理。

2. 工艺控制

建立工艺规程及操作规范数据库的目的是：系统实施后，规范现场的各项操作和生产，相关标准和数据随作业计划下发至各个岗位，实现工厂范围内的规范化和标准化管理。主要包括：

1）工艺配方管理　接收产品研究院的产品配方数据，进行单项加密处理。

2）工艺规范、文件管理　接收工艺设计文件及规范管理，相关工艺要求随作业计划下发工序执行。

3）工艺操作规范管理　提供配比计划制定、审批、下达功能，并跟踪计划执行状态。

4）工艺数据反馈　提供已执行配料计划的配料实绩整理功能，跟踪计划执行情况。

5）工艺流程和指标的改进、完善　根据长期的工艺参数、指标的跟踪和流程数据的分析、比对，进行工艺参数和流程的优化和改进。

3. 设备管理

1）设备基础数据管理　设备基础数据、BOM树、设备资料、图纸等。

2）定检修计划管理　根据设备要求和工艺要求制定的定检修计划。

3）设备点检管理　根据定检修计划形成点检计划和内容，形成点检任务单，指派点检员，接收点检结果和报警。

4）备品备件管理　备件的采购申请、库存、入库、领用、返修、报废等。

5）设备状态数据采集　通过与各分厂的实时数采平台的接口，采集事业部各分厂的主要设备的运行状态和运行参数数据。

6）监视设备运行状态　通过现场设备运行参数的采集，监视设备运行状态，进行故障及停机报警提示，记录故障和停机事件。

7）设备效率分析　统计各分厂主要生产设备的开停机时间（包括设备全局效率、时间利用率、性能开动率、速度损失、合格率、废次品率、停机时间柏拉图、人工工时效率、人工工时利用率、平均无故障时间、平均维修时间等）。

4. 生产报表

平台提供集成的报表工具可方便地实现：

1）提供可视化的报表设计器，通过设计界面上的拖拽，可以轻松地进行各种报表的设计。

2）可灵活进行风格的设置、数据集的定义、数据的绑定、分组、排序、过滤、条件风格等各种报表设计功能。

3）系统根据数采平台收集的现场数据，根据设定的报表时间，自动生成对应的各类报表。

5. 质量控制

系统实现从原奶接收开始，前处理（分离、小料库、配料、UHT、均质）、灌装、包装、配送等全流程的质量管控，主要内容包括：质量标准管理、原奶原辅料的质检、在制品的质检，生成过程工艺参数、CIP 清洗检查、成品检验等数据的采集和自动判定，不合格品处理、检验报告、合格证、放行证管理。乳制品品质全流程管控如图 5. 66 所示。质量控制的方式如下：

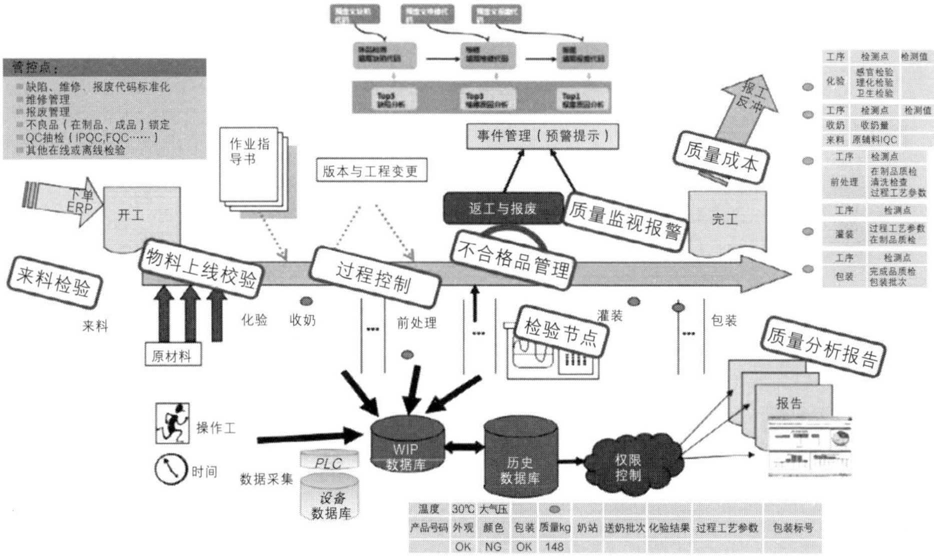

图 5. 66　乳制品品质全流程管控图

1）质量标准管理生产全过程的质量标准、文档、资料管理。

2）质量过程管理全过程质量工艺参数的收集、监测和报警提示、分析管理。

3）质量检验和判定管理全过程的质量检验委托、检验、判定、结果数据管理。

4）不良品管理不良品质量封闭、追溯、数据分析、责任认定管理。

5）质量合格证管理现场产成品的检验报告、合格证、放行单管理。

6）质量年检管理支持企业质量年检的质量规范、措施、实绩质量数据、质量报表等。

7）质量数据统计、分析、KPI 指标管理。

6. 产品溯源

系统实现从原奶接收开始、前处理（分离、小料库、加料、UHT、均质）、灌装、包装、配送等全流程的质量管控，主要内容包括：原奶原辅料的质检、在制品的质检、生成过程工艺参数、CIP 清洗检查、成品检验等数据的采集和自动判定。实现原奶、原辅料、包材的批次管理，实现产成品质量全流程的批次追溯，如图 5.67 所示。全过程溯源的方式如下：

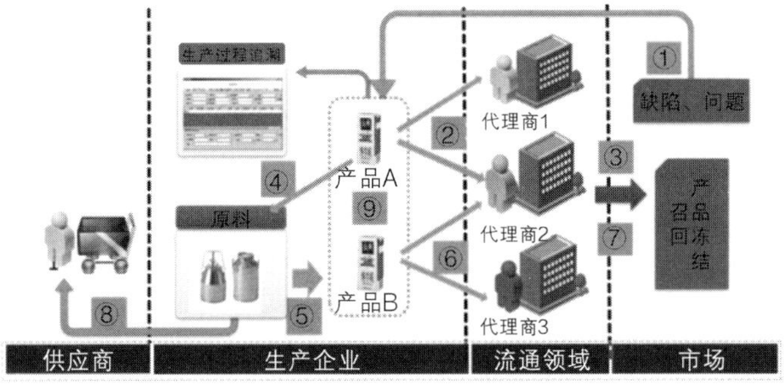

图 5.67 乳制品质量追溯智能化方案

1）计划批次跟踪生产厂、时间、箱码→包装线（班组、时间、包材辅材）→灌装线（班组、包材、时间等）→前处理（班组、时间、小料批次）→原奶罐（收奶信息等）→奶源（送奶质量等级、时间、化验结果等）。

2）跟踪内容产线、班组、工艺参数、设备运行参数、质量检验数据、奶源、原奶化验数据、原奶批次、小料批次、包材批次。

7. 能源管理

能源管理以能效管理为目标，以能源分析为基础，以能源优化调度为手段，根据公司生产用能结构，利用网络和服务器资源，对厂区的用电、用水、蒸汽等各分类能耗数据进行采集、处理。依据处理后的数据直观地看出系统各层次、各阶段以及各区域的能耗情况等重要的能源介质的实时监控、能源单项、综合指标分析、能源成本分析、能源控制水平评价、能源优化调度、能耗预测指导等情况，实现由工序能源效率关注到系统能源效率关注的实质性转变，从而达到节能、减排的目的。

8. 绩效管理

系统可根据用户标准，自动生成生产、质量、成本、设备等 KPI 指标，并可按分厂、工序、班组分类进行绩效指标的统计，提供大量的各类图表、仪表盘进行指标和结果的展示。

乳制品流程型智能制造模式成效显著

本项目通过对工厂总体设计、工艺流程及布局数字化建模，建立工厂互联互通网络架构与信息模型，实现奶制品生产工艺仿真与优化，全面架构公司产品质量追溯体系、产品业务创新体系，实现生产流程实时数据采集与互联，实现车间制造执行系统（MES）与企业资源计划（ERP）系统协同，运用现场数据与生产管理软件实现信息的纵向贯通和横向集成以及产品数据分析与优化，大幅提升企业乳制品生产效益、产品质量和管理水平，成效显著。

（1）大幅提升生产效益

通过有效的智能排产管理生产，可进行多批次、多规格产品的小批量连续生产，提升工厂应对市场需求的能力，使设备综合效率大幅度提高，降低乳制品后工序作业人数，降低运营成本，缩短产品研制周期。

（2）大幅提升产品质量

通过生产流程实时数据采集，建立工厂互联互通网络架构与信息模型，实现产品信息全程可追溯，提升产品质量，减少和降低产品质量成本和产品市场投诉率。

（3）全面提升管理水平

通过车间制造执行系统（MES）与企业资源计划（ERP）系统实现乳品智能化生产，实现从生产企业到流通环节及至末端销售门店的广域追踪、追溯服务，实现对单件产品的全方位、立体化的精细管理。

6 专题

工业 4.0 对应法律 3.0

托马斯·克林特

在经济和工业政策方面，联邦政府希望工业 4.0 创新平台能为德国公司提供下一次工业革命的核心解决方案。值得从一开始就说明的是，在英语语言区被称为“信息物理系统（CPS）”的设想并不涉及技术设计中的产品，而是与 IT 网络化流程环境中的生产有关。工业 4.0 作为一种新的制造技术，其与 3D 打印的发展也具有一定的相似性。

技术分类

工业 4.0 是制造业的一个流行词。在制造业中，未来的各种设备将在 IPv6❶ 的帮助下获得一个单独的 IP 地址（物联网），借由这个 IP 地址它们可以彼此联网、相互通信、相互监控，甚至与工厂总控进行交流互动。所有这些变化都将对产品的独特性、最终产品的尺寸大小、兼容性、物流、采购管理和生产诀窍产生影响。

经济与商业结果

技术变革将可能产生新的商业模式：试想一下，在世界供应链中，德国企业高度外包以及低附加值的商业模式将在企业中重新创造多个增值环节。未来，公司可能不再沿着分销链创建，而是（再次）沿着价值链创建。此外，诸如 3-D 打印机之类的技术创新或者由 GPS 整合驾驶所带来的机动性，甚至能影响区域政策，比如，它们将从结构上给农业地区发展带来新的机遇。

法律方面的挑战

现行法律历来以判断人为行动的后果为原则，如合同缔结、针对不当行为的惩处、知识产权保护以及发生损害时的责任划分等。与此同时，我们才刚刚开始就机器人法和人工智能法展开辩论，也就是在特定情况下，不再对人为的决策进行分类评估，而是对“代理机器”做出的决定进行分类评估。这里所谓的“代理机器”指的是由人类编程创造，凭借其具有评估、筛选、预测功能的嵌入式软件，进而具备

---

❶IPv6 是英文“Internet Protocol Version 6”（互联网协议第 6 版）的缩写，是互联网工程任务组（IETF）设计的用于替代 IPv4 的下一代 IP 协议，其地址数量号称可以为全世界的每一粒沙子编上一个地址。

自主学习能力，并能逐渐根据自主学习的内容来做出相应决策的机器。自罗马法以来，我们拥有的传统合同机制可能会在结构上失效。因此，我们需要就新生产模式下的法律结构进行讨论。

针对研发的法律创新管理也面临着全新的挑战。它适用于软 IP❶ 领域，例如最近修订的设计法；当然也适用于硬 IP，如知识产权法。互联制造流程（M2M）还涉及对生产设备通信的需求，这导致数据源源不断地生成，而这些数据只靠管理是不够的，从商业机密和数据所有权到云计算、再到企业数据保护，此类大数据蜂巢需要应对客户和员工数据中与数据法和数据保护法相关的所有挑战。

责任法都将发挥至关重要的作用。不管是因生产结果中的绩效和质量缺陷造成的合同索赔，还是对产品责任法的违背，都属于责任法的管理范畴。而针对产品缺陷，如何确定造成缺陷的根本原因以及确定原因所需的技术支持将是一个十分具有挑战的课题。既定的产品责任制度不会使受害方承担此类损失，因为它确实关乎最终的产品缺陷问题，可以依照以往惯用的循证原则进行处理。而真正的难点会出现在内部工业 B2B 纠纷中，各生产设备的主导公司如何就追索赔偿进行定责。

工业 4.0 对应法律 3.0 事宜的适用性的确值得我们进一步讨论。至少在目前，我们可能需要制定全新的法律条款，如针对所有相关制造商的连带责任条款（“责任云”）。德国《电信法》（TKG）第 44a 条关于连带损害的责任划分表明，部分首先开展此业务的部门已经将他们的风险控制管理措施汇报给了相关立法部门。然而，在结构设计方面取得了成功，往往就会导致其他风险的增加。因此，如何对 M2M 领域的整体风险进行控制，尤其是如何通过法律进行智能管理，仍然是不明确的。

此外，产品责任法一直都在等待着一场辩论。在这之前，只有美国对失控的同质疗法进行过相应的追责，除此之外，对产品进行的追责一直没有具体的应用，直到震网病毒的出现，产品责任法的制定才引起了人们的重视。我们要讨论的是，符合安全预期的产品能允许多大的安全隐患存在。网络安全和产品安全将迅速相互作用。因此，外部监督部门不仅要制定相关技术准则与行业标准，同时要更积极地关注生产过程中随着高科技发展带来的防御安全性和资源稳定性等问题。

❶美国著名的 Dataquest 咨询公司将半导体产业的 IP 定义为“用于 ASIC 或 FPGA 中的预先设计好的电路功能模块”。IP 主要分为软 IP、固 IP 和硬 IP。软 IP 是用 Verilog/VHDL 等硬件描述语言描述的功能块，但是并不涉及用什么具体电路元件实现这些功能。硬 IP 是完成了综合的功能块。硬 IP 提供设计的最终阶段产品——掩膜。

工业4.0框架下《联邦数据保护法》的应用

李努斯·施劳宜普纳

导言

数据安全和数据保护是在实践中经常互换使用的术语。《联邦数据保护法》关于此方面的内容覆盖面广，因为该法律还包括了技术和组织措施。但是，《联邦数据保护法》仅涉及个人数据，如果生产数据不是个人拥有，则不在法律范围内。

可以想象，如果终端客户越来越多地参与数字化销售和生产过程，这就可能会导致问题的产生。由所需服装、顾客姓名、地址数据、购买地点和时间以及可能的取件日期组成的数据镜像有可能在未来实现。因此，个人数据的收集是从销售点开始，取件日期由生产能力决定，技术数据与个人数据的比较和链接是很重要的。

《联邦数据保护法》

《联邦数据保护法》的目的是保护个人数据在处理过程中不受损害。此法律有两个核心思想：

第一，所谓的保留授权禁止原则。这意味着对个人数据的收集、处理和使用在一般情况下是禁止的。只有拥有明确的法律依据（例如法律允许在这种情况下进行数据处理），或者数据所有者明确表示同意的情况下，才可以对数据进行收集、处理和使用[1]。通常，数据处理的方式方法应由公司管理层（负责机构）审查或报告给主管监督机构。

第二，按照数据经济性和数据避免原则，应尽可能少地收集或使用个人数据。

数据保护工程师

如果有超过9名员工需要处理同一个个人数据，则需要额外增加数据保护工程师行使数据保护义务。未经授权者不得参与数据的传输和存储，对电脑安全有风险的病毒，如蠕虫和特洛伊木马也同样会对个人数据（如家庭住址、信用卡数据等信息）的安全造成威胁。因此，根据《联邦数据保护法》第5章，所有接触个人数据的员工都有保密义务。数据保护工程师不仅要根据数据法设计程序，提高对敏感数据的处理意识，还要参与确定保护数据所需的技术和组织条件的设置。

《联邦数据保护法》规定了以下几点：

◎未经授权不得访问、处理或使用个人数据的数据处理设备（许可控制）。

◎未经授权的人不得使用数据处理系统（访问控制）。

◎确保被授权使用数据处理系统的人只能访问其访问权限下的数据。若未经授权，在处理、使用和存储（存取控制）数据的期间不能对数据进行读取、复制、更改或删除。

◎确保在电子传输期间或在数据载体上传输和存储期间不能非法读取、复制、更改或删除个人数据，并且可以验证和识别：哪些机构提供/通过数据传输设施传输个人数据（传输控制）。

◎确保随后可以验证和确定数据处理系统（输入控制）中是否输入、修改或删除了个人数据以及由谁输入、修改或删除了个人数据（输入控制）。

◎确保任务中的个人数据只按照客户的指示进行处理（订单控制）。

◎确保个人数据受到保护，防止意外破坏或丢失（可用性控制）。

◎确保可以单独处理为不同目的而收集的数据。

此时，数据保护工程师应与 IT 安全工程师密切合作，相辅相成，将法律和技术方面的优势汇集在一起，形成协同作用。

企业数据保护

企业的数据保护最初主要针对运营流程，比如收到的求职信、病假申请、客户和供应商数据等，公司外部合作伙伴，如税务顾问、审计员、业务顾问或故障维护人员也拥有（主动或被动）访问这些个人数据的权利。

之后随着单批次生产的出现，为了实现产品的个性化而对客户的产品进行单独定制，客户个人数据也因此用于生产中。这时候我们不禁要问：《联邦数据保护法》是否也适用于这种情况呢？

事实上，是否在商业领域还是其他领域运用数据，在法律上是无关紧要的。法律只判断这些被运用的数据是不是个人的私密数据。因此，只要是能够获取这些个人数据的生产过程或者生产过程中的工作人员，都是受到法律约束的。

这也就意味着：

◎与生产相关的员工也是需要处理客户个人数据的员工，因此也算在总员工数内。

◎因此需要重新检查数据保护工程师（是否超过 9 名生产工作人员）的聘任要求。

◎必须在过程目录中包含相应的生产过程。

◎如果对生产进行调整，或者引入或扩展数字化过程，数据保护工程师必须进行预检查。

◎生产中保护数据安全的技术和组织措施受《联邦数据保护法》的约束，并且必须由数据保护工程师进行评估，最好是与 IT 安全工程师以及生产经理一起进行。

◎数据的处理位置需要及时检查，与生产相关的云解决方案需要格外注意，尤其是云服务器的位置（在哪个国家）是十分关键的。

现在，我们必须权衡应采取的措施。一方面，法律要求使用安全保护措施；另一方面，安全措施又不允许阻碍或阻止各个现场设备、控制器和连接的 ERP 系统直接进行通信，因为生产过程不能被因此阻断。

我们需要非常谨慎地将这两个方面结合，进而形成最佳解决方案。目前来看，只能是做到尽可能安全、尽可能少受到干扰。但是，2018 年修改过后的《欧盟数据保护条例（GDPR)》较现在的处理方式发生了太大的变化[2]。

参考文献

[1] Bundesdatenschutzgesetz BDSG, in der Fassung der Bekanntmachung vom 14. 01. 2003 (BGBl. I S. 66), zuletzt geändert durch Gesetz vom 25. 02. 2015 (BGBl. I S. 162) m. W. v. 01. 01. 2016

[2] Verordnung (EU) 2016/679 des Europäischen Parlaments und des Rates vom 27. April 2016 zum Schutz natürlicher Personen bei der Verarbeitung personenbezogener Daten, zum freien Datenverkehr und zur Aufhebung der Richtlinie 95/46/EG (Datenschutz-Grundverordnung) und BERICHTIGUNG der Verordnung (EU) 2016/679 des Europäischen Parlaments und des Rates vom 27. April 2016 zum Schutz natürlicher Personen bei der Verarbeitung personenbezogener Daten, zum freien Datenverkehr und zur Aufhebung der Richtlinie 95/46/EG (Amtsblatt der Europäischen Union L 119 vom 4. Mai 2016)

工业 4.0 中的通信安全

李努斯·施劳宜普纳

目前，在商品生产中，自动化技术的通信网络正在经历工业 4.0 以及公司内部或公司间数据交换的变化。具有专有总线系统的网络以前设计为单独领域的解决方案，现在越来越多地用于新机器和系统的以太网，例如连接到 Internet 或云解决方案用于远程维护。在越来越多的私人家庭中，智能电表或加热器也与互联网接入，作为能源供应链的最后一环。因此，此类网络可以像任何办公室或家庭网络一样，在无安全措施的情况下受到外部的入侵或监视。2010 年 Stuxnet 蠕虫病毒❶的攻击和 2015 年德国联邦议院受到的网络攻击表明，恶意软件可能导致核电站故障和获取绝密文档。因此，通信网络必须在给定的实时条件下进行安全通信，从而降低来自内部和外部的有害影响。

本节列出了保护（组织）通信网络的各种方法，旨在进一步提高对数据安全性的重视。

导言

基础设施的持续可用性，对公司、行政部门和私人家庭起着重要作用。例如，加工和生产设施以及能源或供水设施（所谓的维生管线）。可使用过程自动控制系统，带有 Windows 操作系统和办公应用程序的工业 PC（IPC），以及实时监控和数据采集（SCADA）系统来控制分布式结构中的各种功能和操作。为了将组件联网，这些系统越来越多地使用与标准计算机网络相同或类似的基于以太网的网络结构。

这种基于以太网的现场总线技术越来越多地用于自动化技术，并且在工业 4.0 创新中，由于其高速且用户间连接简单的带宽，使得通信技术扩展到私人家庭成为可能。其优势显而易见：最初满足了对一种众所周知的简单技术的需求，该技术允许传输和处理更多的数据，特别是在自动化和工艺技术方面。这样，在机器自动化和系统自动化中使用的传统现场总线系统可以被替换[1]。智能电表也通过互联网作为整体网络连接。

---

❶Stuxnet 蠕虫病毒，又名“震网”（超级工厂病毒），是世界上首个专门针对工业控制系统编写的破坏性病毒，能够利用对 windows 系统和西门子 SIMATIC WinCC 系统的 7 个漏洞进行攻击，特别是针对西门子公司 SIMATIC WinCC 系统的监控与数据采集（SCADA）系统的攻击。由于该系统在我国的多个重要行业应用广泛，被用来进行钢铁、电力、能源、化工等重要行业的人机交互与监控。传播途径：该病毒主要通过 U 盘和局域网进行传播。

但是，自动化系统可能会面临与办公室或家庭 PC 相同的病毒、蠕虫、特洛伊木马和流氓用户的威胁。工业 4.0 已经实现了通过以太网将自动化系统所有组件的数据集成这一概念。将服务和维护任务外包给其他公司（可能不在工厂所在地）的业务模式进一步增加了潜在风险，因为这需要通过 ERP（企业资源计划）系统将不同的生产站点联网。但是，办公信息技术建立的保护措施不能完全照搬到自动化技术中。许多流程（如发电厂、钢铁厂或发电和配电）不能随意地停止，以便在之后重新启动系统时对操作系统或防病毒程序进行必要的更新。网络监视器、入侵检测系统（网络检测系统）以及使用具有严格限制规则的防火墙，可以为保护网络安全做出重要贡献，但它们的使用明显降低过程控制系统的处理速度。

由于基于以太网的自动化技术网络通常直接并接到因特网，甚至因此成为因特网用户，所以因特网的区分变得越来越困难。正是这种连通性使得有必要考虑适当的安全措施，例如确保货物的生产、能源的生成和数据的传输。

信息技术安全（IT 安全）与过程控制系统安全之间的相互作用已经深入讨论了好几年。越来越多的制造商、集成商和过程控制系统运营商注意到，需要采取特定的信息技术安全的措施。然而，在许多现有和已在使用的数据实时监控和采集（SCADA）系统组件的开发中，信息技术安全性尚未得到充分考虑。诸如认证和加密之类的安全机制在过程控制技术中未完全实现或完全未实现。特别是，在为旧过程控制系统创建和更新安全概念时，风险继续被低估。

在机器、系统或供应网络进行调试、操作和维护期间，原则上，任何具有简单笔记本电脑标准以太网接口的授权人员或未经授权的人员可能会尝试访问数据，修改或干扰机器网络内部的数据传输或基本服务。数据通常是公开和未加密传输的。它们有一部分是敏感的，因为它们可能是有关产品和流程的机密信息，也可能是关键参数。使用无线网络时，潜在的攻击者甚至不必出现在机器附近。

防止外部攻击（例如破坏或篡改）的安全性是自动化系统不可或缺的一部分，以确保其可用性、可靠性和真实性。由于外部的破坏或外部操纵设备而导致的生产中断，可能会产生严重的后果。例如错误的产生数量、延迟交付或质量问题导致的产品召回，这可能会使公司受到处罚。此外，设备可能被损坏或无法使用，导致其公司形象受损或金钱损失严重。对发电厂和自来水厂的攻击也会降低必要的能源、电力或水的供应。对基本服务的攻击（如对所有家庭都强制实施的智能电表）或攻击连接到互联网的供暖系统可能会使整个城市瘫痪。因此，潜在的危险很大。

恶意软件 W32. Stuxnet 蠕虫病毒的攻击于 2010 年 6 月被首次曝光。其攻击表明：以前自给自足且自我封闭的自动化网络容易受到外部的针对性攻击。其原因如上所述，将自动化网络连接到因特网。例如进行远程维护时有传播恶意软件的可能。W32. Stuxnet 蠕虫病毒的目标是对现有软件进行监测和重新编程，特别是在自动化技术的控制系统中，破坏发电厂、化工厂和工业生产设备。通过因特网连接首先感染个人计算机，然后感染自动化体系结构中的可编程逻辑控制器（PLC）的数据块。到目前为止已经公布了损害，伊朗核设施中的铀离心机被操纵和损坏[2][3]。在基于XML的数据交换格式中详细描述了W32. Stuxnet蠕虫病毒的攻击策略。

另一种形式的网络攻击是侵犯索尼公司游戏平台的用户数据，于2011年4月被发现。其中，超过7500万用户的数据遭到入侵。因此，信用卡数据也可能遭到入侵[4]。

2011年11月，对美国得克萨斯州水厂的攻击被记录在用于对产品和服务进行分类与描述的国际标准[5]中，并显示了黑客如何轻易入侵关键基础设施。

到2017年初，已知的最后一次重大网络攻击是将特洛伊木马程序传播至德国联邦议院的网络，导致安全措施彻底崩溃。黑客能够不为人注意地检索高度敏感的数据达数月之久[6]。为此，必须要阻止此类网络攻击。

机械自动化的威胁

如果网络受到威胁，机器和系统的安全运行就可能受到以下方面的攻击：

◎被监听和修改数据（漏洞Janus❶攻击）。

◎未经授权干扰机器控制。

◎恶意软件的传播（无论自动化系统是否损坏，都将被作为攻击目标或者被无意引入）。

◎消耗过多的流量或攻击计算机的可用性［拒绝服务（DoS）攻击，分布式拒绝服务（DDoS）攻击］，造成不同的宽带饱和、资源饱和与系统崩溃[7]。

◎远程控制的僵尸网络（几个外部控制的计算机互连，用于发送恶意软件）。

网络中的信息盗窃或数据操纵被称为snarfing，也可以理解为借助基于无线通信技术的无线网络或者通过接入点映射（即驾车围绕整个区域或工业区的同时，进行扫描无线网络名称的活动）的方式，在未经授权的情况下进行网络访问。使用无线移动智能设备，从可公开访问的地方搜索开放式无线电网络，利用安全漏洞专门拦截或攻击网络。在Janus攻击中，攻击者在物理或逻辑上处于两个通信伙伴之间，它的系统可以完全控制两个或多个网络参与者之间的流量，并可以读取和改变所有信息。恶意软件包括病毒、蠕虫、特洛伊木马和可执行的网络内容（即所谓的活动内容），通过这些内容可以在计算机上安装程序。

基本上，每个IT系统都面临病毒或特洛伊木马的攻击。这些形式的恶意软件能够在未经授权的情况下访问登录数据、网络信息、数据和文档，修改文件，操纵其他网络计算机或控制它们。特洛伊木马化的电子邮件可能先存在于社交工程（轮询

---

❶漏洞Janus（CVE-2017-13156），该漏洞允许攻击者任意修改Android应用中的代码，而不会影响其签名。

敏感信息），首先扫描受攻击计算机的系统环境，然后再移除数据。

通过特洛伊木马手段攻击国外通信系统的方法现已达到一个新的台阶。尽管通过传统数据载体进行数据传输而感染的风险仍不容小觑，但越来越多的木马攻击是借助于特殊的、针对受害者的间谍软件执行的。首先，它确定目标人员可能拥有哪些偏好、兴趣或爱好，以便以适当的电子邮件来对付他们。当他们打开此邮件时，将会使特洛伊木马程序安装在他们的电脑中。当前特洛伊木马程序或新兴的特洛伊木马程序通常无法被市场上的保护程序识别[8][9]。

2010年6月针对破坏发电厂、化工厂和其他工厂的恶意软件W32. Stuxnet蠕虫病毒的攻击就是一个例子，这表明需要考虑全面的安全措施。首先通过现有的互联网连接感染PC，然后感染PLC，以操纵或禁用设备[2][3][10]。

众所周知，为此必须对操作系统、防病毒软件或应用程序进行更新以修补安全漏洞。这不仅适用于PC解决方案，也适用于使用操作系统的所有组件[11]。今天，防病毒程序需要每小时更新一次，操作系统会在使用时立即更新，因为PC和IPC感染病毒或其他恶意软件的风险非常高[8][9][12]。

根据BSI的一项研究，63%的互联网用户已经有应对病毒和蠕虫的个人经验，其中35%的用户感染过特洛伊木马，19%的用户处理过间谍软件。这种趋势继续上升[13]。同一报告指出，在接受调查的公司中，只有18%的企业在信息技术安全方面投入了超过7.5%的信息技术预算。这个数字之所以如此之小，其中一个原因是超过半数的受访公司认为，自身公司目前面临的风险威胁还较低。

还必须对操作系统和防病毒程序进行IPC更新。但是，更新通常会导致设备重新启动。重新启动IPC还意味着，如果没有备用系统，则必须停止进程或生产。生产公司不接受计划外停机。因为停机是生产停止，可能导致交货延迟以及增加成本。此外，例如钢铁、铝或塑料行业的发电厂工艺、化学工艺或生产工厂只有在经过长时间的准备后才能停止运行和重新启动。在计划停机的情况下，必须相应地应用更新。这种计划停机之间的时间间隔取决于机器和系统的维护间隔。根据经验，停机时间间隔在几周到几个月之间。所以，操作系统或防病毒解决方案的必要、关键的更新不会执行或很少执行。因此，高安全性和低停机时间之间存在冲突。

在现代工业工厂中，系统不仅在本地日益互联，它们还配备了远程维护和远程诊断系统。这是为了在超远距离维护时也能保证其设备功能、服务质量以及客户亲近感，就像技术服务人员在现场一样。但是，如密码、测量数据、参数和企业内部专有知识等敏感信息也会进行远程传输，与安全相关的功能也会被远程激活。如果未经授权的人员识别出此类开放式的通信，他们就可以随时启动危险的攻击功能或收集机密信息。

但是，在取得机器自动化数据和敏感数据访问许可的同时，往往其必要防御措施的稳定性会出现问题。因此，必要的保护措施应与办公室的信息技术不同，其必须确保实际的、安全的操作。基本上，可以设想以下不同的场景：

◎入侵者可以是生产商公司的员工，可直接访问公司网络。

◎入侵者不是生产设施的员工，但可以直接访问该公司或公司网络，例如外部技术服务人员。

◎入侵者不是生产员工，不能直接访问公司，也无法访问公司网络，例如通过窃听无线网络。

因此，系统可以受到内部或者外部的入侵。在这些情况下，结构分析有助于发现漏洞。漏洞是潜在威胁造成损害的必要条件。漏洞可以解决，但威胁仍在持续。通过风险管理（例如结构分析）使用技术和组织上有效的以及经济上可行的安全保障措施，弥补薄弱点[3]。

例如，在工艺技术中，漏洞存在于：

◎自动化组件和 IPC；

◎面向系统的中间件（例如 OPC 服务器）；

◎操作员终端；

◎网络接入点。

目前，防止未经授权的访问的最有效补救措施是：限制与机器或系统关键部件（单元）的通信达到操作要求的水平。这可以通过使用具有防火墙规则集内容的防火墙来实现，这些规则集可以从系统文档派生，也可以直接从网络上的学习阶段获取。规则是："禁止明确不允许的内容！"[11]

对于机器和系统的维护、组装或维修工作，公司通常需要各种机器和系统制造商的维修技术人员以及他们自己的人员，他们在本地或远程执行自动化系统的工作。为了确保每个技术人员确实只获得他所需的访问权限，需要使用身份验证用户来解锁预设置的权限。通过这种方式，使得访问可以限于单个区域或限于特定区域。访问权限可以本地存储，通过本地输入或非本地服务器的远程访问进行身份验证。

原则上，权限分配的身份验证可以通过：

◎知识［例如密码或个人识别号码（PIN）］；

◎所有物［例如代码卡、密钥、射频识别（RFID）芯片、USB 加密狗］；

◎外部特性（生物特征）；

◎或这些可能性的组合[14][15]。

众所周知，借记卡和 PIN、银行金库的双键原则、或身份证和护照上的数字存储指纹等实例。同样，维护和服务人员可以分配密码和（或）代码卡，也可以以电子方式记录指纹。这些单独或组合的参数允许访问特定区域。但是，现有的漏洞是：

◎密码可以被窥探、发现或遗忘。

◎代码卡或密钥可能会被盗或丢失。

◎无法检测或误认、伪造，或随寿命而改变的生物特征。

借助来自互联网的指令，可以很容易地复制指纹，从而无需真实的身份证明。实时监测旨在防止此类技巧。

在任何情况下，数据都是通过必须被保护的线路传输，因为拦截发送的纯文本消息可使攻击者能够入侵系统。

安全通信的基本原则

安全通信需要在每个应用程序中采用整体方法，其中

◎人（动机、知识、错误）

◎流程（政策、组织）

◎产品/技术（硬件、软件、网络）

动态交互。单靠一个领域不足以确定保护目标。

以下基本原则明确了要实施的系统必须满足的安全性要求。

◎加密/访问保护：只有经过授权的用户才能以纯文本形式访问和交换消息。未经授权的用户理解此类数据，无法进行对未经授权的信息收集。

◎（数据）完整性/更改保护：收件人应该能够确定邮件是否已修改。因此，在收件人不知情的情况下，第三方无法更改数据。

◎真实性/防伪：信息的接收者应该能够清晰、明智地识别信息的来源。发送的数据实际上来自发件人，因此发件人可以毫无疑问地向收件人表明自己的身份。

◎义务/不可拒绝：信息的发送者必须能够随时证明消息的作者身份。发件人的身份可向第三方证明，不能拒绝。

◎匿名：发件人的身份不受第三方保护[3][14][15]。

在“2010年通信与信息技术——技术与市场趋势”研究的背景下，BSI❶除了审查所使用的安全程序外，还研究了系统的哪些安全功能在嵌入式系统（如手机、平板电脑和信息系统）中尤为重要。研究发现，无论从短期还是长期来看，数据完整性和保密性都被认为是最重要的[16]。这意味着，大家都希望受保护的、保密的和可靠的数据传输。

标准和指南

为了帮助用户应对信息技术网络的威胁，根据公认的技术规则制定了各种标准

❶BSI致力于为中国客户提供专业化、职业化和差异化的基于标准的整体解决方案，包括管理体系的审核、认证和培训服务，以及产品检测服务等。

和建议。这与保护信息技术网络和系统有关，尤其是：

◎BSI 的管理报告；

◎BSI 标准，如 BSI 的“信息技术安全指南（IT 基本保护契约）”；

◎DIN ISO 27000；

◎VDI 准则 2182。

BSI 的管理报告

BSI 的管理报告概述了信息技术的处理，并说明了 BSI 可以为不同的目标群体提供哪些帮助：

◎调查和评估技术漏洞及其使用造成的威胁；

◎展示了使用创新技术的机会和风险；

◎介绍经济学、社会、技术和法律领域的趋势[13]。

2007 年报告指出，与 2005 年相比，潜在的危险有所增加。随着商业活动和私人活动日益向虚拟世界转移，信息技术的威胁也出现了专业化和商业化。这导致对私人用户、公司和管理的信息技术安全的威胁也持续居高不下[13]。

2006 年，在 Windows 等操作系统和 Microsoft Office 软件包等程序中发现了 7247 个新漏洞。攻击者可以利用漏洞入侵系统的比例也有所增加。2006 年分析的漏洞中有 52.5% 可以获取用户甚至管理员权限，从而对 PC 进行大量操作[17]。2014 年，7038 个漏洞被正式纳入美国政府的国家漏洞数据库（NVD）目录[18]。可以想象漏洞的数量之多，因为并非所有安全漏洞都公开。

恶意程序（主要是特洛伊木马和蠕虫）是针对信息系统和 PC 的最常见攻击形式。2006 年，对 IT 系统或 IT 服务可用性的攻击也有所增加。原因之一是远程控制的自动网络程序从多台计算机访问，这些计算机当前已设置可以发送此类攻击或用于发送不需要的电子邮件（垃圾邮件）。

此外，报告指出，恶意程序模块化代表了一个新的趋势，以使对计算机系统的损害尽可能高。在此过程中，较小的恶意程序会不断从万维网加载新的、更大的恶意程序。这些较小的害虫很难被发现，也不容易被处理。因此，只有采取无法被攻克的、有效和高效的保护措施，这些恶意程序的害虫程序员和防护程序员之间的“战争”才能结束。

BSI 标准和技术指南

BSI 标准（如《IT 安全指南》）包含 BSI 对于保障信息安全的方法、流程和处理工艺，以及实践和措施的建议。BSI 着手研究有关公共机构或公司信息安全的关键问题，并在国内或国际上建立了合理且合适的方法。一方面，BSI 标准为信息技术用户提供专业支持。主管部门和公司可以使用BSI的建议，并做相应调整，以符合自己的要求。通过使用最佳的做法、流程或程序，促进信息技术的安全使用。信息技术制造商或服务提供商也可以参考BSI的建议，使他们的产品更安全。另一方面，BSI标准也有助于在他们的交互中提出更好的方法[19]。

《IT安全指南》不仅提供了构建安全组织的方法，还支持风险评估、审查现有IT安全级别和实施措施。组织措施没有技术细节，这为公司实施全面的安全概念提供了非常普遍和基本的支持。所描述的示例都涉及办公环境，但原则上可以转移到任何通信体系结构。上述标准由BSI的技术准则补充[19]。

BSI对ICS安全纲要中对生产系统进行必要的保护这一提议做出了回应[20]。ICS代表工业控制系统，是指生产系统所需的所有控制单元。特别针对这一领域采取了保障措施并转移到生产工厂的流程中。工业4.0在主题上被提及但仍被归类为具有研究潜力。重要的是在智能工厂规划阶段尽早将安全措施集成到参考体系结构中。由于参考体系结构的复杂性增加，所以遭受攻击的风险也随之增加。

Die DIN ISO 27000

Die DIN ISO 27000❶（德国工业标准《信息安全管理体系基础和术语》）根据基于BSI信息基本保护程序的DIN ISO 27000认证，公司可以检查其IT安全管理以及特定的IT安全措施，并由联邦机构作为中立机构进行认证。DIN ISO 27000为构建信息安全管理奠定了基础。该国际标准规定了结构化的基本保护以及必要的安全措施。不需要查看整个网络，可以只查看其中某个子区域[21]。区分为以下阶段：

◎规划阶段；

◎实施阶段；

◎监控阶段。

在规划阶段，指定所需的安全级别并创建安全性概念。在实施阶段实施选定的措施。使用路由器、交换机和适当的安全软件可确保所需的安全性。在监控阶段，注意遵守准则。特别是，必须多次检查所定义的保护是否足够，或者必须调整并定义新的安全级别。此外，还讨论了无线电网络的特殊问题[21]。

---

❶ISO/IEC 27000（Information security management system fundamentals and vocabulary 信息安全管理体系基础和术语），属于A类标准。ISO/IEC 27000提供了ISMS标准族中所涉及的通用术语及基本原则，是ISMS标准族中最基础的标准之一。ISMS标准族中的每个标准都有“术语和定义”部分，但不同标准的术语间往往缺乏协调性，而ISO/IEC 27000则主要用于实现这种协调。

VDI 标准 2182

2008 年初，VDI❶ 标准 2182 完成，并于 2011 年和 2013 年进行补充[22]。本标准介绍了一种基于过程和循环方法的模型。所述流程可帮助模型用户确定和评估适当且经济的安全解决方案，以用于特定对象。VDI 标准的目的是描述一种通过实施具体措施来实现自动化机器和系统信息安全的方法。

该标准规定：考虑到结构分析的结果，应确定与考虑对象（自动化设备、资产）相关的保护目标，这些目标将借助于要创建的解决方案来实现。分析步骤是：

◎识别工厂组件和自动化设备；

◎确定相关的保护目标；

◎分析威胁；

◎分析和评估风险；

◎确定个别措施并评估有效性；

◎选择完整的解决方案；

◎实施和运营整体解决方案以及执行审计。

通常，根据该标准，自动化系统的保护目标应该与工厂操作员的总体目标相符，即工厂不受干扰地运行。如果设备制造商也想保护其知识产权（如程序或数据）免遭未经授权的使用，则需要采取其他措施[22]。

宪法保护措施

《宪法保护报告》在关于经济间谍活动的小册子中还提到有针对性的攻击活动。这些甚至得到外国政府的支持和推动，以加强他们当地企业的竞争力[23][24]。

至关重要的是，我们通常只是根据成本效益评估所需的数据保护安全措施，但是，这些措施可能无法满足当地的实际安全要求。互联网上的间谍活动没有时间和语言障碍，同时又十分有效和具有经济效益。此外，由于地理上的独立性，攻击者被发现的风险很小。与传统的间谍企图相比，现在对计算机网络的电子攻击数量不断增加，威胁更大。几乎任何一家公司都要连接到互联网，并且或多或少地依赖于全球通信。因此，公司的经济成功还取决于保护敏感数据资产和电子通信免受数据丢失和误用的可能性[23][24]。

许多公司员工流动性的增加导致移动网络连接的使用增加，例如在火车或飞机等公共交通工具中，客户和供应商也使用移动网络。但是，固定的无线电连接（尤

---

❶VDI 德国工程师协会（德语名称：Verein Deutscher Ingenieure，简称 VDI；英语名称：Association of German Engineers）是德国最大的工程师与自然科学家协会，该协会于 1856 年 5 月 12 日在德国的萨克森－安哈特州的哈尔兹地区成立。

其是移动设备）不仅为授权用户，也为攻击者、竞争对手或第三方情报部门提供了全新的 IT 网络和访问连接设备的可能性。无线通信连接的高脆弱性仍未被重视或重视不够。例如，即使是公司专业运营的网络安全性也很差或根本不安全。几乎所有基于技术或 IT 组件的无线连接都存在风险[23][24]。最脆弱的是：

◎通过窃听具有 WLAN 技术和蓝牙接口的无线网络；

◎通过捕获键和鼠标移动来使用无线电键盘和鼠标；

◎通过拦截呼叫和拦截短信，实现移动电话的数字增强型无绳电信（DECT）和全球移动通信系统（GSM）标准。

《宪法保护报告》指出，基于电子邮件对因特网进行电子攻击已成为一个特别的威胁。与源于人类的信息不同，它通常会被忽视并被认为没有风险，例如来自国外的电子邮件[23]。

德国机械设备制造业协会 （简称 VDMA ） 的调查

最近，一些与工业 4.0 有关的调查和标准化工作已经完成，特别是机械和系统部分的调查和标准化工作，但其中一些仍在进行中。因此，德国机械设备制造业协会（VDMA）通过指南或调查问卷提醒人们注意现有的危险。在一项调查中，VDMA 注意到：

◎根据 63% 公司的数据显示，安全事件的数量将继续上升；

◎已有 29% 的公司因安全事故而导致生产损失；

◎61% 的公司完全不了解 BSI 的网络安全联盟，近三分之二的公司也拒绝接受报告安全事件的义务；

◎只有 57% 的公司熟悉现行的安全标准之一，但只有不到三分之一的公司采用此标准[25]。

结论和展望

对于保护设施和信息的安全问题，基于“很有用”标榜的程序通常是无效的，就像是在“做某事”一样。相反，需要采取一种针对实际潜在威胁的系统办法。理想情况下，将过程理解并作为动态过程存在时，基于风险分析的组织和技术措施的适当组合才会产生理想的效果。针对目标的方法必须基于已制定的、通常是功能性的用户要求。对于新产品和系统，必须在设计阶段开始考虑其安全性[12][13][26]。所提出的标准和准则表明了安全系统的基本结构，但是，由于用户方面缺乏经验或误解可能会导致实际实施的不确定性。

显然，迫切需要持续有效地保护基础设施和生产设施的安全措施。虽然威胁本身是已知的，但重视度不够。任何公司都不可能失去对自身生产的控制，不能使用数据不正确的机器，公司机密不能被窃取。发电厂、水厂或储能设施（如煤气罐）

也不应受到未经授权的人员的攻击。智能电网不再是未来的愿景，而是我们能源供应的基本组成部分，管理不善将会产生致命的后果。

任何公司的第一个目标是市场和竞争力，以产生利润。但是，首先必须要理解的是，这场竞争不仅仅是市场上的商业竞争，而是可以扩展到数字通信的竞争。正如 VDMA 的研究表明，许多公司无法发现或抵御此类攻击。单单对设计图纸或材料清单进行失误操纵，就会造成相当大的损害。

在工业4.0 的最后阶段，所有企业在最大化网络互联的过程中，其数据丢失或操作漏洞将达到一个新的维度。只有持续和完整地引入有弹性的安全系统才能将风险降至最低，目前尚未形成一劳永逸的方法。

参考文献

[1] Jasperneite, Jürgen: Leistungsbewertung eines lokalen Netzwerkes mit Class-of-Service-Unterstützung für die prozessnahe Echtzeitkommunikation. Dissertation an der Fakultät für Elektrotechnik und Informationstechnik, Otto-von-Guericke Universität, Magdeburg, 2002

[2] Spiegel Online: Angriff auf Irans Atomprogramm-Stuxnet könnte tausend Uran-Zentrifugen zerstört haben. 26. Dezember 2010

[3] New York Times: Israel Tests on Worm Called Crucial in Iran Nuclear Delay. vom 15. Januar 2011; abgerufen 16. Januar 2011

[4] Focus Online: Hacker-Angriff: Sony-Kundendaten gestohlen. *http://www.focus.de/digital/computer/computer-hacker-angriff-sony-kundendaten-gestohlen_aid_621742.html; abgerufen am 27. April 2011*

[5] Hacker-Zugriff auf Wasserwerk: Steuerungstechnik unzureichend geschützt. SICHER INFORMIERT. Der Newsletter von *www.buerger-cert.de*, Ausgabe vom 24.11.2011 Nummer NL-T11/0024

[6] Die Welt vom 11.6.2015, 6.7.2015. *http://www.welt.de/politik/deutschland/article142372328/Verfassungsschutz-verfolgt-Spur-nach-Russland.html*

[7] Distributed Denial of Service (DDoS)-Analyse der Angriffs-Tools. Bundesamt für Sicherheit in der Informationstechnik, Bonn, 8. September 2000. *https://www.bsi-fuer-buerger.de/cln_031/ContentBSI/Themen/Internet_Sicherheit/Gefaehrdungen/DDoSAngriffe/toolsana.html*

[8] Anlagensicherheit bleibt oberstes Gebot. VDI-Nachrichten, S. 28, 28.11.2008

[9] Fitz, Robert; Halang, Wolfgang A.: Sichere Abwehr von Viren, Schutz von IT-Systemen durch gerätetechnisch unterstützte Sicherheitsmaßnahmen. Datakontext, Frechen, 2002

[10] Falliere, Nicolas; Murchu, Liam O.; Chien, Eric: Symantec Security response W32. Stuxnet dossier. Version 1. 3 November 2010. *http://www. symantec. com/content/en/us/enterprise/media/security_response/whitepapers/w32_stuxnet_dossier. pdf, 25. 11. 2010*

[11] VDMA Nachrichten: Maschinenintegration-Produktion in vernetzten Umgebungen. VDMA, Frankfurt, Mai 2008

[12] Klasen, Fritjof; Straßer, Wolfgang: IT-Sicherheit muss übergreifend ansetzen. In *Intelligenter produzieren.* VDMA-Verlag, Frankfurt, Ausgabe 5/2008

[13] Die Lage der IT-Sicherheit in Deutschland. Bundesamt für Sicherheit in der Informationstechnik, Bonn, 2005/2007/2009/2014

[14] Bless, Roland; Mink, Stefan; Blaß, Erik-Oliver; Conrad, Michael; Hof, Hans-Joachim; Kutzner, Kendy; Schöller, Marcus: Sichere Netzwerkkommunikation. Springer-Verlag. Berlin Heidelberg, 2005

[15] Swoboda, Joachim; Spitz, Stephan; Pramateftakis, Michael: Kryptographie und IT-Sicherheit. Vieweg + Teubner Verlag, Wiesbaden, 2008

[16] Alkassar, Ammar; Garschhammer, Markus; Gehring, Frank; Keil, Patrick; Kelter, Harald; Löwer, Ulrich; Pankow, Marcus; Sadeghi, Ahmad-Reza; Schiffers, Michael; Ullmann, Markus; Vogel, Sascha: Kommunikations-und Informationstechnik 2010 + 3: Neue Trends in Technologien, Anwendungen und Sicherheit. SecuMedia Verlag, Ingelheim, September 2003

[17] X-Force Threat Inside Quarterly Q406, 2007. *http://www-935. ibm. com/services/us/iss/html/xforce-threat-insight. html*

[18] Datenbank der National Vulnerability Database NVD. *https://nvd. nist. gov*, 06. 07. 2015

[19] Leitfaden Informationssicherheit. Bundesamt für Sicherheit in der Informationstechnik, Bonn, 2012

[20] ICS-Security-Kompendium. Bundesamt für Sicherheit in der Informationstechnik, Bonn, 2013

[21] DIN ISO/IEC 27001 (2008-09) Informationstechnik-IT-Sicherheitsverfahren, 2008

[22] Fachausschuss Security: Informationssicherheit in der industriellen Automatisierung. VDI/VDE-Richtlinie 2182, Düsseldorf, 2007

[23] Verfassungsschutzbericht. Bundesamt für Verfassungsschutz, Köln, 2009

[24] Wirtschaftsspionage-Risiko für Ihr Unternehmen. Bundesamt für Verfassungsschutz, Köln, 2008

[25] VDMA-Studie: Status Quo der Security in Produktion und Automation, 26. 11. 2013

[26] Informations-und Kommunikationstechnologie in privaten Haushalten 2006. Statistisches Bundesamt, Wiesbaden, 2007

7 人的角色

物联网、服务和人：以协作机器人为例，探讨工业 4.0 对人的影响

安纳·德阿特 比约恩·马蒂亚斯 亚历山大·郝尔希 马丁·霍夫曼 克木·李斯特曼

日常工作中的工业 4.0

易尔木海德·奥嘎拉 毛诶茨·尼豪斯

新需求下的教育及培训理念发展

托马斯·巴尔特 马蒂亚斯·包嫩 李努斯·施劳宜普纳

物联网、服务和人：以协作机器人为例，探讨工业 4.0 对人的影响

安纳·德阿特　比约恩·马蒂亚斯　亚历山大·郝尔希　马丁·霍夫曼
克木·李斯特曼（德国 ABB 研究中心）

物联网主要是指事与物之间的联系。对于工业 4.0 而言，主要就是自动化设备、机器、产品或系统。其背后隐藏着来自软件服务和联网设备的附加价值，它在未来的所有工业领域中将变得尤其重要。

本节的基本观点是：人类会从中受益，因为网络化的、灵活的系统比现在静态的、确定的生产系统更适合人类的思维方式。与过去相比，人类将更好地发挥自己的才能，同时，网络系统的功能也会在人的使用中变得愈发强大。作者期望二者能够相互补充，形成协同作用。以协作机器人 YuMi 为例，本节将对日益网络化的生产环境中的场景、想法和发展潜力进行讨论。

物联网、服务和人

工业 4.0[1]绝非陈词滥调。将互联网技术引入工业生产的影响是难以预测的，信息技术的创新能力符合设备操作员对于安全性、稳定性和可靠性的要求。因此，计算机科学和自动化技术[2]之间产生了交集。这个交集所发挥的积极影响类似于一个过滤器，它可以让有意义的、创新的想法通过，并过滤掉其他没意义的部分。

工业 4.0 与许多技术和非技术层面都是互联的。为了将更广泛的领域囊括在研究和发展范围内，ABB 提出了“物联网、服务和人（IoTSP）”这一术语，意在强调工业 4.0 的三个极点：物、（基于各自商业模式的）服务、人。

现在，工业 4.0 旨在借助其无处不在的通信能力、本地和全球的智能系统以及几乎无限的计算能力连接上述三个点，从而创造新的生产模式。其中的一些想法对于我们而言已经并不陌生了，例如，小批量生产可以使其生产过程变得更加灵活，并提高了其在高收入国家中的竞争力[1][3]。

当然，工业 4.0 的美好愿景还大多停留在想象阶段，具体实施方式也仍是纸上谈兵。

本节主要对 IoTSP 三者之间的相互作用进行讨论。以双臂机器人为例进行介绍，对该机器人在日益网络化的生产环境中为人类提供的众多服务及其未来的潜力进行讨论。

实例：协作机器人 YuMi

人类对移动手机、个人电脑或其他类似的电子消费品的需求不断加大，进而将双臂机器人 YuMi 的研发推动至新的阶段[4]（图 7.1）。

图 7.1　协作机器人 YuMi（来源：ABB）

该机器人的外形和尺寸类似人类，运动能力较低，有效载荷、速度和力量较为适中，YuMi 配备了圆形填充表面，使它能安全且够高效地工作[5]。其中，它最重要的能力是能够在人机混合的复杂生产环境中灵活地与人共同工作。这些功能实现了不同程度的生产自动化，进而使人和机器人能够各自专注于其自身的优势。但是人对全局的掌控和解决问题的能力还是不可替代的。机器人的特殊优势在于，它可以不断重复、单一不变地工作。此外，YuMi 的人性化设计使各级员工对这项新技术的接受程度越来越高[6]。

YuMi 可与应用程序（App）相结合，大展身手。以往的机器人往往在固定的点重复性地做固定工作，不具有灵活性和理解能力。而 YuMi 则可以与应用程序交互，理解其指令。如果应用程序在工具、工件或工作环境中不会带来任何重大的风险，就可以通过 YuMi 构建高度灵活、局部可变的自动化工程。对于小批量和品种繁多的产品，在制造方式上，这是第一个通过自动化提高生产率的[7]。

YuMi 在 IoTSP 中的角色

当然，今天的 YuMi 是一个在工业上广泛应用的独立设备，它不属于工业 4.0 的基础设施。在相应的生产联系中，人与机器的结合非常具有吸引力，对于小部件的组装而言，这样的机器人是非常有意义的。由于它的人机工程学设计，机器人实际上可以被人视为同事，甚至受到人的喜欢，这是一种重要的非技术性质。此外，协作机器人的出现还解决了人口问题和欧洲技术工人日益短缺的问题。

YuMi 也可以用于更传统、更通用的机器人工作中，但其特殊之处在于它与人类的合作。它与人类合作的能力乍一看只是安全方面的突破：它可以消除隔阂，使得机器人和人类可以直接相互合作。然而，当把它与工业 4.0 理念相结合时，就开辟了一系列的新技术层面，它们可以显著地提高创新力和生产力。

如果没有 IoTSP，YuMi 会是一个可编程的、灵活性高的但又被分离的设备，会是当今工业领域的典型代表。它的行为由手动编程中的静态程序决定。在与周围生产系统没有交互时，机器人依然执行已设定的任务，直到新程序的导入，使它开始定义和执行一项新的任务。

通过 IoTSP，YuMi 不仅可以与网络基础设施中的其他设备连接，还具有许多无法预见的功能。它可以寻址、将数据存储在云中并从云中检索来自其他设备的数据。作为“云机器人”网络[8]的参与者，它还可以获取信息、更新自己、独立探索环境并告知其他设备。其环境认知可以实现新的移动形式。云技术实现了全新的知识转移形式。以下，将以未来学角度更详细地阐明这些想法的可行性和潜力。

学习方面

除了人机协作（MRC）之外，YuMi 在人与机器的合作中开辟了迄今为止尚未开发的新的技术行动机制（图 7.2），分四个步骤：

步骤 1，聚焦于 YuMi 在将来如何编程。与人类的协作表明，在未来只通过单一静态指令的传统编程方式将会减少，机器人将能够通过模仿人并扩展它的能力。这包括模仿学习、观察学习和社会学习[9]等方式。模仿是一项复杂的技术，它不仅需要严格地模仿，更需要通过观察别的东西并将其整合到自己的系统中。在将来，该机器人不仅可以简单地模仿人的运动，还可以识别人的意图，并独立对其动作的路径、顺序和力量进行优化。这也可以是交互式的合作，例如，通过人来校正故障、在人与人之间[10]进行自然模仿学习等。

步骤 2，当机器人获得并展示了其新功能之后，使用已连接的云基础设施，将云中的该知识提供给具有相同类型或类似特征的其他机器人。

步骤 3，机器人会在网络中搜索可重复使用的解决方案，例如用于小部件的组装方式。这不只意味着程序的简单下载，新机器人可以使程序适应它自身的环境条件、范围和边界条件。

步骤 4，包括其知识圈：反过来，人也可以通过模仿机器人进行学习。机器人可以在演示模式中对要执行的步骤进行演示，对人的操作进行纠正，提供可理解的指令并检查最终结果。在这个过程中，人类是通过与生俱来的自然学习方式进行模仿的。

现在已经形成了一个新式的、人与人交互且跨越时间和文化领域的知识转移链，机器人和人都可以通过学习来提高自己。这种适应性是自主系统的标志性要素（部分），在未来的许多应用程序中，它将成为创新的核心。

接受这一行为学习路径可以使人们从中受益，因为在这个过程中所需要的仅仅是人类最基本的天性：通过模仿进行学习。YuMi 在这个因果关系中扮演着“中介”一角。如今，该技术在全球范围内得以运用，对该技术研发进行的投资也已相应地得到了回报。

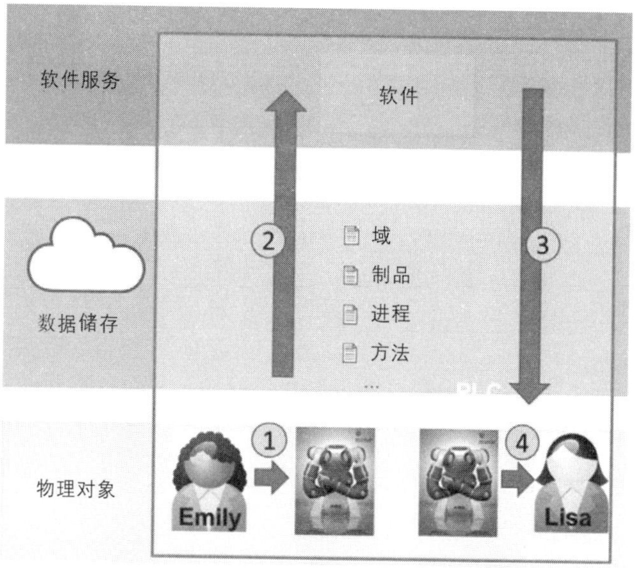

图 7.2　人与机器之间知识的传输链及通过 IoTSP 技术不断重复回馈

协作行动战略方面

在未来，机器人将主动了解其作业环境并对其进行研究，比如了解其周围的生产组件，同样也需要注意由于正在进行的生产活动而对环境产生的改变。因此，它实现了对周围设备、产品和人员的规划和影响。简单地说，机器人能够在系统拓扑结构中找到自己的定位。

在下一阶段，机器人作为协作伙伴，它们可以直接在其作业环境中相互感知，对其工作类别（例如生产、维护、手动操作）做出反应，同时还可以了解其他协作伙伴的工作状态。这包括来自其他设备的生产说明以及需要其他设备或与人合作的请求。

在简化的成型结构中，只需暂时通知相邻的设备就足够了。即使每个机器人仅能“感知”邻近的作业环境也无可厚非，因为这样就进而将信息传递给了所有的设备。因为每一个设备都与下一个相邻设备相关联，其影响可以扩展到整个设备拓扑中。我们用一个更简单的例子来解释：在高速公路上，当一个司机打开了他的警报闪光灯，一定是因为他看到前面的车辆同样发出了警报信号。通过这样一个简单的规则，我们就能发现，即使一个信号无法一次被传输到所有设备，通过每两个设备之间的信息传输同样可以实现全网的连接。

协作群体的行为会在理念上直接影响协作的行动策略：机器人和其他设备会共同致力于实现生产目标并相互协作。比如，当设备发生故障时，需要机器人不断地调整其行动策略和计划才能应对外界不同环境造成的影响。只有参与操作的设备实时相互通讯时，这种形式的智能方案才能成功，这也是工业 4.0 的基本支柱。

在与人类合作之中，它们可以慢慢获得识别复杂关系的能力。人类可以给机器人提供抽象的指示，同时，由于它们本身的相互关联性，也可以反过来转向人类求助。例如，对于协作生产步骤指南的调整或早期的危险预防。如何优化协作装配中的任务分配，已成为当今研究的一个重要领域[11][12]。

位置灵活性方面

当 YuMi 的使用被延伸至移动平台时，其可以独立地在生产设备间移动并填补与生产相关的空白，例如进行维护应用的可替换机器人、为了解决生产瓶颈的辅助机器人或维护机器人。在汽车工业领域的最终组装中，类似的设想已经得以实现并成为了测试对象[13]。这也开辟了新的商业模式，例如 YuMi 机器人的租赁。

在未来，工业 4.0 对人的内在联系指的是，机器人的生产纲领可以由制造生产中的全体员工自行补充和修改。机器人将在未来的生产设施中不受空间位置的约束，通过前瞻性的考虑，智能、灵活地协助人。在将来，这些机器人不仅能用于工业生产，还能用于其他领域，例如在家政或办公室中，机器人的使用可以为人减负并提高其生活质量。现今，在家政服务方面的机器人技术，如现代吸尘器机器人的自动空间规划技术，也可以在工业领域中使用，机器人能够通过学习环境优化自己的运动轮廓，并将这些经验传递给其他机器人。人的空间定位能力是与生俱来的，机器人对这一点的掌控能力越强，人类对它们的接受程度就越高。

自动编程机器人方面

现今，经由手动创建并测试的机器人程序大多是固定不变的，也就是说它们只能遵循既定的流程。这些流程仅能对其生产环境中的未知变化做出有限的反应。该过程中的程序是不可被修改的。然而，如果给产品提供基于云的设计信息和操作指示，在将来，机器人就可以根据产品的形状和位置识别它们，同时，还可以在云端获取产品的结构和组件信息，并且获取必要的组装步骤[14]。

因此，未来的机器人可以在云端重新创建或完善所需的程序（比如使用遗传算法来创建和完善程序），在虚拟环境中进行测试后再执行。如果创建新程序的过程足够快，也可以在正在进行生产过程的机器人中加入这一技术，这样就无需事先编程了。机器人还可以将待加工产品的位置编排好，以确保最佳的生产质量。所有这些仿人类的机器行为都将促进机器人与人进行更紧密的合作。在将来，这种人和机器人的混合生产模式将会在生产线上出现。

数据收集、 文档和学习方面

协作机器人将与人密切地相互合作。但是，正是因为如此，也有可能发生各种危险，机器人必须学会避让人，这就要求其速度必须适中，而且能够在可能与人类发生碰撞时停止运动。

自动检测、数据收集和特殊情况的记录有助于以后对系统的分析。一方面，该分析结果可用于进一步开发机器人和操作员之间针对特定装配任务的有效协作方式。另一方面，这类分析也可以应对不可预见情况的发生。比如，这些汇编数据可以在任何情况下确保机器的接触力度都没有超过相应的限度。最后，它甚至可以让机器人像人一样做出各种人类特有的反应。

通过自动保存的所有的移动数据和处理数据（如驱动器的电流消耗等其他运行数据），也可以对特殊情况的处理过程进行完整记录，并确定是否以及如何与操作员建立联系。

如果通过 IoTSP 基础设施来收集信息，就能获得大量的关于特殊情况和装配操作的数据信息。大规模集成机器人数据和应对经验，可以使其行动的灵活性及与人的合作性发生质的飞跃，并在适当的情况下进一步对特殊的装配情况进行自动优化。每个机器人都可以通过 IoTSP 更快速地学习，更敏捷地做出反应，这不仅提高了生产的质量、安全性和效率，更关键的是它可以与人进行合作。

非语言交流的人体工程学方面

YuMi 是一个已经确定了安全接触距离的机器人，不需要任何防护措施。通过附加的传感器，它可以检测与人的距离并调整自身的移动速度[6]。

这些在思维上延伸的技术使人们更加期待，机器人能够借助更多传感器和软件来更好地检测人在环境中的位置和运动状态。它不仅可以检测到接近它的物体，还能检测人在空间中的位置、姿势，未来甚至可能检测到其面部特征、声音、语言、面部表情或动作意图。非语言交流在目前属于尚未深入研究的人机交流领域。

这些信息都是强化人体工程学甚至保障操作安全的有效途径。人类的手势、声音、语言和面部表情都会对机器人的行为产生影响。机器人可以前瞻性地为人提供协助，让人感到它是“细心的”、“有帮助的”。这些都是人类的行为范畴，只有通过复杂的非语言交流才能传递。

相反，我们也可以想象机器人使用手势、语言和姿势与人进行非语言交流。

人体工程学服务于人类天生的社会行为习惯。其在网络化工业环境领域中的实施有望提高人与机器之间的合作水平。将其与 IoTSP 基础设施联网，这些信息就可以传递到其他机器和设备上，形成一个物理社交网络。

人和复杂性方面

毫无疑问，鉴于不断增长的客户需求和技术需求，未来的生产方式将变得更加复杂。它从静态和确定性的结构中产生，并向着结构和过程灵活的设施方向发展，这些设施可以不断地对其结构和功能进行调整。这种复杂性是否易于管理？日益复杂的管理方法是否能跟上日益复杂的需求和技术的脚步？

好消息是，复杂并不意味着难操作。今天的智能手机或平板电脑比 10 年前的结构和功能要复杂得多，但即使是小朋友也可以在没人教的情况下使用它们。复杂性是可控的，这是在竞争中实现的。在过去，大多数特别容易控制的技术都得到了市场的认可。经济法则会在竞争中淘汰那些没有或只有很少的人才能掌握的技术。

此外，人类拥有众多复杂的行为方式，例如：各种语言、社会关系、心理活动以及评估未知情境的能力，人们都可以毫不费力地完成这些行为。语音合成（例如 Siri）或虚拟世界（例如 Hololens）正是由于其技术复杂性而受到用户的喜爱。与其相比，之前的系统由于太过简易，往往被认为使用不便或容易出错进而被淘汰。这意味着，用户在使用技术产品的同时，对其也提出了相应的最低技术要求。技术产品的功能与人类复杂社会活动匹配度越高，人们对这一产品的使用度就越高。以上提到的这些方面，已经纳入了 IoTSP 的考虑范围之内。

其他方面

此外，工业 4.0 背景下的 YuMi 概念提供了大量其他的应用可能性。比如说：

◎通过自动识别操作员，YuMi 可以和某个操作员越来越默契。

◎可以自动安排装配任务，以便更好地满足工厂的实时需求。

◎机器人收集的装配数据可自动用于质量保证和文档记录。

◎对于更复杂的装配任务，组件和机器人可以直接进行通信，以满足如螺栓连接的各个扭矩限制等要求。

总结与展望

在 YuMi 的启发下，人们对大量关于机器人的概念和潜力都进行了讨论，这些想法在日益网络化的生产环境中可以为人提供便利。YuMi 能有效地充当之前在机器人和人之间所缺少的纽带，并通过复杂的技术能力使机器人与人合作。

本节的基本论点是：人将从中受益。因为，相比于目前静态的、确定的生产系统，网络化的、灵活的系统能更好地适应人类的思维方式。比起以前，人将可以更好地运用自己的能力和才能。反过来，网络系统也将从人手中获益更多。人通过与生俱来的行为、处理人与环境之间复杂相互作用的能力，都为配合 IoTSP 发展做好了准备。

对于机器人来说，IoTSP 是非常重要的。互联网技术的引入是掌握复杂系统和提高自组织水平的核心推动力，这主要得益于软件与网络技术的互相结合。

在我们提到的这些想法成为现实之前，仍然需要做大量的工作。尤其重要的是设计灵活、安全和强大的软件解决方案，这对传统机械工程十分具有挑战性。此外，还需要一个安全的 IT 基础架构，它可以简化异构生产系统中不同供应商的用户网络，以便访问数据（数据存储）以及在商业环境中引入某些算法（例如 Appstore）。

跨制造商通信的标准是必不可少的。这些标准是工业 4.0 标准化路线图的基本组成部分。其中包括跨制造商的基础架构技术、要使用的通信接口、在线信息具有统一的语法和语义协议以及工程数据。现今，大多数的生产系统都是异构的，也就是说，大多数制造商所制造的设备的生产系统无法互通。如果没有标准化，就无法实现跨供应商的通讯，产品依旧是孤立的。互操作性和标准的重要性将大大增加：网络和软件服务只有在接口可以通讯时才能一起工作。现在需要新的标准化方法，因为传统的标准化方法相对于计算机科学的创新速度来说太慢了。这并不是说将语义固定在标准中，而是需要用灵活的方法来定义语义并开拓未知的语义。这也是人类大脑的一个非常自然的概念。从技术层面上来看，我们已经有了解决方案：AutomationML 标准（IEC 62714）可以做到这一点。

此外，需要加强智能生产网络中的自主行动以确保稳定的个体生产方式。比如说大大改进的智能故障检测自诊断功能，它甚至能检测不可预见的故障或生产状况。不受约束的技术系统可以自己通过某些生产资料得到应对错误的措施和方法，而无需事先计划。在将来，生产系统可能会具有自愈和自我修复的功能。

最后一点也同样重要，所述的发展愿景都需要新的认证方法来检验其不断变化的生产系统。比如安全性、环境的可持续发展性以及消除自学习系统中可能出现的不良影响。

对于整个生产过程来说，该愿景不仅可以提高生产率，还能够在生产计划中产生文化变迁。在将来，提前确定计划中的生产批次和日期这种方式将被代替，而针对各个目标的、在时间和空间上的统计分布会越来越多，例如分布式生产系统。生产经理在未来分布式生产系统中的目标也将是更专注于掌握这种随机性。

未来仍然是令人兴奋的！

参考文献

[1] H. Kagermann, W. D. Lukas, W. Wahlster: Industrie 4.0: Mit dem Internet der Dinge auf dem Weg zur 4. industriellen Revolution. VDI Nachrichten, 2011

[2] R. Drath, H. Koziolek: Industrie 4.0-Im Spannungsfeld zwischen dem Machbaren und Sinnvollen. In: atp edition 1-2/2015, S. 28-35, Oldenbourg-Verlag, 2015

[3] Umsetzungsempfehlungen für das Zukunftsprojekt Industrie 4.0, *http://www.bmbf.de/pubRD/Umsetzungsempfehlungen_Industrie4_0.pdf*

[4] *http://new.abb.com/products/robotics/yumi*

[5] B. Matthias, S. Kock, H. Jerregard, M. Källman, I. Lundberg, R. Mellander: Safety

of Collaborative Industrial Robots-Certification possibilities for a collaborative assembly robot concept; In: Proceedings of IEEE International Symposium on Assembly and Manufacturing (ISAM) 2011, Tampere, Finland

[6] H. Ding, B. Matthias: Safe Human-Robot Collaboration Combines Expertise and Precision in Manufacturing-A Paradigm for Industrial Assembly in Mixed Environments. In: atp edition vol. 55(10), S. 22-25, 2013

[7] S. Kock, T. Vittor, B. Matthias, H. Jerregard, M. Källman, I. Lundberg, R. Mellander, M. Hedelind: A Robot Concept for Scalable, Flexible Assembly Automation-A technology study on a harmless dual-armed robot. In: Proceedings of IEEE International Symposium on Assembly and Manufacturing (ISAM) 2011, Tampere, Finland

[8] B. Kehoe, S. Patil, P. Abbeel, K. Goldberg: A Survey of Research on Cloud Robotics and Automation. In: IEEE Transactions on Automation Science and Engineering, Vol. 12, No. 2 (2015), p. 398-409

[9] A. Bandura: Social learning theory. Englewood Cliffs, NJ, Prentice Hall, 1977

[10] S. Nikolaidis, J. Shah: Human-Robot Cross-Training: Computational Formulation, Modeling and Evaluation of a Human Team Training Strategy. In: Proceedings of 2013 IEEE International Conference on Human-Robot Interactions (HRI 2013), p. 33-40

[11] F. Chen, K. Sekiyama, F. Cannella, T. Fukuda: Optimal Subtask Allocation for Human and Robot Collaboration Within Hybrid Assembly System. In: IEEE Transactions on Automation Science and Engineering, Vol. 11, No. 4 (2014), p. 1065-1075

[12] J. T. C. Tan, F. Duan, R. Kato and T. Arai: Collaboration Planning by Task Analysis, in Human-Robot Collaborative Manufacturing System. In: Advances in Robot Manipulators, Ernest Hall (Ed.), ISBN: 978-953-307-070-4, 2013

[13] S. Angerer, C. Strassmair, M. Staehr, M. Roettenbacher, N. M. Robertson: Give me a hand The potential of mobile assistive robots in automotive logistics and assembly applications. In: Proceedings of 2012 IEEE International Conference on Technologies for Practical Robot Applications (TePRA 2012), p. 111-116

[14] M. Tenorth, A. C. Perzylo, R. Lafrenz, M. Beetz: Representation and Exchange of Knowledge About Actions, Objects, and Environment in the RoboEarth Framework. In: IEEE Transactions on Automation Science and Engineering, Vol. 10, No. 3 (2013), p. 643-651

日常工作中的工业4.0

易尔木海德·奥嘎拉　毛诶茨·尼豪斯

以全面生产数字化和网络化为特征的工业4.0同样也在改变着我们的工作。以下示例向我们说明了新的商业模式（如混合服务、工业化服务、数字辅助系统、直接与轻型机器人的合作等）会在未来如何影响工业4.0企业的日常工作。这里所列举的新的商业模式均是已经在企业得以实施的、正在开发的或已经进入测试阶段的项目。

我们采用了虚拟访谈形式，以便尽可能真实地展示工厂的日常工作。受访者叫Alex，他是一名技术服务员及工会会员，他的工作性质使他能了解到不同的公司。Alex在压缩空气公司（DKG）工作，这同样是虚构出来的公司，用作代表德国实施工业4.0的领先企业。

范例1　预见性维护服务

问：Alex，DKG的主要业务什么？

答：早些时候，DKG是空气压缩机和成套工业气动装置的制造商。现在我们干脆直接卖给客户压缩空气。

问：从生产商到服务商，这是商业模式的一项重大改变。什么原因促使了这项改变呢？

答：我们许多的客户一直以为，压缩空气和电没什么区别：需要的时候，他们就从管道里出来了。然而事实上，与电不同的是他们必须自己去生产压缩空气。客户需要购买生产装置，还要关心机器的运转和维护，这个过程肯定是要花钱的。现在我们把装置自己保留下来，自己去操作它。客户不再需要自己去操心这些过程就可以直接获得他需要的压缩空气。

问：这个过程是怎么进行的呢？这就是工业4.0吗？

答：是的，这就是工业4.0。我们建立网宇实体系统，通过网络它可以向我们提供所需要的信息。对我们而言，这些嵌入的系统是最小型的计算机，它可以用来控制我们的压缩机和装置。它们与许多传感器相连，这些传感器可以测量出已经生产了多少压缩空气、现在是什么温度、湿度是多少、这个装置需要多少电力以及其他的一些参变量。我们可以实时提取所需要的数据用于自动控制这些装置。此外，这些数据肯定也会被保存下来，我们可以通过网络来获取这些数据。我们的会计用这些数据来记账，我们用它们来维护和保养机器。

问：使用这些数据？你能给我们详细描述一下是怎样利用这些数据的，以及这些数据具有什么用途呢?

答：我们在所有 DKG 生产的装备里都有一个电脑虚拟模型，人们可以把它想象成一个电脑游戏。目标是使压缩机和干燥机可以一直正常运转，提供所需的性能。当然，机器只会在没有任何损坏的情况下正常运转，所以我们需要适时更换过滤器和密封圈。这些都需要花钱，所以我们很长时间才会更换一次。现在有了这些装置里面的数据，我们就可以尝试计算出最优时间点去更换磨损零件。到了该换的时候我们的操作员就可以过去更换它。此外，如果我们监管的装置之中有任何一个的数值超出了正常范围，我和我的同事将会自动收到通知，然后我们就只需要上网去检查是哪里出了问题。很多问题都可以直接被解决好，我们不用再到客户那里去。如果不行的话，那么，我们的员工也可以在去往用户那里的同时，携带合适的零部件，提高维修效率。

问：那么现在和之前的区别在哪里呢？之前你们就有设备保养业务了，不是吗?

答：之前这个流程是很不一样的，那会我们一般都在等客户来跟我们联系。当我早上来到公司后，我得先了解一下：压缩机和干燥机在哪里？套管在哪里？控制装置都做了什么？当然我也应该以最快速度找出问题所在。这种时候工作压力是很大的。最坏的情况是，如果客户太晚才告知我，我只能得出装置已经完全损坏的结论。之前客户和我们经常是没有签保养合同的，因为这项合同对于他们来说太贵了。而今一切都不一样了。

问：这对于你们来说意味着不再需要紧急上门服务了，对吗?

答：很可惜不是这样的。至今为止，“消防服务”即使是在周末都还是有的。我们还得去检查许多老的装置。而且有时也有可能从数据中什么都没看出来，这样只能去到客户那里再进行系统的故障排查。

问：不管怎样，你们现在可以预先了解信息了。你们还有什么工作是因为数字化而发生改变的吗?

答：相比以前，我们坐在屏幕前的时间变多了。我们现在在做的项目也是之前完全没有的。

问：那是什么样的项目呢?

答：大部分是试点项目。为此，我们中的很多人经常和工程师，还有 IT 专家坐在一起工作。他们经常有这样的问题：虽然他们得到了很多的数据，但是他们并不知道这些数据都是什么意思。最重要的是，他们常常不知道哪些是关键值、哪些不是。这个确实可能会因为装置不同而不一样。这就是为什么在试点阶段的项目里面，遇到一些新的大型装置需要我们作为技术服务人员参与其中。我们需要一起进行测试并确认所有重要的参数。这始终是一件有趣的事情，但合作也是很辛苦的。

问：你的意思是，对于你们技术者来说和工程师合作是很困难的?

答：不，我指的不是工程师，而是 IT 专家。他们总是想把所有东西都一视同仁。他们说，原理总是相同的，物理就是物理。我们试图向他们解释，现实情况通常是不一样的。我们彼此之间有着截然不同的观点，彼此观点相互碰撞。最开始的时候也是最困难的，由于成本和价格的原因，当时企业经营者也参与。当然，最后我们还是找到了平衡点。下个月，我们会开始我们第一个自主启动的项目，来改善电脑中的装置模型。

问：现在，你从工会成员的视角来看你的工作，你会对工业 4.0 带来的影响说些什么?

答：对于我们技术服务人员来说，对工作内容的要求也毫无疑问地变得更高了。我们 DKG 也参与了有关新的、基础的专业技能要求的研究。从长远角度来看，我们需要与公司领导讨论一下新的分组编排。

此外，工作时间和流动性当然也是一个我们经常讨论的话题。一方面，预测性维护使我们的工作拥有更高的可规划性。另一方面，同事们因为需要“永远在线”而感到困扰。如果出现了错误，客户那里会施加更大的压力。作为企业工会我们仍在和同事对于制定合理的规定和新的工作时间模式进行讨论。

问：你们的客户怎么看待它? 作为技术服务人员你有机会了解其他公司的运行模式，那他们是如何执行工业 4.0 的呢?

答：当然我也无法判断这是否都是工业 4.0。但我确实看到了很多数字化的地方，最近还见到了机器人。

范例 2 通过数字辅助系统提供支持

问：我们先把机器人放在一边，你怎么看待数字化呢?

答：作为技术人员，我还负责工作站系统的保养和维修。管道从生产压缩空气的装置一直延伸到工作地。所有驱动压缩空气的工具，像螺丝刀、螺栓固定器或是钻头这些都可以连接到它的上面。这些装置会一直运转，组装工作在这期间可以被完成。目前我们正在引入数字辅助系统。

问：我有点没法想象，到底什么是辅助系统? 它们是用来干什么的?

答：在遇到很困难的组装工作的时候，它可以给我们提供支持。我经常在的这个工厂是生产开关的。这个装置有多种变形，并由大量零件组成。这些装备几乎全部由女性进行手工组装。现在她们每个人在工位上都有一个触控屏，屏幕上面不仅可以像以前一样显示图纸，还可以展示组装的影片和动画演示。如果同事收到了新的订单，比如组装 20 个开关，那么它可以一步步地引导她们去完成组装过程。如果她对此不确定，她就可以先这么做，在她熟练掌握以后，就可以直接跳过这些步骤了。此外，系统中还集成有测试设备，也就是说，已经组装好的开关设备中的某些功能会被测试并且自动记录下数据，以确保质量。

问：你的女同事们都怎么看待这个辅助系统?

答：有不同的声音。有一些觉得相比于以前，辅助系统极大地减轻了工作。她们以前必须自己去研究图纸，导致前三个或是前五个装置经常会被装错。相反另一些人有不同的看法，她们觉得系统会控制她们的工作。虽然公司规定禁止了这一点，但其中的数据确实被收集和保存下来了。我所知道的系统可能更加糟糕。

问：你是指什么样的系统？

答：我想到了另外一家公司，他们也引入了一个叫做“引领工人”的辅助系统。工人们不是用触摸屏工作，而是配有照明控制和相机。工人们站在他的工作台前，在他的活动范围里是规定的有许多待装部件的箱子，它适用于小型齿轮的情况。当工人现在需要从箱子里拿出一个零件，那么就会亮起一盏红色的灯，等这个零件已经被拿出来以后，灯就会变绿。工具也是一样，螺丝刀需要被拧紧的时候，螺丝刀就会亮起来。目前他们正在试验如何对螺丝刀进行数字化控制，以便螺丝刀可以自动根据合适的力矩被拧紧。

问：这个过程我觉得似乎很多余，为什么不能实现完全自动化呢？

答：齿轮无法被设计成通过机器来组装，因为这个过程过于复杂而且零件太小。但是公司又希望可以降低成本，所以在安装中使用半熟练工人而不是专业技术人员。目前为止，制造出“引领工人”辅助系统的公司所委派的技术人员需要经常在现场。同事们也会担心他们的工作，不过这种情况还是比较少见的。

范例 3　和轻型机器人的协作

问：你之前提到了机器人，它开发得怎么样了？它不能代替所有工作吧？

答：就目前我看到的而言，的确是不可以的。当然在有些领域已经可以实现全自动化，在那里的机器人整齐划一地工作。当然，这个技术其实早就有了，比较有趣的是目前正在进行实验的新型机器人。

问：你是指轻型机器人？

答：是的，我说的是那些不再需要站在防护网后面的机器人。我最近一直在忙这件事情，因为大部分机器人需要配备气动工具。这个对于同事们来说能大大减轻他们的负担。例如我知道一个清理涡轮机的工厂，这个有着许多齿轮的“怪物”重达数吨。它们要被拆开来，然后利用压缩空气、干冰，有的时候还需要利用喷砂来清理。这个过程到目前为止都需要同事们手动用喷气枪来完成。如果有了机器人，他们就可以去远程控制它们，这就舒服多了。

问：这是个非常特别的应用！

答：或许是吧，但在所有的领域都有越来越多的老员工，即使零件不再那么大，工具不再那么复杂，一天中也只能组装几个。机器人的手臂可以拿起零件还能使它保持在那里。或者它能够自己去使用工具，这些都让人们很高兴。我认为，接下来几年我们在这个领域仍然有很多需要做的。特别是如果控制系统变得越来越简单，那么在很多领域机器人也可以同样被当作一个工具。

问：未来发展非常吸引人啊。Alex，非常感谢你接受我们的采访！

答：不客气！我也非常荣幸参加这次访问。

结论

尽管上述访谈是虚构出来的，但它确实可以使我们对工业 4.0 的基础日常工作有所了解。与此同时，新的发展趋势的优缺点也呈现了出来。网宇实体系统可以取代人力劳动，也可以减轻工作负担。它给我们提供了新的可能性，但同时也提出了新的要求。

数字化和网络化的人性化设计是进一步发展工业 4.0 的主要挑战。在这种情况下，建议让员工尽早地参与到新系统的引进中来，比如建立一个员工和公司或是项目领导共同的工作组。如果有工会的话，需要在项目的最初阶段就设立，因为几乎所有工业 4.0 元素的引入都需要由共同商讨所决定。我们从实践和研究项目中获得的经验告诉我们，积极认真地参与其中，可以使公司和员工得出更好的解决方案，员工们对于新系统的认可度也会提高。

新需求下的教育及培训理念发展

托马斯·巴尔特　马蒂亚斯·包嫩　李努斯·施劳宜普纳

本节所侧重介绍的内容虽然在现阶段已经有了相关讨论，但似乎还是缺少一些具体的解决方案（它与政治诉求无关，强调的是联合会的重要性）：未来工业4.0所需的专业技术人员。通过与该领域的相关公司进行交谈，我们一方面可以粗略概述对专业人员有哪些要求，另一方面也讨论了现有教育形式与未来技术需求的匹配度。综合各方面因素，我们规划了一份关于如何适当并有效地传授所需技能的教育方案[1]。

导言

通过媒体的报道，“工业4.0”这个话题在短时间内得到了工业、政治、学术讨论界的广泛关注。当然，不同的群体对于这个话题有着不同的见解和兴趣点。工业企业的侧重点在于：工业4.0对于我们的公司和行业意味着什么？政治人物则忙于竞争全球技术领导国，而学术界讨论的话题则是“基于工业4.0可以提出哪些（新的）研究课题?”媒体的报道大大影响这个话题与人们的相关性，从“非常消极”（即将失业）到“非常积极”（客户/用户新机会），不同受众群体的反应也是千差万别。所有这些群体对于这个话题的讨论共同点集中于：在未来工业4.0的背景下，从业人员需要具备哪些必需的专业技能?

这个话题在工业界的讨论是非常有必要的，尤其是专业技术人员紧缺的这几年。如果没有足够数量的相应的技术人才，就无法应对伴随发展而来的复杂的挑战。因此，在促进德国作为工业大国继续发展的政策里，已经开始涉及专业人才的短缺问题。学术界对此的讨论不仅局限于把它当做是研究课题，还关注于学术理论的进一步发展。越来越多的高校相继设立新的专业，旨在共同探寻适合工业4.0发展的人才培养方式。同样的，这些话题的受众也包括年轻学者和已经在相关领域工作了很久的人群，高水平的专业资质与专业能力可以为他们的职业发展铺平道路。

对从业人员的要求

之所以选择“工业4.0”这一概念，是因为它可以将人们的注意力集中到“生产模式的颠覆性再发展”中来。因为按照这样理解的话，它与继承生产自动化的发展步骤有关，工业4.0就可以进而被理解为“自动化的自动化”，它主要是通过使用更多的理论、工具和计算机技术的方法，结合信息及通信技术来规划和实现的。

工业4.0所需的专业技能来自许多领域，特别是来自工程（如机械制造、电气工程学）和信息学的重合部分。而部分理论、方法和工具也同样需要从经济角度来分析，因此还需要经济学的部分。在经济工程学或是经济信息学这些课程中，这个情况早已在工程学科和计算机科学中被单独考虑了。（图 7.3）

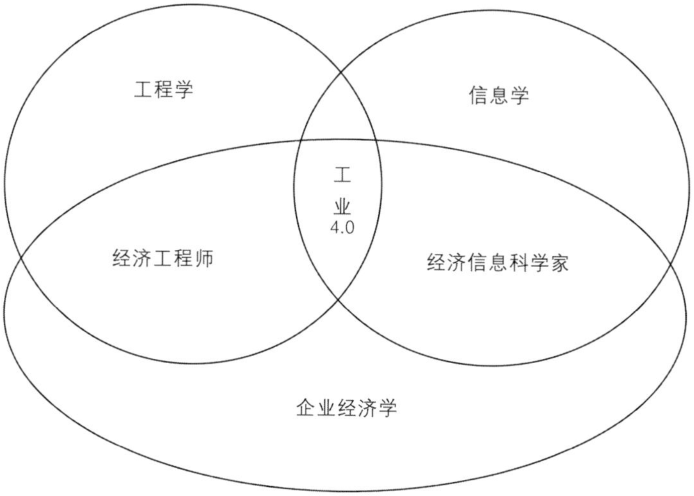

图 7.3　将跨学科的工业 4.0 分解到工程学、信息学、企业经济学这些经典学科中来

这里所罗列的学科要求一方面来自论文和出版物［CSC 15］[2]［WIW 15］[3]，另一方面来自 2015 年 6 月在科隆莱茵应用技术大学（RFH）举办的“工业 4.0 具体化”活动期间进行的一系列讨论，33 位来自工业领域、公共行政以及高等院校的代表出席了这项活动。基于讨论得出的结论并不是实证研究，但它们至少可以用作定性研究的数据基础，便于人们大致了解在工业 4.0 领域发展的公司有哪些需求。

这些公司大致可以按如下进行分类：

◎机器、控制系统和软件解决方案的使用者，这个符合工业 4.0 的要求。

◎机器、控制系统或软件解决方案的制造商，它充分考虑了工业 4.0 背景下“工作车间”与“企业管理视角下的生产”的差距。

◎来自工程和信息技术领域的服务提供商，例如软件制造商、为使用工业 4.0 解决方案（机器、软件系统）的企业提供咨询的服务商等。

在所有这些类别中，中小型企业和国际大企业的需求存在类似点。虽然不足为奇，但确实可以作为我们所得出的结论的理论支持。类似的需求点主要包括：

◎工程领域所需的能力；

◎信息技术领域所需的能力；

◎从经济性考虑的能力。

工业 4.0 的概念和解决方案的计划、实施和使用，被看做是具体项目所需的以及项目成功不可缺少的一项决定性的能力。在中小型企业中要求的执行与大的集团公司有所不同，因为在大型企业中可以通过增加技术人员来涵盖所有所需的能力，而在中小型企业的项目中，因为项目组规模很小，所以明确要求组员能够尽可能多地掌握所需的专业技能。从内容上来说，其实在要求方面并没有很大的差异。

通过上述观察，我们提出了这样一个疑问：如何使大学的职业技能培训与这种特性要求进行匹配？

专业人员培训的新方式： 本科和硕士学科及学习模式

近年来，德国大学和高等技术院校的本科和硕士的课程数量大幅增加［HRK 14］[4]，一部分新的课程涉及到了以前职业培训所覆盖的领域（例如在医疗保健及其护理方面），另一部分课程被用于进一步区分现有的领域（比如以“专业互联”的方式划分医学-信息学或生产-信息学）。（图 7.4）

从对工业 4.0 感兴趣的人的角度来看，与此相关的资源还是太少了，部分内容只能通过比如生产信息学这类的课程来了解。实际上，据作者所知，目前尚无符合工业 4.0 要求的硕士或本科阶段的跨学科教学计划。

从该主题的相关出版物中摘录的一些语句也可以用来支持这一陈述：

◎“学术领域上，工业 4.0 仍处于开始阶段。”［Wal 14a］[5]

◎在课上，学生们和科学家们进行跨专业合作，可以作为进入工业 4.0 的敲门砖。［Wal 14b］[6]

◎D-A-CH 领域的 900 家受访公司：其中，48% 的公司认为欧洲劳动力市场对于工业 4.0 还是“有所保留的”以及“未准备好”；45% 的公司认为缺少足够的专业人员，除了信息技术知识外还要具备工业 4.0 所需的物流和制造相关的专业知识。

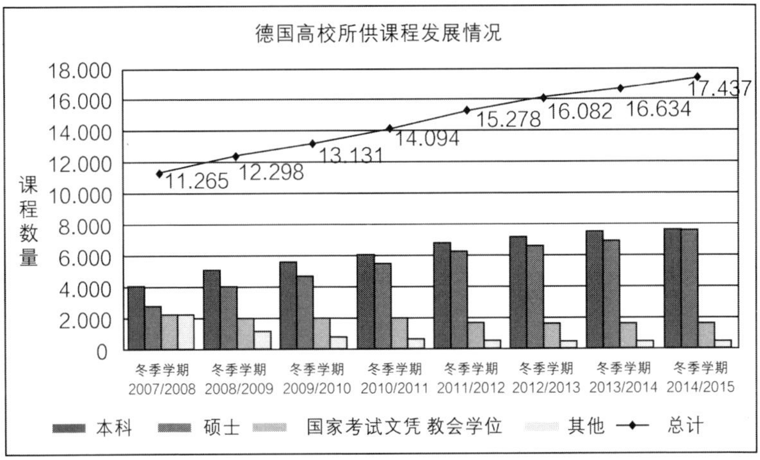

图 7.4 德国高校里提供的课程发展情况

除了拟定的课程内容以外，学习形式也是一个问题。人们希望通过在职培训或是职业技能培训来对传统的全日制学习课程进行额外的补充。相比大学而言，高等专科院校提供这种学习形式的可能性会更大一点，因为这与高等专科院校注重实践培养的理念相一致。

技能培训

对于许多我们研究的目标群体来说，不论是以全日制的形式读书还是在工作之余进行学习，都没有意义或是不现实的。对于一个已经工作多年的人，让他在工作之余再去学习，甚至暂停工作去学习，不论是经济层面、所就职公司的流程方面、还是家庭方面，都是有巨大困难的。而对于还在成长中的学生来说，虽然对这个领域充满兴趣，但是在没有工作收入的情况下，让他去负担至少三年全日制的学习费用，也是非常不现实的。

学习内容方面也同样是问题，对于一个有工作经验的人来说，如果需要继续培养他在自动化方面的专业能力，而课程安排里绝大部分的内容或多或少都是多余的，因为这些能力他已经在工作中掌握了。

因此，技能培训课程应具备如下特征：

◎质量上符合学术培训的三大标准：①授课的内容；②授课的形式；③难易程度和评价。

◎按在职教育进行课程安排。

◎模块化，以便能够高效、精准地培养必需的能力。

这类课程不包括常规的制造商专业课程和资格认证，因为这些课程不应该与传授产品知识有关（类似于学习内容），而是应该注重理念传播、应用方法的教授以及示范工具的使用。

解决方法和讨论

现阶段，上述培训方式在方法上最多只能通过成为高校的附属机构或是其中的一个部门来实现。虽然目前而言，这些课程在内容上和工业4.0的情境关联不大，但它们具有很大的潜力，尤其专科院校可以充分利用这一点，因为专科院校的核心能力正好是实践和理论的结合。这样一来，主要诉求被满足了，也明确地与许多商业课程区分开来。

质量

对于参与者/毕业生来说，课程的质量体现在是否能通过学习到的能力来解决工业4.0环境下遇到的具体任务。内容和传授的知识都必须是符合现阶段要求的，并且要保证质量，同时还要对外透明。其中的一种可能性是使内容和要求之间持续同步，例如它应该通过考核来保证学习质量。第三方能力的透明度可以通过资格认证来实现，它同时也要遵循以实践为导向的学术教学标准。

机构

针对这些课程而言，最重要的是尽可能地使教学内容满足参与者的要求。因为它不需要去完成一个“综合性”课程的要求，所以可以尽可能多地省去课程中不必要的必修模块。取而代之的是，模块目录可以按照该领域有多少人能顺利毕业获得特定专业资格来调节，可以针对这些专业技能提出专门建议（组合模块）。它的合格证明也不应像是考试证书、本科或是硕士毕业证书这样的学位文凭，这些对于许多对该领域感兴趣的人来说都已经具备了。他们需要一个专业的技能认证，它与他们的专业能力相匹配并且可以继续有目的性地进行拓展。专业资格可以通过相应的证书来证明，与生产商的证书不同的是，这个证书是由相应的高等专科院校颁发的，因而与产品和生产商的利益无关。与常见的具有商业动机的企业级证书相比，这种由大学签发的证书的含金量更高。开放大学现在可以提供这种学习模式。借由远程学习，人们可以根据需要自己去调整学习时间和学习内容。

这类培训模式的目的更多地在于去获得本科或硕士学位，但是也可在内容上单纯用作职业技能培训和进修。

德国也提供了这种教学模式，但同时也引起人们的疑惑：为什么德国的高校不能直接涵盖这项模式？

结论和展望

到目前为止仍然没有针对工业 4.0 专业人员的职业技能培训。一方面是因为这个话题的结构过于复杂，另一方面是可用的培训时间太少了，而培训时长又的确是非常重要的一个因素。学术课程必须经过基本的鉴定程序才能被认可实施，按照经验，大概四到五年后才能培养出第一批毕业生。

因此，这个概念模型必须考虑到联系性，培养出更强大的跨学科团队合作的能力。将工业 4.0 的技术理念注入相应的专业领域是不会产生问题的。只有在沟通良好以及对于专业学科重合部分有一些理解的条件下，交流才能顺利进行。人们必须重新学习如何“跳出框架去思考”，这样才可以从大局上去理解工业 4.0。

专科院校发展前景如何，现在还不好下定论。但有一点可以确定的是，未来我们所有人都会比今天更深入、更广泛地去思考问题。

参考文献

[1] [CIO15] C. Pütter, Industrie 4.0 fehlen Fachkräfte und Wissen, CIO 4.2.2015 (abgerufen am 28.7.2015 unter *http://www.cio.de/a/industrie-4-0-fehlen-fachkraefte-und-wissen,3102405*)

[2] [CSC15] CSC-Studie “INDUSTRIE 4.0”-Ländervergleich D A CH, 2015

[3] [WIW15] N. N., Industrie 4.0 scheitert am Mensch-Für vernetztes Arbeiten fehlen die Mitarbeiter, WIRTSCHAFTSWOCHE 3.3.2015 (abgerufen am 28.7.2015 unter *http://www.wiwo.de/erfolg/beruf/industrie-4-0-scheitert-am-mensch-fuer-vernetztes-arbeiten-fehlen-die-mitarbeiter/11449714.html*)

[4] [HRK14] Statistische Daten zu Studienangeboten an Hochschulen in Deutschland-Studiengänge, Studierende, Absolventinnen und Absolventen Wintersemester 2014/2015, Statistiken zur Hochschulpolitik 1/2014, HRK

[5] [Wal14a] L. Wallerang, Im Studium steht Industrie 4.0 erst am Anfang, VDI-Nachrichten, Ausgabe 43, 2014

[6] [Wal14b] L. Wallerang, Ausbildung über Fachgrenzen hinweg, VDI-Nachrichten, Ausgabe 43, 2014

8 展望

在私有制企业中实施工业 4.0

乌沃·韦伯　薇诶娜·施密特曼　牛忒·阿萨特·洪

艾米丽·麦努施　维多利亚·塞佛

数据是工业 4.0 的根基

罗纳德·海因策

展望未来

克里斯蒂安·曼蔡

在私有制企业中实施工业4.0

乌沃·韦伯　薇诶娜·施密特曼　牛忒·阿萨特·洪　艾米丽·麦努施　维多利亚·塞佛

“一夜之间，你所在的企业就可能从工业企业转型为软件和分析企业。”通用电气首席执行官杰夫·伊梅尔特这样描述制造企业的最新变化。事实上，随着智能技术在开发、生产和维护方面的引入，所对应的商业领域发生了翻天覆地的变化。与此同时，这也加剧了企业的复杂性，迫使涉及专业领域的部门，如IT部门，建立灵活、标准化的流程、模型和功能。此外，工业4.0还为制造企业带来了许多机会，使他们在国际竞争中能够以目的为导向进行自我定位，并在时间、质量和成本方面取得优势。我们需要足够的经验来深入分析工业4.0及其之后的变化，同时，尽可能快地进行成果产出。

智能工厂的发展之路

毫无疑问，渐进式数字化正在持续地改变工业格局和人们所熟悉的企业架构。智能工厂，即未来的生产工厂，是由机器、系统和产品在跨企业的基础上互相连接的。生产系统和产品通过智能传感器和执行器可转变为网络物理系统（CPS），它能生成实时数据，并在系统范围、组件范围和工厂范围甚至与企业范围内的物联网进行信息交换。

在传感器的帮助下，系统和产品可以感知其环境及其当前状态，执行器可以通过可用的实时数据对事件进行情境应对。同时，它们能有针对性地与环境互动并对其产生影响，创建分散、自我控制和自适应的生产和物流系统。

所有实时可用的制造信息都可以实现更高水平的横向和纵向互操作性，此外，ERP和MES创造的价值链可以跨企业联网。但是，要想实现这一点，还需要依托于整个产品开发过程中与制造相关的IT系统，即与生产技术和自动化技术（MES）接口以及ERP领域中的其他IT系统接口进行无障碍对接。只有这样才能实现整体控制和生产计划。

那么，如何实现这一点呢？

首先，我们需要给现有的生产设施配备网络连接和IP地址。简单来说，也可以理解为建立一个机器的“社交网络”。自动化和信息技术在这个网络中融合在了一起，交互系统中的机器可以开发用于信息共享以及新商业模型的扩展功能。以下是对即将到来的工业4.0所带来的根本性变化的说明：

◎智能机器是指智能生产设备，它们不仅彼此联通，而且还与客户和供应商互联。它们可以实时捕获真实生产环境的虚拟图像，并对生产状态、位置的最新数据以及互联生产资料❶和资源的信息进行交换。其虚拟映像可用于计划、保护和控制生产过程和生产能力（即使在非常短的时间内）。如果在正常生产期间发生系统故障或停电等计划之外的事件，机器可以通过把当前的生产订单重新分配到其他机器上的方式，提前优化维护订单并提供备件，以进行临时响应。

◎智能产品也是如此：例如，通过使用 RFID 技术，可以存储和读取数据，提取相关信息并实时与其环境进行交换。每种智能产品在生产开始时就已经对其完整配置、当前状态、历史、所需的生产步骤以及必备的组件和材料进行了认知。智能产品可以与设备自主通信，例如交换和请求特定产品的制造信息。因此，可以及早识别和规避生产能力薄弱的地方，从而高效地生产客户定制的产品（例如批量规模极小的产品）。

◎能源使用也将变得智能化：智能电网可以常态化地监控和控制生产制造中的能源需求和消耗。可持续的、主动的能源管理可以对设备的性能和效率进行优化。

混乱的需求和可行性

尽管企业独有的数字化战略是由快速发展的技术制定的，但是，谁还不希望有一个稳定的框架，它能在技术的快速发展甚至技术转型的过程中完美适配呢？图 18.1 中间的一列代表了这样一个稳定的框架（结构）。无论出现的是左边的创新和策略改变，还是右边的实施过程或运营环境改变，通过企业之间的互联功能，可以清楚、透明地对这两个领域的事务进行分类，并依据事实进行决策。

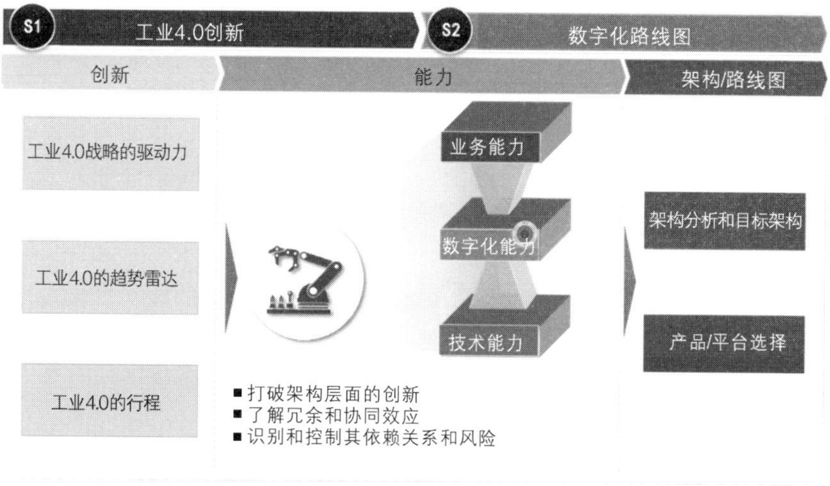

图 18.1 创新、能力和架构/路线图

图 18.1 描述的是开发和管理工业 4.0 战略实施所需的必要元素。从积累的项目

❶生产资料定义为：劳动者进行生产时所需要使用的资源或工具，包括劳动资料（例如土地、厂房、机器、工具等）和劳动对象（如原料）两大类。生产工具的变革是社会生产力水平的最主要的标志。

经验来看，我们的客户正从两个方面实施工业 4.0。目前，一些客户更倾向于从事左边的工作，因为新兴技术是生产创新的基础。其他人则应致力于开发能力结构，以便可以直接适应现有的、完善的生产要求和新技术，并建立以工业 4.0 为根基的标准。

因此，能力是承担相应责任的联结点。在数字化的过程中，新的要求以及创新的建议将被纳入其中。借助这些已经定义好的标准，可以对这些可能相互矛盾的要求和项目组合的企划进行再评估。

引领创新走向成功

让我们再次仔细地看一下客户能具体接触工业 4.0 的两种方式。为了在混乱的数字化制造进程中找到属于自己的路径，创新的倡导者首先需要建立一个明确的结构，提供创新解决方案所必要的透明度，例如，以趋势雷达的形式。为了建立这样的结构，需要把三个层面模块化，即行业层面、数字层面和技术层面。这些功能应紧密合作，绑定资源，为共同目标服务。这里的资源指的是流程、信息、具有知识和技能的人员以及基础设备和架构（例如机器设备）。在不依赖于结构的情况下拟定部分功能，并根据具体情况，通过创新方法（解决方案）独立地评估其需求及实施办法。例如，通过耳机的语音通知功能实现模块化机床控制技术是有意义的，而在其他地方是借助增强现实技术，比如，使用相适应的眼镜来实现机床控制，但是此处的运行过程十分复杂。所以，此类实施方法所需的信息以及对工作人员的培训，必须根据实际情况进行相应的调整。在文献资料中，将这种用于规划复杂环境中变化（转变）的过程称为基于功能的规划。

特别要注意的是，我们的客户可以使用数字导航器来制定创新所需的数字功能（图 18.2）。通过这些功能可以定义相适应的数字化战略及其在有效项目组合中的实施方法。数字导航器是一个久经考验的工具，根据各自相适应的业务环境，它可以形成数字化方法，分析其对自身流程和核心功能的影响，并优先实施与其相适应的数字化方法。

在具体项目中，我们的客户会优先考虑数字化战略所需的数字功能，并在导航器的六个核心领域中得出具体的实施计划：

1）创新与转型方面：深化变革与创新的开放性，将其在数字化业务中可持续地、成功地引入和实施，例如通过能力管理。

2）智能业务网络管理方面：要想实现数字化，整个价值链中的各个合作伙伴与客户需要建立便捷、灵活的网络。新的合作模式和商业模式也将越来越适应个人或短期客户的要求。

3）信息物理系统方面：管理和使用智能设备及基础设施，映射虚拟和现实世界中的实时操作，以保证对（重复）动作的快速反应及预测模拟。

4）风险与信任方面：对信息安全、物理安全进行管理，同时建立互信并进行前瞻性风险管理。

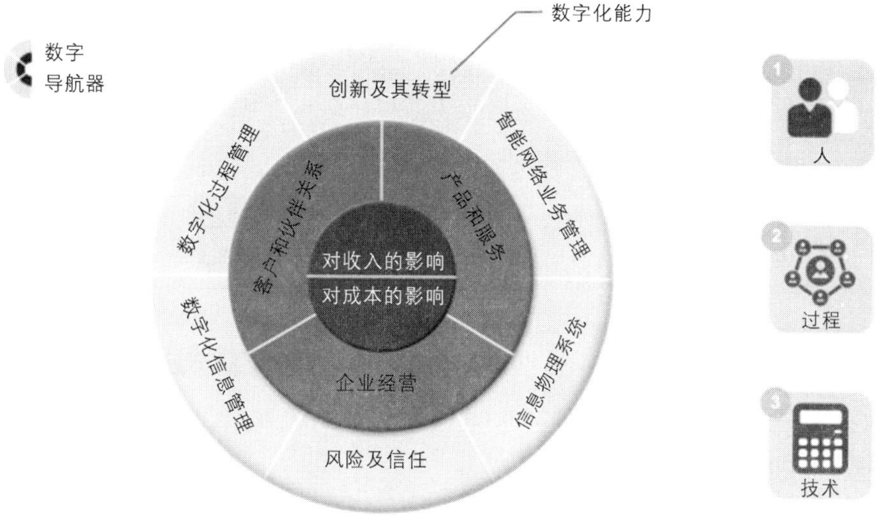

图 18.2 数字导航器

5）数字信息管理方面：对大量信息和数据的多样性进行管理，并将其视为数字化战略资产。

6）数字化流程管理方面：对流程模块进行统一的组建和使用，并通过完全数字化的业务流程提高其效率，致力于满足消费者的需求。

如何正确把握工业 4.0 的需求

有一类客户群专注于实施具体要求，消除产品的明显缺陷。对数据和技术过程标准的定义可以为进一步的数字化打下基础。为了将这些相对传统的倡议引入现代工业 4.0 战略，除了能力结构的透明度之外，还需要严谨的项目组合流程，如图 18.3。这使得标准在个人能力的开发和使用中具有了约束力，此外，该流程可创建一个平衡的需求，以实现组合和数字化战略实施的创新举措。

根据以往项目所获得的经验，我们了解到，独立模块化和项目组合管理可以节省 30 多种冗余的开发成本并获得协同效应。从工业 4.0 的角度来说，可以腾出更多的创新资金。措施越简单，标准化的功能就越强。我们并不是说，这些功能必须在整个企业内完全相同。标准化意味着业务所需的变量是事先根据共同商定的规则制定好的。研究表明，成功的企业在业务转型时可以实现高达 70% 的标准化水平。当然，此类标准化项目必须作为该过程中的要求或项目提案引入，并且与所有其他提案进行相同的经济评估。

还有用户群遵循了以下信条，即通过模块化、标准化和数字化（图 18.4）更轻松地确定并获得适合企业的数字化程度。建立恰当的商业模式、价值链和战略定位的功能技术结构非常重要。在进一步的规划中，对这些功能模块，相关信息与通信技术、生产与自动化技术以及软件功能等智能且具有约束力的标准将被构建。仅当

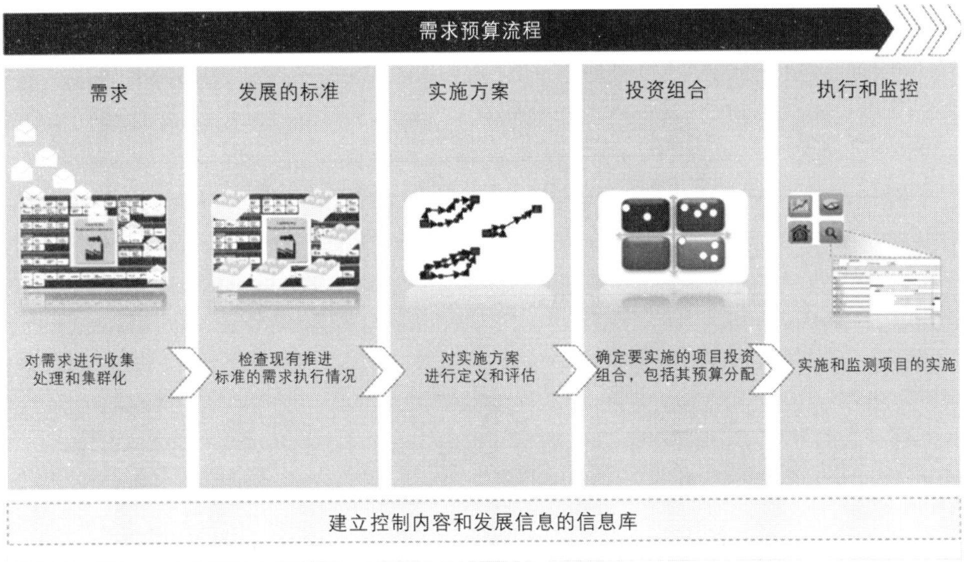

图 18.3　需求预算流程

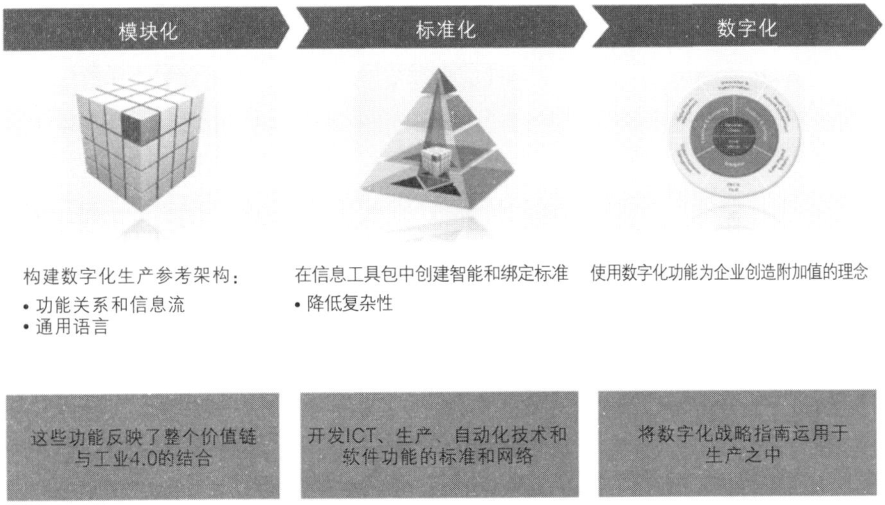

图 18.4　模块化、标准化和数字化

在此前提条件下，对专业标准模块的数字化程度检测才有意义，如有需要，可在数字化解决方案中付诸实现。

以下是具体、详细地描述模块化区域的开端：

1）首先，我们可以定义一个或多个数字化用例，例如材料和货物的智能追踪或网络化自学习机器（机器的社交网络）的自主协作。这应该根据企业的具体情况以及目标进行详细说明。

2）现有的企业结构图（专业技能）将变得可视化，且可以识别受影响的关键模块。很明显，机器的互联网络对生产结构领域中设备管理的核心功能有着巨大的影响。这将提供与企业领域相关的数字化用例。

3）此外，该用例还将映射数字导航器的六个核心功能（图 18.2）。它类似车辆中的导航系统，依照目标图像，在实际的路径中设置有必要的中途停留。具体的实现准则，包括数字化功能中的数字信息管理、信息物理系统和智能业务网络管理都有助于机器社交网络的建立。

4）在鉴定完相关的企业能力，并与数字导航器的功能保持一致后，顺着资源维度（流程、人员、材料）确定具体的需求改变。例如，建立机器网络时，必须在机器上设置蓝牙通道以实现信息和通信的安全传输，但同时，还需要对维护联网机器的员工进行培训。

5）一旦所有技术、过程和人员的能力都能以需求的形式进行识别和描述，就可以开始着手和拟定项目的实施。它们将被整合到企业的现有项目组合中。这需要对现有项目或新项目的补充进行调整，从而引入数字化路线图的要素。

6）在成功纳入项目规划之后，还应在项目实施过程中深入使用模块化、标准化和数字化方法，以形成新的数字化标准功能。

结论

数字化将使世界变得更简单。就好比，游戏中的智能玩家越多，促使游戏开发商制作出好游戏的机会就越大。为了掌控全局并获得最大的利益，在基于功能规划的前提下，需要一个简单、清晰、专业性强且稳定的功能结构。该结构的标准化程度越高，人在设计中的作用就越灵活，乍一听，这似乎很矛盾，但它是事实。

通过标准化模块的相互协调，可以更容易地鉴别数字化转型的潜力，这也有助于形成新的想法和商业模式。

我们现在就应该着手数字化的建设。即使在一些领域中，某些技术的开发仍处于起步阶段。我们也应尽快加速其过程透明化，清理不必要的野蛮增长。为智能工厂的建设铺平道路，只有这样，工业 4.0 的发展方向才能更加明确。

数据是工业4.0的根基

罗纳德·海因策

“工业4.0”指的是对整个数字化价值链和产业价值链的整合。德国电气与电子工业协会（ZVEI）主席、恩德斯豪斯（Endress + Hauser）首席运营官兼执行委员会副主席迈克尔·齐塞默谈到了与第四次工业革命有关的当前发展状况及其他相关主题。

信息和通信技术与物联网和服务在自动化技术层面的结合，使供应商和客户之间的生产设备实现了更高水平的互联。这与产品和服务的数字化密切相关，并创造了新的商业模式。最终，工业4.0才能在智能工厂中创建数字化价值链网络。只有当新的商业模式出现时，工业4.0才具有意义。

工业4.0是一个变化着的议题

“工业4.0能积累存储之前被忽略的数据。”齐塞默主席（图18.5）解释道，“那些知道如何运用工业4.0创造新商机的人，也将主宰明天的世界。数据具有重大意义。”“数据就是21世纪的石油。”德国总理安格拉·默克尔（Angela Merkel）发表的讲话指出，“数据是未来经济的核心。”绑定和分析这些数据将创造新的商业理念，特别是新的服务产业。这一切都取决于何时产生这些想法以及如何使它们快速进入市场。齐塞默主席说道：“工业4.0是一个变化着的议题。目前，海外竞争者正试图通过以新型数据为核心的商业模式占领市场和客户。”

图18.5　ZVEI主席、恩德斯豪斯首席运营官兼执行委员会副主席迈克尔·齐塞默

随着整个经济的数字化，产生了与实际过程无关的、大量的新数据，比如驱动器中的数据。绑定和分析这些数据可以创造新的商业理念和服务产业。“一旦电网、建筑物或与汽车相关的所有物品都连接到互联网，就会产生难以置信的数据量，当然，它们也是智能数据的原始资料。”ZVEI主席齐塞默强调说，“在现代化的汽车

中，每分钟会产生三到四千兆位的数据。”

“按照当前的发展情况，很难说你能做什么，可以做什么。”恩德斯豪斯执行委员会副主席齐塞默补充道。我们需要的是相关的法律框架和道德定位。人们需要知道如何对待它，比如大众的废气处理案件。我们需要对软件进行详细说明并将其集成到系统中，因为软件也有生命周期。

数据安全和数据保护

在数据方面，数据安全和数据保护两个领域一直是相辅相成的。“如果没有解决网络安全问题，工业 4.0 的数字化将无法真正地发展。”齐塞默先生坚定地说，“我们无法通过智能电网、智能计量或现代网络医疗保健系统建立能源过渡计划。而现代化的汽车，也可以说是一个‘滚动’着的电脑，同样需要保障其安全性。”这是一个拥有数十亿价值的巨大市场。巴斯夫、大众和拜耳成立的德国网络安全组织（DC-SO）并非毫无意义，此外，所提出的解决方案也同样能提供给中小型企业参考。

“关键和核心在于安全识别”在柏林举办的 VDE/ZVEI 微电子研讨会上达成了共识，“这是安全的核心。”齐塞默主席说道。在他看来，最好的安全解决方案不仅仅是软件，而是硬件和软件的结合。“软件更易于被图谋不轨的人所操控。不过在今天，现有的一些技术可以支持人们在即使不安全的网络中安全地使用程序。”

个人数据的保护受相关数据保护法的约束。“即使在美国，也有证据表明，并不是所有能做的事都真的可以去做。”齐塞默先生说道。他甚至认为个人数据受到高度保护是欧洲市场的一个优势。“所有的企业都需要遵守相关法律。当企业和员工齐心协力，工业 4.0 将更快地得到普及。”他继续说道，“但是，数据保护不应该被过于夸大，否则这种商业模式只会在其他国家形成，而不会在德国。”例如患者的数据，这些数据只能存储在生成的位置。用于识别关于位置因素和环境对病史原因影响的新商业模型几乎是不可能的。在汽车的关键数据方面也是一样，例如其运动轮廓。“我们需要的是匿名，但允许业务过程的数据。”该方面的工程师说道，“比如用于道路拥堵预测的数据。”

如果数据安全和数据保护得到重视，对于用户来说，其带来的好处也是多方面的。“我们可以更好地维护和操作整套设备。”一名通信技术员说道。但是，用户的合法权益必须受到保护。我们必须建立安全的数据存储位置。因此，由弗劳恩霍夫协会牵头启动了安全数据空间计划。2015 年 7 月在柏林召开的 ZVEI 大会上，副校长西格玛·加布里尔强调说：“我希望把数据安全问题当作一个优势，将德国建设成为全球数据存储最安全的地方。”

机器数据的使用权

机器数据和匿名数据是新商业模型形成的基础。目前，大量的非个人数据是不受法律管制的。同时，也暴露出了一个问题：在什么条件下，企业愿意共享数据？

“机器数据的支配权并不明确。”齐塞默先生说道。

“本来就没有数据的所有权。”在他看来，虽然可以清楚地确定过程相关数据（如配方）的使用权利，但是例如驱动器的扭矩数据则并不清楚。此外，他还有个问题：在车辆中，谁有权使用数据，车主、司机还是制造商？齐塞默先生总结道：“必须制定法规以避免数据使用的垄断。相关的法律框架是十分必要的。”许多的数据使用者早已在购买合同中就放弃了使用数据的权利，包括工业领域中的大多数用户。

齐塞默先生对数据使用权利的国际解决方案持怀疑态度。例如，在美国和欧洲，数据保护的权利大不相同。“对欧洲经济领域的统一监管已经是一项重要进展。”那么，例如在中国，将会有更大的机会使其采用这些规则。在专利法中，就已经表现出了这样的发展趋势。

在这种情况下，最需要的是信任。在工业 4.0 应用程序中，存在着跨企业合作的数据连接。“重要的信息将通过互联网传输。这需要信任、规则和数据保护。”齐塞默先生说道，“目前，这些规则都已经落后了。”网络化的社会需要遍布各地的、快速的数据连接。ZVEI 主席齐塞默看到了很多需要追赶的事情。“缺乏这种思考真是令人尴尬。”他强调说。

使用数据优化维护和运行过程

一些跨企业合作的数据使用案例早已存在：飞机发动机维护的数据早在很多年前就被收集、传输、存储和分析了。因此，数据的使用可以优化维护措施。齐塞默先生在电梯行业方面举了个例子：现今的电梯系统已经集成到了互联网中。根据扭矩和传感器信号等技术数据可以分析其维护需求。又或是加工工业中的离心机，“重点是优化离心机的运行模式，使振动最小化。”如果通过自适应实时分析监控每个发动机、升降机或离心机，获得优化运行的技术诀窍，用户则能获益更多。“这是在保证设备完全不会受损情况下的最大生产力。智能数据驱动的服务将为所有使用者带来好处。”他强调说。

“工业 4.0 并不意味着单一产品的数字化。”齐塞默继续说道，“这项技术我们早就拥有了。”更确切地说，它是关乎个体企业之外的网络、供应商和客户的。服务提供商在生产环境中的地位也将变得越来越重要。其前提是数据连接、大数据意义上的数据存储以及基于专业领域知识的数据分析。齐塞默先生认为，德国的新商业模式有大好的机会，因为他们对生产工艺有相当深的见解。他呼吁尽快在实践中实施这种新的商业模式。“任何企业的领导人都不会为了引入工业 4.0 而把工厂整得一团糟。他们需要清楚明确的应用程序，首先，其在企业经济中必须是可行的，例如优化部分物流运输。只有这样才能算是正确的理解。”此外，可以建立基于小应用程序的功能模块。

据齐塞默所述，他们并不缺乏规则和标准。例如，已有的 OPC UA 协议和 eCl@ss 标准都还可以继续使用。“尽管这些标准并不总是完全适合，但它们足以应对工业 4.0 的实施。”他继续说道。同时，围绕语义主题的标准正在进一步完善。

全球背景下的工业 4.0

ZVEI 的管理者认为，工业 4.0 和工业互联网联盟之间的行动方式没有太大的区别。他们都在关注工业 4.0 用例的前景。两个联盟之间有合作，这是因为两个联盟的主旨部分一致。齐塞默主席认为，不同的是他们的观察角度：当德国工业从嵌入式系统的生产方式转向企业资源计划的生产方式时，美国人大概会从 IT 层面向同样的方向发展。生命周期管理工程在德国工业中发挥着重要作用，但从 IIC❶ 的角度观察，它几乎没有任何作用。“工业 4.0 和 IIC 之间既不存在接触风险，也不存在需要提前调整的麻烦。”他继续说道，“两者都有各自的优点和缺点。”

他只是批评德国提出了使其更具国际性的倡议。“美国和中国在工业 4.0 方面展现出了极大的兴趣。”他强调说，“世界正在关注着我们，他们对这些话题很感兴趣。因此，我们必须更快地提供答案，越过德国市场的限制。”人们担心，由于营销沟通不充分，使原本具有的技术优势、制造相关的知识和能力无法发挥真正的作用。“我们的优势必须得到更好的推广，并提出更加清晰、实际的实施方案。”齐塞默先生自信地说道，“如果世界终将改变，那么我们对世界的理解也必须随之而改变。”

除此之外，工业 4.0 平台在诸如职业领域的变化、数据保护和继续教育等课题的研究也是必不可少的。倡议者打算让较小的企业也参与其中。“单独的企业无法担起重任，所以需要大家一起全面地支持该倡议。”ZVEI 主席解释说。

ZVEI 在各个层面都推动着工业 4.0 主题的发展。一方面，工业 4.0 平台的工作组在 ZVEI 中获得了反馈。“我们拥有相当多的资源。”齐塞默先生肯定地说道。此外，该协会正在与政府官员进行密集的商讨，以促使最高层理解相关企业的请求。目前，该协会正准备与 ZVEI 的成员企业以及欧盟数字化专员根瑟·奥伊丁格进行密切的合作，编写名为《物联网和服务产业中电气行业代码的数据使用》的手册。此外，ZVEI 与行业协会和区域办事处在各种会议和活动中都有大量的对话，他们都共同致力于建立安全和值得信任的数字化世界。

---

❶IIC，International Institute of Communications 国际通信学会，该学会前身为 1967 年 6 月建立的广播学会，1977 年改用现名，总部设在伦敦。其宗旨和任务是加强通信方面的合作，研究有关广播事业的政策，分析现代通信技术在经济、文化、政治和社会方面的作用，排除通信中的各种障碍，举办各种会议，交流情报信息。

展望未来

克里斯蒂安·曼蔡

对于供应商和用户来说，工业4.0解决方案的本质是什么？从拟定的技术和应用、市场的预期变化、个体企业的工作进程和结构可以推断出什么？是否、何时以及如何进行，才能在将来从该领域的进一步发展中获利，而不是在失败的道路上徘徊？以下是相应的预测和行动建议。

IT与自动化行业正在共同发展

之前封闭的自动化行业将成为历史，因为价值链信息将不可避免地影响到IT企业的网络和相关的自动化过程。事实上，IT制造商对此议题非常感兴趣，工业互联网联盟的五个创始成员中的三个（参见第4章第2节：工业互联网联盟），即一流的IT企业思科、英特尔和IBM。他们都希望参与开拓这个新兴市场，加速IT和自动化行业的融合。

各种研究结果表明，制造技术的供应商和用户都十分清楚，新型IT企业将获得更大的影响力。因此，首先需要对涉及工业4.0的预期结果进行评估，即IT制造商和自动化企业之间将会有更多的合作和伙伴关系。事实上，Heitec已与SAP解决方案提供商Orbis进行了合作，其目的是为SAP的客户实时提供Shopfloor与SAP ERP之间通用集成的自动化流程。伊顿正在与物联网领域的T-Systems合作，甚至自动化巨头西门子也在与IBM合作，使沃森分析系统能适应基于个人云的开放式物联网操作系统。

此外，汽车制造商直接参与了工业4.0合作伙伴关系的建设：舍弗勒已与IBM建立了战略合作伙伴关系，将其机电一体化组件集成到物联网中，从而建立新的数字化商业模式，比如预测性维护。

在SPS/IPC/Drives自动化领先贸易展览会上也开辟了这一议题，并在“自动化与IT的融合”的主旨下，特别关注基于IT的数字化车间解决方案。

然而，在这种情况下，还必须解决一个问题，即谁来持续地推动客户对接。因为，客户对接的权利同时定义了其份额，确切地说是其创造价值的数额，Apple与iTunes和其他服务的案例令人印象深刻地证明这一点。

在客户服务方面，汽车制造商和机器制造商总是犹豫不决，甚至可以说是过于保守。因为，自从这个行业出现以来，我们一直专注于基于硬件组件和系统的生产，多年来一直在提供一些特定于产品的服务。这种运作良好的商业模式已经发展了数十年，即使采用新的工业4.0议题，也没有根本性的改变。然而，在价值链的信息化时代，问题不再是“我如何优化我的组件”，而是“客户的生产效率如何才能更高”。

自动化行业处于有利的处境，它既能在自己的传感器中产生大量必要的数据，也能在自己的控制系统中处理或者至少可以访问它们。然而，这个持续扩大的数据库仍然在工厂中沉睡，并且更多地被认为是进一步优化生产的负担，而不是财富。如果自动化企业让这个数据库得到使用，对这些数据进行采集，从开始的那天，信息贸易就能成为其业务模式的一部分。

由此可以得出，倘若 IT 企业将累积的数据用于优化生产，就能确保其在整个增值过程中获得最大份额。

这种通过集中化的方式进行数据处理的趋势将越来越明显：在几年内，办公环境中的计算能力以及数据中心的数据存储都将是集中化的。借助此方法，每个用户都可以集中使用程序和数据，因此可以减少前端设备的性能要求，比如办公室 PC、笔记本电脑等，因为这些设备本身只需要承担一些功能。除此之外，它还可以优化 IT 资源的利用率、提高数据安全性、简化管理以及延长前端设备的使用寿命。

在生产制造领域中也维持了这种趋势，虽然，开始的时候仅仅是对文档归类整理要求特别高的行业，比如制药和食品工业等对现有数据利用率需求很高的地方。但是，工业 PC 将越来越多地被微型客户端或虚拟客户端取代，随后，其程序和数据处理只在生产该数据的计算中心运行。与以前的方法相比，它可以更快、更全面地分析这些数据，更容易地生成与外部来源的连接，例如供应商数据或来自销售渠道的最新信息，并以目标为导向地使用这些数据信息，优化生产或整个价值链。

尽管这种集中化并不是在所有的行业中都会起到同样的作用，但对于基础设施的变化，IT 行业及其硬件和软件供应商在许多企业的影响力已经不可避免。

总结：虽然“单打独斗不如合作”的认知已经深入人心，但是自动化制造商似乎仍然过于关注自己的产品。企业里的信息技术基础设施已经开始改变，当然，这将加强 IT 行业的影响力。有许多迹象表明，IT 企业将利用工业 4.0 获得最大的创造价值。

工业 4.0 的国际化

德国，尤其是国际企业联合集团为数字化生产或整个价值链的推动都做出了巨大的努力。其指明了 IIC 所应承担的责任及其与 IBM、微软等美国企业的合作，他们也共同参与了本书的创作。甚至中国也已经开始“转型”了。此时，他们已经以“德国工业 4.0”为蓝本，密切关注着进一步的发展。从第 4 章第 4 节“基于工业 4.0 的中国智能制造的结构和环境”中就可以看出中国的进步有多大，现在，中国已经在考虑研发工业 4.0 的标准化模型。从这个角度来看，国际上直至现在还不是很出名的自动化行业竞争者，如 Holysys、Hiconics 或 Supcon，他们受到国内成功市场的刺激，在当地推动实现了规模化的经济，加强了他们在未来世界市场上的实力，并提高了国内供应商的竞争力。事实上，工业 4.0 的颠覆性及相关技术，在可预测的市场重组中为相对保守的自动化技术的使用者提供了发挥主导作用的最佳机会。

结论：毫无疑问，德国可以作为工业 4.0 的生产基地并保证其公民的高水平收入。因此，德国企业在这方面的所有努力都将受到支持。然而，由于其挑战过于复杂且生产技术的市场过于全球化，这个项目仅由德国企业完成不太现实。因此，如果想要成为本次竞争的赢家，企业需要面向世界并互相合作。中国企业在未来的作用绝不应被低估，因为，变革总是具备从根本上改变市场结构和市场权利分配的能力。

关注客户需求是成功的重要因素

根据对德国经济进一步数字化的研究发现（《数字化：德国经济的致命弱点？慕尼黑人对未来的研究》第 6 版，2015 年 1 月），在 2020 年，关注用户需求、最大程度上满足客户对产品质量的需求，才是企业最重要的成功因素。这一发展可以在 2011 年首次提出的 DIN SPEC 77224 中看到，即一个名为“卓越服务”的管理系统，它认为企业应该使用自己的（服务）成果使客户“惊喜”，而不仅仅是让客户满足。该系统的目标是通过优质企业无条件地引导客户，从而创造出更好的系统。这是通过有针对性的需求分析以及发现和排除阻碍（超出客户意愿）客户意愿的企业内部缺陷来实现的。

工业 4.0 将进一步加速这一以客户为中心的进程。客户将更早、更集中地参与产品开发过程，以确保产品或服务在所有参与合作伙伴的价值链或价值网络中取得商业上的成功。一方面，我们将使用传统的市场研究方法收集关于客户实际需求的知识。另一方面，借助于价值链信息化（工业 4.0）框架内生成的数据流，在未来，各个目标群体的需求和愿望将更容易被发现，并以此为依据调整自己的性能计划（关键词：大数据分析）。在工业 4.0 的时代，我们需要拥有快速、灵活的制造各种不同产品的能力，并抢在所有竞争对手之前，对（改变的）客户需求及时作出回应。

结论：无论是通过传统的市场研究方法还是通过大数据分析，用户都将成为企业内产品和绩效发展获得成功的保证。在工业 4.0 时代，需要在越来越小的时间空当中对一个具体的产品进行迅速的调整，然后进行制造生产。

时间就是金钱，等待十分昂贵

从迄今为止所概述的内容来看，很明显，推延工业 4.0 的议题或给出不明确的时间节点，并以此设定期限“稍后”是十分愚蠢的。众所周知，等待的时间已经结束了。因此，每个企业都必须以工业 4.0 作为战略主题从事研究。与此同时，到处都是这种情况：德国互动展览会与博科通信从 2016 年开始的一项合作研究表明，79% 的企业都认为工业 4.0 主题无论如何都是非常重要的。

我们建议在企业内组建一个跨学科工业 4.0 项目团队，不仅包括生产计划、建筑、开发或自动化等技术领域，根据具体情况，还需要融合 IT 部门、物流以及财务领域。然后，该团队的任务是跟踪与工业 4.0 相关的发展情况，甚至可能通过与联盟或其他倡议合作，共同推动其发展，分析其对企业的重要性，并在内部开发实施的方法。在这种情况下，为了使整个企业为新的竞争对手或新的商业模式做好准备，并使之能够从中受益，重要的是提高企业内部的数字化能力。此外，该团队还需定期向管理层报告，同时提供一个项目发起人的信息，作为持续的联系人。

结论：已经没有时间等待了！只有企业最高管理层做出回应并给予工业4.0议题优先的处理权，企业才能掌握与工业4.0相关的挑战，并迅速从该领域的发展中受益。鉴于近年来极低的利率水平和不高的投资意愿，获得必要的财政支持不应成为大多数企业无法克服的障碍。

为员工准备好新任务

上一段中概述的跨学科工业4.0项目团队应成为推动工业4.0进一步实施的企业标准。因为，在日常工作中，想要维持工业4.0的正常运作，在不同部门之间建立交流空间是必不可少的。这关系到生产技术人员和IT专家之间的交流，尤其是他们与商业领域的密切合作，如采购、物流和金融等领域。只有成功地跨越企业进行交流合作，才能促进跨学科思维，使工业4.0成为企业独有的成功模式。此外，使用孤立的、仅与某一部门相关的措施，就算付出巨大的努力，也是徒劳无功的。

正如第7章第3节“新需求下的教育及培训理念发展”中已经详细说明的那样，员工还必须通过适当的继续教育才能胜任企业的新任务。当然，这主要适用于（经济学）工程师和计算机科学家。但是，鉴于工业4.0的颠覆性，所有其他员工也应该从根本上理解这个主题的含义以及工业4.0对他们自己的业务、流程和供应链的影响。同样十分重要的是，该培训可以使全体员工预防或消除由于对工业4.0的一知半解造成的不确定性。

结论：为了使工业4.0在企业中能够保持活力，员工必须接受培训。一方面，它鼓励员工跨部门工作，摆脱已经过时的“框架思维”；另一方面，工程师和计算机科学家们也应该继续接受新的职业培训，时刻掌握最前沿的专业知识。

重新编码企业的“DNA”

工业4.0一词已经存在了很长时间，它不仅仅只是一些科技爱好者惯用的流行语，对于那些到目前为止一直关注本书的人来说应该是最清楚的。许多知名企业，包括其他行业的企业，他们都处于起跑阶段，或者已经积极参与了“信息化价值链”的设计。在基于以下条件的前提下，工业4.0才会一直保持源源不断的动力：

1）多国提供技术支持；

2）有大型企业的参与；

3）基于新型技术；

4）可满足多国各行各业的需求。

新技术总是会对初创企业的结构和业务流程产生影响。然而，在德国，人们对行业结构和传统的行动模式非常重视。这种遵守已知行业结构和行动模式的理念与工业 4.0 等颠覆性技术并不相容。

正如 20 世纪 90 年代以来，个人电脑的推广使用持续影响着日常办公生活一样，工业 4.0 也将使大多数企业的整个价值链彻底改变并将其卷入变革的漩涡之中：必须优先考虑其舒适度、安全意识的组织管理、灵敏度、灵活性和面向客户的服务方式。工业 4.0 不需要在保持传统价值链的同时，维持高的生产份额，它需要建立互联的思维和行动方式以及跨行业的制造和增值网络。单个项目和新开发的产品将被数字化平台和产品平台所取代。

不久的将来，在某些领域，传统的价值链将被完全分解，我们还会对其缺点进行分析。这种革新带来的结果是，它通过以前没有的“数字化供应商”创造了全新的商业模式，与传统的制造企业相比，他们更易于充分利用价值链中的低效率，因为传统的制造企业对生产和物流的资本投入要求很高。以后，根据对其生产效率的评估，一些企业可能会发现自己只是纯粹的生产车间。这将在大数据分析的基础上完成，其分析将由专业的 IT 企业/系统集成商、甚至跨行业的企业完成，以便于实力强劲的企业优化他们的产品制造工艺。

愿意放弃已经适应了的行动模式并开始新的商业模式，只有拥有类似理念的人才能成功地在他们的企业中实施工业 4.0，并因此给所有的企业流程带来根本性的变革。到目前为止，在一些特殊情况中，就算是如此让人相信的成功理念还是会受到质疑。企业的挑战在于确定相关的、属于自己的优势，并将它们与新的数字化理念和过程结合起来。

从众多的革新者中举出一个例子，即控制柜冷却装置的制造商 Pfannenberg。因为未知的故障导致工业使用的冷却装置停运的代价非常昂贵，该制造商为其设备配备了 GSM 模块，该模块可将其操作数据实时发送到服务提供商的数据中心，在那里存储并进行数据评估。此时，关于数据的处理会分为以下三种模型。在第一种模型中，制造商本身仍然是数据的垄断者，作为附加的售后服务，它会为用户企业提供预测性维护。在第二种模型中，设备制造商或系统集成商需要获取许可证，以使用相应级别的数据，实现机器可视化或者在整个已安装好的基础上搭建自己的维护计划。在 Pfannenberg 的第三个模型中，制冷服务提供商将成为获得许可的一方，并以提供商的身份实施自己的维护理念。上述的方法表明，有各种方法可以在纯硬件销售中获得服务产业的优化扩展。

工业 4.0 不仅仅只是“更多一点的数字化”。我们能得到的还有更多，确切地说，这种技术变革将对汽车制造商、机械工程师和用户产生深远的影响，例如，互联网的普及使用为零售、印刷、视频和音乐行业创造了新的商业模式。

根据罗兰贝格委托 BDI❶ 进行的一项研究，在未来几年内，数字化的转型将以多种方式涌入各个行业。

---

❶罗兰贝格的战略顾问：行业的数字化转型，2015 年。

第一波浪潮会涉及到汽车和物流行业。事实上，许多汽车制造商已经在改变企业的灵活性❶，20 世纪 90 年代的大众董事会成员丹尼尔·高德弗特在当时就已经为此进行了宣传，但是，不久之后他就离职了。Google 的自动驾驶项目人尽皆知，ADAC 在即将到来的转型中宣布了其目标，即希望为所有道路使用者成立共同的利益团体。

电气和机械工程行业将面临下一波浪潮。这些行业在变革之后将处于何种情况，目前还无法预测。然而，机械制造商和客户对效率和成本节约的关注将变得更多。社会统计调查表明，在许多企业的总部内，其管理者还没有把工业 4.0 对整个行业的影响及其颠覆性考虑在内。许多企业似乎没有为他们将面临的挑战做好充分准备。事实上，从事机械工程和电气行业的企业，大概分别占 26% 和 27%，它们位于完善的数字化进程的末端，因此特别容易受到颠覆性技术的影响（来源：罗兰贝格的研究报告）。

结论：除了单纯的技术革新之外，工业 4.0 还需要预先建立开放的、注重交流的创新文化，该文化需要有平滑的等级层次。如果企业真的想从工业 4.0 的成功理念中获益，那么每家企业都应该意识到该如何对管理原则和组织结构做出必要的改变。

谷歌做了什么

在抢占工业 4.0 市场份额的竞争中，谷歌作为一家大型的 IT 企业仍然是最大的未知数。到 2025 年，仅在工业领域的物联网技术总值就预计为 3700 亿美元，谷歌作为一个具有敏锐商机嗅觉的资深信息经纪商，肯定不会错过这个市场。凭借令人印象深刻的近 600 亿美元销售额的实力，近 25% 的销售回报率以及其集团强大的数据分析能力，可以假设该企业在工业 4.0 的推动中不会扮演次要角色。近期，谷歌集团以 Alphabet 品牌进行了重组并分拆为较小的业务单位，使其在未来可以更好地对新技术或增长市场的投资进行控制，并同时可以根据其研究成果进行相应的调整。

目前，该企业还没有公布其对未来工业 4.0 发展所作出的努力。但是，还是有一些明确的迹象表明，谷歌在关于价值链的信息化方面的研发成果是十分巨大的：

1）谷歌已经为集装箱跟踪系统申请了专利，该系统不仅提供有关环境条件的相关信息，还支持长期盘点所运输的货物。

2）此外，谷歌正在旧金山测试一项交付服务，该服务可以访问本地商家的库存，并在订购当天（当天发货）向客户提供所需的产品。

3）近年来，谷歌收购了 8 家机器人企业。凭借其在幕后研发的产品，谷歌很可能不仅仅只关注军事应用领域，还关注人机协作和物流应用领域。

4）最后，但并非最不重要的一点是，谷歌已经与 2014 年成立的开放式汽车联盟一起积极参与了智能移动领域方面的建设。其目的是为互联网汽车创造一个平台，

---

❶例如，宝马的 DriveNow，梅赛德斯的 Car2Go，大众的 Quicar 或雪铁龙的 Multicity 提供的汽车共享服务。

其成员包括各种汽车集团，如雪佛兰、克莱斯勒、菲亚特、福特、奥迪、欧宝、大众、雷诺和沃尔沃。

结论：谷歌已经将工业价值链确定为自身的增长市场，不管是通过加入工业互联网联盟还是直接公开表示，谷歌做出声明只是时间的问题。在传统行业中只需耗费少量的时间，通过一种新的、简单的商业模式就可以实现那些颠覆性的影响，谷歌已经在与出租车行业的竞争对手优步的对抗中展示过，虽然只是暗示，但同样令人印象深刻。作为潜在的合作伙伴或竞争对手，谷歌应自始至终受到特别的关注。

总结：工业 4.0 是一个已经开始了的进程，其将在 10 年内完成。在个别情况下，它可以长期使企业保持高度的灵活性，并在必要的时候重复调整其（新）商业模型。如何实现这一目标可以从亚马逊的发展中形象地理解，例如，亚马逊近年来已从互联网图书零售商转变为零售商、零售商物流服务提供商、智能手机和平板电脑供应商，目前它甚至使用 Amazon Prime 运营视频平台。1995 年，当杰夫·贝佐斯在他的新互联网平台上出售第一本书时，任何人都不会想到，这将创造一家拥有 890 亿美元销售额和 16.5 万名员工的企业。

专业术语注释汇编

大数据、大数据分析

大数据分析适用于具有庞大数据量且无法使用传统数据分析方法进行分析的研究。其目的是找出数据之间潜在的关系和相关性，以便在此基础上做出更好的决策，并在必要时得出对未来发展的预测。如果涉及工业 4.0，需要掌握由于增值链的信息化所产生的各种内部和外部的数据，从中推导出其规律，以进一步优化并更好地预测各个流程步骤。例如，使用该方法创建预测性维护模型。

云计算

通过网络（主要是互联网）可以轻便地得到 IT 基础架构（计算能力、数据存储、网络容量或程序）。与用户相匹配的服务会根据用户的需求纳入考虑之中，例如补偿峰值负载，同时，它还可以根据实际使用（按使用付费模型）支付这些服务的费用。借助于云计算，我们既可以通过互联网，也可以通过内联网（“私有云”）进行访问服务。在云计算中，投资成本将被运营成本所取代，该运营成本的注入可以为企业提供更多的流动资金。

状态监测系统（CMS）

CMS 是用于持续监控机器和设备关键部件或过程的系统。其目的是，在初期对故障源或即将发生的误操作和故障进行检测，以便在最优时间规划维护工作（预测性维护）。这不仅可以提高机器和设备的使用寿命及可用性，同时还能最大限度地降低其维护成本。

信息物理系统、信息物理生产系统（CPS、CPPS）

信息物理系统是具有通过通信网络连接的传感器和执行器的嵌入式系统，它可以灵活地对外部影响做出反应，同时还可以与其他 CPS 和人员在整个系统内交换信息。信息物理生产系统（CPPS）包括在智能工厂内投入使用的（原始）产品和生产资料。由于自组织结构的出现，传统的自动化金字塔结构正进一步被 CPPS 瓦解，其形成了由自动化过程中的跨级联网用户组成的自动化云服务。

ERP 系统

ERP 代表的是企业资源规划，旨在尽可能有效地利用其自身价值链中的所有企业资源，以获得最大的企业净利润。就这点而言，相应的系统（例如 SAP ERP）可帮助企业优化其流程。

工业互联网

工业互联网是由 Frost & Sullivan 在 2000 年提出的一种概念，指通过互联网对不同来源的各种机器数据进行整合和分析，以优化制造过程。

工业互联网联盟（IIC）

工业互联网联盟（IIC）是 2014 年 3 月由 AT&T、思科、通用电气、IBM 和英特尔在美国共同成立的，这是一家致力于推动工业互联网应用的非盈利组织。目前，IIC 在国际上拥有 200 多名会员，其品牌权和管理权归对象管理组（OMG）所有。

工业 4.0

工业 4.0 是德国联邦政府数字议程的核心议题。工业 4.0 一词指的是第四次工业革命，即从现在起依靠于生产的信息化。下面是以往的几次革命：

1. 利用水和蒸汽动力的机械化；
2. 借助装配线和电能进行批量生产；
3. 使用电子和 IT 技术进一步实现生产自动化。

这些引起技术性飞跃的革命，被称为第一、第二和第三次工业革命。

信息化

对信息进行分析和整合，并从中生成新的信息。在工业 4.0 的大环境下，信息化是指在企业内部自动交换已处理或预先分析的数据，由于其摆脱了传统价值链中的所有其他环节，使企业在降低成本的同时，流程也得到了优化。

互联网服务（IoS，Internet of Service）

供应商现有的商业模式可以将服务转化为软件模块，通过自身或第三方进行销售，然后借助于互联网进行服务的供应。客户不会获得供应商的产品，而是仅为其服务或产品的使用付费。与此相关的案例，最出名的是云计算领域中的服务，其可以通过互联网（云）使用软件，甚至使用供应商的整个 IT 基础设施。同时，也可以考虑将复杂的自动化流程外包出去，只留下内部的基本功能。这样的发展背景会衍生出新的商业模式，例如，软件维护或复杂的数据分析实施（大数据等）方面。

物联网（IoT，Internet of Things）

与“人联网”相比，物联网将传感器、驱动器或机器之类的产品和设备视为信息载体，其通过因特网彼此交换数据且无需人为干预。产品本身自带的智能特性可以衍生出工业4.0的自组织系统。例如，其制造过程可被动态控制（参见第5章第1节：智能工厂——从构想到实践），或者根据实际磨损情况进行规划并触发维护任务（参见第2章第4节：预测性维护——从传感器到SAP系统）。

机器对机器交互（M2M）

价值链中的机器或其他对象通过大型计算机或控制中心的通信网络进行自动的信息交换。M2M和物联网（IoT）之间信息的转换是无阻的。

制造执行系统（MES）

管理系统使用来自制造过程中的实时数据对企业生产过程进行监控、记录和控制。在传统的自动化金字塔结构中，这些系统在控制层面和企业层面（ERP系统）之间建立了连接。

人机协作

当人与机器人在狭小的空间进行合作时，机器人通常不会配备外壳。当机器与人类直接接触时，其通常会降低机器人的移动速度以提高安全性。此外，借助于力矩传感器可以减少人与机器人之间在发生碰撞时产生的影响。

对象管理组织（OMG）

对象管理组织是一个国际协会、一个国际标准化联盟，成立于1989年。其履行了工业互联网联盟（IIC）的行政职能。

工业4.0平台

自2013年起，由BITKOM、VDMA以及ZVEI等组织就工业4.0的筹划事宜共同搭建了一个组织机构并对其负责。2015年4月，由于德国联邦经济事务部对工业4.0议题的接管，成为工业4.0议题的后续组织，即工业4.0平台。其目标是推动其经济体系中价值链的数字化，从而提高德国在世界上的工业地位。该组织办公室由柏林的德国工程师协会技术科技有限公司管理。其董事会成员包括工业领域、冶金工业工会和弗劳恩霍夫协会的代表。

产品生命周期管理（PLM）

产品生命周期管理反映了产品的整个生命周期，从开发到生产再到回收。其目标是优化所有过程步骤，以节省时间、成本和资源，并最大限度地提高产品的竞争力。相应的系统可以使参与过产品开发、制造和服务的不同合作伙伴互相协作。

预测性维护

根据相关部件或组件的实际磨损情况，灵活地规划机器或设备的维护间隔期。但其前提是借助于传感器，对组件的实时状态进行监测。故障时间点是根据对传感器传输的数据和其过程中观察到的异常进行分析来预测的。传感器和相关的智能评估算法的结合也被称为状态监测系统（CMS）。因此，预测性维护不同于预防性维护，其维护间隔期是根据固定的维护计划预先确定好的。

RAMI 4.0

RAMI 4.0 是“工业 4.0 参考架构模型”的缩写。它描述了用于组织和控制工业 4.0 过程的三维模型。其具有的特殊标记被称为外围管理层，其中存储了有关工业 4.0 组件的所有基本数据，这些数据的积存贯穿了整个产品生命周期。在 2015 年汉诺威工业博览会上，VDI 和 ZVEI 对 RAMI4.0 进行了展示。

智能工厂

智能工厂是由凯泽斯劳滕工业大学主导，多个不同制造商参与的技术倡议，旨在将跨制造商的创新解决方案引入制造过程（智能工厂）。被制造的产品仅需通过联系与其自身生产相关的加工站点就能控制其自身的生产过程。这是为了更好地应对个性化产品的趋势、缩短产品周期和生产中的成本压力。作为该倡议的一部分，该校企联盟表示，他们将开发第一个跨制造商的工业 4.0 系统。

社交机器

社交机器是通快公司在工业 4.0 发展背景下创造的术语。它指的是机器之间、机器与其他资源和人员之间可以自动交换信息，对自身进行组织并进行自我学习，以便于经验的共享。就像在社交网络中一样，机器网络中的机器可以上传与它们自己或其经验相关的信息（例如用于加工特定工件的最佳参数），同时它们也可以在机器网络中寻找来自其他网络参与者的消息以进行协调和学习。

测试平台

测试平台一词主要用于信息化解决方案的进一步发展。该术语主要由工业互联网联盟使用，其通常被用于描述其成员公司的参考方案设计。

作者介绍

斯特凡・阿斯曼

工学博士，博世互联工业高级副总裁。自 2015 年 1 月 1 日起负责协调博世全球范围内的工业 4.0 活动。2017 年 1 月 1 日起，博世公司整合相关资源，设立新项目“博士互联工业”，阿斯曼博士担任项目负责人。截至目前，全世界共有 430 个来自技术及服务领域的专家共同效力于该项目，共同研发在网络化生产方面新的解决方案及商业模式，以进一步巩固博世在工业 4.0 应用方面的领先地位。

阿斯曼博士于 1964 年 2 月 19 日出生于波恩，已婚，育有一女。1983 年高中毕业后，他进入亚琛工业大学电子工程专业学习，并于 1990 年顺利毕业。随后进入亚琛工业大学机床和工业工程实验室担任研究助理。1996 年获得机械工程专业博士学位。

伯克哈德・巴尔茨

在完成能源系统电子工程师培训后，伯克哈德・巴尔茨正式进入电气工程专业学习，研究方向为自动化。随后又在位于英国伯克姆斯特德的阿什里奇商学院取得了管理、营销和财务专业的硕士学位。巴尔茨在施耐德和罗克韦尔自动化公司担任多种职务，拥有丰富的行业经验。随后于 2010 年进入伊顿公司并工作至今。作为全球原型设备制造部门总监，巴尔茨深入了解市场，将伊顿发展为该领域全球领先品牌之一。

目前巴尔茨任职工业控制与保护部业务发展总监，其任务是加速该部门在目标市场领域的全球增长。他专注于工业 4.0，致力于将通信功能和智能标准组件共同集成到网络解决方案中。此外，巴尔茨还支持电气和液压系统的集成，使客户能够全面享受到伊顿公司整合所有资源与能力而打造的先进、高效的解决方案。

狠宁・班廷

狠宁・班廷是 IFOK 股份有限公司执行合伙人，同时任职德国工业 4.0 平台秘书长。

托马斯・巴尔特

工学博士，科隆莱茵应用技术大学应用程序开发及 IT 系统架构专业教授。

马考 · 比荣

马考 · 比荣在瑞士完成了电气工程专业和工商管理学硕士的学习后，进入 Socapel、阿特拉斯 · 科普柯控制器、丹纳赫传动等公司任职工程师。2007 年，他加入伊顿公司，并担任区域销售支持经理。自 2011 年起，马考 · 比荣担任伊顿公司欧洲、中东和非洲区域的工业控制及保护部机电技术经理。

比荣的工作重点之一是将电气和液压结合起来，并基于公司在这两个领域的专业能力，为设备制造商提供创新、增加产品附加值。同时，他也与合作公司共同举办创新型活动，以获得客户的反馈，完善新产品。

马蒂亚斯 · 包嫩

商学硕士，海德堡布罗克豪斯股份有限公司及威斯巴登布罗克豪斯咨询有限公司董事、总经理，同时也是该公司最大的股东。

乌度 · 杜布诶希

乌度 · 杜布诶希在完成计算机科学专业的学习后，于 1980 年开始在西门子从事工业通信系统的开发。作为该领域的顶级专家之一，他负责多个领域标准委员会“标准与规范”的制定，其中主要包括电子进程控制、设备工程、分布式应用程序、系统、描述方法及自动化技术的数字化这六大板块。

直到 2015 年，杜布诶希担任标准化项目 IEC 62832“数字工厂”的召集人。目前，他作为联络人主要负责国际电工委员会 TC 65 和 SC 3D 的合作，以及将产品数据纳入国际电工委员会 61360 数据库“公共数据词典”等工作。

安纳 · 德阿特

安纳 · 德阿特曾就读于德国伊尔梅瑙工业大学，并在此取得工学博士学位，目前为 ABB 集团拉登堡科研中心工厂自动化领域的高级首席科学家。他的主要研究领域包括工程设计、虚拟工程以及工业 4.0 的改进方式。德阿特先生是自动化标记语言协会（AutomationML e. V.）架构小组负责人，是多部自动化标记语言著作的发行人，是 160 多部国际电工委员会标准出版物的作者或编辑，同时还是工业 IT 研究奖获奖者。德阿特先生多次协助国家和国际委员会在工程相关领域的工作。

罗曼 · 杜米特雷斯库

工学博士、教授、弗劳恩霍夫机电一体化设计技术研究所所长，帕德博恩大学高级系统工程专业负责人，他的研究重点是智能技术系统的产品开发。

杜米特雷斯库教授身兼数职，他还任职北威州智能技术系统平台（it's OWL）总经理，负责公司战略发展、产品研究与开发；同时，他还是 3-D MID 研究协会研究顾问委员会的成员，VDE/ VDI 技术委员会“机电一体化组件”负责人。

2006 年起，他成为弗劳恩霍夫协会管理执行发展计划“Fraunhofer Vintage Class”的成员。

斯蒂芬妮·费舍尔

理科硕士，智慧工厂 Smart Factory KL 研究助理，市场营销与公关负责人，主要负责工业 4.0 理论愿景在现实生产中的应用实践转换。在凯泽斯劳滕工业大学工业工程专业学习期间，还是学生的费舍尔就投入到工业 4.0 相关主题的工作中。2014 年顺利毕业后，她开始独立领导营销和公关部门，并负责研发项目的项目管理。

傅建中

博士、教授，浙江大学机械工程学院院长，浙江大学机械工程学院智能制造技术研究中心主任，浙江省高端装备技术工作组发言人，浙江省机械工业技术平台董事会成员。

多米尼克·高艾茨科

工学博士，德国人工智能研究所（DFKI-IFS）创新工厂系统研究领域的高级研究员、副总监，主要研究工业 4.0 发展中的创新信息和通信技术发展。

奥拉夫·格雷泽

奥拉夫·格雷泽先生是位于布隆贝格的菲尼克斯电气股份有限公司技术与价值链技术开发部门的成员。

罗兰·海德尔

罗兰·海德尔于 1977 年毕业于电气工程专业，随后进入西门子集团工业通信系统开发部门，担任现场总线联合项目的技术项目经理，负责工业现场通信系统 PROFIBU 的落成实现。同时，他还是多个欧盟工业自动化技术专题项目的负责人，主要研究领域为产品数据工程。截至 2015 年 7 月 31 日，罗兰·海德尔担任西门子股份公司“标准与法规”部门负责人，主持“数字工厂（DF）”和“流程工业与驱动（PD）”部门工作。

2004 年至 2016 年间，他先后担任 TC65“工业过程测量和控制”标准化机构主席，工业 4.0 工作 2 组（架构参考，规范化和标准化）发言人及德国电气与电子工业协会（ZVEI）相关明镜委员会发言人。

2015 年起，罗兰·海德尔自主经营“通信解决方案”公司（Kommunikationslä sungen e. K.）

罗纳德·海因策

工学博士，德国电气工程师协会 VDE 旗下《专业媒体数字化工厂》期刊、电子期刊《电子技术及自动化》、《开放式自动化》主编，MES D. A. CH 联合会管理委员会成员。

斯特凡·黑尔特

博士，欧洲工业部门 IBM 认知解决方案（IBM Cognitive Solutions）合伙人。

马丁·霍夫曼

博士，ABB 集团拉登堡研究中心工业数据分析组组长。该小组负责从问题识别到软件应用的数据服务开发等多个领域，其中，霍夫曼博士的主要研究领域为数据分析、商业模式创新和工业 4.0。

牛忒·阿萨特·洪

德国电信国际咨询公司（Detecon International）咨询经理，为主要来自生产和汽车制造领域的客户提供企业架构管理咨询，协助他们进行生产数字化转型。

斯特凡·霍普

斯特凡·霍普自 2015 年初以来一直担任 OPC 基金会的副总裁，负责协调 OPC 在物联网和工业 4.0 领域的扩展和分销工作。2010 年以来，他一直担任 OPC 欧洲公司的总裁。作为与其他行业联盟合作的发起人，OPC 工作组同样为各个组织的信息模型制定相应行业规范。例如，于 2010 年发布的相关行业规范就是在 2008 年斯特凡·霍普被任命为 PLCope & OPC 基金会联合工作组主席后组织制定的。

斯特凡·霍普曾在多特蒙德工业大学学习电气工程专业，毕业后进入德国倍福自动化有限公司（Beckhoff Automation）担任软件开发人员。后来任职 TwinCAT 自动化软件高级产品经理，专注研究最小的嵌入式设备及其连接。作为 Windows Embedded 系统的专家，自 2009 年以来，他每年都被微软评为 MVP（最有价值专家）。

亚历山大·郝尔希

亚历山大·郝尔希博士，担任位于德国布吕尔的 HIMA Paul Hildebrandt 公司的研究、发展及产品部门主管一职，主要研究过程工业和铁路技术的功能安全性及相关领域，同时，他还负责自动化技术的数字化研究以及与工业 4.0 的相关主题。本书中的有关章节是郝尔希博士在 ABB 集团研究部门担任部门主管期间撰写的。

英格·赫伯纳

德国电气工程师协会出版社编辑，负责《电子技术与自动化》及《开放式自动化》两大专业期刊的编辑工作。

马丽安·严恩

博士，易福门数据链股份有限公司总经理，TISC 股份有限公司董事会成员，负责“从传感器到 SAP”的系统解决方案的工程设计。易福门数据链股份有限公司和 TISC 股份有限公司同属于易福门集团。易福门集团旗下的 6000 多名员工为来自机械和工业领域的 14 万客户开发提供专业的解决方案，是市场上为数不多的基于工业 4.0 基本要求的传感器供应商之一。拥有电气工程理学硕士、生产计划和控制商业博士学位的马丽安·严恩能够在专注于自动化和电气工程之间联系的同时兼顾业务生产优化。

约翰纳斯·卡尔霍夫

1990 年，约翰纳斯·卡尔霍夫在顺利完成了以电力工程为重点的电气工程专业学习后，进入菲尼克斯电气股份有限公司开始了他的职业生涯。自 2007 年起，他一直负责菲尼克斯联络集团在企业技术和价值链领域的技术管理工作。除了在菲尼克斯的本职工作外，卡尔霍夫还致力于工业和科学组织中的各类活动，目前，他是德国电气与电子工业协会（ZVEI）自动化技术委员会负责人，同时也是德国电气与电子工业协会（ZVEI）下属的计量与过程自动化委员会及工业 4.0 小组的成员。在研究领域，约翰纳斯·卡尔霍夫参与“It's OWL”网络平台集群并负责自动化应用生产项目“AWaPro”。此外，他还担任由德国电气与电子工业协会（ZVEI）、德国机械设备制造业协会（VDMA）以及德国信息技术和通信新媒体协会（BITKOM）共同发起的工业 4.0 平台研究创新工作组（AG2）常务副主席一职。

郝尔格·肯

博士，微软（德国）开发者体验和传播部门的技术推广专家。郝尔格·肯博士发表了 50 多篇关于云计算、机器人技术、可穿戴式计算和人工智能的论文。在加入微软德国之前，他曾在微软研究院、不来梅大学计算机与信息工程学院技术中心（TZI）、雅各布大学工程与科学系从事应用研究工作。

约翰娜·科塞尔

德国 AUCOTEC 公司新闻与公关关系负责人。

托马斯·克林特

律师、博士、教授，国际律师事务所 Noerr LLP 合伙人，主要负责产品合规部门工作。克林特教授是工业 4.0 平台计划成员，负责管理 UAG 产品责任，他的主要业务范围是国际安全法、责任法和技术法。同时，他还任教于德国拜罗伊特大学，并担任《创新与技术法杂志》[Zeitschrift für Innovations-und Technikrecht (InTeR)] 编辑委员会成员。

托马斯·兰特曼

托马斯·兰特曼在三菱电机工作了25年。25年间，他曾担任过项目执行、产品营销、技术、软件开发以及侵蚀机器服务的部门负责人。目前，作为专注于IT领域的高级业务开发经理，托马斯·兰特曼负责 e-F@ctory 联盟战略合作伙伴关系的发展，同时参与工业4.0、Monosukuri 和工业互联网联盟的具体实施方法的制定。

克木·李斯特曼

ABB集团拉登堡研究中心自动化与网格技术部门负责人。2006年，克木·李斯特曼顺利毕业于德累斯顿大学机电一体化专业，2011年在达姆施塔特工业大学取得博士学位。之后他加入ABB集团，并开始了他在德国研究中心的工作。克木·李斯特曼的研究重点一直集中在机电一体化多体系统的建模、控制和优化以及网络技术系统的分析等领域。

阿恩特·吕德

工学博士、教授，1995年毕业于马格德堡大学数学系。1995年至2000年，阿恩特·吕德先后在马格德堡大学和马丁路德·哈勒维腾贝格大学研究形式化控制方法，并于2000年在马丁路德·哈勒维腾贝格大学取得工程学博士学位。2001年，阿恩特·吕德进入马格德堡大学的工业工程、工厂自动化及工厂运营研究院（IAF）工作。自2006年起，他一直领导分布式系统研究中心，并于2007年通过“分布式控制系统”相关领域的教授资格认证。

吕德教授的主要研究领域是工厂自动化领域中的应用创新技术。他分别以服务对象和服务代理为导向，建立相关体系结构、实现概念、机电一体化概念、工程实践以及基于以太网的通信系统。除了科研工作外，吕德教授还参与了GMA的“自动化代理人”工作组工作，担任自动化标记语言协会（AutomationML e.V.）董事会成员。同时，作为研究的一部分，吕德教授还从事设计过程及其所需的数据、工厂自动化工程中的数据交换格式以及通信系统的建模方法等相关领域。

克里斯多夫·吕特

博士、教授，德国人工智能研究中心（DFKI）的网络物理系统系副主任，不来梅大学教授。

克里斯多夫·吕特在爱丁堡大学获得博士学位后，在不来梅大学取得了教授头衔。自2006年以来，吕特教授一直在DFKI工作。他的研究涵盖了开发正确软件的整个主题领域，尤其是针对网络物理系统的软件。多年来，吕特教授成功地领导了许多相关领域的课题研究，并发表了 60 多篇论文。

艾米丽·麦努施

艾米丽·麦努施是德国电信国际咨询公司（Detecon International）的咨询顾问，主要通过汽车领域的企业架构管理帮助客户实现业务转型。

克里斯蒂安·曼蔡

克里斯蒂安·曼蔡大学毕业后，在不同企业从事过市场调研领域的工作。1992 年至 2007 年，克里斯蒂安·曼蔡先后在三菱电机（Mitsubishi Electric）担任多个管理职务，最终任职业务发展总经理，负责该公司在全欧洲的业务战略拟定。之后，他进入 Uticor Automation 公司，全面负责该公司销售管理和市场营销工作。

比约恩·马蒂亚斯

博士，ABB 集团机器人自动化公司研究员。比约恩·马蒂亚斯的主要工作领域为工业机器人的机器安全、人机协作及其应用、机器人系统操作概念以及协作装配应用的基本控制能力等。同时，在国家和国际层面，他积极参与工业机器人技术领域的标准化研究工作，参与了欧洲机器人研究兴趣小组 euRobotics aisbl 的创建工作，该小组现向欧洲委员会就机器人设计领域资助计划提供顾问工作。

严·斯特凡·米歇尔斯

工学博士，德国魏德米勒公司（Weidmüller）标准和技术开发部负责人，负责电子领域的技术标准、工艺开发和技术开发工作，包括产品功能和过程内部标准的实施与执行。同时，米歇尔斯和他的团队正在研究创新技术，这些技术将被应用到魏德米勒的产品和生产中。2001 年至 2005 年，米歇尔斯在帕德博恩大学海恩茨·尼克斯道夫研究所担任研究助理，主要负责技术和创新管理领域的工作。

托马斯·米歇尔斯

德国莱茵河畔蒙海姆市爱普兰软件服务有限公司（EPLAN Software & Service GmbH & Co. KG）产品管理负责人。

毛诶茨·尼豪斯

美因河畔法兰克福德国金属行业工会（IG Metall）董事会未来工作部工会秘书。

尤莉·皮克

工业互联网联盟的高级公共关系专家，同时，她还负责社交媒体和内容创作。您可以通过#julie_ pike 在 Twitter 上关注她。

易尔木海德·奥嘎拉

易尔木海德·奥嘎拉博士为柏林实用跨学科研究所所长，她的主要研究和发展领域为“工作”和“技术”。

马库斯·罗斯曼

马库斯·罗斯曼主要负责德国软件公司 SAP SE 的全球数字物流解决方案组合，他与来自各个行业的客户合作，共同制定运输管理、仓库管理策略，寻找物流网络的软件解决方案、产品市场推广方案。

奥拉夫·绍尔

工学博士，毕业于卡尔斯鲁厄大学工业工程专业。在积累了工业和咨询相关领域的工作经验后，奥拉夫·绍尔出任弗劳恩霍夫光电技术、系统工程和图像评估学院（Fraunhofer IOSB）负责人。同时，他还是卡尔斯鲁厄技术学院（KIT）讲师、VDI 信息技术系主任以及德国西南商业基金会董事会成员。

维多利亚·塞佛

德国电信国际咨询公司（Detecon International）顾问。她专注于生产环境数字化领域，为来自汽车行业的客户在工业 4.0 过渡过程中提供咨询服务。

梅兰妮·邵伯

自 2016 年 1 月起，梅兰妮·邵伯一直负责万国商业机器公司（IBM）新成立的沃森物联网（Watson Internet of Things）以及工业 4.0 部门在德国、瑞士以及奥地利三个国家的业务。凭借着在复杂分析解决方案领域的多年经验，梅兰妮·邵伯积累了广泛的知识基础，可以在高度创新的环境中快速应对市场变化，与销售团队协同努力，满足客户要求。

李努斯·施劳宜普纳

工学博士、教授，李努斯·施劳宜普纳曾于科隆莱茵应用技术大学学习电气工程和商业管理专业，后通过哈根远程大学学习信息与通信技术。2012 年，他获得了哈根远程大学博士学位，博士论文《关于自动化技术中的安全通信》。

1991 年至 2014 年，李努斯·施劳宜普纳供职于知名自动化供应商的技术销售部门，负责相关的国家及国际业务。2014 年 10 月，他应邀前往科隆莱茵应用技术大学任职，担任“以市场为导向的企业管理”专业教授。在研究中，他特别关注创新管理和市场设计等相关主题，并将工业 4.0 作为科研重点。

妮可·施密特

妮可·施密特于2012年顺利毕业于马格德堡大学机电一体化专业，之后进入马格德堡大学工业工程、工厂自动化及工厂运营研究院（IAF）工作，任职研究助理。她的研究重点为优化软件系统在产生系统生命周期中的网络化。此外，妮可·施密特还承担了自动化标记语言协会（AutomationML e. V.）办公室的部分工作，参与了数据交换格式的进一步开发和标准化。

薇诶娜·施密特曼

博士，德国电信国际咨询公司（Detecon International）合伙人。在过去的八年中，她在该公司企业体系结构管理（EAM）咨询产品的开发和扩展中发挥了重要作用。作为德国电信国际咨询公司研究计划的一部分，施密特曼博士目前正在从事数字导航仪研究计划。该计划主要应对商业模式数字化及其对公司架构和组织造成的影响（尤其是在汽车行业中）和带来的变化。

丹尼尔·任夫

博士，德国VDI技术中心有限公司技术顾问，工业4.0平台副秘书长。

诶娜塔·斯图卡

诶娜塔·斯图卡在复杂技术领域以及创新产品和通信系统的开发领域拥有多年的市场营销经验，自2015年4月起，诶娜塔·斯图卡开始负责万国商业机器公司（IBM）在德国、奥地利、瑞士境内物联网与工业4.0的营销活动。

克劳斯·迪特·瓦尔特

汉诺威SSV软件系统公司首席执行官。2007年初，瓦尔特积极参与了M2M（machine-to-machine 机对机）联盟协会的成立，并在董事会任职多年。除了担任首席执行官一职外，瓦尔特还领导虚拟电站（VHPready）工业论坛工作组制定虚拟电厂通信标准，并自2012年以来一直积极响应联邦政府国家IT峰会的M2M倡议。

乌沃·韦伯

德国电信国际咨询公司（Detecon International）执行合伙人，对大型工业客户数字化转型项目提供陪同咨询服务。同时，乌沃·韦伯还负责全球范围内的企业体系结构管理服务，该服务早在十年前就成为德国电信国际咨询公司业务转型的基本方法框架，并在十年间不断发展完善。